Bochumer anglistische Studien
Bochum Studies in English

herausgegeben von

Ulrich Suerbaum

Band 5

Defoes Gesellschaftskonzeption

Klaus Degering

Verlag B.R.Grüner
Amsterdam 1977

ISBN 90 6032 079 4
© B.R. Grüner bv

Printed in The Netherlands

DER MAUS

INHALTSVERZEICHNIS

0. Einleitung

THE

LIFE

And Strange Surprizing

ADVENTURES

OF

Mr. D..... De F...,

OF

LONDON, Hofier,

So begann 1719 mit dem Pamphlet Charles Gildons eine
der ersten längeren kritischen Auseinandersetzungen
mit einem Werk Daniel Defoes. Allein die wenigen
zitierten Zeilen des Titels sind in mancherlei Hinsicht symptomatisch - einmal persiflieren sie Defoes
Robinson Crusoe (wobei die graphische Aufmachung des
Titelblattes dem 'Original' zum Verwechseln ähnlich
ist), damit steht Gildon am Anfang einer kaum zu über-
blickenden Reihe von Kritikern, die sich in allererster
Linie gerade mit diesem Roman beschäftigten; zum anderen
enthält der Titel eine boshafte Anspielung auf Defoes
gesellschaftliche Stellung, indem er zwar das von Defoe
seinem Namen zugefügte Praefix "De" (das nach Defoes
eigenen Angaben auf eine "antient Norman family"

schließen läßt [1]) übernimmt, aber als Beruf den
keinerlei soziales Prestige vermittelnden "Hosier"
nennt. Dottin bemerkt zu diesem Faktum: "De Foe always
styled himself as a 'trader' and denied he had ever
stood behind the counter; ... Whenever his enemies
wanted to wound his pride, they called him 'hosier',
sock-seller, or civet-cat merchant." [2]   Daß Gildon
andererseits von Geburt ein 'Gentleman' war, jedoch
als "poor hack-writer" Defoe stets um seine Publi-
kationserfolge (etwa von Jure Divino und gerade auch
von Robinson Crusoe) beneidete, gibt seinen Attacken
eine besondere Würze. [3]

Bereits diese kurzen Anmerkungen weisen auf die
Bedeutung sozialer Faktoren in dem betreffenden Zeitraum hin; ein Blick in den Anfang des Robinson Crusoe
und in Schriften wie The Compleat English Gentleman,
The Complete English Tradesman, A Poor Man's Plea oder
The Great Law of Subordination lassen schließlich erkennen, daß für Defoe Probleme gesellschaftlicher Art
von eminenter Bedeutung waren und darüberhinaus in sein
gesamtes Werk Eingang fanden. In die journalistischen,
politischen, ökonomischen und erbaulich-didaktischen
Arbeiten ebenso wie in die Romane, deren Handlungsstruktur - wie noch zu zeigen sein wird - wesentlich
auf dem Konflikt zwischen den gesellschaftlichen Intentionen des Helden und den sozialen Gesetzen der ihn
umgebenden fiktiven Welt beruht.

Die Sekundärliteratur vernachlässigte bisher weit-
gehend die Untersuchung des Gesellschaftsbildes in den
Werken Defoes und befaßte sich in einer ersten For-
schungsphase, die mit G. Chalmers The Life of Daniel
Defoe (1785) beginnt, zunächst mit der Biographie, der
Zeitgeschichte und der Einordnung der Schriften und

Romane. Die Arbeiten von Wilson (<u>Memoirs</u> <u>of</u> <u>the</u> <u>Life</u>
<u>and</u> <u>Times</u> <u>of</u> <u>Daniel</u> <u>Defoe</u>; 1830) und Lee (<u>Daniel</u> <u>Defoe:</u>
<u>His</u> <u>Life</u> <u>and</u> <u>Recently</u> <u>Discovered</u> <u>Writings</u>; 1869) sind
hier stellvertretend ebenso zu nennen wie Dottins drei-
bändiges Werk <u>Daniel</u> <u>Defoe</u> <u>et</u> <u>ses</u> <u>Romans</u> (1924). Mit
James Sutherlands <u>Defoe</u> liegt seit 1937 ein biographi-
sches Standardwerk vor, das in seiner Zuverlässigkeit
und der Sicherheit des Urteils bis heute unübertroffen
ist. Zwar erweiterte Moore, der gegenwärtig als bester
Kenner des Gesamtwerkes Defoes gilt, [4] in <u>Daniel</u>
<u>Defoe:</u> <u>Citizen</u> <u>of</u> <u>the</u> <u>Modern</u> <u>World</u> (1958) das Korpus
der Untersuchung beträchtlich, einige seiner Schluß-
folgerungen zu bestimmten Abschnitten und persönlichen
Beziehungen im Leben Defoes, die nicht durch gesicher-
tes Material abgedeckt werden, sind jedoch nicht immer
ohne weiteres nachvollziehbar. Dennoch müssen beide genannten Werke zusammen als Grundlage jeder weiteren
Beschäftigung mit dem Leben Daniel Defoes herangezogen
werden.[5]

Für die zweite Hauptphase der Forschung sei stellvertretend ihre wichtigste Arbeit, Secords <u>Studies</u> <u>in</u>
<u>the</u> <u>Narrative</u> <u>Method</u> <u>of</u> <u>Defoe</u> (1924) genannt, in der
versucht wird, möglichst große Teile von Defoes Romanen
als direkt von vorgegebenen Quellen abhängig nachzuweisen. Secord hebt besonders auch die Nähe zur Reise-
literatur hervor, wenn er etwa anmerkt: "Defoe ... had
a broad and intimate acquaintance with works of travel";
und: "<u>Robinson</u> <u>Crusoe</u>, finally is not so much a fictitious autobiography ... as it is a fictitious book of
travel".[6]

Trotz unbestreitbarer Ergebnisse trägt im Grunde
dieser Ansatz weder dazu bei, die "Narrative Method"
Defoes zu erklären, geschweige denn dazu, den Schritt

von den Quellen zur Schaffung eines Romans nachvollziehbar und verständlich zu machen.

Erst 1936 begann mit Stamms immer noch grundlegen-
dem Werk Der aufgeklärte Puritanismus Daniel Defoes
die Untersuchung des Verhältnisses Defoes zum geistes-
und religionsgeschichtlichen Hintergrund der Zeit.
Während Stamm konsequent und überzeugend vor allem die
nicht-romanhaften Schriften als Grundlage der religiösen Standortbestimmung Defoes heranzieht, beschäftigen
sich die nachfolgenden Forscher in seiner Tradition
fast ausschließlich mit den Romanen. Sie unterscheiden
sich auch im methodischen Ansatz grundsätzlich von
Stamm, denn während dieser von den Werken ausgehend
argumentiert, tragen Autoren wie Starr und Hunter ein
vorgefaßtes Konzept an die Romane heran und versuchen
es - mit unterschiedlicher Überzeugungskraft - zu
verifizieren. [7]

So bemüht sich Starr in Defoe and Spiritual Autobiography (1965) um den Nachweis, daß die großen Romane (Robinson Crusoe, Moll Flanders und Roxana) weitgehend der Konvention der "spiritual autobiography"
verpflichtet sind, sowohl strukturell ("Spiritual
autobiography continues to furnish a narrative tech-
nique and a degree of thematic coherence" [8]) als
auch in ihrem religiösen Gedankengut: "the leading
religious ideas in Defoe's fiction were commonplaces
of the English Protestant tradition, not merely
crotchets of his much-discussed Dissenting milieu." [9]

Erscheint schon seine Interpretation von Robinson
Crusoe (nur der erste Teil paßt natürlich in das
Schema), gerade im Hinblick auf die angebliche Entwicklung zur Reue und Selbsterkenntnis hin, nicht
immer einsichtig, so findet Starr in Moll Flanders

nur noch deutliche Umrisse einer "spiritual autobiography" ("A more basic departure from the convention
of spiritual autobiography is that some portions of
the narrative are not spiritualized at all" [10]   ),
während Roxana wegen der fehlenden Bekehrung schon
deutlich vom Schema abweicht, und Colonel Jack nur
noch Spuren davon aufweist: "Colonel Jacque, for
instance, preserves distinct vestiges of the spiritual
autobiography, but virtually abandons both its characteristic spirit and shape"; Starr geht sicherlich zu
weit, wenn er aus diesem Grund Colonel Jack "coherence
of design" abspricht. [11]

Hunter vermeidet durch seine Beschränkung auf
Robinson Crusoe (I) zahlreiche der bei Starr auftauchenden Fragwürdigkeiten. In The Reluctant Pilgrim:
Defoe's Emblematic Method and Quest for Form in
Robinson Crusoe (1966) stellt Hunter zunächst in sehr
bemerkenswerter Weise die Defoe vorgegebene "Guide"
und "Providence" Tradition sowie die Form der "Spiritual Biography" und der Typologie und Metaphern der
"Pilgrim 'Allegory'" dar. Für ihn ist Robinson Crusoe
"structured on the basis of a familiar Christian pattern
of disobedience-punishment-repentance-deliverance", und
er findet - im Grunde durchaus schlüssig - zahlreiche
Elemente der genannten Traditionen wieder. [12]   Doch
obwohl Hunter den Unterschied etwa zwischen der Pilger-
Allegorie eines Bunyan und den realistisch beschriebenen
Erlebnissen eines Individuums wie Robinson Crusoe sieht
- "Robinson Crusoe is not, of course, a story of such
abstraction. It is rooted in particular times and
places, and man's typical experience is presented as
the history of a particular man" [13]   - so hat man doch
über weite Strecken den Eindruck, Robinson Crusoe werde

allzusehr in das Pilger-Schema eingepaßt und die
Bedeutung der Emblematik überinterpretiert, etwa
wenn es im letzten Kapitel heißt: "Crusoe, who begins
as a rebel wandering through life without purpose,
becomes at last a pilgrim bound for paradise."[14]

Gerade die Phase der Bekehrung und Reue mit der
sich angeblich anschließenden grundsätzlich verän-
derten Lebenseinstellung Robinson Crusoes kann (wie
schon bei Starr) nicht überzeugen. Im Grunde unterscheidet sich der 'bekehrte' Robinson Crusoe nicht
von dem unbekehrten, ein Faktum, auf das schon
Sutherland hinwies: "his conversion leaves the main
lines of his character essentially unaffected".[15]

So einseitig die Deutung der Romane aus einer rein
religionsgeschichtlichen Sicht ist - auch Ian Watt
läuft stets Gefahr, die Komplexität der Defoeschen
Romanwelt durch die radikale Reduzierung auf seine
eigenen Prämissen ungebührlich zu verengen. Obwohl
die 1957 erschienene Monographie The Rise of the Novel
durch ihren interpretatorischen Neuansatz fasziniert
und seither eine Vielzahl von Kritikern beeinflußte,
die Behandlung speziell Defoes leidet unter der Über-
betonung des Aspektes, daß mit dem Kommen des Kapitalismus und der fortschreitenden Arbeitsteilung
(eine Entwicklung, die zur Zeit Defoes in diesem Maße
noch keineswegs ausgeprägt war) die Bedeutung des
einzelnen Individuums enorm zugenommen habe und die
Romanhelden Defoes sämtlich typische Repräsentanten
dieser Entwicklung seien: "That Robinson Crusoe, like
Defoe's other main characters, Moll Flanders, Roxana,
Colonel Jack, and Captain Singleton, is an embodiment
of economic individualism hardly needs demonstration."[16]

Zum Beweis seiner Thesen filtert Watt sorgfältig alle
Stellen aus, die etwa in Robinson Crusoe mitmensch-
liche, soziale oder religiöse Verhaftung erkennen
lassen, und stilisiert ihn als "homo economicus" und
Kapitalisten, wobei - wohlgemerkt - die Ausschließ-
lichkeit dieser Zuordnung kritikwürdig ist.[17]

Den ökonomischen Aspekt im Werk Defoes - der schon
1920 in Hübeners Aufsatz 'Der Kaufmann Robinson Crusoe'
in den Vordergrund gestellt worden war - griff Novak
1962 in Economics and the Fiction of Daniel Defoe auf.
Nachdem Defoe in einem einleitenden Kapitel, das auf
einem erfreulich umfangreichen Korpus von Texten beruht ("Defoe the Mercantilist"), als überzeugter Mer-
kantilist konservativer Prägung dargestellt wird (was
in dieser Absolutheit wohl bestritten werden kann),
geht Novak unter diesem Gesichtspunkt an die Romane
heran: "Defoe's novels are not merely 'economic' in
the sense that they contain economic themes. Of course
he frequently used his fiction to discuss his favorite
economic projects ... It would not even be too great
an exaggeration to say that parts of his novels read
like fictionalized economic tracts."[18] Wenngleich
der letzte Teil dieser Aussage wohl doch etwas über-
trieben ist (er trifft in dieser Form auf sehr wenige
Stellen in den Romanen zu), kann der Ansatz insgesamt
durchaus überzeugen. Die Ergebnisse sind durchweg bemerkenswert, und Anlaß zu grundsätzlicher Kritik gibt
nur die Tatsache, daß Novak trotz der Einschränkung
im Vorwort: "Because economics was only one of Defoe's
many interests, this study must of necessity provide
a partial view", offenbar davon überzeugt ist, in dem
spezifischen ökonomischen Konzept Defoes den Dreh- und
Angelpunkt der Romane erkannt zu haben: "Mercantilism,

however, was not merely a theory of trade; it included an entire way of looking at the world and the
people in it. Examining these novels in the light of
this thought provides new insights and reveals a
depth and a purpose which have previously been either
disregarded or misunderstood." [19] Wenn Novak daher
zum Beispiel in den handwerklichen Aktivitäten Robinson
Crusoes auf der Insel vor allem eine Chance für Defoe
erblickt, "to illustrate his theories of invention
and division of labor, and his labor theory of wealth",
und grundsätzlich meint: "Defoe transmuted his economic theories into fiction", so liegt damit wohl eine
unzulässige Verkürzung vor, die wesentliche Aspekte
inhaltlicher, vor allem aber auch struktureller Art,
außer acht läßt. [20]

Novaks Defoe and the Nature of Man (1963) geht
methodisch ähnlich vor wie seine erste Monographie,
nur daß diesmal die Romane auf ihren geistesgeschicht-
lich-moralischen Hintergrund untersucht werden: "I intend to establish Defoe's general opinions on natural
law and human nature as they appear in his didactic
works and ... proceed to a detailed examination of his
fiction, showing how these ideas manifested themselves
in the world of Robinson Crusoe and Moll Flanders,
Colonel Jack and Roxana." [21] In einem recht knappen
ersten Kapitel vergleicht Novak punktuell Aussagen
Defoes mit denen von Theoretikern des Naturrechts, wie
Grotius, Pufendorf, Hobbes, Locke und Cumberland, aber
auch der christlichen Tradition, und findet (naturgemäß) Übereinstimmungen und Widersprüche, die jedoch nie
hinreichen, eine unmittelbare Abhängigkeit Defoes von
dem jeweiligen Autor schlüssig nachzuweisen und daher

oft nur den Charakter einer interessanten, aber im
Grunde für das Verständnis Defoes wenig aussagekräf-
tigen Parallele haben. Wesentlicher ist, daß Novak die Bedeutung von 'self-
defence' oder 'self-preservation' für die Motivation
der Romanhelden herausarbeitet und damit die oft wider-
sprüchlich erscheinende Handlungsethik von Figuren wie
Moll Flanders, Colonel Jack oder Roxana zu deuten versucht (3. Kapitel: "The Problem of Necessity in Defoe's
Fiction"). Novak übersieht allerdings zumeist, daß das
Argument 'necessity' oft nur eine nachträglich einge-
brachte Schutzbehauptung darstellt, die manchmal nicht
einmal durch die Situation objektiv gerechtfertigt ist
und die allein auch nicht erklärt, wieso etwa Moll
Flanders ihre kriminelle Laufbahn nicht nach der Über-
windung der ersten finanziellen Probleme beendet oder
Roxana trotz ihres großen Reichtums weiterhin als
Prostituierte bzw. Mätresse lebt. [22] So gesehen stimmt
der wiederum zu umfassende Anspruch Novaks eben nicht,
der besagt: "the answer to the problem of morality in
Defoe's fiction may be found in his allegiance to the
laws of nature; it is by this standard that almost all
of Defoe's characters must be judged ... once we understand what Defoe meant by natural law and natural morality, we can evaluate the morality of a given action
far better than the narrators themselves." [23]

Überzeugender - weil wesentlich differenzierter -
argumentiert Starr in seinem neuesten Werk Defoe and
Casuistry (1971). Zwar verfolgt Starr auch die Bedeutung des Begriffes 'Kasuistik' in der religiösen Tradition, meint damit aber nicht ein moraltheologisches
Phänomen im engeren Sinne, wenn er vor allem Duntons
Athenian Mercury (1690-1697) als "an important link

between Defoe and the earlier casuistry" sieht
(1. Kapitel: "From Casuistry to Fiction").[24]

Vor diesem Hintergrund untersucht Starr dann an
konkreten Beispielen die moralisch-ethischen Implikationen von zentralen Entscheidungen der Romanfiguren in A Journal of the Plague Year, Colonel Jack,
Moll Flanders und Roxana, wobei er nicht verkürzend
nur Parallelen zu vorgegebenen ähnlichen Argumentationen sucht, sondern in hohem Maße die spezifische
Lebenserfahrung und die Intention der Figur mitein-
bezieht: "With respect to character, casuistry is as
concerned with the manner in which a man arrives at
his decisions as with what he ultimately chooses, as
concerned with the motives that influence action as
with the eventual actions themselves." [25] Bemerkenswert ist Starrs vielschichtige Interpretation, die
der im Vorwort geäußerten, überzeugenden Auffassung
entspricht: "Neither natural law, divine law, positive
law, nor expediency is a touchstone by which Defoe de-
cides all ethical problems. ... Casuistry acknow-
ledges the existence and value of such codes, but
comes into play when their scope or meaning is ob-
scure, or when their obligations conflict - as is
generally the case in Defoe's fictional works." [26]

Auch die gegenwärtig wohl neueste Monographie zu
Defoe stellt ausschließlich die Romane in den Mittelpunkt der Untersuchung. Mit Defoe's Narratives Situations and Structures (1975) legt John J. Richetti
eine Art begleitenden Kommentar zur Handlung der vier
'großen Romane' sowie zu Captain Avery und Captain
Singleton vor, in dem er sich darum bemüht, hinter
der scheinbar ungeordneten Oberfläche der Defoeschen
Werke die strukturelle Einheit aufzudecken. Wenn

Richettis Analyse, die besonders den Aspekt des
"narrative self" des jeweiligen Erzählers berück-
sichtigt, oft überzeugen, jedoch selten überraschen
kann, so liegt die Ursache sicherlich in der Methode begründet: "a method which involves close
reading of the narratives as they unfold, rather
than generalizing from the superior heights of a
particular and exclusive thesis. I intend ... to
trace the exact line of each narrative and to re-
create and summarize in their own sequence the local
effects that occur." 27

Mit dem in der Forschung stark vernachlässigten
journalistischen Mammutwerk Review (ca. 5600 Seiten)
befaßte sich William L. Payne in Mr. Review. Daniel
Defoe as Author of 'The Review' (1947). Auf allerdings recht knappem Raum versucht Payne, den dahinter-
stehenden Autor unter bestimmten Aspekten in den Griff
zu bekommen: "Self Portrait", "Journalist" und "Economist", so lauten die Überschriften zu einzelnen
Kapiteln, in denen 'Mr. Review' in wohlabgewägter Auswahl ausführlich selbst zu Wort kommt.28

Auch James Sutherlands neueste Monographie, Daniel
Defoe - A Critical Study (1971), bezieht die Person
des Autors in die Untersuchung ein, wenn in souveräner
und außerordentlich informativer Weise "The Journalist", "The Poet" und "The Writer of Fiction" einander
gegenübergestellt werden. Es ist Sutherlands besonderes
Verdienst, ein sehr breites Spektrum der Werke Defoes
zu erfassen und in die jeweilige Interpretation den
zeit- und geistesgeschichtlichen sowie den biographi-
schen Hintergrund einfließen zu lassen.

Als eine der bemerkenswertesten Arbeiten jüngeren
Datums - auf alte und neue Spezialuntersuchungen wie
zum Übernatürlichen, zu "Prudence" oder zu verfassungs-

rechtlichen Aspekten etc. soll nicht näher eingegangen werden - erscheint E.A. James' <u>Daniel</u> <u>Defoe's</u>
<u>Many</u> <u>Voices</u>. <u>A</u> <u>Rhetorical</u> <u>Study</u> <u>of</u> <u>Prose</u> <u>Style</u> <u>and</u>
<u>Literary</u> <u>Method</u> (1972), eine lange überfällige li-
terartechnische Analyse. Da viele Interpreten glauben,
stets Defoes genuine Meinung zu hören, wenn er nur
als Autor eines bestimmten Werkes, das ursprünglich
anonym oder unter einem Pseudonym erschien, feststeht, wird zu oft übersehen, daß Defoe sich häufig
nur in eine Rolle versetzt und durchaus Auffassungen
vertreten kann, die seiner persönlichen genau wider-
sprechen. Vor allem Sutherland sah die Bedeutung der
"persona", die Defoe in zahlreichen Schriften verwendet,
um sich als vermeintlich direkt Engagierter zu bestimmten Themen zu äußern (es sei nur an <u>The</u> <u>Shortest</u>
<u>Way</u> <u>with</u> <u>the</u> <u>Dissenters</u> und <u>The</u> <u>Poor</u> <u>Man's</u> <u>Plea</u> er-
innert).

James unterteilt Defoes Prosa überzeugend in drei
"generic categories defined by authorial point of
view, or focus of narration": 1. "non-fictional works
whose authorship Defoe usually acknowledged" (z.B.:
<u>Giving</u> <u>Alms</u> <u>No</u> <u>Charity</u> und <u>A</u> <u>Plan</u> <u>of</u> <u>the</u> <u>English</u>
<u>Commerce</u>); 2. "short, often ironic works of mimicry
purportedly written by someone other than Defoe"
(worunter die beiden schon zuvor genannten Schriften
fallen); 3. "long, purportedly autobiographical works
of fiction written from the first-person point of
view of narrators like Robinson Crusoe, Moll Flanders
and Roxana." [29]

In detaillierten, stets interessanten Analysen und
mit ausführlicher und fast immer treffender Kritik an
der Sekundärliteratur weist James die mehrfach ange-
zweifelte "conscious artistry" Defoes nach, wobei er

sich eben nicht nur ausführlich den meistbehandel-
ten Romanen widmet, sondern neben zahlreichen nicht-
romanhaften Schriften auch das oft vernachlässigte
Journal of the Plague Year in die Untersuchung ein-
bezieht.

Obwohl fast alle Autoren von Sekundärliteratur
zu Defoe in ihren Arbeiten auf den sozialhistorischen
Hintergrund der Zeit eingehen, die exponierte Stellung
Daniel Defoes innerhalb seiner Gesellschaft betonen
und die Bedeutung sozialer Faktoren im Werk Defoes
generell bestätigen, verliert sich doch ihre kritische
Auseinandersetzung mit diesen Problemen fast immer in
den klischeehaften Aussagen, daß Defoe ein 'typischer
Mittelständler' gewesen sei, der sich stets für die
Belange seines Standes eingesetzt habe. Als Beweis
dienen zumeist wenige zentrale Zitate aus der Review
(die häufig der Anthologie Paynes entnommen sind) oder
eine fast immer verkürzende Interpretation der Rede
des Vaters am Anfang des Robinson Crusoe.

Wenige Kritiker haben bisher versucht, die Werke
Defoes vor dem gesellschaftlichen Hintergrund der Zeit
unter Berücksichtigung der spezifischen Vorstellungen
ihres Autors zu untersuchen.

Ada Bell Stapleton beschränkt sich in ihrer (unver-
öffentlichten) Dissertation mit dem vielversprechenden
Titel A Critical Study of Defoe's 'Review of the British Nation' and other Journals of his Day with Particular Emphasis on the Social Life of the Age (1924)
auf die Referierung einzelner Aussagen der Review zu
Themen wie "Government", "Commercial Life", "Religion"
sowie "Literature and Learning" und interpretiert nur
am Rande die (inzwischen) bekannte Review-Stelle, die
von einer Einteilung der Gesellschaft in sieben
"classes" spricht.[30]

Vornehmlich marxistisch orientierte Autoren stellten im weiteren Sinne gesellschaftliche Aspekte in
den Vordergrund ihrer Arbeiten. Jan Kott befaßte sich
1954 in dem Beitrag'Kapitalismus auf einer öden Insel'
aus sehr einseitiger Sicht mit Robinson Crusoe, dessen
Held er "von Anfang bis Ende als Kaufmann" zu erkennen
meint, der als typischer Vertreter des Mittelstandes
geschildert wird und "auf der öden Insel den Kapitalismus" gründet. [31]

Auch Alick Wests Beitrag zu Daniel Defoe in The
Mountain in the Sunlight (1958) leidet unter einer
ideologisch bedingten Verengung der Perspektive. Zwar
geht er von dem sicherlich richtigen Ansatz aus: "The
discussion of the novels must ... be prefaced with
some account of Defoe's political and economic ideas"
und faßt diese Vorstellungen im ersten Teil sehr konzis
zusammen, doch schießt er (wie noch gezeigt wird)
deutlich über das Ziel hinaus, wenn er Defoe aufgrund
von Schriften wie A Hymn to the Mob und Legion's Memorial als Advokaten der Volksmassen in die Reihen der
"democratic tradition of the left wing of the bour-
geois revolution" einordnet. [32]   Dennoch liefert seine
Interpretation der Romane (Robinson Crusoe; Moll
Flanders; Roxana) unter ökonomischen und gesellschaftlichen Gesichtspunkten durchaus nützliche Anregungen,
reizt aber ebensooft zum Widerspruch.

Obwohl Robert Weimann der "tiefdringenden historisch-
materialistischen Deutung von Alick West" nach eigener
Angabe wertvolle Anregungen verdankt, bewahrt er doch
(fast immer) die nötige kritische Distanz und setzt sich
auch von Interpretationen wie der von Kott ab. [33]
Seine beiden Arbeiten: Daniel Defoe. Eine Einführung in
das Romanwerk (1962) und 'Defoe: Robinson Crusoe' (in

F. K. Stanzels <u>Der englische Roman</u>; Bd 1, 1969) sind
neben Stamms Monographie sicherlich die bedeutendsten
deutschsprachigen Beiträge zur Defoeforschung. [34]

Zu Beginn des Bändchens <u>Daniel Defoe</u> bietet Weimann
einen souveränen Aufriß des Lebens und des Zeitalters
Daniel Defoes, in den er die <u>Review</u> und eine Anzahl
anderer Schriften Defoes einordnet. Unter dem differenzierten Gesichtspunkt, daß Defoe als "Vertreter des
aufstrebenden Bürgertums" zu sehen sei, bezieht er
politische, wirtschaftliche und vor allem gesellschaftliche Aspekte in seine stets überzeugenden Betrachtungen ein. Auf dieser Grundlage interpretiert Weimann
dann die Romane (z.B. <u>Robinson Crusoe</u> unter besonderer
Betonung der unterschätzten Bedeutung der Rede des
Vaters) und stellt in dem abschließenden Kapitel "Defoe
und die Entwicklung moderner Romankunst" unter anderem
die interessante Frage nach den "Beziehungen zwischen
den historisch-sozialen Grundlagen und den künst-
lerischen Formen ihrer Widerspiegelung" - ohne natürlich eine letztlich befriedigende Antwort geben zu
können; dennoch sind seine Bemerkungen zu "roman-
ästhetischen Grundfragen" stets bedenkenswert und
regen zu weiterer Forschung in die angegebenen Richtungen an. [35]

Weimanns zweiter Beitrag ist sicherlich eine der in
sich geschlossensten und überzeugendsten Interpretationen <u>Robinson Crusoes</u>, die eine Vielzahl von ge-
schichtlichen, romantechnischen, inhaltlichen und
literarhistorischen Aspekten harmonisch vereint und
außerdem die unterschiedlichen Interpretationsrich-
tungen treffend kritisiert.

Während Arbeiten wie die von Weimann nur in Details
zum Widerspruch reizen, weist Michael Shinagels <u>Daniel
Defoe</u> <u>and</u> <u>Middle-Class</u> <u>Gentility</u> (1968) grundsätzliche

Schwächen auf. Schon im Vorwort kommt die Problematik im Ansatz dieses bisher einzigen umfangreicheren
Werkes unter einer primär sozialhistorischen Fragestellung zum Ausdruck: "The aim of this work is to
examine the significance of the theme of middle-class
gentility in Defoe's life, works, and age." [36]
Zwar kann diese Bedeutung an sich kaum bestritten
werden, das Ziel der Arbeit ist jedoch wohl bei weitem
zu umfassend abgesteckt und Shinagel bemüht sich im
Verlauf der Arbeit geradezu krampfhaft, erstens (nicht
zu beweisende) Querverbindungen zwischen den vermuteten
sozialen Ambitionen Defoes und denen seiner Romanfiguren herzustellen, zweitens alle Helden als 'Mittelständler aus Überzeugung' zu interpretieren (mit der
Begründung: "What they all share ... is an ambition
to better themselves and their fortunes and so to move
to a more preferred position in the social hierarchy,
and in this common attitude they are all middle class" -
als sei dieses Begehren schichtspezifisch! [37]), und
drittens fehlt oft die methodisch saubere Differenzierung zwischen der Realität der Zeit und den als angeblich glaubhafte Quellen herangezogenen Schriften Defoes,
in denen Defoe doch nur zu oft sagt, wie es sein
s o l l und nicht, wie es i s t.

Daß Shinagel darüber hinaus zu stark von mehr traditionellen Sozialhistorikern wie Stephen und Trevelyan
(die wiederum häufig auf Defoe als vermeintlich authentische Quelle zurückgreifen - vgl. das Kapitel:'Defoe
als Zeuge der Zeit') sowie auf weite Strecken von Moore
abhängig ist, sei nur am Rande vermerkt.

Trotz einiger grundsätzlich bemerkenswerter Einsichten und der lobenswerten Beschäftigung mit der
Review, dem Complete English Tradesman und dem Compleat

English Gentleman kann es aber in Anbetracht des
recht einseitigen Ansatzes nicht verwundern, daß ein
so zentrales Werk wie A Journal of the Plague Year
nicht weiter erwähnt und Robinson Crusoe in seiner
auch gesellschaftlichen Komplexität nur sehr unvoll-
ständig behandelt wird.

Deutlich überzeugender argumentierte einige Jahre
vorher schon William H. McBurney in seinem Artikel
'Colonel Jacque: Defoe's Definition of the Complete
English Gentleman' (1962), in dem er Parallelen
zwischen dem Roman und The Compleat English Gentleman
herausarbeitet und auf die Bedeutung des "motif of
gentility" für die organische Struktur des Colonel
Jack hinweist. [38]

Intention der Arbeit

Obwohl also bisher in der Sekundärliteratur die Bedeutung gesellschaftlicher Faktoren im Gesamtwerk
Daniel Defoes keineswegs verkannt wurde, fehlt doch
eine ausführliche Untersuchung des umfassenden Gesellschaftsbildes, das nicht nur aus dem Segment 'Mittelstand' besteht. Defoe hatte sehr klare Vorstellungen
von der Entstehung, Funktion und Struktur der Gesellschaft, und die vorliegende Arbeit ist bemüht, in drei
Hauptschritten seine Gesellschaftskonzeption zu erfassen und ihre Bedeutung für die Romane zu analysieren.

Da der moderne Leser (im Normalfall) der damaligen
Gesellschaft und ihren Denkkategorien als Fremder gegenübersteht, wird im ersten Hauptteil - neben der Be-

handlung einleitender Probleme - ein kurzer sozial-
historischer Aufriß gegeben, der sich auf für das
Thema wesentliche Bereiche beschränkt und mit Hilfe
einschlägiger Forschungsarbeiten sowie unter Einbe-
ziehung zeitgenössischer Quellen den Graben zur Vergangenheit überbrücken will. Da Defoe zahlreichen
Historikern als absolut vertrauenswürdiger Zeuge der
Zeit erscheint, wurde besonderer Wert darauf gelegt,
Zirkelschlüsse hier zu vermeiden.

Davon ausgehend erfaßt der zweite Hauptteil auf
der Basis eines breit gewählten Korpus von in der
Forschung meist vernachlässigten Primärtexten die
Gesellschaftskonzeption Daniel Defoes, wie sie außerhalb der Romane zum Ausdruck kommt. Die oft verstreu-
ten Aussagen werden systematisiert und in die einzelnen
Themenkreise zusammengefügt.

Dem Abschnitt über die Gesellschaftsstruktur liegt
Defoes Konzept der Schichteinteilung zugrunde, das
erst im Lauf der Zeit voll entwickelt wurde. Die drei
Hauptkategorien werden in ihrem jeweiligen Umfang
definiert und schließlich detailliert in ihrer weiteren
Differenzierung und ihrer Funktion und Beurteilung
nach dargestellt.

Mit dem in den beiden ersten Teilen gewonnenen In-
strumentarium wird dann zunächst in Einzelanalysen
die gesellschaftliche Komponente des fiktiven Welt-
bildes in den Romanen untersucht, und zugleich die
strukturelle Funktion sozialer Faktoren (zum Teil anhand von 'Struktur-Modellen') aufgezeigt. Vor dem
Hintergrund einer genaueren Kenntnis der Gesellschaftskonzeption Defoes scheint es damit möglich, die Intention der Helden, bestimmte Handlungsweisen und
generell ihre Reaktionen auf bestimmte - selten sofort

ins Auge fallende - soziale Spielregeln und Gesetze
besser zu verstehen und gültiger zu interpretieren.
Darüber hinaus erlaubt der abschließende Vergleich
der Romane mit den übrigen Schriften und der Realität zudem noch eine Antwort auf die Frage, ob nicht
vielleicht die Romane in mancher Hinsicht der Realität näher stehen.
Damit läßt sich die Arbeit auch als ein Beitrag
zur Klärung der Entstehung des frühen englischen
Romans verstehen, dessen Ursprung nicht von einer
neuen realistischen Sicht der Rolle eines Individuums
im Umfeld der sozialen Strukturen und Gesetze einer
Gesellschaft zu trennen ist - mit Bohrer:

> Literarische Fiktion ... enthält den Zusammen-
> stoß des Einzelnen mit dem Sozialen, des Be-
> sonderen mit dem Allgemeinen, des bloß Gedachten
> mit dem, was wirklich ist. Sie ist das Resultat
> eines Konfliktes zwischen Subjekt und dem ihn
> objektiv Umgebenden.39

1.1. 'Fiktion' - 'Nicht-Fiktion'

1.1.1. Grundsätzliche Erwägungen

Bei modernen Untersuchungen der Werke Defoes wird zunächst meist in Fiktion und Nicht-Fiktion unterteilt;
ersterer werden natürlich 'die Romane', letzterer fast
alle übrigen Schriften wie journalistische und didak-
tische Arbeiten, Reiseberichte, Historien usw. zugeordnet.[1] Doch in einer Untersuchung, die wie diese
versucht, die Romane mit Hilfe nicht-romanhafter Werke
zu interpretieren, ist es wichtig, auf die Problematik
der genannten Einteilung hinzuweisen. Denn gerade die
Romane wollen - nach Vorwort und Durchführung - als
absolut authentische Lebensberichte verstanden werden
oder wie das Journal of the Plague Year als historisch
zuverlässige Beschreibung des Pestverlaufes in London.   Es finden sich stets Fakten, Daten und ge-
naueste Einzelheiten, auch Hinweise auf lebende Zeugen,
kurz gesagt 'strotzt' es vor Echtheit. Dennoch handelt
es sich um Romane, epische Erfindungen Defoes, der wohl
als einer der ersten die Fähigkeit, 'Realität' in glaubwürdige Sprache zu transformieren, in so hohem Maße besaß, daß etwa das Journal of the Plague Year, 1722
anonym erschienen, rund 60 Jahre lang als authentischer
Augenzeugenbericht galt. Erst 1780 deckte man die Autorschaft Defoes auf und konnte nachrechnen, daß dieser zum
Zeitpunkt der Pest etwa vier Jahre alt gewesen war, also
kaum seine eigenen Erlebnisse hätte darstellen können.[2]
    Die Frage, wo nun die Grenzlinie zwischen histo-
rischem Bericht - denn darum handelt es sich in bezug
auf viele Daten - und fiktionaler Ergänzung zu ziehen sei,
läßt sich im einzelnen wohl nicht mehr beantworten. Da
nämlich im eigentlichen Text keine formalen Anzeichen

für eine fiktionale Darstellung vorliegen, bleibt
nur der Weg über den inhaltlichen Vergleich mit
anderen historischen Quellen. Fehlen diese zu bestimmten Aussagen, kann man nur einen relativ hohen
Wahrscheinlichkeitsgrad des Dargestellten konstatieren, denn immerhin klang der Bericht knapp 60 Jahre
nach dem Ereignis den Zeitgenossen lange Zeit glaubwürdig.

Problematisch erscheint es andererseits, wollte man
die sogenannten nicht-fiktionalen Schriften allein als
Darbietung von Fakten verstehen. Handelt es sich bei
seinen Aussagen über Handel, Erziehung von Kaufleuten
und 'Gentlemen' (Complete English Tradesman, Compleat
English Gentleman) und über ihre jeweilige Funktion im
gesellschaftlichen Gefüge um 'IST'- oder um 'SOLL'-Zu-
stände? Zum Beispiel werden die Kaufleute durchgängig
als die eigentlich verdienstvollen Staatsbürger dargestellt, in deren Händen das Wohl und die Macht des
Staates liege und die "the fund for the encrease of
our nobillity ⌊sic!⌋ and gentry" darstellten, aber noch
hundert Jahre später hat sich an dem Zustand der politischen und gesellschaftlichen Unterordnung des Mittelstandes gegenüber der Aristokratie nichts Wesentliches
geändert. Bulwer schreibt 1833: "The supposed total of
constitutional power has always consisted of three
divisions; the king, the aristocracy, and the commons:
but the aristocracy (until the passing of the Reform
Bill ⌊1832⌋), by boroughs in the one house, as by hereditary seats in the other, monopolized the whole of
the three divisions." [3]

Für die frühen Schriften, wie The Poor Man's Plea
(1698) aber auch für Teile der Review (1704-1713), ist

die Unterscheidung problematisch. Sutherland bemerkt
zu Recht: "A strong element of fiction is present in
many of his earlier writings". [4]

Es scheint sinnvoll, an dieser Stelle die Begriffe
Fiktion und Nicht-Fiktion kurz grundsätzlich zu diskutieren und für den Rahmen der Arbeit zu definieren,
denn viele Kritiker verwenden zwar das Begriffspaar
Fiktion/Nicht-Fiktion in bezug auf Defoes vorliegen-
des Werk, machen aber nicht deutlich, was sie selbst
unter diesen Ausdrücken verstehen. [5]

Es ist weitgehend Käte Hamburger zu verdanken, daß
die Diskussion in Deutschland um diesen Problemkreis zu
einigen Klärungen beigetragen hat. Während von Wilpert
'Fiktion' recht allgemein definiert: "Im weiteren Sinne
jede Erdichtung als Schilderung eines nichtwirklichen
Sachverhalts; als solche Grundlage fast aller prag-
matischen Dichtungsformen, inbes. der Epik (im Ggs. zur
Historie)", soll hier versucht werden, Kriterien auszumachen, die bei einem gegebenen Text eindeutig erkennen
lassen, ob es sich um Fiktion oder Nicht-Fiktion handelt,
ob also ein Text reale Abläufe und Umstände übermittelt
oder - wie Wellek/Warren es nennen - "illusion of
reality". [6]

Auf den ersten Blick hilfreich für unser Problem
scheint Isers Unterscheidung der Besonderheit literarischer
Texte gegenüber anderen Textarten zu sein. Er stellt recht
einleuchtend fest, daß literarische Texte ihren Gegenstand
erst konstituieren, während andere nur "eine Exposition
dieses Gegenstandes" lieferten. Iser bezieht sich dabei
auf Austins Differenzierung zwischen "language of
performance" und "language of statement" und meint weiter,
literarische Texte "besitzen keine genaue Gegenstandsent-

sprechung in der 'Lebenswelt', sondern bringen ihre
Gegenstände aus den in der 'Lebenswelt' vorfindbaren
Elementen erst hervor".[7]

Prägnant faßt Iser dann zusammen:"Fiktion ist Form
ohne Realität" und behauptet: die "Möglichkeit des
Überprüfens, die alle expositorischen Texte gewähren,
wird vom literarischen Text geradezu verweigert"; er
findet an dieser Stelle den Unbestimmtheitsbetrag,
der literarische Texte auch nach langer Zeit je neu
adaptierfähig macht. [8]

Gerade an der 'Überprüfbarkeit' eines Textes muß
Kritik ansetzen. Ist es denn wirklich so, daß ALLE
expositorischen Texte diese Möglichkeit bieten? Und
wenn das nicht der Fall ist, woran kann man dann an
Hand eines vorliegenden Textes erkennen, ob er
'literarisch' oder 'nicht-literarisch' ist, es sei
denn, er behaupte eines von beiden für sich? Man könnte
das Problem in einem Modell deutlich machen:

Textarten (Iser)

A. nicht-literarische (language of statement): Expo-
                                    sition eines Objekts

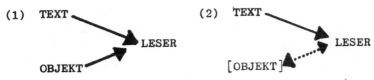

(1) TEXT   (2) TEXT
                 LESER   LESER
     OBJEKT   [OBJEKT]

B. literarische (language of performance): Konsti-
                                    tution eines Objekts

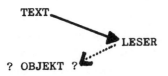

     TEXT
                 LESER
? OBJEKT ?

Im Falle A 1 kann der Leser bei einem gegebenen Objekt
den expositorischen Text tatsächlich vergleichen, und es
steht für ihn mit einiger Sicherheit fest, daß ein
'Wirklichkeitsbericht' und keine 'epische Erzählung'
vorliegt. [9] Bei A 2 dagegen wird das Objekt als nicht
unmittelbar verfügbares, etwa weit in der Vergangenheit
liegendes oder nur wenig eindeutig bezeichnetes angenommen. Es dürfte deutlich werden, daß sich dann A 2 der
Situation B stark annähert, also auch eine Unterscheidung
literarischer - nicht-literarischer Text recht schwierig
werden dürfte. Allerdings sei nochmals betont, daß hier
das spezifische Problem eines Textes, von dem nicht bekannt ist, ob er dem einen oder dem anderen Bereich zuzuordnen wäre, angenommen wird.

Somit ergibt sich, daß der Rückgriff auf die Wirklichkeit nicht weiterhelfen kann. Vielleicht bietet da der
'dichtungslogische' Ansatz Käte Hamburgers einen Ausweg,
der versucht, allein am Text selbst "den sprachtheore-
tischen Nachweis der Struktur der Dichtung" zu erbringen.
Sollte es in der Tat zutreffen, daß die "Unterscheidung von
Wirklichkeitsbericht und Erzählung ... s p r a c h -
l o g i s c h e r Natur" ist, wie Vogt in enger Anlehnung
an Hamburger ausführt, wären wir der Lösung des Problems
sehr nahe gekommen. [10]

Tatsächlich aber weist Hamburger - wenn auch in überzeugender Weise - die 'sprachtheoretische' Besonderheit
der Dichtung nur für einen bestimmten Bereich nach.
"DIE FIKTIONALE ODER MIMETISCHE GATTUNG" (Kapitelüberschrift) umfaßt bei ihr nur die 'Er-Erzählung', die die
eigentliche epische Fiktion darstelle. Die Form der Ich-
Erzählung jedoch, in der fast alle frühen englischen
Romane abgefaßt sind, wird von ihr zusammen mit dem
Brief- und Memoirenroman den "Sonderformen" zugeordnet.

Nur in der 'Er-Erzählung' findet ein Erzählen statt, das
ihrer Definition von epischer Fiktion entspricht.[11]
Hamburger unterscheidet nämlich zwischen Fiktion und
"Fingiertsein", letzteres beruhe - nach Vaihingers Ansatz -
auf einer "Als Ob-Struktur", erstere nennt sie selbst
"Als-Struktur". Folgendes Zitat diene der Verdeutlichung:

> ... das Als Ob enthält das Bedeutungsmoment
> der Täuschung, damit den Bezug auf eine Wirk-
> lichkeit, der eben deshalb im Konjunktiv irrealis
> formuliert ist, weil die Als Ob-Wirklichkeit
> nicht die Wirklichkeit i s t , die sie vor-
> gibt zu sein. Die Als-Wirklichkeit aber ist
> Schein, Illusion von Wirklichkeit, und das
> heißt Nicht-Wirklichkeit oder Fiktion.[12]

Von diesen Voraussetzungen her kommt Hamburger zu dem
Schluß, daß der Ich-Roman vom dichtungslogischen Standpunkt aus ein "Fremdling im epischen Bereiche" sei.[13]
Während der Er-Roman stets ein Erlebnis der Nicht-Wirklichkeit vermittle, zu dessen Konstitution die von ihr
ermittelten Symptome wie besonders das "epische Prä-
teritum", Verben der inneren Vorgänge und die "Raum-
deiktika" beitrügen, könne man für die Ich-Erzählungen
die Absicht einer "fingierten Wirklichkeitsaussage"
konstatieren.[14] Das Problem genau aufzeigend, weist
sie auf die Möglichkeit der Erstellung einer "Skala von
Fingiertheitsgraden" hin, an deren einem Ende eindeutig
fingierte Erzählungen (wie etwa Sternes 'Tristram Shandy')
anzusiedeln seien, am anderen dagegen solche, bei denen
"der Grad der Fingiertheit so gering sein kann, daß nicht
mit Sicherheit zu unterscheiden ist, ob wir es mit einer
echten Autobiographie oder einem schon romanhaften Ge-
bilde zu tun haben."[15]

Festzuhalten ist also, daß in derartigen Fällen allein
vom Text her schließend keine sichere Aussage über die
Authentizität des Gesamten, geschweige denn über die
einzelner Angaben gemacht werden kann. Die Folgerung muß
demnach - fast tautologisch - lauten:

> Es gibt Textarten, die erst als Roman zu erkennen
> sind, wenn sie sich selbst in einer zusätzlichen
> Information als solcher zu erkennen geben, also
> etwa einen entsprechenden Untertitel tragen. Ist
> dies nicht der Fall, muß die Prüfung durch seman-
> tische Vergleiche mit eventuell vorhandenen Quellen
> erfolgen. [16]

Diese Setzung gilt aber nicht nur für Ich-Berichte, auch
in einer Er-Erzählung können Abschnitte auftreten, die
rein sprachlogisch keine Rückschlüsse auf ihre Wirklichkeit
bzw. Unwirklichkeit zulassen. Sie sind so aufgebaut, daß
sie durchaus historisch verbürgten Berichten entstammen
könnten,und ihnen fehlen sämtliche Symptome der epischen
Fiktion. Außerhalb des Romans würde man sie für absolut
authentisch halten, also nur dann nicht, wenn man weiß,
daß es sich um einen Roman handelt.

Weinrich ist zuzustimmen, wenn er schreibt, "daß es
sich mit der Wahrheit nicht so einfach verhält, als daß
man sie schon an den Tempora ablesen könnte. Die Tempora,
wie die Sprache überhaupt, sind gegenüber der Wahrheit
indifferent. Sie sagen daher auch als Erzähltempora nicht,
ob die erzählte Welt eine vergangene oder eine ersonnene
Welt ist." Sicherheit gebe erst die Historische Kritik. [17]

Auch wenn der Definitionsumfang des Begriffes 'Fiktion'
bei Käte Hamburger durch die Ausgrenzung der Ich-Erzählungen als zu eng erscheint, da mit einem sprachlogischen

Ansatz bei ihnen eben doch nicht zwischen Dichtungs-
struktur und Wirklichkeitsbericht unterschieden werden
kann, so hat ihre Untersuchung jedoch gerade dadurch
die Problematik scharf ins Blickfeld gerückt. Es verhält
sich nämlich mit der Unterscheidbarkeit von 'Fiktion'
und 'Nicht-Fiktion' nicht so einfach wie es die scheinbar
schlichten, etiketthaften Begriffe zunächst vermuten
lassen.

So muß man zu dem Ergebnis kommen, daß ein vorliegender
Text durchaus nicht immer mit Sicherheit dem Bereich der
'Fiktion' - hier verstanden als wirklichkeitsgetreue und
wahrscheinliche Darstellung von Nicht-Wirklichkeit -
beziehungsweise dem Bereich der 'Nicht-Fiktion' - hier
verstanden als Darstellung von Wirklichkeit - zugeordnet
werden kann. Man muß sich also stets des äußerst problema-
tischen Faktums bewußt sein, daß es in einzelnen Fällen
sehr schwierig zu beurteilen sein kann, wie ein Text im
Verhältnis zur Realität steht; wobei natürlich andererseits zu bedenken ist, da 'Realität' selbst immer nur sehr
allgemein und in Tendenzen erfaßbar ist, da sie von jedem
sie Erlebenden oder im Nachhinein Untersuchenden je anders
erfahren und interpretiert wird.

1.1.2. Defoes besonderer Ort

Defoe hat nie einen Zweifel daran gelassen, daß er
seine sämtlichen Schriften als wahrheitsgetreu und frei
von Erfindungen verstanden wissen wollte. Gerade für die
Romane - von uns schnell als fiktionale Schriften eingeordnet - behauptete er stets Faktizität und Historizität.[18]

Interessanterweise sind ja auch von der Form her - immer
ein autobiographisch schildernder Ich-Erzähler - alle Voraussetzungen für Glaubwürdigkeit geschaffen, denn eine

"fingierte Wirklichkeitsaussage" - um noch einmal den
Begriff Hamburgers aufzugreifen - kann bekanntlich nicht
immer mit Sicherheit falsifiziert bzw. verifiziert werden.
In dieser Form ist wohl auch der Grund für den häufig
gegen die Vertreter des frühen englischen Romans erhobe-
nen Vorwurf zu suchen, daß Charaktere neben dem Helden
nur recht oberflächlich und wenig lebendig geschildert
sind. Käte Hamburger hat nämlich darauf aufmerksam gemacht, "daß das Aussagesubjekt, der Ich-Erzähler, von
anderen Personen nur als von Objekten sprechen kann. Er
kann diese niemals aus seinem eigenen Erlebnisfeld ent-
lassen, seine Ich-Origo ist immer anwesend". [19] Ebenso
können natürlich von einem Ich-Erzähler keine genuß-
vollen Landschaftsbeschreibungen erwartet werden, wenn
ihn bestimmte andere Probleme beschäftigen oder er von
seiner Natur her für solche Betrachtungen nicht geartet
ist.

Bei Defoe tritt meist ein distanzierter "Editor"
(Robinson Crusoe, Colonel Jack; gleiches gilt für
Richardson in Pamela) auf, auch ein 'Bearbeiter' vor-
gegebener Autobiographien (Moll Flanders, Roxana),
deren Wortlaut er angeblich auf den Geschmack des Publi-
kums abstimmt. Stets behauptet er, am genuinen Inhalt
nichts zu verändern. [20] Das anonym erschienene Journal of
the Plague Year nimmt hierbei natürlich eine Sonderstellung ein, macht aber - wie oben gezeigt - das Problem
gerade deshalb besonders deutlich.

Legt schon die Form die Authenzität des Berichteten
nahe, so wird noch zusätzlich in jedem Vorwort nachdrücklich darauf hingewiesen. Einheitlich findet sich
die Bezeichnung 'History', die den Gegensatz zu einer
nur erfundenen 'story' hervorheben soll. Überhaupt weist
Defoe stets jede Nähe zu den als minderwertig beschrie-

benen 'novels' und 'romances' zurück. Alles Geschilderte
sei "just history of Fact" (<u>Robinson Crusoe I</u>) und beruhe auf "Truth of Fact" (<u>Roxana</u>). Es fehle jede Art von
'Fiction' (<u>Robinson Crusoe I</u>). Das Gegensatzpaar 'Fact'
und 'Fiction' - bei Defoe hat letzterer Begriff natürlich keinerlei literarkritische Bedeutung - findet sich
noch häufiger und soll auf das Fehlen alles Erfundenen
hinweisen. An einigen Punkten wird wohl auch einmal zu-
gegeben, daß Namen vorsichtshalber verändert wurden, um
niemanden in Verruf zu bringen (<u>Moll Flanders</u>, <u>Roxana</u>),
und an einigen wenigen Stellen wird sogar angedeutet,
daß statt der 'History' möglicherweise eine 'Parable'
vorliege.[21]

Worin Defoes geradezu krampfhaftes Beharren auf
'Truth' und 'just History' begründet ist, ob in einer
vom Puritanismus geforderten Wahrheitsliebe oder im
ökonomischen Abwägen des Publikumsgeschmackes, kann hier
nicht untersucht werden.[22]

Der Anspruch der Wirklichkeitstreue geht jedenfalls
soweit, daß auf lebende Zeugen hingewiesen wird, die
etwa Roxana und ihre Partner erkennen würden, wenn
deren wahre Namen nicht geheim blieben; außerdem habe
der Bearbeiter der Geschichte ihren ersten Ehemann
sogar persönlich gekannt:

> <u>The</u> Writer says, He <u>was particularly acquainted</u>
> <u>with this Lady's First Husband</u>, the Brewer, <u>and</u>
> <u>with his Father</u>; <u>and ...knows that first Part</u>
> <u>of the Story to be Truth</u>.[23]

Eine ganz ähnliche Haltung nimmt übrigens Richardson
in seinem Vorwort zum zweiten Teil von <u>Pamela</u> ein, in
dem auch er als 'Editor' auftritt. Nachdem er zunächst
"romantic flights, improbable surprises, and irrational
machinery" für seine Schrift zurückgewiesen hat, setzt
er sich mit Leseranfragen nach den im ersten Teil geschilderten Personen auseinander:

> The Editor has been much pressed with importunities
> and conjectures, in relation to the person and family
> of the gentleman, who are the principal persons in
> the work; all he thinks himself at liberty to say ...
> is that the story has its foundation in truth: and
> that there was a necessity, for obious reasons, to
> vary and disguise some facts and circumstances, as
> also the names, places, & c.[24]

Nun kann man das stete Verweisen auf 'truth' einfach
abtun mit einem Satz wie "Je fiktiver die Geschichte, um
so zahlreicher die Wahrheitsbeteuerungen" (Weinrich).[25]
Betrachtet man die Dinge jedoch etwas differenzierter, so
stellt sich heraus, daß zumindest Teile des Geschilderten
tatsächlich wirklichkeitsgetreu dargestellt wurden. Für
Defoe läßt sich das am deutlichsten an den beschriebenen
Örtlichkeiten, wie Städten und Dörfern sowie an lokalen
Detailschilderungen aufzeigen. Es scheint tatsächlich so
zu sein, daß seine Helden nur dorthin reisen, wo auch
Defoe etwa im Rahmen seiner ausgedehnten Erkundungsfahrten
im Auftrag Harleys schon verweilt und ausgiebig Land und
Leute studiert hatte. Jedenfalls finden sich exakte Übereinstimmungen zwischen Ortsbeschreibungen in Romanen, wie
zum Beispiel Colonel Jack und Moll Flanders und in seinem
in geographischer Hinsicht als absolut authentisch geltenden Reisebericht A Tour through the Whole Island of Great
Britain. Auch ist feststellbar, daß die Schilderung der
einzelnen Straßenzüge und selbst der Gebäude Londons an
Genauigkeit kaum zu übertreffen ist, daß der Weg der
Helden also geradezu auf einem Stadtplan verfolgt werden
könnte.[26]

Konnte Sutherland zu Recht über das Vor-Romanschaffen
Defoes sagen: "A strong element of fiction is present in
many of his earlier writings", so könnte man für die
Romane behaupten, daß ein beträchtlicher Anteil von
Fakten vorhanden ist; sie bewegen sich stellenweise in
einem "middle ground between history and fiction".[27]

Gemeinsam ist den Vorworten zu Defoes Schriften und
Romanen neben dem Wahrheitsanspruch das Motto des Autors
"divert and instruct", das letztlich auf Horaz' Satz
'aut prodesse volunt aut delectare poetae' zurückzuführen ist und das Defoe an manchen Stellen in die
seinem merkantilen Denken exakt entsprechende Wendung
"Pleasure and Profit" umformte.[28] Wollte man Defoes
Grundideen als Autor überhaupt auf einen kleinsten gemeinsamen Nenner bringen, so lautete die Formel:

$$\frac{\text{History of True Facts}}{\text{Clear Language/Reason}} \quad \text{for} \quad \underline{\text{Pleasure}} \quad \text{and} \quad \underline{\text{Profit}}$$

und man könnte sein Lob auf "Reason and Truth" anfügen:

> Reason and Truth, all parts of Learning will submit
> to those two Sovereigns of Argument; they are the
> End of Letters, and the Perfection of Science; all
> the Systems of Acquir'd Knowledge, Center in
> them. [29]

Welche Schlußfolgerungen sind nun aus dieser Diskussion
um Fiktion und Nicht-Fiktion für das Werk Defoes zu
ziehen?

1. Eine gesicherte Unterscheidung, ob ein Bericht oder
eine bestimmte Aussage auf der Wirklichkeit beruht
(also Nicht-Fiktion ist) oder nicht, kann nur dann
erfolgen, wenn eine Vergleichsmöglichkeit mit anderen zuverlässigen Zeugen besteht.

2. Da Defoe beabsichtigt, in den Romanen die fiktive
Welt seiner Figuren als nicht-fiktiv erscheinen zu
lassen (vgl. geographische Exaktheit), sind die Darstellungen von wirtschaftlichen, politischen und
sozialen Problemen und Gewohnheiten als relativ
wirklichkeitsgetreu zu beurteilen.[30]

3. Ein eindeutig fiktionaler Charakter ist erst dann
   auszumachen, wenn auch fiktionale Elemente - in
   den Romanen etwa die genaue Wiedergabe lange
   zurückliegender Dialoge - erkennbar sind. Er ist
   zu vermuten, wenn individuelle Erlebnisse, Erfahrungen und Meinungen geschildert werden.

4. Die Aussagen didaktischer, politischer und zum Teil
   auch journalistischer Schriften sind stets mit Vorsicht zu betrachten, da nie mit Sicherheit geschlossen werden kann, ob ein 'Ist'- oder ein
   'Soll'-Zustand vorliegt, ob also der Bereich der
   Nicht-Fiktion doch verlassen wurde.

5. Letztlich können daher Defoes Äußerungen nur in
   beschränktem Umfange als zuverlässige Quellen der
   Zeit herangezogen werden - ein Problem, das im
   nächsten Kapitel noch zu behandeln sein wird.
   Vielmehr lassen sie nur Schlüsse auf seine Ansichten und Absichten zu, die dann als Reaktionen
   auf tatsächlich bestehende Zustände interpretierbar sind.

1.2. Historische Darstellung

1.2.1. Die kirchlich-religiöse Situation: Dissent

Von zentraler Bedeutung war im gesellschaftlichen Leben des 17. und 18. Jahrhunderts die Religion. Sie spielte im Alltag des einzelnen eine für uns kaum vorstellbare Rolle und hatte weitreichende Konsequenzen für das individuelle Schicksal des Bürgers der damaligen Zeit. Für die große Masse der Bevölkerung bildete die jeweilige Kirchengemeinde das Zentrum des öffentlichen Lebens, sie war zugleich Ort religiöser Aktivitäten wie auch unterste Verwaltungseinheit des Staates.[1] Die Kanzel war in einer Zeit fehlender Massenmedien und verbreiteten Analphabetentums praktisch die einzige Informationsquelle, die über die Gemeindegrenzen hinausblicken ließ; von hier aus wurden auch staatliche Bekanntmachungen und Anordnungen verkündet, und ihre Bedeutung kann somit kaum hoch genug eingeschätzt werden.
Auch in anderer Beziehung war das Verhältnis zu religiösen Dingen sehr direkt; Gott wurde als persönlich in den Alltag eingreifend erfahren, man sah ihn den Sünder mit Krankheit und Unglück strafen und den Tugendhaften und Fleißigen mit Wohlstand belohnen. Naturereignisse und Katastrophen erschienen den meisten als Fingerzeige Gottes:

> Many intelligent contemporaries found it
> impossible to believe that catastrophic events
> like the Great Plague of 1665 had only natural
> causes. ... Eighteenth-century epidemics,
> fires and earthquakes continued to be hailed
> as acts of God.[2]

Für viele war auch der Schritt zum Aberglauben nicht weit, die letzte 'Hexenhinrichtung' fand 1712 statt,

und erst 1736 wurden die Gesetze gegen Hexerei aufgehoben.[3]

Gott richtig zu dienen und auf diese Weise das
Heil zu erlangen, war das Hauptanliegen eines jeden
Gläubigen; so lautete etwa eine Anzeige im Craftsman
von 1728:[4]

> This Day is publish'd, the Second Edition,
> corrected, of SALVATION, every Man's Great
> Concern
> containing: ... VIII That Men ought to work out
> their Salvation with Fear
> and Trembling ...
> X That in order to our own
> Salvation, we ought to con-
> tribute to the Salvation of
> others.

Umstritten war nur der Weg zur Erlangung des Heils,
hier lag die Ursache für die Abspaltung der Dissenter
von der Staatskirche und auch für ihre Aufsplitterung
in Presbyterianer, Independenten, Kongregationalisten,
Quäker und in zahlreiche weitere Untergliederungen, mit
dem Ergebnis von Auseinandersetzung, Kampf und Ver-
folgung.[5]

Zwar hatte sich auch das religiöse Klima mit der
Restauration etwas beruhigt, die Vorherrschaft der
Episkopalkirche wurde wiederhergestellt, und es gab
sogar Überlegungen, die Presbyterianer - als gemäßigte
und an der Restauration beteiligte Dissenter - in die
Church of England aufzunehmen,[6] dennoch brachen nun
gerade für außerhalb der Staatskirche stehende religiöse Gruppen schwierige Zeiten an. Mit der Rückkehr
der Bischöfe und auf Grund ihrer bedeutenden Stellung
im House of Lords wurden fast zweitausend Dissenter-
Geistliche aus ihren Ämtern vertrieben; "the impetus of
the Puritan revolution has spent itself", was nun folgte
war "the beginning of modern dissent".[7]

Trotz der Neigung Karls II. zu einer gewissen Toleranz, besonders den Katholiken gegenüber, verabschie-
dete das Parlament eine Reihe von Gesetzen, die sämtlich darauf abzielten, die Nonkonformisten zu isolieren
und ihnen weite Bereiche des öffentlichen Lebens unzugänglich zu machen. Dieser sogenannte 'Clarendon-Code'
umfaßte die:

'Corporation Act' ("excluded from municipal corporations all those who refused to take
the sacrament according to the rites
of the church of England" [8])

die 'Act of Uniformity'

("only those who had received
episcopal ordination could officiate
in the church; it imposed an oath
abjuring the right of resistance to
constituted authority and repudiating
the Solemn League and Covenant";
"Non-resistance and passive obedience
became the distinguishing doctrines
of the Church of England" [9])

die 'Five Mile Act'

("forbade any nonconformist minister
to live or visit within five miles of
any ... place where he had acted as
minister". [10])

Die 'Conventicle Acts' von 1664 und 1670 schließlich:
"imposed penalties for attendance at worship not in
Anglican form"; sie hatten die gleiche Stoßrichtung wie
schon die 'Quakers' Act' von 1663, die die Teilnahme
an Versammlungen dieser auch weiterhin besonders heftig
verfolgten Religionsgemeinschaft mit schweren Strafen
belegte, beim dritten Vergehen sogar mit der Verbannung. [11]
Es sei nur daran erinnert, daß der Quäker John Bunyan
von 1660 an zwölf Jahre im Gefängnis verbrachte und dort
wohl Pilgrim's Progress begann. [12]
Auch die 'Test Act' von 1673 schränkte die Nonkonformisten weiter ein. Jeder der ein ziviles oder mili-

tärisches Staatsamt besetzen wollte, mußte am angli-
kanischen Abendmahl teilnehmen und einen Eid "of
supremacy and allegiance" ablegen; die zusätzlich ge-
forderte Erklärung gegen die Transsubstantiation
schloß Katholiken ganz automatisch aus.[13]

Das Resultat all dieser Maßnahmen war vielfältig:
Zum einen galt nach 1660 mit Hill "Dissenters were
driven out of political life for a century and a half"[14],
zum anderen war damit eine noch ·lange andauernde Trennung
der englischen Gesellschaft in Mitglieder der Staatskirche und Nonkonformisten erfolgt, die der letzteren
Gruppe zum ersten Mal eine gewisse Einheit als "sub-
stantial minority"[15] verschaffte. Zwar war Dissentersein
nun nicht mehr per se gesetzeswidrig, brachte aber eben
gravierende Nachteile mit sich, neben den erwähnten
auch die Ausschließung von den traditionellen Schulen
und Universitäten, die sämtlich von der Church of England kontrolliert wurden.[16]

Wer Dissenter war, durfte keinerlei soziale Ambitionen haben oder Wert auf einen hohen gesellschaftlichen Status legen; die Skala der möglichen Berufe war
nach oben hin stark begrenzt, somit konnten auch die
Fähigsten bestenfalls gehobene Positionen im Handel einnehmen. Vielleicht erklärt dieser Tatbestand die auf-
fällige Verbindung von erfolgreichem Kaufmannstum und
Dissent, zumindest für England, dcch in stärkerem Maße
als Weber annahm.[17]

Diese Situation änderte sich auch nach der 'Glorious
Revolution' und der verheißungsvoll klingenden 'Toleration Act' von 1689 nicht wesentlich. Zwar stand es von
nun an protestantischen Nonkonformister - die an die
Trinität glaubten - frei, unter bestimmten Voraussetzungen

eigene Gottesdienste abzuhalten und nun auch offiziell
eigene Geistliche, Lehrer und Schulen zu haben, aber
die 'Corporation Act' und die 'Test Act' blieben noch
in Kraft und mit ihnen der Ausschluß von öffentlichen
Ämtern. Erst im 19. Jahrhundert (1828) wurden beide
Gesetze aufgehoben und damit die Rechtsnachteile der
Dissenter endgültig beseitigt. Bis zu ihrer Aufnahme
in die bekannten Schulen und Universitäten (1871)
sollten allerdings 1689 noch 182 Jahre vergehen. So
kam es durch die Dissenter-Akademien neben der religiösen Spaltung auch zu einem "cultural split between
Anglican universities and middleclass Dissenting
Academies";[18] die einen vermittelten klassisch-
humanistische Bildungsideale für eine 'gehobene' Ausbildung die als "gentlemanly" galt, die anderen besaßen einen am Praxisbezug orientierten Lehrplan, der
neben Mathematik, Erdkunde und den Naturwissenschaften
unter anderem die Vervollkommnung der Beherrschung der
Muttersprache enthielt. Gerade auch in diesem Sinne
ließe sich also Tawneys pointierte Formulierung an-
wenden: "Puritanism was the schoolmaster of the English
middle-classes."[19]

1.2.2. Die Quellenfrage: Defoe als Zeuge der Zeit

"So then, the account that
this man gives of the England
of Anne's reign is for the
historian a treasure indeed.
For Defoe was one of the
first who saw the old world
through a pair of sharp modern
eyes."
(G. M. Trevelyan: English Social
History)[20]

Gerade bei dem Versuch, die gesellschaftliche Realität
der Zeit zu erfassen, wird deutlich, welche Bedeutung das Werk Daniel Defoes über die Literaturgeschichte
hinaus hat. Fast alle von mir herangezogenen Historiker
und besonders Sozialgeschichtler betonen Defoes Un-
ersetzlichkeit als Zeuge der Zeit, ganz gleich ob die
Autoren der mehr konservativen Richtung, wie etwa
Basil Williams oder G. M. Trevelyan, oder der eher
marxistischen, wie Christopher Hill, zuzuordnen sind.
Wichtigste Quellen sind dabei für sie in erster Linie
Defoes A Tour through the Whole Island of Great
Britain, 1724 - 1726 erschienen und Reiseerfahrungen
seit etwa 1704 darstellend, aber auch die sich mit
sozialen Fragen im weitesten Sinne beschäftigenden
Schriften sowie natürlich die Review.
   Einige Darstellungen benennen sogar die jewei-
lige geschichtliche Periode nach Defoe; so heißt das
Kapitel in Trevelyans English Social History (1942),
das den Zeitraum von 1702 bis 1740 umfaßt,"Defoe's
England";[21] ähnliches gilt für sein dreibändiges
Werk England under Queen Anne (1930), in dem sich
die bezeichnende Seitenüberschrift "Defoe's Island"

und folgendes Bekenntnis finden: "When a survey
is demanded of Queen Anne's island, of its everyday
life ... our thoughts turn to Daniel Defoe, riding
solitary on that very quest".[22]

Auch Mary Dorothy George weist schon mit der
Kapitelüberschrift "Defoe's England: London and
the Country" auf eine wesentliche Grundlage ihrer
Darstellung in England in Transition (1931) hin;
explizit heißt es: "Far the best authority for
early eighteenth-century England is Defoe. His famous
'Tour ...' shows us the country as it appeared to
a skilled observer with a marvellous eye for significant
detail".[23]

Gleichermaßen zitiert sie Defoe recht häufig in
ihrem gerade für das Verständnis der unteren und
mittleren Schichten immer noch äußerst nützlichen
Werk London Life in the Eighteenth Century (1925);
zum Beispiel als gesicherte Autorität zu Fragen wie:
Lehrverhältnisse, Kinderarbeit, wirtschaftliche
Situation und Bevölkerungszusammensetzung Londons.[24]

Besonders weitgehend beruht offensichtlich ein
Teil des historischen Standardwerkes von Basil
Williams: The Whig Supremacy, 1714 - 1760 (The
Oxford History of England, XI; 2nd ed., rev.
by C. H. Stuart 1962) auf den Aussagen Defoes. Das
Kapitel "Social and Economic Life of the English
People" beginnt mit dem Hinweis:

> We are fortunate in having two remarkable
> records of the state of England at the
> opening and close of this period of our
> history. First we have Defoe, the supreme
> journalist, ... describing the social
> and economic conditions of the whole[25]
> island during the reign of George I.

Die andere Quelle neben der hier gemeinten <u>Tour</u>
ist Arthur Youngs Reisebericht aus den Jahren 1767-
1770, der aber für Williams nur die Funktion hat: "To
supplement Defoe at the end of the Period".

Abgesehen davon, daß Defoe in der <u>Tour</u> keineswegs
nur das England Georgs I. beschrieb, - viele seiner
Aufzeichnungen stammen mit einiger Sicherheit schon
aus den Jahren um und vor 1704 -, so scheint die
Abhängigkeit Williams von Defoe doch etwas weit
zu gehen, denn in dem genannten Kapitel zitiert er
ihn fast auf jeder zweiten Seite und reicht viele
seiner Daten, Zahlen und Angaben weiter, oft ohne
sich anderweitig zu versichern, ob es sich hierbei
um Fakten oder Meinungen handelt.[26]

Es fällt auf, daß offenbar vorwiegend die 'alte
Schule' der Sozialgeschichtler sich über weite
Strecken auf literarische und semi-literarische
Quellen stützt. Neben Defoe finden dabei vor allem
Henry Fielding, Tobias Smollett sowie Addison und
Steele reichliche Verwendung.[27]

Zu diesem Typus müssen auch jüngere Arbeiten von
Dorothy Marshall gezählt werden, in denen zudem
die Quellenangaben für einzelne Aussagen zu wünschen
übriglassen oder für ganze Abschnitte überhaupt
fehlen.[28]

Während ihre 1926 erschienene, immer noch grundlegende Studie <u>The English Poor in the Eighteenth
Century</u> in dieser Hinsicht makellos ist, indem sie
nämlich zeitgenössische Meinungen - auch Defoes -
ausdrücklich als solche darstellt und mit sicherlich enormem Arbeitsaufwand vorwiegend Manuskripte
und Gerichtsurkunden verwendet, so beruht das neuere,
mehr allgemein gehaltene Buch <u>English People in</u>

the Eighteenth Century (1956) doch weitgehend auf
nur wenig kritisch beleuchteten Äußerungen von
Literaten und Pamphletisten, für die zu selten ein
Fundort angegeben wird.[29] Auch hier findet Defoe mit
seinen prägnanten Sätzen, die sicherlich meist
provokatorisch gemeint waren, recht häufige Verwendung.[30]

Kaum ein Literaturhinweis gibt in Marshalls
Eighteenth Century England (1962) Aufschluß darüber,
worauf die Autorin etwa in den Abschnitten über
die soziale Struktur ihre übrigens recht verbindlich
vorgetragenen Angaben stützt. Folgende Bemerkung
zu den Möglichkeiten sozialer Mobilität für erfolgreiche Kaufleute der "middling sort" erinnert stark
an ganz ähnliche Formulierungen Defoes, etwa im
Compleat English Gentleman: "... if his sons
received the education considered suitable for
gentlemen, the next generation would see the
obliteration of whatever distinction still remained."[31]
Wenn das wirklich so selbstverständlich gewesen wäre,
so kann man fragen, ohne schon vorwegzunehmen, warum
hätten Defoe und andere Gleichgesinnte sich dann so
häufig mit Andersdenkenden auseinandersetzen sollen?

Keinesfalls sollen die bisher gemachten Anmerkungen
eine pauschale Abwertung darstellen, vielmehr ergaben
sie sich aus der Problematik der vorliegenden Arbeit.
Wenn versucht werden soll, eine sozialhistorische
Grundlage zur Beurteilung des Standpunktes eines
bestimmten Autors zu erstellen, so ist naturgemäß höchste Vorsicht geboten, wenn eben dieser
Autor zahlreichen Historikern wiederum als Zeuge
der Zeit gedient hat; eine Zirkelbewegung ist sonst
nicht auszuschließen.

Die Abhängigkeit der genannten Autoren von Defoe ist
allerdings kaum verwunderlich, bedenkt man zum einen
die äußerst schwierige Quellenlage im betreffenden
Zeitraum (von der unteren Mittelschicht an abwärts
gibt es kaum oder gar kein verwertbares Material,
das etwa das Alltagsleben direkt schilderte), zum
anderen mußte Defoe von der Form und dem Inhalt seiner
Darstellungen her schon als Prototyp eines zuverlässigen Augenzeugen gelten (vgl. das Kapitel über
Fiktion/Nicht-Fiktion; z. B. die Rezeption des
Journal of the Plague Year). Die meisten sehen in
Defoe den zuverlässigen, modern gesinnten und ersten
perfekten Reporter oder Journalisten; Trevelyan:
"He first perfected the art of the reporter; ...
Defoe was one of the first who saw the old world
through a pair of sharp modern eyes"; Williams:
"Daniel Defoe, the supreme journalist"; George:
"a consummate journalist"; die Reihe ließe sich
fortsetzen.[32]
Was die Glaubwürdigkeit Defoes noch verstärkte,
war, daß er in vielen Punkten natürlich im Einklang
mit anderen Dokumenten der Zeit stand. "His report
can be controlled and enlarged by great masses of
other evidence", bemerkt Trevelyan dazu und fährt
- offenbar dem in diesem Falle sicherlich proble-
matischen Motto 'pars pro toto' folgend - fort:
"but it occupies the central point of our thought
and vision".[33]
An dieser Stelle sei noch darauf hingewiesen,
daß neben den Reisebeschreibungen und journalistischen
Schriften auch die Romane Defoes (und anderer)
zur Erhellung des sozialen Lebens, besonders inner-

halb der Familie, herangezogen werden. Basil Williams
vermerkt sogar ausdrücklich: "The best idea of the
LIFE OF THE TIMES is perhaps derived from such
contemporary novels as Defoe's 'Moll Flanders' ...
and all those of Fielding, Smollett, and Richardson";[34]
und auch Trevelyan fügt nach seinen oben zitierten
Äußerungen zum 'Reporter Defoe' an:

> Even his novels, such as Robinson Crusoe
> and Moll Flanders are imaginary 'reports'
> of daily life, whether on a desert island
> or in a thieves' den. So then, the account
> that this man gives of the England of
> Anne's reign is for the historian a
> treasure indeed. [35]

In ähnlicher Weise verfährt übrigens Dorothy Marshall,
indem sie Romane Jane Austens zur Illustration der
Sozialstruktur des späten 18. Jahrhunderts heranzieht.[36]

Doch diese relativ breite Abhängigkeit von Defoe
gilt offenbar nicht für alle Autoren. Besonders
die Arbeiten nach 1950 weisen zwar grundsätzlich
auf die Bedeutung Defoes hin, zitieren ihn aber
zumeist nur als Anwalt des Handels und seiner Interessen und verwenden ansonsten wohl weitaus mehr
gesicherteres Material. Zu dieser Gruppe zählen
M. Ashley (England in the Seventeenth Century, 1952),
J. H. Plumb (England in the Eighteenth Century, 1950)
genauso wie Christopher Hill (The Century of Revolution, 1961; Reformation to Industrial Revolution,
1967) und G. D. H. Cole/R. Postgate (The Common
People, Neubearb. 1961). Letztere machen noch einmal besonders deutlich, wie breit auch zeitlich
der Bereich ist, den Defoes Werk für Historiker
abdecken soll. War für die einen das England der
Tour das an der Schwelle des 18. Jahrhunderts, und

für Basil Williams das der Herrschaft Georgs I.,
also bis zum Ende der zwanziger Jahre, so gilt für
Cole / Postgate, die übrigens ebenfalls das Datum
der Abfassung mit dem der Veröffentlichung der Tour
verwechseln, daß Defoes London-Bild mit Ausnahme
der Bebauungsdichte auch zur Jahrhundertmitte noch
korrekt sei.[37]

Eine Sonderstellung innerhalb der Forschung nimmt
meiner Auffassung nach Peter Lasletts The World we
have lost (Neubearb. 1971) ein. Seine betonte Vorsicht gegenüber literarischen Quellen,[38] weitgehende
Verwendung von demographischem Material und zumeist
überzeugende Schlußfolgerungen lassen ihn - auch wenn
man mit einigen seiner Thesen nicht einverstanden
ist (s. u.) - als gegenwärtig beste Autorität auf
dem Gebiet der Sozialgeschichte des Zeitraums erscheinen. Für die vorliegende Arbeit empfiehlt
ihn darüber hinaus noch die Tatsache, daß er Defoe
nur an einer Stelle beiläufig erwähnt[39] und somit
wahrscheinlich eine verläßliche Grundlage zu seiner
Beurteilung bietet.

Bei der Verwendung der einschlägigen Untersuchungen
wurde also generell auf die Unabhängigkeit der jeweiligen Aussagen von Schriften Defoes geachtet.
Die Darstellung der Gesellschaftsstruktur stützt
sich danach weitgehend auf Arbeiten nach 1950
und auf eindeutige Angaben in den älteren Werken;
besondere Bedeutung hatten hierbei die frühen Veröffentlichungen von George und Marshall.

Zu einigen wesentlichen Punkten wurden auch Zeitungen und Zeitschriften der Jahre 1700 bis 1730
herangezogen, die einerseits nützlich zur Beurtei-

lung der zeitgenössischen Meinungen sind, andererseits gute Voraussetzungen zur späteren Interpretation der _Review_ vermitteln, da sie das gleiche Medium darstellen und sich außerdem - oft sogar sehr heftig - direkt mit Defoe auseinandersetzen.

1.2.2.1. Exkurs: Zeitungen und Zeitschriften der Zeit

Zwar gab es schon vor Beginn des 18. Jahrhunderts in England zahlreiche Zeitungen, aber Presse-
zensur und wirtschaftliche Schwierigkeiten führten
zu einer starken Fluktuation auf dem als unsicher
geltenden Zeitungsmarkt. Nur das offizielle Regie-
rungsorgan The London Gazette, gegründet von
Roger L'Estrange (dem Zensor!), konnte sich kontinuierlich bis weit ins 18. Jahrhundert hinein
behaupten.[40]

Nach der Lockerung der Zensur begann dann etwa
ab 1695 eine Blütezeit des englischen Journalismus;
eine Vielzahl von Blättern erschien und ihre wöchentliche Gesamtauflage wurde zu Beginn des Jahres 1710
von Defoe - sicherlich recht großzügig - auf
200 000 Exemplare geschätzt.[41]

Untersucht man nun die Londoner Zeitungen und
Zeitschriften der Jahre 1700 bis 1730, so kommt
man zu dem Ergebnis, daß Defoe mit seiner Review
einen besonderen Platz einnimmt. Die enorme Breite
der Themen und das stark durchklingende persönliche
Engagement bei fast jedem diskutierten Problem
heben ihn deutlich von seinen Kollegen und Rivalen
ab.

Grundsätzlich lassen sich in diesem Zeitraum
drei Typen von Blättern unterscheiden:

1. Nichtkommentierte Nachrichtenübermittler;

2. Aktueller oder grundsätzlich orientierter
   Leitartikel + unkommentierte Nachrichten;

3. Reine Kommentare und/oder Editorials.

1. Dem ersten Typ sind Zeitungen wie Post-Boy, Post-Man, Daily Courant, Daily Post, London Post, Flying Post, English Post und auch die London Gazette ("Published by Authority") zuzurechnen. Sie alle veröffentlichten fast ausschließlich Tagesnachrichten politischer, militärischer und wirtschaftlicher Art vornehmlich aus dem Ausland und die letzten inländischen Neuigkeiten über Hof, Adel, Regierung, Parlament und vor allem Londoner Ereignisse wie Morde, Hinrichtungen, Überfälle, Feuersbrünste und den Handel betreffende Schiffsuntergänge. Gerade die Sensationsmeldungen wurden bis ins letzte blutige Detail geschildert und erinnern darin an die heutige Boulevardpresse.

Einige dieser Zeitungen erschienen täglich, andere zwei- oder dreimal in der Woche, ihre wöchentliche Auflage bewegte sich zwischen 6000 (London Gazette) und 400 (Flying Post). So einflußreich und wichtig diese Blätter zu einer Zeit waren, da sie auf vielen Gebieten für die meisten Leser das Nachrichtenmonopol besaßen, so sagen sie doch über das soziale Leben nur äußerst wenig aus, denn ihr Gegenstand war eben primär die aktuelle Information oder auch, wie im Falle der London Gazette, die Verbreitung von Verlautbarungen und Reden des Monarchen; jedenfalls äußerten sie sich nie zu grundsätzlichen politischen, ökonomischen oder sozialen Fragen.[42]

2. Auch die zweite Art von Zeitungen hatte in unserem Zeitraum zahlreiche Vertreter, dazu zählen als wichtigste und verbreitetste: John Tutchins Observator (Whig), Charles Leslies - alias

'Philalethes' - Rehearsal (Tory), der London
Mercury (das spätere London Journal, an dem um
1721 auch Defoes Sohn mitwirkte), The Weekly
Journal, or British Gazetteer, The Weekly Journal,
or Saturday's Post, außerdem Applebee's Journal,
Mist's Journal und als dessen Nachfolger Fog's
Journal, das schon im Namen verwandte Züge mit
dem nach Frankreich geflohenen Nathaniel Mist
trug und ganz in seinem Geiste weitermachte. Die
beiden Erz-Tory Blätter The St. James Journal und
The Country Journal, or The Craftsman sprachen
hauptsächlich die oberen Schichten an und argumen-
tierten auch in ihrem Sinne. Ihre Autoren setzten
sich hart mit Mist's und Applebee's Journal (an
denen auch Defoe zeitweise beteiligt war) auseinander und waren zum Teil recht illustrer Herkunft,
beim Craftsman schrieben unter anderen Viscount
Bolingbroke und W. Pulteney, der spätere Earl of
Bath, die sich hinter dem Pseudonym 'Caleb
d'Anvers' verbargen.

Fast alle genannten Gazetten waren nach folgendem
Schema aufgebaut: 1. Leitartikel - 2. Auslands-
nachrichten - 3. Londoner Nachrichten/Inlands-
oder Hofnachrichten - 4. Werbeanzeigen (die übrigens
bei keinem der drei Typen fehlten).

Als Kommentarthemen schienen Religion, Historie,
Staatsphilosophie, Moralphilosophie, Politik, Militär und Kulturelles in etwa dieser Reihenfolge
die beliebtesten zu sein. Auch fand sich in fast
jeder zweiten Nummer ein harter und oft diffamierender
Angriff auf ein Konkurrenzblatt, der manchmal über
mehrere Ausgaben in stetigem Hin und Her andauerte.

In dieser Beziehung taten sich besonders der Craftsman, aber auch Observator und Rehearsal hervor, die beide hauptsächlich Defoes Review als Zielscheibe hatten. Im Index zum zweiten Band des Rehearsal wird allein an 25 Stellen auf Diskussionen mit der Review verwiesen, dabei handelt es sich nur um solche, die mindestens einen ganzen Artikel umfassen. Diese drei Zeitungen sind es auch, die am meisten zur Relativierung der Position Defoes und zur Klärung der im Rahmen der Arbeit interessierenden Fragen beitragen. Sie repräsentieren einen Typus, der über die reine Vermittlung von Nachrichten hinaus in ähnlicher Form wie Defoe zu aktuellen und allgemeinen Problemen Stellung bezieht und ein breites Meinungsspektrum erkennen läßt.

3. Das zuletzt Gesagte gilt natürlich in besonderem Maße für den dritten Typ, die rein essayartigen Zeitschriften, in denen bestimmte Themen abgehandelt und Nachrichten höchstens abschließend kommentiert werden.

Eindeutig wegbereitend steht am Anfang dieser Tradition in England Daniel Defoe mit seiner Review. Schon von der äußeren Aufmachung her erscheint die Review wie eine andere, neue Zeitungs-Welt: Der große, fast die halbe Seite einnehmende Titel mit klaren Band- und Datumsangaben sowie das besonders gut leserliche Schriftbild ergeben ein 'Layout', das sich deutlich von der Konkurrenz abhebt.

In Inhalt und Form ähnlich folgten: The Tatler, The Spectator und The Guardian als wohl berühmteste Zeitschriften der Zeit bis heute. Später erschien dann noch von 1720 bis 1721 J. Trenchards

und T. Gordons The Independent Whig, der in Stil,
Themenwahl und Diktion sehr stark an Defoe erinnert und besonders zu religiösen Fragen außerordentlich interessant zu lesen ist; die Nummern
1 - 53 behandeln ausschließlich Probleme wie:
Dissenter, Papisten, Priesterschaft, Vernunft und
Religion etc.

Keine der genannten Zeitschriften besitzt jedoch
ein so breites Spektrum von Inhalten wie die Review, Wirtschaft, Handel und im engeren Sinne
soziale Fragen nehmen in ihnen nur einen sehr unter-
geordneten Raum ein, wenn sie überhaupt angesprochen werden, während sich Defoe eingehend damit
beschäftigte. Nach dem Ende der Review übernimmt
zum Beispiel erst der Mercator als Fachblatt wieder
das Gebiet der Wirtschaft und des Handels.

Völlig zu Recht meint Stapleton daher, daß die
Review eine Sonderstellung als Vorläufer und Vorbild von Tatler und Spectator einnahm: "Defoe is
the first real editorial writer".[43]

1.2.3. Die Gesellschaftsstruktur

"Recorded history is like a photograph
of an iceberg: it deals only with what
is visible above the surface. Yet below
the surface is the vast mass of the
population, surviving sometimes in
records when they are born, married,
accused of crime, or buried, but otherwise leaving no trace."

(Christopher Hill: The Century of
Revolution)[44]

Relativ spärlich und einseitig sind die Quellen,
die uns vorliegen; ebenso einseitig ist oft deren
moderne Interpretation, was darin begründet sein
dürfte, daß unsere Denkkategorien sich weitgehend
verändert haben - wir leben heute in einer 'anderen'
Welt, gerade im Hinblick auf das Verständnis damaliger gesellschaftlicher Ordnungen.[45] Diese müssen
aber dem Interpreten literarischer Produkte und der
in ihnen dargestellten Welt zumindest in den wesentlichen Grundrissen bekannt sein, damit er seinen Gegenstand angemessen verstehen kann.
  Mögen die heutigen Betrachter der englischen
Gesellschaft zu Beginn des 18. Jahrhunderts über
Einzelheiten noch so zerstritten sein, feststeht, daß im Bewußtsein weiter Teile der Bevölkerung außerordentlich differenzierte Vorstellungen über den sozialen Rang eines jeden Mitmenschen existierten. Ob und wo aber Grenzen
zwischen umfassenderen Schichten innerhalb dieser
Abstufungen zu ziehen seien, darüber gehen die
Ansichten heutzutage - und (wie noch zu zeigen

sein wird) auch damals - auseinander.

Drei - auch von Zeitgenossen als entscheidend anerkannte - Faktoren, nämlich ABSTAMMUNG, (LAND)BESITZ und KÖRPERLICHE ARBEIT, erlauben es aber schon, ganz wesentliche Schnitte im sozialen Gefüge vorzunehmen:

Wer adeliger Herkunft war und Land in einem solchen Umfang besaß, daß er allein aus den Einkünften daraus standesgemäß leben konnte, es also nicht eigenhändig bebaute, stand eindeutig als Mitglied der Oberschicht fest.

Wer zwar eigenes Land hatte, es jedoch zum Zwecke des Lebensunterhaltes bearbeiten mußte, gehörte damit in die darunter liegende Schicht, zusammen mit allen denjenigen, die Besitz in irgendeiner Form hatten und nicht auf tägliche körperliche Arbeit als Lohnabhängige angewiesen waren. Diese Gruppe wurde je nach Blickrichtung als 'Unter-' oder 'Mittelschicht' verstanden. In den Augen der Oberschicht galten ihre Mitglieder allesamt als 'mechanicks', also Unterschichtmitglieder, sie selbst sahen sich zwar unterhalb der 'Oberen' aber zweifellos oberhalb einer anderen Gruppe angesiedelt.

Wer nämlich besitzlos und lohnabhängig war und für seinen täglichen Lebensunterhalt körperliche Arbeit leisten mußte, gehörte zusammen mit Bettlern und Dieben zweifelsfrei zur untersten Schicht.

Natürlich ist dieses Raster zunächst recht grob,
erlaubt aber eine relativ eindeutige Einteilung
in drei Hauptgruppen, die jedoch jede für sich
noch einmal außerordentlich differenziert war.
Schon die Frage nach der eigentlichen Zahl der
vorhandenen Schichten - wobei 'Schicht' als klar
abgrenzbare Gruppe statusgleicher Individuen verstanden wird - erscheint keineswegs unproblema-
tisch. Entscheidend ist hier das jeweilige Vorverständnis; aus heutiger Sicht und aus der Sicht
der Mitglieder der damaligen mittleren Schicht
gab es drei bzw. vier (wenn die Oberschicht noch
in 'nobility' und 'gentry' unterteilt wird),
für die Oberschicht wiederum existierten nur zwei,
sie selbst und 'commoners' oder 'mechanicks'
(s. o.).
Dieses Problem spiegelt sich in der Auffassung
Lasletts wider, daß es sich damals um eine
"one-class society" gehandelt habe; wesentlich
ist dabei sein Verständnis von 'Klasse' als "a
number of people banded together in the exercise
of collective power ... which act in championship
of their conflicting aims".[46] Wie sich noch zeigen
wird, hatte die Oberschicht zweifellos als einzige Gruppe die Möglichkeit, kollektive Macht
auszuüben (da sie praktisch in deren Alleinbesitz
war), aber fragwürdig wird der so interessant klingende Begriff der "one-class society", wenn man untersucht, gegenüber wem denn eigentlich die
"conflicting aims" durchgesetzt werden sollen.
Dies ist doch - auch nach seinem Verständnis von
'Klasse' - nur gegenüber einer anderen Klasse
oder höchstens dem König möglich. Der Begriff der

'Klasse' scheint also in diesem Zusammenhang nicht
sehr nützlich zu sein und auch Laslett behandelt ja
im weiteren Verlauf seiner Untersuchung ausschließlich die verschiedenen Statusgruppen in ihren viel-
fältigen Differenzierungen. Dennoch macht seine
Interpretation das Problem der unterschiedlichen
Auffassungen - damals wie heute - über die Anzahl
von abgrenzbaren größeren sozialen Gruppen deutlich.

Im weiteren wird davon ausgegangen, daß in der
damaligen Gesellschaft neben dem Königshaus im wesentlichen drei Hauptgruppen zu unterscheiden waren:
die Oberschicht, bestehend aus 'nobility' und
'gentry', eine mittlere Schicht, von Zeitgenossen
häufig 'middling sort' genannt,[47] und die breite
Unterschicht, die um 1700 fast zwei Drittel der
Bevölkerung ausmachte.

Für diese Unterteilung findet sich auch ein sehr
breiter Konsens in der einschlägigen Literatur,
und sie scheint unter der Voraussetzung am sinn-
vollsten zu sein, daß die Diskrepanz in den Auffassungen der Zeitgenossen stets bedacht werden
muß.

1.2.3.1. Royalty

An der Spitze der menschlichen Gesellschaft, die
nach der Vorstellung vieler Zeitgenossen immer
noch gemäß dem mittelalterlichen Bild einer 'chain
of being' geordnet war - auf der jeder einzelne
seinen festen Rang hatte -, stand natürlich der Monarch.[49] Zwar war er zu Beginn des 18. Jahrhunderts
keineswegs mehr in aller Augen der Stellvertreter
Gottes auf Erden, dennoch wurde seine Position durchaus einheitlich gar nicht so nüchtern beurteilt, wie
es seine politische Abhängigkeit vom Parlament als
Folge der 'Glorious Revolution' vermuten lassen
könnte. Für weite konservative Kreise der Bevölkerung regierte er immer noch 'jure divino', und
auch den Verfechtern der Parlamentsherrschaft galt
ein rechtmäßig gekrönter König als Inbild höchster
Macht, der allen Vorbild zu sein hatte.[50]
    Seine Rechte waren zwar geschmälert, aber sein
Einfluß immer noch umfassend; er bestimmte und
entließ die Minister, und unter seinem Patronat
wurden höchste Posten in Staat, Kirche und Militär vergeben. Auch die finanzielle Bedeutung des
Monarchen war groß:

> The king's civil list was ... voted for him
> by parliament, but, once voted it was for life
> and moreover was used, not only, as today,
> for the king's personal and household
> expenses, but also for ... the civil
> service.[51]

Wilhelm von Oranien verfügte ab 1698 über 700 000
Pfund p. a., die ihm auch dazu dienten, Macht durch
Vergabe von Pensionen und Zuwendungen auszuüben,

mit denen er Politiker und einflußreiche Persönlichkeiten gewinnen und Parteien bei Wahlen
gezielt fördern konnte.[52]

Der Hof war immer noch das Zentrum des
Staates, politisch und gesellschaftlich. Vertraute des Königs wurden in diesen höchsten
Zirkel aufgenommen und erhielten Sinekuren, Posten,
die auch von den Spitzen der Aristokratie be-
gehrt wurden, da sie neben einem beachtlichen
Jahreseinkommen auch höchsten sozialen Status
und großen politischen Einfluß verschafften:
"The Court was the heart of political and social
life, for all decisions taken, all places promised,
from a turnkey to a bishopric, had to be
discussed and argued with the King."[53]

1.2.3.2. Die Oberschicht: Nobility & Gentry

Eine Gruppe der englischen Bevölkerung unterschied
sich schon vor dem Gesetz von allen anderen und
nahm rangmäßig einen Platz dicht unterhalb des
Königs ein: dies waren die geistlichen und weltlichen Lords, die gemäß der englischen Verfassung
eine zentrale Stellung innerhalb der Gruppierungen
'King' - 'Lords' -'Commons' innehatten. Ihrer
Funktion nach stellten sie die Mitglieder des
'House of Lords', dessen damalige Bedeutung nicht
unterschätzt werden sollte: "contemporaries still
regarded it as the more important of the two houses.[54]

Streng genommen waren nur die etwa 190 'peers'
eine Gruppe für sich, von der sozialen Einschätzung
her zählten aber auch ihre Familien zur Schicht
der 'nobility', die selbst wiederum klar hierarchisch
gegliedert war:[55]

An der Spitze standen 'Duke' und 'Archbishop',
darunter folgten 'Marquess' - 'Earl' - 'Viscount'
und 'Baron' bzw. 'Bishop', in dieser Rangfolge.
Die Titel wurden vom Monarchen verliehen und
über Generationen hinweg dem ältesten männlichen
Nachkommen vererbt. Die 'Temporal Lords' waren in
ihrer überwiegenden Mehrzahl die bedeutendsten Landeigentümer Englands, denen allein der Grundbesitz
zwischen 5000 und 30 000 Pfund im Jahr einbrachte.[56]

Diese kleine Elite, die zusammen mit ihren
nächsten Angehörigen nur etwa 1000 Personen - bei
einer Bevölkerungszahl von ca. 5,5 Millionen um 1700 -
umfaßte, besaß praktisch das Monopol bei der Be-
setzung der höchsten Ämter in allen Bereichen, sie

stellte die Mehrzahl der Regierungsmitglieder und
die 'lordslieutenants' in den 'counties'. Sie dominierten im 'gesellschaftlichen Leben' am Hofe
ebenso wie im Bereich ihrer ausgedehnten Besitzungen,
wo beinahe jeder Bewohner in irgendeiner Form von
ihnen abhängig war und sich ihren Wünschen fügen
mußte.[57]

Dennoch kapselte sich diese Gruppe der 'nobilitas
major' - hauptsächlich bedingt durch das Gesetz
der Primogenitur - nicht so vollständig von der
nächstunteren Schicht ab, wie das in anderen
europäischen Ländern vielfach der Fall war. Heiraten mit der 'gentry' waren üblich, ebenso konnte
ein 'younger son' Mitglied der 'professions' oder
auch 'merchant' werden.

Familienbeziehungen und verwandtschaftliche Kontakte wurden sehr intensiv gepflegt,sie stellten
einen wesentlichen Machtfaktor bei der Durchsetzung
gemeinsamer Interessen dar. Schon der Umfang einer
jeden Familie gab Aufschluß über den sozialen
Status, je höher der Rang desto größer war sowohl
die Zahl der lebenden Kinder (da Vermögende eine
deutlich höhere Lebenserwartung hatten) als auch
die Gruppe der damals zur 'Familie' gezählten Bediensteten. Nach der **Tabelle** Gregory Kings von
1688 bestand der Haushalt eines 'Temporal Lord'
aus 40 Personen, der eines 'Esquire' aus 10 und
der eines 'cottager' nur aus 3 1/4 Personen.[58]

Die äußere Repräsentierung der eigenen Stellung
und des damit verbundenen Einflusses spielte auch
in anderen Bereichen eine sehr wichtige Rolle;
sie begann beim Familiensitz, dem 'Manor-House',

der als Machtzentrum der jeweiligen Grafschaft
in der architektonischen Pracht, der Anlage von
Parks und Wasserspielen, sowie der prunkvollen
Inneneinrichtung mit zahlreichen Zimmern und kost-
bar ausgestatteten Bibliotheken den Sitzen des
Königs oft mindestens gleichrangig war, und
setzte sich fort in vielspännigen Kutschen (die
Anzahl der Pferde und die kunstvolle Ausschmückung
von Wagen und Familienwappen war hier für den
Status entscheidend), Kostbarkeit der Kleidung
(Perücke, Uhr, Degen etc.) und Umfang der begleitenden Dienerschaft. Daß ein vermögender Lord
mehrere Häuser in verschiedenen Gegenden besaß
und diese je nach Jahreszeit oder Laune aufsuchte,
war eher normal, ebenso der regelmäßige Kuraufent-
halt in einem der fashionablen Badeorte, wie etwa
Bath.

Grundsätzlich, wenn auch in geringerem Maße, gelten viele dieser Faktoren gleichfalls für die
andere Gruppe der Oberschicht, die 'gentry'.
Die Abgrenzung dieses niederen Adels liegt nach
oben hin relativ sicher fest, kann jedoch nach
unten nicht eindeutig definiert werden; auch
stellte er von Besitzumfang, Einfluß und Bildung
her keine so homogene Einheit wie die 'nobility'
dar. Die Rangordnung, wie sie vom 'Herald's
Office' streng festgehalten und kontrolliert wurde, sah folgendermaßen aus: An der Spitze stand
der 'Baronet', gleich unterhalb des 'Baron', doch
eben eine 'Adelswelt' davon entfernt; die 'baron-
etage' war übrigens erst 1611 von Jakob I. ein-

geführt worden, der Titel konnte käuflich erworben
werden, und schon aus der Zahl der 1688 noch
existierenden 800 'Baronets' kann auf den finanziellen Erfolg dieser Transaktion geschlossen werden.[59]
'Baronet' und der darunter folgende 'Knight' besaßen
den erblichen Titel 'Sir', während der rangmäßig
folgende 'Esquire' und schließlich der 'Gentleman'
nur den Titel 'Mr' (für 'Master') innehatten.[60]
Der Gebrauch solcher, damals noch offiziellen, Bezeichnungen unterhalb der Oberschicht hatte nur
die Funktion einer Höflichkeitsformel.[61]

War die Gesamtzahl der 'Baronets', 'Knights',
'Esquires' und 'Gentlemen' im Verhältnis zur Gesamtbevölkerung auch nur verschwindend gering
(nach Kings Angaben für 1688 ca. 16000), so unterschieden sich die letztgenannten Gruppen in ihrem
Umfang ganz beträchtlich von den beiden ersten.
Während 'Baronets' und 'Knights' zusammen nur etwa
1400 Mitglieder stark waren, zählte King 3000
'Esquires' und gar 12000 'Gentlemen'. Die zwei
ranghöheren Gruppierungen bestanden fast ausschließlich aus sehr vermögenden Großgrundbesitzern, deren
Einkommen aus der Verpachtung von Land dem der
'nobility' kaum oder gar nicht nachstand, die
beiden anderen umfaßten, gerade innerhalb der
'Gentlemen', auch Mitglieder, die nur wenige
hundert Pfund im Jahr aus ihrem Landbesitz erhielten oder überhaupt kein Land besaßen und somit
der eigentlichen 'landed gentry' nicht zuzurechnen waren.[62]

Die vermögenden und landbesitzenden Teile der
'gentry' spielten politisch und ökonomisch eine
äußerst wichtige Rolle, sowohl im Bereich ihrer

Ländereien, als auch in der Verwaltung und Regierung ganz Englands, indem sie nämlich in den
'counties' die 'Justices of the Peace' stellten,
die Pfarrer des 'parish' einsetzten, sowie die
Wirtschaft dieses Bereiches durch Auswahl und Beeinflussung ihrer Pächter, der 'tenants' bzw.
'copyholders', kontrollierten. Vor allem aber
bildeten sie die überwiegende Zahl der Mitglieder
des 'House of Commons'.[63]

Die ambitionierten und aktiv am politischen,
wirtschaftlichen und kulturellen Lebens Englands
beteiligten 'country gentlemen' dürfen nicht mit
dem satirisierten 'squire' der Karikatur oder
des Romans verwechselt werden. Sicherlich gab es
auch den in zahlreichen unkritischen Darstellungen
als symptomatisch auftauchenden Typ des nur an
Flasche, Jagd und Hunden interessierten Landjunkers,
der nicht lesen und schreiben konnte und noch nie
über sein Jagdrevier hinausgekommen war;[64] man
darf aber nicht verkennen, daß dieses Bild meist
nur eine Kritik an Auswüchsen sein soll und die
Kritiker die Institution eines verantwortungsbe-
wußten 'gentleman', dessen Einfluß und soziale
Position auf Landbesitz und gute Erziehung zurück-
gehen, fast nie grundsätzlich ablehnen, sondern
im Gegenteil als rechtmäßig anerkennen und oft
sogar selbst anstreben.

Der Begriff des 'gentleman' war damals noch
keinesfalls so verschwommen und vieldeutig - und
damit letztlich nichtssagend - wie er in moderner
Zeit verstanden wird.[65] Er hatte noch viel von
der mittelalterlichen Bedeutung des 'Von-Stande-

Sein' an sich und bezeichnete ein Individuum, das
sich von der Masse deutlich abhob. Im offiziellen
Gebrauch, bei Briefen, amtlichen Urkunden und - zu
guter Letzt - auf dem Grabstein wurde sehr sorgfältig darauf geachtet, daß die Beifügung 'Esq.' oder
'Gentleman' auch zu Recht stand; Rang, Stammbaum
und die Berechtigung, ein Familienwappen führen zu
dürfen, wurden vom 'College of Heralds' überwacht
und waren jederzeit nachprüfbar. Erziehung, Ausbildung und Auftreten eines 'gentleman' folgten bestimmten, relativ festliegenden Normen, zu denen
bestimmte Attribute der Kleidung (Perücke, Degen,
goldene Taschenuhr etc.) ebenso zählten wie die
schlichte, aber eminent bedeutungsvolle Tatsache,
daß ein 'gentleman' nie Arbeit zum Zwecke des Lebensunterhaltes zu verrichten hatte:
"the primary characteristic of the gentleman was
that he never worked with his hands on necessary,
as opposed to leisurly, activities."[66] Dies besagt
jedoch nicht, daß Nichtstun ein Merkmal von
'gentility' wäre, vielmehr gab die finanzielle Unabhängigkeit, meist auf Grund des Landbesitzes,
gerade erst die Möglichkeit zur kulturellen oder
politischen Betätigung, aber auch zur Jagd und
ähnlichen Vergnügungen; während in der damaligen
ökonomischen Situation die Masse der Bevölkerung
genug damit zu tun hatte, ihren täglichen Lebensunterhalt zu verdienen.

Ohne Zweifel schied also zu Beginn des 18. Jahrhunderts noch ein tiefer Graben 'gentlemen', die
aus 'nobility' und 'landed gentry' bestehende Mi-
norität, und die große Masse der 'commoners'.

Dennoch war diese 'kritische Grenze' keineswegs
undurchlässig. Dazu trug zum einen die wirtschaftliche Lage der verarmten 'gentry' und zum
anderen - wesentlicher - das Gesetz der Primogenitur bei. Daß ein verarmter Besitz durch die
Heirat des Sohnes mit einer reichen 'Bürgerlichen'
saniert oder gar an wohlhabende 'commoners' verkauft wurde, war in England sicherlich keine Sel-
tenheit. Von weit ausschlaggebenderer Bedeutung
erscheint aber die Notwendigkeit, daß die
jüngeren Söhne adeliger Abstammung ein vom Landbesitz des Ältesten unabhängiges Auskommen finden
mußten, das zudem mit dem Status des 'gentleman'
vereinbar war.

In der Hauptsache bemühten sich 'younger sons'
um gehobene Positionen in Staat, Kirche und
Militär. In die meisten dieser Stellungen mußte
man sich mit einem recht hohen Betrag einkaufen,
das gleiche galt für die 'professions', also
juristische und medizinische Positionen, und auch
die finanziell recht verheißungsvolle Lehrstelle
bei einem der großen Handelshäuser mußte teuer
erworben werden. Dafür blieb aber der in solch
angemessener Stellung Tätige auch nach der Trennung vom heimatlichen Anwesen anerkanntermaßen
ein 'gentleman', selbst wenn nun sein dauernder
Wohnsitz in der Stadt, etwa in London, sein
sollte und er keinerlei Land mehr besaß.[67]

Andererseits scheint die Verbindung der genannten Berufe mit Mitgliedern des Adels (denn,
wie oben angedeutet, galt ähnliches für Angehörige der 'nobility') auch dazu geführt zu ha-

ben, daß Offiziere und Männer mit Universitäts-
abschluß, wie Juristen, Ärzte des 'Royal College
of Physicians' und leitende Kirchenmänner (mit
deren Amt ja ebenfalls Landbesitz verbunden war)[68]
ganz generell der Oberschicht zugerechnet wurden;
die offizielle Anerkennung im Falle nicht-adeliger
Abstammung konnte dann nur eine Frage der Beziehungen,
der Zeit oder des Geldes sein.[69]
   Geburt, Erziehung und vor allem Landbesitz waren
somit die Faktoren, die einen Platz in der Oberschicht der englischen Gesellschaft sicherten.
Verbunden damit waren hohes Prestige, politischer
und wirtschaftlicher Einfluß sowie das Bewußtsein,
sich von der Masse zu unterscheiden.

1.2.3.3. Die mittlere Schicht: Freeholders, Trades-
                               men & Persons in
                               lesser Offices and
                               Places

Die exakte Abgrenzung der mittleren Schicht ist nach
beiden Richtungen hin problematisch. Nach oben
stößt man auf die 'kritische Grenze' der damaligen
Gesellschaftsordnung, das bedeutet also, daß
die Oberschicht nur eine kleine Gruppe ihresgleichen
und die große Menge der 'anderen' sah, während sich
die obersten Ränge der mittleren Schicht schon
selbst als 'gentlemen' empfanden und alles daran
setzten, auch von diesen anerkannt zu werden.
Nach unten läßt sich ebensowenig eine sichere
Trennungslinie ziehen, dennoch sind Angehörige

der mittleren Schicht generell von den Besitzlosen
und Lohnabhängigen der Unterschicht zu unterscheiden.

Zuerst denkt man gemeinhin an die Kaufleute, wenn
der Begriff der Mittelschicht fällt, dabei stellten
die kleineren Landbesitzer - 'freeholders' - die bei
weitem größte Gruppe. King nennt allein 160 000
gegenüber 50 000 "shopkeepers and tradesmen" für
1688 und unterscheidet dabei in "better" und
"lesser sort". Die ranghöchsten 'freeholders' besaßen sogar in 'yeoman' einen anerkannten Status-
namen, entsprechend dem 'nobleman' oder 'gentleman' in der Oberschicht. Sie bearbeiteten selbständig
eigenes Land in größerem Umfang, und die reicheren
unter ihnen waren zweifellos vermögender als die
ärmere 'landed gentry'. Die meisten 'freeholders'
hatten außerdem noch fremdes Land aus Rentabili-
tätsgründen hinzugepachtet, entweder in Erbpacht
('copyhold') oder als Pächter ('tenant') eines
Großgrundbesitzers. 'Freeholders of the lesser
sort' waren nur im Besitz von sehr wenig eigenem
Land, oft unterhalb der für die Ausübung des aktiven Wahlrechtes entscheidenden Summe von
40 Shilling im Jahr. Mitglieder dieser Gruppe
konnten ihren äußeren Umständen nach selten von den
besseren 'farmers' unterschieden werden, die ausschließlich als 'tenants' fremdes Land unter dem
Pflug hatten und deren ärmere Vertreter wohl
schon zur Unterschicht gerechnet werden müssen.[70]

'Yeomen', 'freeholders' und 'farmers' wurden
übrigens auch 'husbandmen' genannt, was nur besagte,

daß der Betreffende in eigener Verantwortung Land
für seinen Lebensunterhalt bearbeitete oder Vieh
züchtete.

'Yeomen' und 'freeholders of the better sort'
übten wichtige Funktionen innerhalb des 'country'-
Wahlkreises und des 'parish' aus, indem sie die
Mitglieder des 'House of Commons' wählten und
selbst 'churchwardens', 'overseers' und 'surveyors'
stellten, also die für die Ordnung der ländlichen
Gemeinden wesentlichen unteren öffentlichen Ämter
besetzten.[71]

Hauptsächlich in den Städten und größeren Dörfern
fand sich der mit Handel und Handwerk beschäftigte
Teil der mittleren Schicht, die 'merchants',
'tradesmen' und 'shopkeepers'. Auch bei diesen Berufen findet sich wieder eine große Breite in bezug auf
sozialen Rang und wirtschaftliche Bedeutung.

An der Spitze der Kaufleute standen ohne Zweifel die "Eminent Merchants and Traders by Sea",
die nach Kings Tabelle 2000 Mitglieder umfaßten
und von ihrem Status und ihrem Vermögen her häufig
auch zur Oberschicht gerechnet wurden (s. o.), denn
einige waren, gemessen an Landbesitz, Reichtum
und Lebensstil, nur noch mit der 'nobility' zu
vergleichen; ihre Mehrzahl verfügte sicherlich
über ein höheres Einkommen als der größere Teil
der 'gentry'. Diese Kaufleute trieben Überseehandel
im großen Stil und kontrollierten den Import und
Export im Verkehr etwa mit den englischen Kolonien
und anderen Ländern oder waren Bankiers.

Auch die "Lesser Merchants and Traders by Sea"
müssen zu den wohlhabendsten Bevölkerungsgruppen

gerechnet werden; ihr finanzielles Potential war
sicherlich höher als das der mittleren oder gar unteren 'gentry'.

Während die 'merchants' naturgemäß vornehmlich
in London und den größeren Hafenstädten beheimatet
waren, betrieben die 'tradesmen' den Binnenhandel
im ganzen Land. Sie kauften und verkauften die
Waren, die der 'merchant' im- oder exportierte,
im wesentlichen handelten sie also mit Wolle,
Stoffen, Getreide und allen Gütern des täglichen
Bedarfs, aber auch mit Luxusartikeln wie Seide,
Schmuck, Wein, Tabak und ähnlichem. Die bedeuten-
deren unter ihnen beschäftigten mehrere Arbeitskräfte und außerdem noch Hauspersonal, wogegen
die kleineren - meist Einzelhandel betreibende
Ladenbesitzer - nur wenige Angestellte hatten und
wohl auch nur der unteren Mittelschicht zugerechnet
werden können.

Als 'shopkeeper' wurden Inhaber von kleineren
Läden ebenso bezeichnet wie Werkstättenbesitzer,
zum Beispiel Schmiede, Schreiner, Weber, Schneider,
Schuhmacher, um nur einige zu nennen. Für diese
Handwerksbetriebe gelten ähnliche Größenordnungen
wie für die Ladenbesitzer: wohlhabende Meister beschäftigten zahlreiche Lehrlinge, Gesellen und
Dienstmägde in Werkstatt und Haushalt; am anderen
Ende der Skala stand der relativ arme, aber noch
selbständige Handwerker, dem höchstens ein Familien-
mitglied half und der kaum vom abhängigen, etwa
in Heimarbeit tätigen 'mechanick', also Unter-
schichtmitglied, zu unterscheiden war.

Alle Meister und Kaufleute verlangten Lehrgeld,

das sich in der Höhe ganz beträchtlich unterschied
und damit schon den Status des jeweiligen Gewerbes,
seine Verdienstmöglichkeiten sowie den Ruf des
Lehrherrn andeutete. Während eine normale Weberlehre
nur die Investition von 2 - 5 Pfund verlangte,
mußten etwa bei einem Schmied 8 - 10 Pfund und bei
Sattlern sogar 30 - 100 Pfund bezahlt werden.
Ähnliche Summen verlangten die 'merchants', einige
auch noch wesentlich mehr; zahlreiche 'younger sons'
kauften sich so mit Familienmitteln in eine ertrag-
versprechende Existenz ein.[72]

Als letzte größere Gruppe der mittleren Schicht
wären die unteren Ränge der 'professions', der
Offiziere und des Klerus zu nennen. Der kleine
Rechtsanwalt oder Wundarzt in irgendeiner Stadt gehörte nämlich ohne Frage zur Mittelschicht, während
führende Anwälte Londons und dem 'Royal College of
Physicians' angehörende Mediziner zur herrschenden
Schicht gerechnet werden müssen, auch wenn sie
nicht adliger Abstammung waren. Dissentergeistliche
wurden übrigens auf der sozialen Skala noch deutlich
niedriger eingestuft als ihre von der 'Church of
England' ordinierten Kollegen.

Die etwa 400 000 Familien der mittleren Schicht
hatten zwar zentrale Bedeutung für die Wirtschaft
Englands, ihre politischen Rechte können jedoch
nur als sehr beschränkt bezeichnet werden. Lediglich
im engeren Bereich der Städte lag die Verwaltung in
ihren Händen; hier besaßen auch nur relativ wenige
'freemen' ein Stimmrecht für das Parlament, das
auf dem Lande die 'freeholders' innehatten. Städte
wie Manchester und Birmingham, die schon damals ein
rasches Wachstum erlebt hatten, entsandten zum Beispiel keine Vertreter ins 'House of Commons'.[73]

1.2.3.4. Die Unterschicht: Mechanicks, Cottagers &
Paupers

> The far greater Part of every People are such
> as are obliged to labour for their Support:
> these are generally Persons of strong Bodies
> and weak Minds; they are often out of Humour
> with their Condition.

So lautete ein zeitgenössischer Kommentar zur Situation
der unteren Schicht, an dem sich die gesamte Problematik deutlich machen läßt.[74]
Erstens weist er darauf hin, daß die weit überwiegende Mehrheit der Bevölkerung dieser Gruppe angehörte.
Ihre Zahl ist noch wesentlich größer als in den
meisten Darstellungen angegeben wird, die sich meistens
auf Berechnungen Kings und seiner - oft von ihm abhängigen - Nachfolger stützen. King gibt zum einen die
Zahl der F a m i l i e n an und nennt außerdem das
Produkt aus Familienzahl und Familien g r ö ß e.
Dieses Produkt wird sehr oft fälschlicherweise als
Anzahl der Angehörigen einer Schicht oder Gruppe
übernommen. In Wahrheit gehörten jedoch viele
Familienmitglieder (in der damaligen Bedeutung des
Wortes) nur zum Haushalt des Familienoberhauptes,
der allein zusammen mit seinen Angehörigen zur
eigentlichen Statusgruppe zu zählen ist.[75] Viele
so der Ober- und Mittelschicht zugerechnete Angestellte und das Dienstpersonal sind tatsächlich
nur Unterschichtmitglieder und erhöhen Kings diesbezügliche Zahlen noch einmal wesentlich; genaue
Berechnungen sind sicherlich kaum möglich, es
dürfte sich aber um mindestens 400 000 Personen

handeln, so daß die Unterschicht fast zwei Drittel
der Gesamtbevölkerung ausmachte.[76]

Zweitens unterstützt das Zitat die Auffassung,
daß diejenigen der unteren Schicht zugerechnet
wurden, die ohne nennenswerten Besitz das tägliche
Überleben durch körperliche Arbeit sichern mußten.[77]
Der bemerkenswerte Hinweis auf deren "strong Bodies
and weak Minds" weist einerseits auf die zum Lebensunterhalt notwendige Robustheit der Konstitution hin und impliziert andererseits, daß körperliche Stärke in den anderen Schichten kaum als
erstrebenswert galt, man erinnere sich an die
für einen 'gentleman' unüblichen 'necessary
activities'. Die uns heute befremdlich anmutende
Bemerkung zu den "weak minds" hätte damals bei
den Betroffenen keinerlei Reaktion gefunden, da
diese, bedingt durch überwiegendes Analphabetentum,
sowieso keine Zeitung lesen konnten, die ihnen
überdies noch zu teuer gewesen wäre.[78]

Das Schulsystem war bis weit ins 18. Jahrhundert
hinein für Mitglieder der Unterschicht völlig un-
zureichend.[79] Zwar hatten 'Charity School Movement'
und ähnliche Aktionen begonnen, die Situation
zu lindern, aber das Problem wird deutlich, wenn
man bedenkt, daß bei den zahlreichen am Rande des
Existenzminimums lebenden Familien auch die
jüngsten Kinder schon mitarbeiten mußten.[80] Daher
ist nicht verwunderlich, welch bedeutende Rolle
die kirchliche Predigt als informierendes und
damit notwendig meinungsbildendes Medium im 18.
Jahrhundert noch spielte, denn Gottesdienstbe-
such war Pflicht.[81]

Drittens stellt das obige Zitat selbst schon
ein Beispiel für das grundsätzliche Problem fehlender authentischer Quellen über die Situation der
unteren Schichten dar:

> Our knowledge of their feelings and hopes, of their
> pleasures and pains, of the conditions of their
> day-to-day-life, is based almost completely on the
> reports of observers, often with personal or
> ideological axes to grind, and not on the testimony
> of the poor themselves.[82]

Die Beobachter waren fast immer oberhalb der Mitte
der sozialen Skala angesiedelt, zählten also auch
zumeist nicht zu der großen Menge der unteren Mittelschicht. Der Kommentator unseres Zitats wandte
sich in seiner Zeitung The St. James Journal an die
gehobenen Schichten und zählte selber wohl ebenfalls dazu. Die Gründe für das Fehlen von origi-
närem Material aus der Welt der Armen liegen auf
der Hand: die Grundvoraussetzungen, Fähigkeit des
Lesens und Schreibens sowie eines Mindestmaßes
von Muße, waren einfach nicht gegeben.[83]

Zeitgenossen hatten zahlreiche Namen für die
Angehörigen der niederen Bevölkerungsgruppen,
'poorer sort', 'lower station', 'mechanicks',
'labourers' und 'paupers' waren häufige Bezeichnungen, die jedoch im Bedeutungsumfang jeweils
differierten; als gebräuchlicher Oberbegriff,
der auch in der modernen Literatur oft aufge-
griffen wird, bietet sich aber 'the Poor' an.
Die Namensvielfalt ist schon ein Indiz für die
großen Abstufungen und Unterschiede innerhalb
dieser Schicht.[84]

Drei große Gruppen lassen sich - neben den 'common
seamen' und 'common soldiers' - vereinfachend unterscheiden:

'mechanicks'   -   worunter alle in Handel,
                         Handwerk, Landwirtschaft oder
                         Haushalten angestellt Tätige
                         verstanden werden sollen;

'cottagers'   -   als im weitesten Sinne mit
                         landwirtschaftlicher Arbeit
                         Beschäftigte;

'paupers'   -   umfaßt schließlich diejenigen,
                         die nur gelegentlich oder über-
                         haupt nicht arbeiteten und auf
                         Betteln und/oder Armenhilfe
                         angewiesen waren.[85]

Einen oberen Rang nahmen generell alle ein, die in
Handel oder Handwerk eine Lehre abgeschlossen hatten. Dabei standen die bei Kaufleuten als 'shopman'
oder 'clerk' Angestellten an der Spitze der Skala;
es folgten die 'skilled craftsmen', auch 'artificers'
bzw. 'artisans' genannt, die meist als 'journeymen'
bei einem Handwerksmeister beschäftigt waren und je
nach Gewerbe noch weitergehend eingestuft wurden:
Kutschmacher, Goldschmiede und Sattler galten (und
verdienten) mehr als Weber, Glaser und Färber, um
nur einige Beispiele zu nennen.[86]
    Wer keine Lehre abgeschlossen hatte, was für die
meisten Unterschichtmitglieder - bedingt durch die
Höhe des Lehrgeldes - zutraf, sah sich als 'labourer'
schon recht weit unten in der sozialen Einschätzung

angesiedelt. Man war dann quasi als 'Hilfsarbeiter',
Träger, Hausdiener, Straßenhändler oder Landarbeiter tätig, die Frauen dieser Gruppe meist als Haus-
mädchen und Straßenverkäuferinnen. Immerhin gingen
sie alle einer weitgehend geregelten Beschäftigung
nach und waren nicht von Betteln und Almosen abhängig. Dennoch können Lebensumstände, Behausung und
Ernährung der Mehrzahl der 'mechanicks' nur als
äußerst dürftig beschrieben werden; viele bewegten
sich nur wenig oberhalb des Existenzminimums und
hingen unmittelbar von der jeweiligen wirtschaftlichen Lage und dem Wohlwollen ihrer Arbeitgeber ab.[87]

Auf 1,3 Millionen Menschen, das ist rund ein
Viertel der Gesamtbevölkerung, schätzte King 1688
die Zahl der 'cottagers and paupers'. Erstere
lebten fast ausschließlich auf dem Land, arbeiteten
zur Erntezeit oder jedenfalls unregelmäßig bei
irgendeinem Bauern und werden von Laslett recht
zutreffend so definiert: "Getting a living where
you, you and your whole familiy, could make one,
and wringing all that was possible out of the
land which might be attached to the hovel you
lived in."[88] Ihre Situation wurde übrigens durch
die stete Zunahme der Einhegungen ('enclosure')
auch der 'commons', des Landes für die Armen in
einer Gemeinde, weiter verschlechtert.

Die große Gruppe der 'paupers' in Städten und
Dörfern nahm den untersten sozialen Rang ein; ihr
gehörten Arbeitslose, Arbeitsscheue und Arbeitsun-
fähige gleichermaßen an und nur die eher kritischen Zeitgenossen wußten dies zu unterscheiden.[89]

Gelegentliche Arbeiten, Bettelei und Unterstützung
durch die Gemeinde trugen zu einer Existenz unter nie-
drigsten Bedingungen bei, die häufig im Teufelskreis
des Alkoholismus oder in Prostitution und Kriminalität endete.

Das Armenproblem stand im Mittelpunkt zahlreicher
Debatten in Parlament und Öffentlichkeit, und eine
Reihe von Gesetzen und Verordnungen sollte, neben
privaten und kirchlichen Bemühungen, zur Lösung
beitragen; im Interesse der Betroffenen, aber vor
allem auch zur Sicherung der öffentlichen Ordnung,
denn gerade die Straßen Londons waren für den wohl-
habend aussehenden Bürger zu bestimmten Zeiten und
in bestimmten Vierteln gefährlich.

Die 'Act of Settlement' von 1662 legte fest,
daß nur derjenige frei seinen Aufenthaltsort wählen
konnte, der mindestens 10 Pfund Pacht oder Miete
jährlich zahlte.[90] Alle anderen konnten vom jeweiligen 'Justice of the Peace' wieder in ihre vor-
herige Gemeinde zurückgeschickt werden. Damit sollte eine größere Fluktuation der Armen zwischen den
einzelnen 'parishes', die für 'Poor Relief' zu-
ständig und naturgemäß nicht an Zuwanderung interessiert waren, verhindert werden.

Sehr umstritten waren die 'workhouses' der
'parishes', in denen arbeitslose Arme arbeiten
mußten und auch eine notdürftige Unterkunft fanden.
Zahlreiche Kinder wurden ebenfalls bis zu zwölf
Stunden am Tag darin beschäftigt und nur sehr vereinzelt auch im Lesen und Schreiben unterrichtet.[91]
Der Nachteil dieser Häuser bestand unter anderem

in der durch sie verursachten Senkung des Lohn-
niveaus für die 'labourers' im näheren Umkreis,
die dadurch potentielle 'paupers' werden konnten.
Wer die Gesetze übertrat, erfuhr eine äußerst
harte Bestrafung; Verstöße gegen die 'Act of
Settlement', ebenso wie Bettelei (und auch uneheliche Schwangerschaft) waren mit öffentlicher
Auspeitschung bedroht, das Urteil des oder der
Schuldigen hatte den Wortlaut: "stripped naked
from the middle upwards and openly whipped until
his or her body be bloody".[92] Auf Raub oder Diebstahl stand die Todesstrafe, auch bei kleinsten
Diebereien, und selbst wenn sie von Kindern be-
gangen worden waren; unter bestimmten Umständen
konnte die Strafe zwar in eine Transportation
in die Kolonien umgewandelt werden, aber Hinrichtungen waren die Regel und zählten zu den bevor-
zugtesten Volksbelustigungen der unteren und
mittleren Schichten. Wie wenig effektiv die Todesstrafe zur Verhütung von Verbrechen offenbar
war, zeigt folgende Bemerkung in Mist's Weekly
Journal von 1728 zu kriminellen Aktivitäten
während und nach Hinrichtungen: "perhaps they
are picking Pockets under the Gallows, while
they are looking upon their old Companions in
the Agonies of Death, or else commit a Robbery
the same Night."[93]
Die Lebensumstände der Unterschicht und ihre
wirtschaftliche Lage lassen es nicht verwunderlich erscheinen, daß für sie mit dem einleitenden Zitat galt: "they are often out of Humour

with their Condition". Bedingt durch eine der
starken Bevölkerungszunahme noch nicht angemessen
entwickelte Wirtschaft und den ökonomischen
Grundsatz der "Niederhaltung der Löhne"[94] (wobei
die 'Justices of the Peace', selber Arbeitgeber,
verbindlich die Löhne in ihrem Bezirk fest-
setzten), resultierte die Unzufriedenheit der
unteren Schichten häufig in Erhebungen und Auf-
ständen gegen unerträglich erscheinende Zustände
wie Preiserhöhungen, Entlassungen und Lohnsenkungen;
'the Poor' verwandelten sich so zeitweise in den
im 17. und 18. Jahrhundert gefürchteten 'Mob', der
oft nur durch bewaffnetes Eingreifen unter Kontrolle gebracht werden konnte.

1.2.4. Die Machtstruktur

"Landed property was the foundation
of eighteenth-century society.
The soil itself yielded the nation
its sustenance and most of its raw
materials, and provided the population with its most extensive means
of employment; and the owners of the
soil derived from its consequence
and wealth the right to govern."

(G. E. Mingay: English Landed Society
in the Eighteenth Century)[95]

Nach der Revolution galt in der nun konstitutionellen
Monarchie Englands endgültig, daß politische Macht
von 'King, Lords and Commons' gemeinsam ausgeübt wurde. Die Rechte des Königs wurden schon angesprochen

und auch auf den großen Einfluß des 'House of
Lords' hingewiesen, dessen Mitglieder die bedeutendsten Landbesitzer Englands waren und zahlreiche wichtige Posten in Regierung, Kirche und
Militär innehatten.

Die Funktionen dieser "Three Estates" stellte
der Observator 1702 in einem Vergleich zwischen
"Body Politick" und "Body Natural" so dar:

> The Queen resembles the Heart, ... The
> Liver resembles the Commons, as it
> nourishes the Heart, and diffuses the
> vital Blood throughout all the Veins
> of the Body: The Lords serve as the
> Lungs, and fan and cool the Heart,
> and keep the Intestines in a due
> Temperament;[96]

Wer aber waren die 'Commons', wen repräsentierten
sie? Keinesfalls verstanden die Zeitgenossen darunter
die allgemeine Bevölkerung; die Voraussetzungen für
die Ausübung des aktiven und passiven Wahlrechtes
sowie die tatsächliche personelle Zusammensetzung
des 'House of Commons' lassen erkennen, daß die
politische Macht dort aufhörte, wo auf der sozialen
Skala die 'Commoners' erst begonnen hatten (s. o.).
'Property' war der Faktor, der entschied, ob ein
Mensch als mit bestimmten Rechten ausgestatteter
Mitbürger zu berücksichtigen sei, und 'landed
property' gab den Ausschlag, ob er im Parlament
die Geschicke des Landes lenken durfte.[97]

Das St. James Journal faßte 1722 die Auffassungen der herrschenden Bevölkerungsgruppen zusammen:

That there is a very great and indefeasible
Authority in the P e o p l e ,   or Commons
of G r e a t - B r i t a i n ,   every
one allows; but by the People, in this Place,
I refuse to understand the confus'd Herd of
Vagabonds, whose Ignorance and Poverty
naturally retain 'em to the Interest of
Rebellion and Public Confusion. ... they only
are possess'd of this popular Authority,
who are intitl'd to it from the Property
they enjoy.[98]

Außerdem befürwortete der Verfasser noch einmal nachdrücklich das Beharren des Gesetzgebers auf "visible
Landed estates, as the Qualification of all that
serve in Parliament."

Im Jahre 1710 hatte das Parlament eine 'landed
property qualification' als Voraussetzung der Zugehörigkeit zum 'House of Commons' festgelegt: Vertreter aus den 'counties' mußten danach Landbesitz
im Werte von 600 Pfund im Jahr aufweisen,[99] solche
aus 'boroughs' 300 Pfund. Wahlberechtigt waren auf
dem Lande nur Inhaber von mindestens 40 Shilling
'freehold', worunter neben dem landbesitzenden
Adel immerhin etwa 150 000 'freeholders' fielen;
jedoch ist zu bedenken, daß weitaus die meisten
von ihnen gleichzeitig auch 'tenants' waren und somit unmittelbar von den Kandidaten selbst oder
ihren einflußreichen Verwandten und Sympathisanten
abhingen. Diese Wählerschaft entsandte zu Beginn
des 18. Jahrhunderts 82 Parlamentsmitglieder aus
den 40 Grafschaften ins 'House of Commons'.

In den 203 'cities' und 'boroughs' erscheint
das aktive Wahlrecht auf den ersten Blick weiter
gestreut zu sein. Es umfaßte neben den Mitgliedern

der Zünfte ('corporations'), auch vermögende Hausbesitzer und diejenigen, die eine 'poor-rate' ent-
richteten.[100] Nur zwölf Wahlkreise, unter ihnen
Westminster, kannten ein allgemeines Wahlrecht
für die meisten männlichen Bürger. Allerdings
waren die Bestimmungen fast überall unterschiedlich und oft undurchsichtig, zudem konnten einige
Wahlkreise regelrecht 'gekauft' werden, andere
wurden von einflußreichen Adelsfamilien do-
miniert.[101] Daher entsandten auch die 'boroughs'
in der überwiegenden Mehrzahl Mitglieder der
'gentry' ins Parlament; außerdem ging selbst in
größeren Städten die Tendenz dahin, einflußreiche
Adlige den bürgerlichen Kandidaten vorzuziehen.[102]

Wie beschränkt und verwirrend das Wahlrecht
insgesamt gesehen war, geht aus den Zahlen der
tatsächlich Wahlberechtigten in den 'boroughs'
hervor: von den insgesamt nur 85 000 Wählern bestimmten 15 000 allein schon die Hälfte der Parla-
mentarier.[103] Gemessen an einer Bevölkerung von
ca. 5,5 Millionen spricht somit die Summe von
etwa 250 000 Wahlberechtigten wohl für sich.

Unter Berücksichtigung der aufgeführten Fakten
ist es denn auch nicht erstaunlich, daß 1701
von 489 Abgeordneten 350 der 'gentry' zugerechnet wurden, von denen wiederum 270 als sichere
Unterstützer der Landinteressen galten; 43 weitere
waren Kaufleute, der Rest setzte sich aus Rechts-
anwälten, Offizieren, Amtsträgern und anderen
zusammen.[104]

Gemessen an ihrer wirtschaftlichen Bedeutung
und vor allem an ihrem Bevölkerungsanteil sah sich

die mittlere Schicht bis weit ins 18. Jahrhundert hinein
klar unterrepräsentiert; selbst wenn man bedenkt, daß
zahlreiche 'gentry'-Mitglieder im Parlament ehemalige
Kaufleute waren, die durch großen Reichtum und Länder-
werb ihren sozialen Rang verbessert hatten, und daß 'merchants' und 'bankers' über Kredite und Finanzhilfen für
den Staatshaushalt nachhaltigen Einfluß auf Hof und Regierung nehmen konnten. Erst nach 1760 stieg die Zahl
der Mittelschichtler im Parlament deutlich an, wenn auch
bis ins 19. Jahrhundert der größte Teil der M.P.s dem
Lande mehr verbunden war als dem Handel.[105]

Aus der Sicht der Zeitgenossen kann die geschilderte
Situation nicht verwundern, denn einmal stellte die
Landwirtschaft den ökonomisch bedeutendsten Faktor
- auch fiskalisch gesehen - dar: "the combined body of
landowners and farmers (but excluding cottagers and
labourers), comprised less than a fifth of all the families of England and Wales but disposed of about a half
of the total incomes"; [106] zum anderen galt auch in der
Mittelschicht unangefochten der Grundsatz, daß jeder
der Land besaß, in seinem Gebiet besondere Rechte gegenüber denjenigen besaß, die sich darauf aufhielten; wem
das nicht paßte, der konnte sich schließlich ja eine
andere Bleibe suchen. Auf den Staat übertragen bedeutete
dieses Prinzip, daß die Menge der Landbesitzer die Macht
innehaben mußte, gehörte ihnen doch der Boden des Staates.

Der Aphorismus, daß mit der 'Glorious Revolution' das
"divine right of kings" durch ein " divine right of property" ersetzt wurde, hat vieles für sich. Eigentum und
Rechte der Bürger waren nun gegen Übergriffe der Monarchen und Mächtigen im Staat gesichert, und als die vornehmste Aufgabe staatlicher Organe wurde der Schutz von

'property' angesehen; die strenge Bestrafung jeglicher Eigentumsdelikte hat hier ihre wesentliche Ursache.[107]

Locke bezeichnet in seiner staatsphilosophischen Apologie der Revolution die Eigentumssicherung als Hauptziel jeder Staatenbildung überhaupt:

> The great and chief end, therefore, of men uniting into commonwealths, and putting themselves under government, is the preservation of their property; to which in the state of Nature there are many things wanting. [108]

In einem Staat und einer Gesellschaft, die so gezielt auf 'property' und ihren Schutz zugeschnitten sind, müssen die Besitzlosen, mithin fast die gesamte untere Schicht, die Rolle eines notwendigen Übels spielen, das zwar als Arbeitskräftepotential gebraucht wird, ansonsten aber keine Aufgaben oder Rechte im Staat besitzt. Dagegen liegt - systemkonform - die größte Macht und der höchste soziale Rang bei den Eigentümern des Idealtypus von 'property', Landbesitz, während die anderen Formen des Eigentums Status und Einfluß gemäß ihrem Umfang vermittelten. [109]

Allerdings muß vermerkt werden, daß Locke durchaus nicht so eindeutig als Anwalt des Besitzes verstanden werden darf, wie es häufig geschieht. Es wird nämlich oft übersehen, daß er den Eigentumsbegriff recht weit faßt, neben der persönliche HABE fällt bei ihm gerade auch das Recht an der eigenen PERSON, ihrer Freiheit und Gleichheit, darunter. Der Mensch, nach Locke letztlich Eigentum Gottes, und das Eigentum des Menschen können im Gemeinwesen am besten geschützt werden: "every man has a 'property' in his own 'person'. This nobody has any right to but himself." [110]

In der Praxis sah es allerdings so aus, daß das Gros der Bevölkerung, etwa von der unteren Mittelschicht ab-

wärts, keinerlei Mitspracherecht bei der Regierung des
Landes hatte; das gilt für den allergrößten Teil der
mittleren Schicht ebenso wie für die Masse der Einwohner, die Unterschicht.

Das Parlament hatte also mit einer demokratischen
Institution in unserem Sinne noch nichts gemein, die
Grundbesitzer der Oberschicht dominierten hier die Politik genauso wie das gesamtgesellschaftliche Leben auf
dem Lande und in den meisten Städten, da sie auch die
unteren Verwaltungsebenen und die Gerichtbarkeit durch
'Justices of the Peace', Magistratsherrenposten und
zahlreiche andere Ämter beherrschten.

Auf diese Verbindung von Landbesitz und Macht führen
einige moderne Beobachter die politische und soziale
Stabilität Englands zwischen 1690 und 1790 zurück: "land
was immovable and indestructible; and the very permanence
of land gave stability to the society that was based
upon it." [111]

Anders waren die Verhältnisse nur in den größeren
Städten, deren Magistrat aus den Reihen der gehobenen
Mittelschicht gebildet wurde. Eine Sonderstellung nimmt
in diesem Zusammenhang London ein, auf das wegen seiner
immensen Einwohnerzahl, wirtschaftlichen Bedeutung und
vor allem wegen seiner weit fortgeschrittenen Selbstverwaltung kurz gesondert eingegangen wird.

1.2.4.1. Exkurs: London

"LONDON, the Epitome of England, the Seat
of the British Empire, the Chamber of
the Kings, and the chiefest Emporium, or
Town of Trade in the World;
wherein all the Blessings of Land and Sea,
and (by the benefit of Shipping) all the
Blessings of the Terrestrial Globe,
may be said to be enjoyed, above any
City in the World."

(Dr. Chamberlain: Angliae Notitia, or
                  The Present State of
                  England, II, 1682   112

Zu Beginn des 18. Jahrhunderts war London mit ca. 670
Tausend Einwohnern (ein Zehntel der Bevölkerung Englands
und Wales) die größte Stadt der Welt und mit keiner anderen in England auch nur annähernd zu vergleichen. Es
war das Zentrum des englischen Handels, fast der gesamte
Ostindienhandel und der größte Teil des übrigen Übersee-
und Europahandels hatte hier seinen Sitz, und seine
Kaufleute kontrollierten den Warenverkehr und die Märkte
des ganzen Inselreiches. Die größten Handelsgesellschaf-
ten und die Bank von England waren hier ansässig, genauso wie die besten und spezialisiertesten Handwerksbetriebe. London war eine Hochburg der Kultur mit Bibliotheken, Theatern, den führenden Dichtern, Künstlern und
Journalisten, aber auch das Sammelbecken von Armut, Prostitution und Kriminalität. [113]

Nirgendwo sonst in England war man so deutlich vom
'country life' mit der damit zusammenhängenden Einflußnahme durch die Oligarchie der Landeigentümer entfernt;
"the City of London appeared almost as a separate estate
of the realm." [114] Die City besaß eine vollständige und
unabhängige Selbstverwaltung, die für damalige Verhältnisse ungewöhnlich demokratisch strukturiert war:

12 000 Wahlberechtigte bestimmen 26 'Aldermen'
(einen für jeden Stadtbezirk), zwei Sheriffs und 236
'Common Councillors'; alle zusammen bildeten die 'City
Corporation', an deren Spitze der 'Lord Mayor' stand.[115]
Diesem Magistrat unterstand die gesamte zivile Recht-
sprechung, die Verwaltung, die Aufsicht über die Märkte
und die Steuerhebung im Londoner Hafen. Während Groß-
kaufleute und Mitglieder der 'professions' hauptsächlich
die 'Aldermen' und den 'Lord Mayor' stellten, saßen im
'Common Council' vorwiegend 'shopkeepers', aus denen
sich auch die Wählerschaft zum größten Teil zusammensetzte.[116]

Das Wahlrecht war an Hausbesitz und Steuerzahlung ge-
bunden, und im übrigen zählten so gut wie alle Wähler
auch gleichzeitig zu den 'liverymen' der etwa 90 mächtigen Londoner Gilden und 'City Companies'. Diese Gesell-
schaften hatten dadurch einen doppelten Einfluß, einmal
auf den Magistrat und vor allem innerhalb ihres jeweiligen Gewerbezweiges, wo sie absolutes und mono-
polistisches Verfügungsrecht bei der Aufnahme oder Ablehnung von Mitgliedern sowie bei handelsrechtlichen und
geschäftspolitischen Differenzen hatten. Sie unterschieden sich allerdings deutlich in ihrer Größe und wirtschaftlichen Bedeutung, die reichsten besaßen 'Halls',
die zu den eindrucksvollsten öffentlichen Gebäuden
London zählten.[117]

Auch das Wahlrecht für das 'House of Commons' lag bei
den 'freemen' der 'Companies', und obwohl die Stadt nur
vier Abgeordnete stellte, so saßen doch 1701 40 Londoner
im Parlament.[118] Doch damit ist ihre Machtstellung nur
andeutungsweise umschrieben; keine Regierung wagte es,
ihre alten Rechte und Privilegien anzutasten, vielmehr
hatte es jeder Monarch und jeder Minister, der nicht die

Billigung der 'City Corporation' und der 'Companies'
fand, schwer, sich auf die Dauer durchzusetzen. Nicht
zuletzt der Einflußnahme Londons verdankte die kon-
stitutionelle Monarchie ihre Entstehung, und bei der
Machtergreifung Wilhelms von Oranien hatte London, wie
schon bei der Restauration, eine bedeutende Rolle gespielt. [119]

Zur Finanzierung des Staatshaushaltes trug die Stadt
überproportional bei; allein ein Siebtel der Boden-
steuer Großbritanniens wurde von der City of London und
Middlesex aufgebracht, ganz zu schweigen vom übrigen
Steueraufkommen und den Krediten zur Deckung von Staats-
schulden: "The establishment of the Bank and the National
Debt in William's reign forged new links between the
Ministers and the Merchants". [120]

1.2.5. Gesellschaftliche Mobilität

"It would, if it were possible,
be far better to lay 'The Rise
of the Gentry' carefully along-
side 'The R i s e of the M i d d l e
C l a s s e s', and to place them
reverently together in the great
and growing collection of outmoded
historians' idiom."
(Peter Laslett: The World we have lost)[121]

Ein breiter Konsens besteht darüber, daß in unserem
Zeitraum trotz der im allgemeinen Bewußtsein veranker-
ten differenzierten sozialen Abstufungen gesellschaftliche Mobilität keineswegs ungewöhnlich war. [122] Der
Wunsch nach der Erhöhung seines Ranges oder Status war
auch nicht auf eine bestimmte Schicht beschränkt oder
für sie typisch. Allein der Umfang dieser Auf- bzw. Ab-

wärtsbewegung ist außerordentlich fraglich, da dies-
bezügliches authentisches Zahlenmaterial fehlt und man
weitgehend auf Vermutungen angewiesen ist. [123] Wie
wohl zu allen Zeiten stellte Mobilität einen nur relativ
wenige betreffenden Prozeß dar, der ja erst dadurch
bemerkenswert wird, daß die große Masse der Bevölkerung
ihren ursprünglichen Rang zeitlebens beibehält und so
den Bezugsrahmen für den sozialen Auf- oder Absteiger
bildet.

Naturgemäß waren Bewegungen innerhalb der in sich
vielfach abgestuften Gesellschaftsschichten wesentlich
häufiger als solche zwischen ihnen. Der Sohn eines
'labourers', der eine Lehre beendet hatte und in einem
angesehenen Handwerk arbeitete, rückte auf der sozialen
Skala deutlich nach oben, während zum Beispiel ein
durch Bankrott ruinierter Kaufmann mit seinem Namen
auch viel von seinem gesellschaftlichen Ansehen verlor
und durchaus in die Unterschicht abrutschen konnte.

Gerade innerhalb der Oberschicht gab es zahlreiche
Positionsverschiebungen in beide Richtungen. Einerseits war natürlich jede Familie bestrebt, den nächst-
höheren Adelsgrad zu erreichen, was Finanzkräftigen
im 17. Jahrhundert durch die Einführung der 'baretonage'
und neuer 'peerages' (auch noch im 18. Jahrhundert)
erleichtert wurde, andererseits sorgte das Gesetz der
Primogenitur für eine dauernde Fluktuation zwischen
den einzelnen Rängen. Heiraten zwischen 'nobility' und
'gentry' bedeuteten eben den sozialen Aufstieg des einen
und den Abstieg des anderen Partners, und wenn ein
'younger son' einen der oben erwähnten Berufe ergriff,
so konnte dies bedeuten, daß seine Familie entweder all-

mählich aus der Oberschicht abstieg oder bei finanzi-
ellem Erfolg durch Landerwerb eine eigene, nun ge-
festigte Position darin erlangte.

Mobilität zwischen den drei Schichten fand generell
wohl nur in begrenztem Umfang statt; der verarmte 'Gentleman' und der schuldengeplagte Kaufmann sanken in
die nächstuntere Schicht ab, während zum Beispiel ein
erfolgreicher 'craftsman' sich selbständig machen,
eigene Arbeitskräfte beschäftigen und so in die Mittelschicht aufrücken konnte. Größere soziale Sprünge fanden dagegen allgemeines Aufsehen, wie etwa der Fall des
Lionel Cranfield, der als Londoner Lehrling begonnen
hatte und vor allem auf Grund seiner enormen geschäftlichen Erfolge als Earl of Middlesex starb. [124]

Was aber sowohl die Zeitgenossen als auch die So-
zialhistoriker besonders beschäftigte, waren Bewegungen
zwischen der oberen Mittelschicht und der 'gentry';
hierüber liegt weitaus mehr Material als etwa über Ver-
schiebungen zwischen Mittel- und Unterschicht vor, und
einige moderne Darstellungen vermitteln den Eindruck,
als habe es nur in diesem Bereich Mobilität gegeben
oder das Streben nach sozialem Aufstieg sei auf den
Mittelstand beschränkt. Auch die Vorstellung von einem
allgemeinen 'Rise of the Middle Classes' sollte (für
unseren Zeitraum) mit Laslett wohl besser zu den Akten
gelegt werden. Zwar hatten die mittleren Schichten an
Mitgliederzahl und wirtschaftlicher Bedeutung zu Beginn des 18. Jahrhunderts gegenüber früher stark zugenommen, von einem allgemeinen Aufstieg zu politischer
Macht oder gesellschaftlichem Ansehen kann aber vor dem
19. Jahrhundert noch keine Rede sein; bei dem Gros der
Mittelschicht war sicherlich noch nicht einmal die Absicht dazu vorhanden.

Dennoch gibt es gute Gründe für das damalige und heutige Interesse an aufstiegswilligen Mittelständlern: Erstens war ihre soziale Zielgruppe ausgerechnet die sehr kleine regierende 'Elite' der Zeit, in deren Händen die weitaus größte politische und wirtschaftliche Macht Englands lag. Zugehörigkeit zur Oberschicht bedeutete die Möglichkeit der Teilhabe an dieser Macht und zudem höchsten gesellschaftlichen Status in den Augen der meisten Mitmenschen.

Zweitens stellte das Feld zwischen den beiden Schichten die schon mehrfach erwähnte und in ihrer Bedeutung beschriebene 'kritische Grenze' innerhalb der Gesellschaft dar. Hier entschied sich, ob jemand zur großen, einförmigen Masse der 'commoners' zu rechnen sei oder ob er, versehen mit einem sorgfältig durch das 'Herald's Office' gehüteten Titel, über die gemeine Menge herausragte.

Drittens kommt neben dem Problem sozialer Mobilität an dieser Stelle noch das eines sozialen Konfliktes ins Spiel, es geht um die Differenzen zwischen den Positionen, die 'landed interest' beziehungsweise 'monied interest' genannt werden. Nun vertreten einige Historiker zwar die Auffassung, daß so gut wie keine Interessengegensätze vorgelegen hätten; Sir G. Clark meint:

> A supposed opposition between the landed and the moneyed interest became increasingly one of the commonplaces of political pamphleteers, who wished to win the support of one by arousing its suspicions of the other. But this c o n f l i c t of interests was almost f i c t i t i o u s. The more carefully society is analysed, the more clearly it appears that there was constant [125] association and interchange between the two.

Clark hat sicherlich dem Anschein nach recht was
"association and interchange" angeht, beides war
zweifellos vorhanden, man muß aber kritisch weiter-
fragen: Welches war die Richtung dieser Bewegung, d.h.
von wem ging sie aus und wer setzte die Bedingungen
fest? Betrachtet man die zeitgenössische soziale Situation unter diesen Aspekten, so kann man durchaus zu
dem Ergebnis kommen, daß in diesem Bereich Gründe für
Konflikte vorlagen.

Zunächst wäre zu klären, was genau unter 'monied'
und 'landed interest' verstanden wird. W. A. Speck,
zusammen mit G. Holmes und anderen ein Verfechter der
'Konflikt-Theorie', definiert so: "by the 'landed
interest' contemporaries did not mean landowners at
large, but only those who lived exclusively on their
incomes from rents"; dies umfaßte also den größten
Teil von 'nobility' und 'landed gentry'. 'Monied interest' bezog sich dagegen nicht auf "traders and merchants in general", sondern vorwiegend auf Gruppen, die
im großen Handelsgeschäft der Überseekompanien, im
Bank- und Kreditgewerbe und an der Börse am Aktienmarkt
engagiert waren oder anderweitig über große finanzielle
Mittel verfügten. [126]

Nur äußerst vermögende Familien dieser Kreise hatten
überhaupt Aussicht auf einen Aufstieg in die Oberschicht,
der normalerweise auf zweierlei Arten ablaufen konnte:
Heirat, der bei weitem verbreiteste Weg, und Landerwerb
mit allmählicher Assimilation an Lebensform und Verhalten der 'gentry', was ebenfalls durch Heirat erleichtert
werden konnte und möglicherweise nach Generationen einen
auch offiziell anerkannten Rang und Titel zur Folge hatte.

Daß Mitglieder von 'gentry' und sogar 'nobility' die
Töchter schwerreicher Mittelständler ehelichten und damit
den vielleicht verschuldeten oder auf einem schwachen

finanziellen Fundament stehenden Besitz absicherten,
war wohl die häufigste Verbindung zwischen den
Schichten, die zudem noch von der adligen Verwandt-
schaft weitgehend akzeptiert werden konnte. Der umge-
kehrte Weg wurde nur selten beschritten und führte
auch allein noch nicht zu einer Statusverbesserung des
beteiligten Mittelständlers. Zum einen hätte die Heirat
der Tochter eines 'gentry'-Mitgliedes mit einem Bürgerlichen das Naserümpfen der gesamten Adelssippe ausgelöst und war somit völlig unakzeptabel, zum anderen änderte eine solche Ehe kaum etwas an der sozialen Position des Ehemannes, sondern nur an der seiner Gattin,
sie wäre nämlich dadurch abgestiegen. [127]

Der Zugang zu einer anerkannten Mitgliedschaft in
der Oberschicht, der für ambitionierte Kaufleute und
Bankiers möglich war, hatte einen ganz bestimmten Ablauf und ist durch fast totale Anpassung an die Bedingungen der 'gentry' geprägt; Willcox faßt dieses Schema
sehr treffend zusammen:

> The nouveaux riches of the day, who
> had made their fortunes in banking or commerce ...
> were eager to rise above their origins into the
> ruling class. The way to do so was first to settle
> on the land, then to contract judicious marriages.
> No one could begin to climb toward gentility until
> he severed all active connection with trade and
> bought a country estate; then he could inaugurate
> the long series of moves by which his son might
> gain admission to county society. [128]

Neben fast absoluter finanzieller Unabhängigkeit erforderte dieses Vorgehen also die vollständige Aufgabe der
ursprünglichen eigenen Identität als 'merchant' oder
'banker' und oft auch, bei Dissentern, der religiösen
Überzeugung; selbst dann jedoch war ihre Aufnahme in die
Oberschicht noch keineswegs gesichert. Dennoch gingen

zahlreiche der vermögendsten Mittelschichtler diesen
Weg oder machten doch wenigstens die ersten Schritte.
Die tatsächliche Statuserhöhung wurde oft durch die
Übernahme von Verhaltensweisen und äußeren Statussym-
bolen des Adels, wie Kleidung, Dienerschaft, Art des
Auftretens, die Einrichtung von Stadt- und Landhäusern
und schließlich durch Landerwerb, gefolgt vom Ausschei-
den aus dem Erwerbsleben, vorgenommen.

Eine Gesinnung, die man heute mit 'Klassenbewußt-
sein' umschreiben würde, existierte für die Mehrzahl
der ambitionierten Mittelständler offensichtlich damals
noch nicht, erst im 19. Jahrhundert begann sie sich
abzuzeichnen.

Zu bedenken ist auch, daß viele Aufsteiger aus der
oberen Mittelschicht früher einmal 'younger sons' gewesen waren und nun nach einer geschäftlichen Karriere
in der Heimat oder in den Kolonien wieder in ihre alte
soziale Position zurückkehrten; der Umfang der 'echten'
Rangerhöhungen in diesem Bereich muß demnach insgesamt
doch recht gering gewesen sein.

Gesellschaftliche Mobilität war, betrachtet man den
gesamten dargestellten Komplex, unmittelbar von Geldbe-
sitz abhängig.   Eine verarmte Adelsfamilie stieg ab,
reiche Kaufleute hatten eine Aufstiegschance; das Kapital begann, die Funktion der Abstammung zu übernehmen
- die historische Entwicklung warf ihre Schatten voraus.

1.3. Soziologische Klassifizierungen

1.3.1. Grundsätzliche Erwägungen

"Society is a dialectic phenomenon
in that it is a human product,
and nothing but a human product,
that yet continuously acts back
upon its producer."
(P.L.Berger: The Social Reality of
Religion) 1

War bisher schon häufig in allgemeiner Form von 'Gesellschaft', 'Schichten' und ähnlichen soziologischen Termini
die Rede, so sollen diese Begriffe nun kurz kritisch reflektiert werden. Es ergeben sich zwei wesentliche Fragen:

1. Ist die Verwendung doch recht modern erscheinender
   sozialer und soziologischer Kategorien und die Problematik selbst dem Gegenstand überhaupt angemessen?

2. Wenn diese Frage bejaht werden kann, wie sind die Begriffe im Rahmen der Arbeit zu verstehen?

Ohne Zweifel ist die Fragestellung einer jeden Literatur-
untersuchung weitgehend durch das Interesse der Zeit geprägt, der sie entstammt. In den letzten Jahrzehnten
spielte nun die Erforschung sozialer Fakten und Faktoren
eine wesentliche Rolle, und unser Vorverständnis bei der
Betrachtung von Literatur ist natürlich von daher beein-
flußt.

Dennoch scheint mir, daß keine unangemessen modernen
Kategorien an das Werk Defoes herangetragen zu werden
brauchen, denn er beschäftigte sich - seiner Zeit deutlich voraus - sehr ausführlich mit gesellschaftlichen
Problemen, mit denen der unteren Schichten ebenso wie

mit dem ihn besonders interessierenden Verhältnis
zwischen Adel und Bürgertum. Dabei setzte er sich de-
zidiert für die Belange der Mittelschicht ein und
wußte diese und die anderen sozialen Gruppen genau einzuteilen und nach ihrer Funktion zu bewerten.

Neben dem zu konstatierenden gesellschaftlichen Bewußtsein besaß Defoe - wie nur wenige andere Zeitgenossen - auch ein entsprechend differenziertes Vokabular sozialer Termini, das neben althergebrachten Begriffen wie 'Nobility', 'Gentry', 'Gentleman' und
'Commons' eben auch solche wie 'middle Station', 'upper
Station' und sogar 'Class' umfaßte; es sei schon angedeutet, daß die Verwendung des letztgenannten Begriffes
durchaus in der Nähe unseres Verständnisses von 'Klasse'
als soziologischer Kategorie angesiedelt ist und daß es
sich wohl um das früheste Auftreten des Wortes in diesem
Zusammenhang handelt. Auch spricht er von möglichen Bewegungen von Individuen zwischen den einzelnen Schichten
im Sinne von Auf- und Abstieg.

Diese wenigen Andeutungen mögen hier genügen, auf die
Angemessenheit der Untersuchungsrichtung hinzuweisen.
Eine ausführlichere Darstellung erfolgt am Ende dieses
Kapitels.

Um nun die Beschreibung und genauere Analyse der bei
Defoe anzutreffenden sozialen Kategorien und Konzeptionen
auf eine methodisch fundiertere Basis zu stellen, wurde
auf einen mehr generellen - und auch innerhalb der Sozial-
wissenschaften weitgehend anerkannten - Apparat von For-
schungsansätzen zurückgegriffen. Dabei ist stets zu bedenken, daß Soziologen selbst ihr Gebiet als "eine methodisch noch ... wenig gesicherte Wissenschaft" bezeichnen
und daß gerade die hier besonders interessierende Problematik sozialer Abstufungen noch außerordentlich umstritten
ist; so gilt mit König: "Es gibt heute keinen allgemein
anerkannten Schichtbegriff." [2]

1.3.2. Definitionen von 'Gesellschaft' und 'Schicht'

Demnach kann es nicht Aufgabe dieser Arbeit sein, in
die Diskussion um Klassen, Schichten, bürgerliche oder
marxistische Ansätze, funktionale und nichtfunktionale
Schichtungstheorien einzugreifen. Die historische Situation ihres Gegenstandes verlangt es auch nicht, denn
in dem hier interessierenden Zeitraum der vorindustriel-
len Periode ist die soziale Differenzierung vom heutigen Standpunkt aus vergleichsweise einfach vorzunehmen.
Nach bürgerlichem und zum Teil auch marxistischem Verständnis existierten im wesentlichen drei große soziale
Gruppen: Adel, Bürgertum und die äußerst umfangreiche
Schicht der Handarbeiter, Bediensteten und Armen. [3]

Es soll hier zunächst eine allgemeine Bestimmung
dessen gegeben werden, was in der Arbeit unter 'Gesellschaft' verstanden wird und welcher Schichtbegriff Verwendung findet. Darauf aufbauend können dann Kriterien
für soziale Differenzierungen und Schichtzugehörigkeiten
erstellt werden, über die in der Soziologie ein relativ
breiter Konsensus besteht. [4]

'Gesellschaft' wird im Hinblick auf die Absichten
dieser Untersuchung gesehen als:

> Dem Individuum vorgegebene Systemgesamtheit von prak-
> tischen Verhältnissen zwischenmenschlicher und öko-
> nomisch bestimmter Natur, die jeweils Teil- und Ge-
> samtstrukturen hervorbringt. Sie existiert nie ab-
> strakt oder absolut, sondern stets in Abhängigkeit
> von einer bestimmten historischen Situation und einer
> spezifischen Interpretation. [5]

Diese Definition scheint mir auch der besonderen Situation Defoes gerecht zu werden, der die sich anbahnende
Umstrukturierung des gesellschaftlichen Gefüges zugunsten
des Bürgertums sehr frühzeitig begreift und als einer

der ersten auch in bezug auf die sozialen Gruppierungen und ihre jeweilige Funktion differenzierend interpretiert.

Defoe gibt sich nicht mehr mit der traditionellen
Einteilung in 'Nobility/Gentry' und 'Commoners' zufrieden, die auf die Herkunft des einzelnen Individuums zurückzuführen war und lange Zeit als unabänderlich
bestimmender Faktor feststand, sondern er betont nachdrücklich den Anspruch des neuen Standes auf einen gleichen Rang neben der existierenden Oberschicht.

Man könnte daher sagen, daß er weiter ging als Ge-
sellschaftskonzeptionen vor ihm (Hobbes, Locke, Shaftes-
bury), die von einzelnen, gleichen Individuen ausgingen
und deren Anforderungen an eine sehr allgemein verstandene menschliche Gesellschaft aus postulierten menschlichen Grundbedürfnissen abgeleitet wurden. Defoe jedoch
artikuliert die Interessen bestimmter Gruppen innerhalb
dieser Gesellschaft gegenüber anderen unter Berufung auf
die Leistungen und Pflichten der jeweiligen Gruppen. Er
ist im Hinblick auf diese Bereicherung des Gesellschafts-
verständnisses - aber auch was viele seiner ökonomischen
Theorien angeht - durchaus als Vorläufer Fergusons,
Smiths und Ricardos zu sehen.[6]

Bisher war häufig von Schichten und Schichtungen die
Rede, eine kurze Darstellung des modernen Verständnisses
könnte helfen, den Begriff allgemein zu klären und unseren Blick für die spezifischen Auffassungen Defoes und
seiner Zeit zu schärfen.

In der oben aufgeführten Definition von 'Gesellschaft'
war ein wesentlicher Faktor, daß jeweils bestimmte Strukturen innerhalb einer Gesellschaft hervorgebracht werden.
Zu diesen 'Strukturen' gehört eine Gliederung der Individuen in abgrenzbare Gruppen oder Schichten. Diese wer-

den verstanden als die Zusammenfassung von Gesell-
schaftsmitgliedern, die in bezug auf bestimmte sozial
relevante (d.h. das gegenseitige Verhalten der Menschen
bestimmende) Merkmale ähnlich sind.

Man spricht allgemein aber erst dann von 'Schichten',
wenn mit diesen Untergliederungen auch eine Differenzierung sozialer Wertschätzungen verbunden ist; wenn
also eine Schicht als 'höherstehend', 'erstrebenswert',
'verachtet' etc. empfunden wird. Es wird noch zu zeigen
sein, daß dies alles auch bei Defoes Verständnis anzu-
treffen ist.[7]

Als nächstes stellt sich die Frage nach den Kriterien
für die Zuordnung von einzelnen zu einer bestimmten
Schicht, nach der Abgrenzung der einzelnen Schichten von-
einander und nach den Privilegien bzw. Pflichten, die mit
einer Zugehörigkeit verbunden sind. Die beiden letzteren
Probleme ergeben sich aus der jeweiligen spezifischen ge-
schichtlichen Situation und sind nicht allgemein methodisch zu bestimmen. Der vorausgegangene historische Teil
der Arbeit dürfte dazu schon die wesentlichen Fakten ge-
liefert haben. Die Zuordnung einzelner kann durch die Erstellung eines Kataloges von Merkmalen - oder Statusindizes - erfolgen, denn allgemein läßt sich sagen, daß
allen Personen einer bestimmten Schicht gleiche Statusindizes eignen, auf die erst die Statusdifferenzierungen
innerhalb eines gegebenen gesellschaftlichen Gefüges zurückzuführen sind. Aus der großen Zahl möglicher Statusindizes können die folgenden als für unseren Zeitraum re-
levant gelten; ihr Vorhandensein oder Fehlen aus Voraussetzung der Zugehörigkeit zu den drei Hauptschichten
wird durch ein '+' bzw. ein '-' ausgedrückt; 'N/G' steht
für 'Nobility'/'Gentry'; 'M' für die mittleren Schichten;
'L' für die unteren:

1.3.3. Statusindizes

	N/G	M	L
a) adlige Familienabstammung	+	-	-
b) Landbesitz	+	-	-
c) Hausbesitz	+	+	-
d) Geldeigentum/festes Einkommen	+	+	-
e) gute Ausbildung/Erziehung	+	+	-
f) Reisen zu Bildungszwecken	+	-	-
g) Notwendigkeit eigener Tätigkeit	-	+	+
h) Notwendigkeit von Handarbeit	-	-/+	+
i) Abhängigkeit, unmittelbare wirtschaftliche	-	-	+
k) Dienerschaft/Personal	+	+/-	-
l) vornehme Kleidung/. Lebensstandard gehoben	+	+/-	-

Zusätzlich finden sich noch Kriterien wie 'Religion',
'Beruf', 'politische Meinung', 'Sprache' usw., die zu
einer genaueren und weitergehenden Beurteilung des jeweiligen Status beitragen. Dennoch erlaubt das oben aufgeführte recht grobe Raster schon eine relativ zuverlässige Einteilung der Gesellschaftsmitglieder in die
einzelnen Schichten.

Ein wesentliches Problem in jeder Gesellschaft ist
über die einfache Zuordnung hinaus das des statusbestimm-
ten Verhaltens und der möglichen Existenz ausgeprägter
'Schichtbarrieren', die eine Mobilität zwischen einzelnen
Schichten zulassen bzw. ausschließen. Beide Faktoren hängen eng mit dem Verhältnis zwischen den Schichten zusammen. Zur Klärung können Fragen beitragen wie:

a) Wer verhält sich wem gegenüber wie?

   (etwa: 'von oben herab'; 'gehorsam' etc.)

b) Wer heiratet wen?

   (etwa: Oberschicht nur Oberschicht; Mittelschicht
   keine Unterschicht etc.)

c) Wer verkehrt in welchen Kreisen?
(Besteht überhaupt eine persönliche Beziehung
zwischen den Schichten, die über etwaige be-
rufliche Kontakte hinausgeht?) [8]

Sie geben Hinweis darauf, ob es sich um eine schicht-
offene oder schichtgeschlossene Gesellschaft handelt,
d.h. ob ein einmal zugewiesener Rang verändert werden
kann und der Erwerb einer individuellen Position möglich
ist oder ob er durch Geburt und Herkunft bedingt lebens-
lang feststeht. Häufig finden sich auch nur partielle
Mobilitätsbarrieren zwischen einzelnen Schichten, die
dann zu Spannungen führen müssen, wenn die untere von
beiden eigene Vorstellungen von einer Änderung des Schicht
systems zu ihren Gunsten hat. Auf dem Wege zur Erlangung
des angestrebten höheren Ranges ist dann bei der unteren
Schicht allgemein zunächst eine Übernahme von Statussymbolen und Verhaltensweisen, die bis dahin spezifisch
für die obere Schicht waren, erkennbar; die der eventuell
tatsächlichen Statuserhöhung vorausgeht. [9]

Tatsächlich sind diese Erscheinungen in dem hier interessierenden Zeitraum an der Grenze zwischen Ober-
und Mittelschicht zu beobachten. Zwar werden die diesbezüglichen Darstellungen Defoes noch im einzelnen zu
erörtern sein, jedoch kann schon allgemein gesagt werden,
daß reich gewordene Kaufleute sich zunächst die äußeren
Attribute des Adels zulegen: Landbesitz, repräsentative
Häuser, Gartenanlagen und Parks, Dienerschaft, vornehme
und teure Kleidung, Perücke und Degen. Damit sind sie
aber noch längst nicht anerkannte Mitglieder der Oberschicht; der Weg dorthin führt entweder über die Adelung
durch den Throninhaber - als Anerkennung höchster Verdienste um das Vaterland bzw. großzügigster Geldgeschenke
oder über Heiraten und langsame Assimilation nach Generationen.

1.3.4. Defoes Vokabular 'soziologischer' Termini.

Aus Defoes Vokabular soziologischer Begriffe sollen
an dieser Stelle nur die wesentlichen und häufiger
gebrauchten kurz in ihrem Bedeutungsumfang dargestellt werden. Die Aufgabe dieses Abschnittes ist zu
zeigen, daß Defoe tatsächlich in ganz ähnlichen Kategorien denkt, wie sie im allgemeinen soziologischen
Teil aufgeführt wurden, und daß somit hinter allen
seinen diesbezüglichen Aussagen auch ein S y s t e m
zu finden ist, wenn er auch selber nur an wenigen
Stellen umfassende systematische Angaben im Zusammenhang macht. Diese Konzeption von Gesellschaft, die anhand der nicht-romanhaften Schriften recht vollständig
erstellbar ist, liegt allen einzelnen Äußerungen zu
diesem Komplex zugrunde. Gerade die Romane können vor
einem solchen Hintergrund in ihrer inhaltlichen und
strukturellen Abhängigkeit von gesellschaftlichen Be-
zügen eindeutiger verstanden werden.

1.   Untersucht man Defoes Bezeichnungen für das gesellschaftliche Ganze, etwa im Sinne von 'Gesellschaft',
so zeigt sich, daß er keinen Begriff verwendet, der sich
völlig mit dem modernen decken würde. Vielmehr benutzt
er mehrere verschiedene, die je einen Ausschnitt umfassen.

1.1.   Zwar findet sich auch sehr häufig das neuzeitlich
klingende 'society', bei seiner Interpretation jedoch
muß in jedem Einzelfall der Kontext genau geprüft werden, da ein recht breites Bedeutungsspektrum existiert
und die Grenzen nicht immer eindeutig sind. Dies gilt
besonders für die Unterscheidung zwischen der zweiten
und dritten der folgenden drei Grundbedeutungen (Definitionen nach dem OED).

1.1.1. 'society', als: "A number of persons associ-
ated together by some common in-
terest or purpose, ... an association." [10]

In diesem Sinne bezeichnet Defoe zum Beispiel die
Kirche als "Society of Christians" oder die imaginären
Mitglieder des "Scandal. Club" in der Review, dessen
Aufgabe er so umreißt: "The Design and Desire of Our
S o c i e t y being the Reforming, not Exposing the
Vicious". [11]

1.1.2. 'society', als: "Association with one's fellow
men, esp. in a friendly or intimate
manner; companionship or fellowship." [12]

So verstanden in dem Zusammenhang: "I am not for con-
fining the tradesman from keeping better company, ...
but his stated s o c i e t y must be with his neighbours and people in trade." [13] Sie bietet mitmensch-
liche Kontakte und Unterhaltung im Sinne von Gespräch.

1.1.3. 'society', als: "The state or condition of
living in association, company, or
intercourse with others of the same
species; the system or mode of life
adopted by a body of individuals for
the purpose of harmonious co-exis-
tence or for mutual benefit, defence,
etc." [14]

Zwar stimmt diese hier wohl am meisten interessierende
Bedeutung in praktisch allen Punkten bei Defoe mit der
modernen überein, es fehlt aber bis auf wenige Ausnahmen das Verständnis von 'society' als etwas Gegen-
wärtigem, dessen Teil er selbst und jeder seiner Mitmenschen ist. Diese Funktion übernehmen hauptsächlich

die drei anderen Begriffe, während 'society' fast
durchgängig historisch oder staatsphilosophisch verstanden wird, immer jedoch von einer gewissen Distanz
aus.

Symptomatisch dafür sind Sätze wie: "S o c i e t y
... form'd Men into Nations and Kingdoms, and taught
them how to live together, flourishing and easie"; [15]
"people ... in all s o c i e t i e s ... are prior
to the government."[16] In einem ähnlichen Zusammenhang
verwendet er auch den Begriff der "Human Society". [17]

Den Übergang zu einem mehr präsentischen Verständnis von 'society' bildet zum Beispiel folgender Vers
in Jure Divino:

> The only safety of s o c i e t y
> Is, that my neighbour's just as proud as I; [18]

während er wohl eindeutig die damalige englische Gesellschaft meint, wenn er im letzten Band der Review
klagt: "How are the Blessings of Charity, good Neigh-
bourhood, Natural Affection, Civility, good Manners,
and in short, every Temper necessary to maintain Peace
and Prosperity among a S o c i e t y of People sunk
and gone among us! All S o c i e t y is Corrupted,
Conversation Universally Tainted with Publick Strife".[19]

In unmittelbarem Zusammenhang mit einer Aufteilung
in Gruppen, Machtinteressen oder ähnlichem tritt 'society' jedenfalls nie auf.

1.2. 'body politick', als: "the nation in its corporate character; the state."

'body',   als: " A corporate body, aggre-
gate of individuals; collec-
tive mass". [20]

Dem modernen Verständnis von 'Gesellschaft' kommt
wohl der bei Defoe häufig zu findende Begriff "Body
Politick" am nächsten, er umfaßt alle Mitglieder der
Staatsgemeinschaft. So weist Defoe auf den Einfluß

von Parlamentsentscheidungen auf das Leben aller mit
den Worten hin: "all the Parts of the B o d y -
P o l i t i c k, feel the least Distemper which affects
this Part ⌊i.e. das Parlament]". [21]

Besonders interessant in unserem Zusammenhang sind
aber Sätze wie: "I am fully persuaded of the benefit of
a monarchial government to the w h o l e b o d y", hier
hatte Defoe zuvor auf die Existenz von gesellschaftlichen
Gruppen mit unterschiedlichen Interessen hingewiesen; sie
deuten Defoes Vorstellung von einem gesellschaftlichen
Ganzen an, das wiederum in einzelne Gruppen aufgeteilt ist. [22]

1.3.   Über diese beiden Begriffe hinaus stehen noch zahlreiche andere in ähnlichen Sinnzusammenhängen, hier seien
nur genannt:

'commonwealth',   z.B. in: "his unhappy family ⌊of a
                  bankrupt] may be ... ranked irretrie-
                  vably among the dregs of the people,
                  who might otherwise have borne a use-
                  ful and reputable part in the c o m -
                  m o n w e a l t h". [23]

'commonalty',   z.B. in: "Law, trade war, navigation,
                  ... have joyn'd ... together for some
                  yeares past to encrease the wealth of
                  the c o m m o n a l t y". [24]

'the people',   findet sich an vielen Stellen, an denen
                  wir heute 'Gesellschaft' sagen würden;
                  z.B.: "what Clashing of Interests are
                  to be found just now, among all t h e
                  p e o p l e of this Age!" [25]

'nation',   umfaßt stets konkret die gesamte gegen-
                  wärtige Staatsgemeinschaft
                  mit allen in ihr existierenden

Gruppierungen. Integrierende
Faktoren waren dabei zweifellos die damals noch sehr tiefe
Erfahrung des gemeinsamen 'Gegenüber' zu anderen Nationen und
sicherlich auch die Person des
Monarchen, der alle repräsen-
tierte.

Alle diese und vergleichbare Termini drücken je einzeln
nie genau ein unseren Vorstellungen entsprechendes Verständnis von 'Gesellschaft' aus, was nicht verwunderlich sein kann, da der Begriff allein in den letzten
Jahrzehnten in seiner Anwendbarkeit immer mehr erweitert
wurde und heute für ihn kaum eine synonyme Alternative
existiert.

Festzuhalten ist jedoch, daß Defoes Denkkategorien
insgesamt ziemlich genau einen allgemeinen modernen Bedeutungsumfang von 'Gesamtgesellschaft' erfassen.

2. D a ß Defoe innerhalb der Gesellschaft unter-
schiedliche Schichtungen und Gruppierungen sehr differenzierend betrachtet, wurde schon mehrfach angedeutet.
Nun soll gezeigt werden, wie er solche Phänomene bezeichnet, die wir 'Schicht', 'Status', 'Rang' oder
'Klasse' nennen würden, die also zunächst noch keine
Aussagen über soziale Wertungen darstellen. Wieder
zeigt sich, daß Defoes Vokabular auch zu diesem Komplex - ähnlich wie das unsere - recht umfangreich ist.

2.1. 'station', als: "Position in the social
scale, as higher or lower." [26]

Beispiele sind Defoes Anklage gegen die zurückliegenden
hochgestellten tyrannischen "Kings, Parliaments, Magistrates or Ministry", wo im letzten Satz steht: "and I

in my low S t a t i o n   have opposed them all";[27]
oder auch seine Bemerkung zu den sozial avancierten
Kaufmannsfamilien: "rais'd such families to a
s t a t i o n of life something difficult to describe, and not less dificult to giv ⌊sic!⌋ a name
to.[28]

Allerdings ist zu beachten, daß 'station' in manchen Zusammenhängen auch die Bedeutung der beruf-
lichen Position haben kann, die letztlich natürlich
über die soziale mit entscheidet.

2.2.   'sort',   als: "Used of persons, with
                       special reference to rank."[29]

In diesem Sinne benutzt Defoe den Begriff etwa in der
Review: "The general Poverty of this Nation consists
of two Kinds, and among two S o r t s of People";[30]
und als er sich in der Schrift Augusta Triumphans
bitter über den verheerenden Gin-Konsum der Armen folgendermaßen äußert: "I cannot forbear taking notice of
the extravagant use, or rather abuse, of that nauseous
liquor called Geneva, among our lower s o r t."[31]

Im Complete English Tradesman schließlich prangert
er den aufwendigen Lebensstil der "upper s o r t of
tradesmen" an, schon ein Hinweis auf soziale Einstufungen auch innerhalb einer Gruppe.[32]

2.3.   'rank',   als: "A number of persons for-
                       ming a distinct class in the
                       social scale, ...; hence, (one's)
                       social position or standing."[33]

Dieser Ausdruck findet sich sehr häufig, und auch das
Verb 'to rank' wird oft gebraucht, wenn einzelne oder
Gruppen bestimmten Schichten zugeordnet werden.

Die Bedeutung dürfte noch deutlicher werden in einem
Text Defoes, der die Situation der armen Schichten
Englands mit der in anderen Ländern vergleicht: "those,
it is evident, are in E n g l a n d supported after
a different manner from the People of equal R a n k
in Trade among other Nations";[34] oder im gleichen Zusammenhang: "In short, the Tradesman in E n g l a n d
live in better Figure than most of the meaner Gentry;
and I may add than some of the superior R a n k in
foreign Countries".[35]

Andere Beispiele für die Anwendungsmöglichkeiten
dieses Wortes sind: "It must be allowd ⌊sic!⌋ to admit
such a person into the r a n k of a gentleman";[36]
ähnlich sein Hinweis auf soziale Absteiger: "Thus we
see abundance of trades-men who ... are, being once
levell'd with the meaner people, allways ⌊sic!⌋ of the
r a n k with them".[37]

2.4.   'class',   als: "A division or order of
                      society according to status; a
                      rank or grade of society."[38]

Bisher war immer angenommen worden, daß der Gebrauch des
Wortes 'class' im Zusammenhang mit sozialen Gruppierungen ein relativ modernes Phänomen sei, dessen erste An-
fänge im späten 18. Jahrhundert lägen. So erläutert das
OED zur obengenannten Definition: "Now common in the
phrases H i g h e r (U p p e r), M i d d l e,
L o w e r C l a s s e s, W o r k i n g C l a s s e s;
which appear to be of modern introduction." Zudem ist
das Jahr der ersten genannten Verwendung 1772 (eine
frühere durch B l o u n t bezieht sich auf die angli-
sierte Form des lateinischen 'classis' und bezeichnet
historisch die sechs Unterteilungen des römischen Volkes

in Vermögensklassen).[39] Für 1772 wird die Verbindung
'l o w e r classes' zum ersten Mal aufgeführt:
"HANWAY (title), Observations on the Causes of the
Dissoluteness which reigns among the lower classes
of the people."

Spearman betrachtet diese Fakten als Beweis dafür,
daß der Begriff 'class' im 18. Jahrhundert keinerlei
Nähe zu der modernen Bedeutung gehabt habe. Sie fügt
interessanterweise an: "Johnson's Dictionary
[1755] gives one meaning of class as 'A rank or order
of persons', but the example of its use in this sense
does not relate to social class." [40]

Tatsächlich läßt sich aber meines Erachtens deutlich nachweisen, daß Defoe - wohl mit als erster überhaupt - den Begriff in eben diesem Sinne benutzt hat:
Zum einen findet sich 'class' mehrfach zur Bezeichnung
von ganz bestimmten sozialen Gruppierungen, zum anderen spricht er schon 1728 in der Schrift Augusta
Triumphans und 1729 in Second Thoughts are Best sogar
ausdrücklich von einer "l o w e r C l a s s of
People".[41]

Sehr häufig tritt der Begriff zur Bezeichnung der
unteren Schichten der Bevölkerung auf; so rühmt Defoe
die Zustände in England mit den Worten: "and it would
appear, that the E n g l i s h Poor can earn more
Money than the same C l a s s of Men or Women can do
at the same kind of Work, in any other Nation." [42]
An einer anderen Stelle in ähnlichem Zusammenhang meint
er, nachdem zuvor von den mittleren Schichten gesprochen wurde: "so the labouring, manufacturing People
under them are infinitely richer than the same C l a s s
of People in any other Nation in the World"; schließ-

lich findet sich bei einer Untersuchung sozialer Mißstände der Satz: "having begun to speak of that Sort
of our Poor, who are reduc'd to that C l a s s by
Disaster". [43]

Die oben genannten Verwendungen von 'lower class'
stehen beide im Kontext seiner Klagen und Warnungen
bezüglich des starken Alkoholismus innerhalb der unteren Schicht. Das Inhaltsverzeichnis von Augusta
Triumphans kündigt als Gegenstand des Kapitels VI an:
"To save our l o w e r C l a s s of People from
utter Ruin, and render them useful, by preventing the
immoderate use of Geneva"; eine ähnliche Stelle in
Second Thoughts are Best lautet: "accursed Geneva, the
bane and ruin of our l o w e r C l a s s of people."
In beiden Schriften nennt Defoe diese Schicht übrigens
auch noch "an inferior class of people". [44]

Doch nicht allein für die unteren Schichten findet
der Begriff Anwendung. Der 'anonyme' Autor des Compleat
English Gentleman wendet sich an Mitglieder der Oberschicht: "I have the Honour to be rank'd, by the Direction of Providence, in the same c l a s s". Später behauptet er, die Tradition erhebe den wahren 'Gentleman'
"above the common, mechanick, labouring c l a s s";
der Platz eines 'Gentleman' sei "in a higher C l a s s
than his Neighbours". [45]

Zur sozialen Mobilität wird im Compleat English
Gentleman bemerkt: "by some happy turn in trade, they
return into the c l a s s of gentlemen from whence
they began"; oder: "accidents in life remov ⌊sic!⌋
familyes from one c l a s s into another". [46]

Insgesamt fällt auf, daß die Bezeichnung 'class' in
der Hauptsache auf die unteren und oberen Schichten an-
gewandt wird, während sie kaum zur Benennung der mittleren dient.

2.5. Abschließend sei noch darauf hingewiesen,
daß durchaus vereinzelt andere Begriffe in einem ähnlichen Bedeutungszusammenhang wie die aufgeführten
stehen können. Als Beispiel möge der Hinweis auf 'degree' genügen: "I believe in an few Ages more all
D e g r e e s of Men, or at least many of them, will
advance their Plumes ... Thus in time the Counts may
be Dukes, the Dukes Princes, the Princes be Kings, and
the Kings Emperors". [47]

2.1. Das Verständnis von 'Gesellschaft'

2.1.1. Ursprung und Funktion

"Nature has left this tincture in the blood,
That all men would be tyrants if they could:
If they forbear their neighbours to devour,
'Tis not for want of will, but want of power;
...
The only safety of s o c i e t y
Is, that my neighbour's just as proud as I;"

(D. Defoe: Jure Divino; 1706) [1]

Aussagen wie diese sind für den frühen Defoe, d.h. etwa
bis 1720, typisch: Von seiner Natur her ist der Mensch
seiner Meinung nach auf die Auseinandersetzung mit dem Mitmenschen hin angelegt, und nur durch das Entstehen der 'Gesellschaft' kann ein friedliches und geordnetes Zusammenleben gesichert werden. Gedankenmodelle bezüglich des vor-
gesellschaftlichen Naturzustandes fehlen bei Defoe weitgehend, dazu war er zu sehr mit den Realitäten des Alltags
befaßt, nur an einigen Stellen muß er weiter zurückgreifen,
um eigenen Argumentationen, etwa gegen das göttliche Recht
der Regierenden, mit spekulativen Schlußfolgerungen weitere
Überzeugungskraft zu verleihen.

In der 1706 erschienen Schrift Jure Divino behandelt
Defoe, beginnend mit einem umfangreichen historischen Aufriß, das Problem der Rechtmäßigkeit einer Herrschaft, die
ihren absoluten Machtanspruch auf göttliches Recht zurück-
führen und den Machtträger menschlichem Einfluß völlig ent-
ziehen will. In diesem Zusammenhang erörtert er auch die
Frage was v o r der Herrschaft durch Könige war, welche
Herrschaftsformen der Monarchie vorausgingen. Seine hier

geäußerten Auffassungen decken sich mit denen zahlreicher
anderer Schriften, vor allem auch der Review, wo Defoe
übrigens häufig dàs Verfahren des Selbstzitats anwendet,
wenn er bestimmte Argumente schlagwortartig zusammenfassen
will, und gerade die ersten Zeilen des oben aufgeführten
Verses mehrfach wiederholt.[2]

Ganz ähnlich wie Locke im zweiten seiner Two Treatises
nimmt Defoe die Familie unter der Führung des Vaters als
Träger einer patriarchalischen Macht als Vorform des ge-
sellschaftlichen Staates an.[3]   Diese kleinste soziale
Einheit konnte allerdings nur im Zustande einer wenig be-
siedelten Erde unabhängig und ohne Konflikte mit anderen
Familien existieren, und sie trug **bereits** die Tendenz zur
Schaffung weiterer Einheiten mit neuen Patriarchen in sich:

> The **dignity** of government was high,
> But all his kingdom was his **family**;
> To regulate the decencies of life,
> The **monarch** rul'd his household and his **wife**;
> ...
> In the **paternal** right no man could reign,
> Farther than his own household did contain;
> And every **son** might from his rule divide,
> Be king himself, and by himself preside.[4]

Die Welt, die solche Formen des Zusammenlebens erlaubte,
schildert Defoe an einer für sein System der Entstehung
und Entwicklung der Gesellschaft zentralen Stelle der
Review:

> Men liv'd scatter'd up and down in the World: Their
> Number not being great, and the Surface of the Globe
> large they had no need to Jostle one another, Quarrel
> for Sheets, or dispute about Property.[5]

Mit der Zunahme der Bevölkerungszahlen ergaben sich naturgemäß Konflikte zwischen den einzelnen Familien, die zu
Auseinandersetzungen und blutigen Kämpfen führten und einen
untragbaren Zustand entstehen ließen:

Paternal power at first was incomplete,
Too weak for empire, and for rule unfit;
The numerous monarchs quarrelsome and proud,
Involved their little governments in blood. [6]

Eine mögliche Lösung des Problems stellte 'conquest' dar,
die Bekämpfung und Niederschlagung anderer Familien durch
eine einzelne, mit dem Resultat der Herrschaft des einen
Patriarchen über mehrere, vorher selbständige Familien.
Defoe lehnt dies als Irrweg ab, da einerseits die seiner
Meinung nach 'naturgegebene' Vormachtstellung des Familienoberhauptes durch schiere Gewalt gebrochen werde und andererseits auf diese Weise kein dauerhaft friedliches und
geordnetes Zusammenleben möglich sei:

Hence conquest shared the patriarchal crown,
And right by power, pull'd right by nature down;
...
If then to conquest we would have recourse,
We find the wound as bad, the med'cine worse. [7]

Doch wie kam es zur Bildung von Staat und Gesellschaft? In
Defoes Worten: "how did families to nations rise, / Join
for defence, and form societies?" [8]   Sicherlich nicht
durch Kampf und Eroberung, sondern unter dem freiwilligen
Einverständnis aller Beteiligten:

If families united by consent,
There we come back to laws of government;
Compact and mutual treaties of accord,
Between a willing people and their lord. [9]

Daß alle Mitglieder einer solchen Gemeinschaft sich einem
gewählten Oberhaupt und nützlichen Gesetzen unterzuordnen
haben, ist für Defoe nicht nur selbstverständlich, sondern
überhaupt das Prinzip menschlichen Zusammenlebens:

Society to regulation tends,
As naturally as means pursue their ends;
The wit of man could never yet invent,
A way of life without a government;
Subordination is the soul of law,
...

> Nor shall we here dispute the name of king,
> The method seems as nat'ral as the thing:
> That whosoe'er society shall choose,
> All men should him obey, and none refuse;[10]

In allegorisierender Form und zwar durch Personifikation
stellt Defoe nun an der schon erwähnten Stelle der Review
die Entstehung der Gesellschaft in einer Genealogie dar
(vgl. Schaubild I):In Anbetracht der hohen Bevölkerungsdichte erkennt 'Invention', ein Sohn von 'Necessity' und
'Poverty', die Notwendigkeit "to Model Mankind for the Advantage of Posterity". Einer Verbindung mit 'Convenience'
entspringt der Sohn 'Society', der zur Lösung des Problems
beiträgt:

> this S o c i e t y prov'd a very great Prince, and
> was the first that form'd Men into Nations and King-
> doms, and taught them how to live together, flour-
> ishing and easie; infusing into them Principles of
> Safety and Peace.[11]

Die Funktion gesellschaftlichen Zusammenlebens ist demnach primär eine gedeihliche und möglichst konfliktlose
Existenz auf der Grundlage von Sicherheit und Frieden.
Wie diese Ziele im einzelnen zu erreichen seien, macht der
weitere Stammbaum deutlich: 'Society' hat als einzige
Tochter 'Justice', "she was born blind, but had the Eyes
of her Intellectual Part so much the more clear"; sie
heiratet 'Wisdom', einen Prinzen aus der Nachbarschaft;
von diesem verheißungsvollen Paar berichtet Defoe: "They
left all their Subjects and Dominions to the joint Possession of their two Sons, G o v e r n m e n t the Eldest,
and L a w the Youngest". Einzige, aber um so bedeutungs-
vollere Schwester der beiden ist 'Property', deren Wohl
die Eltern ihren beiden Söhnen sehr nachdrücklich ans
Herz legen: "they left her to the Care of her two Brothers,
giving them a strict Charge of her Preservation and Defence."

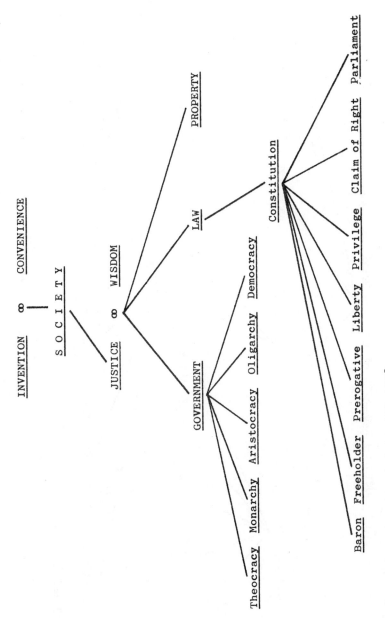

[Schaubild I; Review VIII, 157-159]

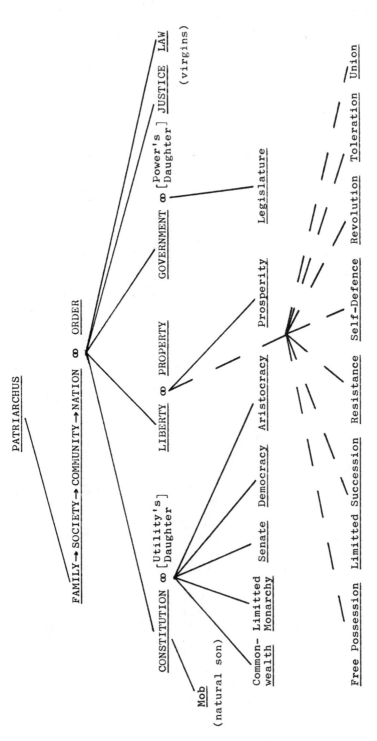

PATRIARCHUS

FAMILY → SOCIETY → COMMUNITY → NATION ∞ ORDER

CONSTITUTION ∞ [Utility's Daughter]

Mob
(natural son)

Common-wealth   Limitted Monarchy   Senate   Democracy   Aristocracy   Prosperity

LIBERTY ∞ PROPERTY

GOVERNMENT ∞ [Power's Daughter] JUSTICE LAW

(virgins)

Legislature

Free Possession   Limitted Succession   Resistance   Self-Defence   Revolution   Toleration   Union

[Schaubild II; Review VI, 553-555]

Da die nähere Interpretation dieser Familiengeschichte
im Anschluß an ihre Darstellung erfolgen soll, seien hier
zunächst die weiteren Entwicklungen dargestellt: 'Law' leb-
te lange Zeit "single and independent" und war der Lieb-
ling aller gerechten Nationen und Fürsten. Schließlich wurde ihm als einziger Nachkomme 'Constitution' geboren, der
sich als außerordentlich fruchtbar erwies, "having a Numerous Issue of hopeful Children"; der Reihenfolge der Geburt
nach: 'Baron', 'Freeholder', 'Prerogative', 'Liberty',
'Privilege', 'Claim of Right' und zu guter Letzt auch 'Parliament', der als jüngster Sohn traditionsgemäß gewisse
Freiheiten genoß: "which seventh Son being by Custom of
Birth Entitled to do strange Things, has obtain'd the Title
of D o c t o r   o f   S t a t e ".

'Government', den älteren Bruder von 'Law', behandelt
Defoe in Abstammung und Nachkommenschaft besonders ausführlich, seine Absicht an dieser Review-Stelle ist dabei wie
so oft die Zurückweisung einer sich auf Gott berufenden
Herrschaft:

> I am the rather explicit in the Genealogy of this
> Famous Person, because some People having no Know-
> ledge of his History, have plac'd him among the Gods,
> have fancy'd him come down from the Skies, and to be
> of a meer Divine Original.

Vielmehr sei die Entwicklung so verlaufen, daß der Mensch
vor dem Sündenfall keiner äußeren Herrschaft bedurfte, da
er irrtumslos war, "he stood in no need of any Rule from
without, having an Inherent Perfection in his Soul, which
led him naturally to every right Object by proper Means".
Nach dem Sündenfall und dem Empfang göttlicher Gesetze,
die das Verhältnis zum Schöpfer und zu den Mitmenschen re-
gelten, galt:

> the G o v e r n m e n t of himself in Society, was
> left to his own R e a s o n, to frame upon Foundations
> of Safety, Property, Defence, and publick Peace, cir-
> cumstanced, extended, or restricted, as the Accidents
> of his Posterity should require.[12]

Die Regulierung des menschlichen Zusammenlebens soll sich
also allein auf die Vernunft stützen, die die jeweils den
Zeitumständen und der Weiterentwicklung der Menschheit angepaßte Regierungsform auswählt. Grundlage und Ziel jeder
Gesellschaft sind Sicherheit, Recht am Eigentum, Verteidigung gegen äußere Angriffe und der öffentliche Friede.

Als die Söhne von 'Government' führt Defoe dann die
grundsätzlich möglichen Regierungsformen 'Theocracy', 'Monarchy', 'Aristocracy', 'Oligarchy' und 'Democracy' auf. An
dieser Stelle geht er allerdings nur auf die beiden ersten
ausführlicher ein; die glücklichen Zeiten von 'Theocracy'
seien leider längst vorbei:

> under whose happy, t h o' t o o s h o r t Reign, the
> World flourish'd Wonderfully, and Men Universally sub-
> mitted to the immediate Commands of their Maker, who
> delighted to dwell among them.

Hier denkt Defoe zweifellos an Gottes Herrschaft gemäß der
Darstellung im Alten Testament, wo er durch einen Vertrag
mit Abraham alleiniger Herrscher des Volkes der Juden wurde und durch seine Stellvertreter, wie Abraham, Moses und
die Hohenpriester, Gesetze erließ und Befehle erteilte;
während dieser Zeit war sein Aufenthaltsort das heilige
Zelt mit der Bundeslade, die betreffende Textstelle lautet:
"And I will dwell among the children of Israel, and will
be their God" (Exodus 29,45).[13]   Schon Hobbes hatte im
Leviathan in ähnlicher Weise von den religiösen Vorformen
der Monarchie gesprochen: "It is true, that God is King
of all the Earth: Yet may be King of a peculiar, and
chosen Nation." [14]

Das eigentliche Interesse Defoes galt aber stets der
Monarchie und ihren verschiedenen Ausprägungen. In der Genealogie wird die Entwicklung von 'Monarchy', dem jüngeren
Bruder 'Theocracy's, als äußerst wechselvoll dargestellt.
in seinen "Youthfull Excesses" sei er gar den Bund mit der

115

Teufel eingegangen, der ihm,unter der Bedingung, selbst
'Gott' im neuen Reich zu werden, die absolute Macht über
die Menschen anbot, was der unerfahrene und ehrgeizige
'Monarchy' auch prompt akzeptierte. Diese absolute Herrschaft wird so beschrieben: "That HE, M o n a r c h y,
should be absolute Governour over the whole World, have
all Men Subjected to him, should make his Will their Law".
Die Abmachung mit dem Teufel führte zu folgendem Resultat:

> S a t h a n Erected Absolute Government in Favour of
> young M o n a r c h y, and Absolute Government Erected
> Idolatry in favour of the Devil, its Founder: to
> corroborate this new Alliance, says S a t h a n, I
> change thy Name; T h y N a m e s h a l l n o
> m o r e b e M o n a r c h y, T h o u s h a l t b e
> c a l l e d T y r a n n y; 15

Absolute Herrschaft führt Defoe also keineswegs auf göttliches Recht, sondern vielmehr auf den Einfluß des Bösen
zurück; im Tyrannentum könnten Abgötterei und Götzenver-
ehrung erst gedeihen. Wie im nächsten Abschnitt zu zeigen
sein wird, betrachtete Defoe jedoch die Monarchie in ihrer
zeitgenössischen englischen Form stets als einzig richtige,
den Eigenheiten des Landes und der historischen Situation
angepaßte Staatsform.

Will man Defoes Vorstellungen vom Ursprung und den Funktionen der menschlichen Gesellschaft zusammenfassend interpretieren, so muß von seinen beiden Grundthesen ausgegangen
werden:16

1. "all men would be tyrants if they could"
2. "The Wit of Man could never yet invent,
   A Way of Life without a Government"

Der Mensch ist also nicht von Natur aus auf friedliches
gesellschaftliches Zusammenleben hin angelegt, sondern
möchte seine Position gegenüber den Mitmenschen durchsetzen

und sie beherrschen; dazu fehlt ihm allerdings gemeinhin
die Macht. Dennoch führen schon die Versuche zu Auseinandersetzungen und Unfrieden, weshalb für ein Zusammenleben jedweder Art die Unterordnung gegenüber einem gemeinsamen Befehlenden notwendig sei. Naturgegebene Vorform gesellschaftlichen Zusammenlebens ist die patriarchalisch geführte Familie, in der Frau, Kinder und Verwandte sich dem
Familienvater unterordnen müssen.

Die Zunahme der Bevölkerungsdichte führte zu Konflikten
zwischen den Familienoberhäuptern und ließ schließlich die
Menschen sich unter der Führung von 'Reason' zur Gesellschaft vereinigen. In ihr haben die Mitglieder einem von
ihnen bestimmten Befehlshaber zu gehorchen, der wiederum
die Aufgabe hat, für 'Peace' und 'Safety' Sorge zu tragen.

Ritterbusch unterstreicht völlig richtig die große Bedeutung der Vernunft in diesen Gedankengängen Defoes:

> Wie für Locke so ist auch für ihn die Vernunft die
> Staatengründerin. Sie allein wird für ausreichend an-
> gesehen, Staat und Gesellschaft zu ordnen. Sie allein
> ist letzthin das Grundprinzip für die gesellschaft-
> liche Organisation. ... Sie ist gleichzeitig der
> Richtpunkt und Wertmaßstab jeder Ordnung zwischen Men-
> schen, denn die Vernunft ist als allgemeingültiger
> menschlicher Besitz eine konstante immanente Größe,
> ... unabhängig vom Wandel der Zivilisation.[17]

Tatsächlich kann man sagen, daß Defoe die Vernunft geradezu verehrte und in seinen Schriften permanent als höchste
Beurteilungsgrundlage darstellte. 'Reason' war für ihn
göttliches Geschenk ("we are bound to act by Reason, and
God has given it us for that end"[18]) und unterschied
erst den Menschen von den Tieren ("To talk to rational
Creatures, we ought to talk Reason, founded upon Nature;
if Sense only guides us, then we are Brutes, and no more
Men."[19]). Die Schrift Jure Divino war - sehr zum Ärger-
nis und Unverständnis der Zeitgenossen - 'Reason' gewidmet:

TO THE MOST SERENE, MOST INVINCIBLE, AND MOST ILLUS-
TRIOUS LADY, R E A S O N, FIRST MONARCH OF THE WORLD;
... Image of, and Ambassador Extraordinary from, the
Maker of all Things; ... superior authority over all
laws and princes of the world;[20]

und die Review vom 4.12.1707 besteht nur aus einem Gedicht
über 'Reason'.[21]

Erst in der durch die vernunftgemäße Anpassung an neue
Lebensbedingungen entstandenen Gesellschaft werden 'Justice',
'Government', 'Law' und die Sicherung von 'Property' ermöglicht, allesamt Faktoren, die zu Sicherheit und Frieden
beitragen. Auch 'Liberty' und als Folge davon 'Prosperity',
'Free Possession' und 'Toleration' sieht Defoe erst gegeben,
wenn als Voraussetzung die Gesellschaft existiert (vgl.
Schaubild II). Dabei hat der vornehmste Schutz von 'Government' und 'Law' dem Eigentum ('Property') zu gelten, das
übrigens ganz ähnlich wie bei Locke auch persönliche Rechte
und Freiheiten mit umfaßt.[22] Das besondere Verhältnis von
'Government' und 'Law' einerseits und 'Property' andererseits wird im nächsten Abschnitt unter dem Gesichtspunkt
des Ursprungs der Macht in einem Gemeinwesen noch näher untersucht.

Defoes Eigenart der allegorisierenden Darstellung, etwa
in einer Genealogie, mag zwar etwas umständlich und künst-
lich erscheinen, dennoch stellt diese Form - abgesehen von
ihrer zeitbedingten Beliebtheit - bei ihm die weitestgehen-
de Annäherung an ein - gerade in der graphischen Version
auch übersichtliches - 'System' dar, auf das so gut wie alle
anderen Aussagen zu Funktion und Entstehung der Gesellschaft
reduzierbar sind. Gleichwohl muß hier schon angemerkt werden,
daß er damit selbst ein Denken in den Kategorien von 'Stammbäumen' entwickelt - wogegen er sich in anderem Zusammenhang stets heftig wehrt.[23]

2.1.2. Die Macht: Quelle, Delegation und Kontrolle

"That S a l u s P o p u l i
s u p r e m a L e x,
all Government, and consequently our
whole Constitution, was originally
design'd, and is maintain'd, for the
Support of the Peoples Property, who
are the Governed ...
And I make no question, but that Property of Land is the best Title to
Government in the World."

(D.Defoe: The Original Power of the
Collective Body of the
People of England; 1702) [24]

Einen Satz wie: "die Leistung des merkwürdigen, in der Geschichte der politischen Dinge vielleicht mit keiner anderen Erscheinung vergleichbaren Mannes" würde wohl kaum
jemand auf Defoe beziehen; [25] und auch die Tatsache, daß
ein Jurist in der ersten Hälfte unseres Jahrhunderts eine
verfassungsrechtliche Studie "vornehmlich in der Staatslehre Daniel Defoes" gründet und zu dem Ergebnis kommt,
"daß keine Betrachtung der ersten Jahrzehnte des 18. Jahrhunderts, sie gehe von jeder beliebigen geisteswissen-
schaftlichen Disziplin aus, achtlos an ihm vorüber gehen
kann", macht bewußt, daß Defoe eben zu Unrecht primär von
Literaturwissenschaftlern "beansprucht" wird, Biographien
auch fast ausschließlich aus diesem Lager stammen und 'den
anderen' Defoe weitgehend ignorieren. [26]
    Die Aufgabe dieses Abschnittes ist aufzuzeigen, wo - im
Denken Defoes - die Macht der Herrschenden eigentlich gründet
welche Aufgaben die Regierung erfüllen muß und wie Macht
und Regierung kontrolliert werden können; in diesem letzten Punkt stößt man auf einen genuinen Ansatz Defoes.

Ausgangspunkt der Überlegungen Defoes war, daß die
patriarchalisch geführten Familien sich zur Gesellschaft
zusammengeschlossen hatten, nachdem der Familienverband
nicht mehr ausreichend funktionstüchtig war und 'conquest', also gewaltsame Zusammenschlüsse, nicht das Ziel
'Peace' und 'Safety' erreichen konnten. Da aber der Mensch
von seiner Natur her Führung und Regulierung durch Anordnung und bestimmte Regeln brauchte, so stellt sich die
Frage, wo in einem Gemeinwesen die Quelle der dazu notwendigen Macht zu suchen sei, mit anderen Worten, wer bestimmt die Regierenden?

Defoes Antwort ist eindeutig:

> First **government** was **nat'ral** all and **free,**
> And **fix'd** in **patriarchal majesty,**
> From hence convey'd by **right to** p r o p e r t y,
> Where he bestows the **soil,** and gives the land,
> The **right** of that's the **right** of the **command,**
> There can be no **pretence** of **government,**
> Till they that have the **property** consent.[27]

An keiner Stelle läßt er je einen Zweifel daran, daß alle
Macht von Besitz und zwar von Landbesitz ausgeht. Aus diesem Grunde bedarf es gleich einer Klarstellung: 'das Volk'
im Zusammenhang mit Fragen der Regierung und des Wahlrechtes versteht Defoe stets als Synonym für 'die Landbesitzer';
"When therefore I am speaking of the Right of the P e o p l e,
I would be understood of the F r e e h o l d e r s, for
all the other Inhabitants live upon Sufferance".[28] Man
muß sich daher hüten, Defoe als Advokaten 'des Volkes' im
Sinne von 'arbeitenden Bevölkerungsschichten' zu reklamie-
ren, wie es einige marxistische Kritiker versucht haben.[29]
Dennoch ging Defoe in **bezug** auf die Kontrolle der Regierenden weiter als die meisten seiner Zeitgenossen und setzte
sich auch von politischen Theoretikern vor ihm ab (vgl.
den letzten Teil dieses Abschnittes).

In Jure Divino und an einigen anderen Stellen spielt
Defoe die Abhängigkeit der Macht vom Landbesitz modellhaft
bis ins Extrem durch, wer Grundeigentümer ganz Englands
wäre, hätte Anrecht auf uneingeschränkte Herrschaft über
alle Bewohner:

> And property's the basis of a throne:
> He that had all the land, had all the power,
> ...
> If any single man possess this land,
> And had the right, he must have the command;
> If once he was but landlord of the isle,
> He must be king because he own'd the soil:
> No man his just succession could dispute;
> He must both make the laws and execute;
> ...
> And he that would not to his rule submit,
> Must quit the place, the place was all his right.[30]

Dieses Recht des Eigentümers ist für ihn nicht nur von
Natur und Vernunft her gesichert, es ist sogar heilig:
"For right of property's a s a c r e d l a w,/ **Nature**
consents, and reason's kept in awe".[31]   Defoe geht sogar
soweit, Gottes Rechte an der Welt durch eine parallele Argumentationsweise zu begründen: "By this one title God himself lays claim; He rules the world because the world's his
own".[32]

Nun gehört England keinem einzelnen Landbesitzer, und
somit folgt, daß die Menge der Grundeigentümer bestimmt,
wer Herrscher wird und welche Gesetze erlassen werden. Dieser in der Theorie einfach klingende Satz läßt in der
Praxis die Frage nach der konkreten Staatsform stellen.
Auch hier legt sich Defoe eindeutig und konstant fest, das
zeitgenössische englische System der "Limited Monarchy"
stellt für ihn die optimale und vor allem vernunftge-
mäßeste [33] Anpassung an die Eigenheiten Englands und seiner Bewohner sowie an die spezielle historische Situation
dar, ja es sei sogar die beste Regierungsform der Welt:

that I not only now, but on all occasions, ... have
declared my belief to be, that a monarchy according
to the present constitution limited by parliament,
and dependent upon law, is not only the best government in the world, but also the best for this nation
in particular, most suitable to the genius of the
people, and the circumstances of the whole body;[34]

Defoe begründet seine Auffassung - neben dem etwas vagen
Hinweis auf den 'Genius' des englischen Volkes - in erster
Linie mit der Sozialstruktur und damit den Besitzverhält-
nissen in England sowie mit Erfahrungen bezüglich der besonderen Leistungen und Vorteile dieser Staatsform.

An zahlreichen Stellen weist er auch die Möglichkeit
einer parlamentarischen Demokratie oder einer Republik
strikt zurück und hält diese Regierungsform nur für Nationen passend, die aus "mere plebeii, all commoners, or the
like" bestünden, also sozial homogen zusammengesetzt wären.
Für England gelte jedoch:

a commonwealth can never suit a nation where there is
so illustrious a nobility, and so numerous a gentry;
the emulations, factions, and parties of such men are
apt to be too turbulent for such a government.[35]

Angesichts der starken Stellung und großen Einflußmöglich-
keiten des englischen Adels scheint ihm demnach die Position eines souveränen und letztlich eindeutige Entscheidung-
en treffenden Königs an der Spitze des Staates die vernünf-
tigste Herrschaftsform zu sein. Dieser Monarch steht in
Defoes Vorstellungen weit über seinen Untertanen, die ihm
Gehorsam, Achtung und Verehrung schuldig sind, wenn er seine Aufgaben ordnungsgemäß erfüllt und keine Ambitionen zur
absoluten Herrschaft besitzt. Seine Aufgaben sind die Sorge
für das Wohl von Staat und Volk, für die Sicherheit und
Freiheit der Bürger sowie für den Schutz des Eigentums,
außerdem sähe es Defoe noch gern, wenn jeder Monarch auch
persönliches Vorbild wäre, allerdings würde diesem Anspruch bis auf wenige Ausnahmen die Mehrzahl nicht gerecht.[36]

Entscheidend bleibt aber bei allen diesen Überlegungen,
daß die Könige weder aus eigener Machtvollkommenheit, noch
im Bewußtsein einer unumstößlichen Erbfolge oder gar unter
dem Signum göttlichen Rechtes regieren; sie sind eben nicht
"God's viceregent, accountable to nobody" und ihre Krone
ist nicht "immediately of God, and independent of the laws",
so daß **Leben,** Freiheit und Eigentum der Bürger zu ihrer
freien Verfügung stehen.[37]   Vielmehr erhält der Monarch
seine Macht nur mit Zustimmung des Parlamentes, das die
Erbfolge regelt und die Interessen der repräsentierten Bürger ihm gegenüber vertreten kann. Besonders mit dem letzten
Teil des folgenden Zitats machte sich Defoe viele Feinde,
denn die konservativen Kreise waren noch längst nicht von
der durch Defoe propagierten Stellung des Königs überzeugt und die Diskussion um Jure Divino in den Zeitungen
und Zeitschriften der Zeit war langwierig und heftig:[38]

> kings are not kings j u r e   d i v i n o, that when
> they break the laws, trample on property, affront
> religion, invade the liberties of nations, and the
> like, they may be opposed and resisted by force.[39]

Der König müsse durch das Parlament und damit durch das
Volk kontrollierbar und letzten Endes auch absetzbar sein,
allerdings sei unberechtigter Widerstand gegen einen Monarchen ebenso ein Sakrileg wie die offene Rebellion, die
Defoe sehr wohl von einer legitimen Revolution (er denkt
dabei stets an die 'Glorious Revolution') unterscheidet.
Daß so zum Beispiel ein Widerstand gegen Karl I. zwar
nicht unberechtigt war, die Art und Weise des Vorgehens
aber allen konstitutionellen Rechten widersprach und nur
mit "all tumult, army, and rabble" beschrieben werden
kann, steht für ihn genauso fest wie die völlige Rechtmäßigkeit der Absetzung Jakobs II. und der Inthronisation
Wilhelms von Oranien; das eine ist für Defoe 'Rebellion',
das andere 'Glorious Revolution'.[40]

Seine Argumentation gegen das göttliche Recht eines
Herrschers läßt sich kurz zusammenfassen: Kernpunkt ist
die Frage nach der Übertragung dieses Rechtes, d.h. erfolgt sie durch das Amt oder durch die Erbfolge? Im Falle
der Erbfolge **seien** nur die Nachkommen in direkter Linie
aus derjenigen Familie rechtmäßig, der Gott zuerst das
Amt übertragen habe, wer aber dieser erste Prinz gewesen
sei, ist nach Defoe völlig ungeklärt und außerdem gebe es
zahlreiche Beispiele in der Geschichte, daß auch nicht
erbberechtigte Könige ins Amt gekommen wären. Dieses Faktum spräche zwar für eine durch das Amt vermittelte Rechtmäßigkeit, die nun allerdings jeglichem Mißbrauch Tür und
Tor öffnen würde, denn dann wären Gewalt und Usurpation
nicht nur an der Tagesordnung, sondern sie würden bei erfolgreichem Ausgang sogar noch scheinbar durch göttliche
Legitimation belohnt; der Usurpator wäre genauso Träger
göttlichen Rechtes wie der rechtmäßige Monarch, den er
stürzte.

Auch solches Vorgehen, für das Defoe zahlreiche Beispiele in der Geschichte aufzeigt, könne unmöglich von
Gott gebilligt worden sein, dafür sprechende Theorien sei-
en durch nichts zu beweisen, vielmehr führt sie Defoe
durch historische Beispiele recht überzeugend ad absurdum.
In seinen Augen gibt es nur eine Möglichkeit, daß eine
Herrschaft mit dem Attribut 'divine' belegt werden kann,
wenn nämlich gilt:

> Princes and people join in public peace,
> Both seek and understand their happiness:
> Those softly guide, these cheerful homage pay;
> Those rule by law, and these by choice obey:
> ...
> In spite of blood, possession, or of line,
> These are the governments that are divine.[41]

Musterbeispiel für einen solchen Monarchen ist natürlich
Defoes verehrter Wilhelm von Oranien, der neben "birth
and blood" vor allem höchste Tugend aufzuweisen hatte:

... undebauch'd with lust of government,
Like all his future actions, great and innocent;
Untainted with ambition, free from blood,
Spotless and pure, as brave, as great and good,
As immortal virtue can be understood.
...
[he] show'd all kings how they might be divine.[42]

Lobeshymnen dieser Art finden sich an zahlreichen Stellen
im Werke Defoes, der mit der Satire The True-Born Englishman (1701) die Abstammung Wilhelms gegen dessen Gegner ver-
teidigt und seinen eigenen Ruf als Schriftsteller endgültig begründet hatte;[43] zahlreiche Schriften der Jahre
nach 1701 tragen nicht den Namen Defoes, sondern den Vermerk "By the Author of The True-Born Englishman".[44]
Daß er darüberhinaus in The True-Born Englishman neben dem
politischen Anliegen auch ein persönliches vertrat, nämlich die Abwertung von Stammbäumen überhaupt, dürfte später
noch deutlich werden.

Die Dreiheit "King, Lords and Commons" bildet das Zentrum der Macht, in dem sich alle Landbesitzer repräsentiert
finden; in Defoes Worten:

> the supreme channel of power, the great collective
> body in miniature; their right has a much fairer
> character of divinity upon it than the regal, being
> derived from their propriety in the freehold; the
> land is their own, this island is their own, and
> every man has a right of government, who has a
> right of possession.[45]

Das Parlament als "legislative authority" beschreibt Defoe
bildhaft als Sitz des "life-blood of constitution" und sein
Verhältnis zum König etwas abweichend von der zeitgenössischen Vorstellung: "The King may be the head, but here's
the heart".[46]

In der Schrift The Original Power of the Collective
Body of the People of England, Examined and Asserted (1702)
wendet er sich nacheinander in sehr bemerkenswerten Widmung-
en an "King, Lords and Commons" und umreißt kurz ihre Rechte
und Aufgaben.

Den König weist er darauf hin, "That you are King of
Your People, so You are the Peoples King", und erinnert
ihn freundlich "Your Majesty knows too well the Nature
of Government, to think it at all the less Honourable, or
the more Precarious, for being Devolv'd from and Center'd
in the Consent of your People." [47]

Die besonderen Rechte der Lords führt er allein auf
deren großen Besitzanteil am Grund und Boden Englands zurück: "Your Lordships, who are of the Nobility, have your
Original Right, your Titles and Dignities from the Greatness of your shares in the Freeholds of the Nation". Besondere Verdienste ihrer Ahnen seien stets mit der Möglichkeit
des Landerwerbs verbunden worden, um Titel und Würden
auch rational erfaßbar zu machen und eine Grundlage für
eine "Succession of Honour" zu schaffen. Bei ihnen **liege**
die höchste Gerichtsbarkeit ("Sovereign Judicature"),
"as being the properest to be trusted with the Distribution of Justice in that Country, of which you were
supposed to have, and once had, the principal Propriety."
Eine Besonderheit der Stellung der Lords hebt Defoe noch
hervor: sie repräsentierten niemanden außer sich selbst. [48]

Zu den Mitgliedern des House of Commons führt er aus:

> The rest of the Freeholders have Originally a Right
> to sit there with you [= the Lords], but being too
> numerous a Body, they have long since agreed that
> whenever the King thinks fit to advise with his
> People, they will chuse a certain few out of their
> Great Body to meet together with your Lordships. [49]

Sie sind die gewählten Repräsentanten der Bürger, in
ihrer jeweiligen Entscheidung frei und unabhängig und
sollen gemeinsam mit dem König und den Lords für das
Wohl des Landes sorgen und sich ihrer Abhängigkeit vom
'Volk' stets bewußt sein.

Zusammenfassend läßt sich Defoes Vorstellung der Funktionen von "King, Lords and Commons" so darstellen, daß
die wahlberechtigten Bürger Englands die Exekutive an den

König, die Legislative an König, Lords und Commons gemeinsam und die höchste Judikative an die Lords delegieren.
Die notwendigen Aufgaben dieser Gruppen formuliert er in
vier "Maxims", die hier wegen ihrer Bedeutung ausführlich
zitiert werden:

1. That S a l u s   P o p u l i   s u p r e m a   L e x,
all Government, and consequently our whole Constitution, was originally design'd, and is maintain'd,
for the Support of the Peoples Property, who are
the Governed.

2. That all the Members of Government, whether King,
Lords or Commons, if they Invert the Great End of
their Institution, the Publick Good, cease to be
in the same Publick Capacity, 'And Power retreats
to its Original'.

3. That no Collective or Representative Body of Men
whatsoever, in Matters Politicks any more than Religion, are or ever have been Infallible.

4. That Reason is the Test and Touch-stone of Laws,
and that all Law or Power that is Contradictory
to Reason, is i p s o   f a c t o void in itself,
and ought not to be obeyed. ...
That such Laws as are agreeable to Reason and
Justice being once made, are binding both to
King, Lords and Commons.[50]

Die dem öffentlichen Frieden, der Gerechtigkeit, der Sicherheit des Eigentums und der Ordnung und Freiheit die-
nenden Gesetze werden auf den unteren Verwaltungsebenen
in die Praxis umgesetzt. Dabei unterscheidet Defoe klar
zwischen "Civil Power" und "Military Power", letztere ist
ihrer Bedeutung nach untergeordnet: "Military Power is
Executed by Deputation from the Prince, who is the Head
of the Civil Power, as an Assistant to the Civil Power,
and by Consequence Subordinate to it."[51]   Nur in Fällen
von Aufruhr und unkontrollierbaren Ausschreitungen sollte
das Militär zur Unterstützung der zivilen Kräfte herangezogen werden. Die eigentlich wichtigen Aufgaben liegen

daher bei den Trägern der zivilen Macht: "The Civil Power
is Dispensed by Magistrates, Regulated by Laws, and ought
to be submitted to, by the whole Body; and this is the
Substance of what we call Constitution."

Die Struktur dieses Magistrates beschreibt Defoe so:
an der Spitze steht der Monarch, unmittelbar unter ihm
"several Courts of Justice" und darunter wiederum die un-
tergeordneten "Courts", "these are subdivided according
to the several Counties, Hundreds, Divisions, Cities,
Burroughs, Corporations, Communities, and Bodies Politick;
in which, by Delegation, Justice is Administred".[52]

Auf den niedersten Ebenen stehen alle diejenigen Personen, die als "Peace Officers" unmittelbar für den öffentlichen Frieden Sorge tragen und deshalb häufig die zusätzliche Bezeichnung "of the Peace" schon im Titel haben: [53]

> The Inferiour Dispensers of Civil Power, are Mayors,
> Bayliffs, Sheriffs, Aldermen, &c. of Corporations,
> Justices of the Peace, High Constables, Petty Con-
> stables, Headboroughs, &c. and these have Power to
> Command Assistance, in Case of Opposition in Extra-
> ordinary Cases; and no Body ought to refuse to Assist
> a Constable in the Execution of his Office, no not
> of the Greatest Quality.

Die Leistungen dieses gesamten Systems unter der Führung
eines vom Parlament kontrollierten Monarchen schätzt Defoe
höher ein als die jeder anderen Staats- und Regierungsform.
Ein 'Commonwealth' könne nur gegen den Willen des gesamten
Volkes und unter Bruch zahlreicher Rechte der gegenwärtigen
Verfassung eingeführt werden, aber: "Men never willingly
change for the Worst; and the People of England enjoy
more Freedom in our Regal, than any People in the World
can do in a Popular Government." [54]

Auch in einer derart   staatlich organisierten Gesellschaft
bleiben dem einzelnen gewisse 'Naturrechte' erhalten, mit

denen sich Defoe zwar nie ausführlich befaßt, die ihm
aber als selbstverständlich gegeben scheinen und auf die
er an zahlreichen Stellen hinweist. Im wesentlichen handelt es sich dabei um zwei 'Laws of Nature':

    1. "Self-Defence is the Sovereign Law of Nature";

    2. "Nature's Laws of Liberty".

'Self-Defence' wird praktisch synonym mit 'Self-Preservation' gebraucht, und beide umfassen den gleichen, sehr
weit gefaßten Bedeutungsspielraum. Zunächst meint das
Recht auf 'Self-Defence' ganz einfach in unserem Sinne,
daß ein Angegriffener sich angemessen verteidigen kann,
wenn ihm staatliche Organe nicht rechtzeitig zu Hilfe
kommen: "the peacable Man, who being assassinated by a
Bully in the Dark, or at the Corner of an Alley, and
Kills him in Obedience to the Law of Nature for his own
Preservation". [55]

Häufiger noch als in diesem Sinne verweist Defoe auf
das Recht, auch in einer persönlichen w i r t s c h a f t-
l i c h e n Zwangslage, bei Hunger, Not oder drohendem
finanziellen Ruin ansonsten ungesetzliche Wege zu beschreiten. Hier kommt der häufig diskutierte Begriff der
'Necessity' ins Spiel, etwa in dem Zusammenhang: "Were
the Honestest Man in the World, brought to the Necessity
of Starving, he would not only Borrow when he could not
Pay, but Steal or do any thing." [56] Dieses Recht besitzt für Defoe sogar eine gewisse Rechtfertigung durch
Gott, denn zu seinen häufig zitierten Bibelstellen zählt
der Satz "give me not Poverty, lest I Steal", der auf
Sprüche 30,9 zurückgeht ("lest I be poor, and steal")
und den Defoe recht praxisnah interpretiert: "to me the
Words very plainly Imply, Lord! keep me from Poverty,
for I shall certainly be a Thief". Zwar rechtfertige die
Schrift keineswegs Diebstahl, aber sie erinnere daran,
daß der Mensch von Natur aus in Notsituationen nicht an-

ders zu handeln vermöge. [57] · Auf das Recht der Selbster-
haltung könnten sich allerdings auch Kaufleute unter bestimmten Voraussetzungen berufen:

> I would be far from advising any Man against doing
> Justice to his Creditors, but as Self-Preservation
> is the first Law of Nature, he that finds himself
> under the Unhappy Necessity of Breaking, has noth-
> ing left him to do, but turn to Holland. [58]

Das zweite Naturgesetz, dessen Implikationen sich als
sehr weitgehend erweisen, ist, daß der Mensch ein Recht
auf Freiheit der Person, des **Besitzes** und des Gewissens
oder Glaubens **habe**: "for my part, I esteem the liberty of
estate and religion, equally with our lives, every man's
birthright by nature; no government ever received a legal
authority to abridge or take it away". [59]   Gerade um diese Freiheiten zu ermöglichen und zu erhalten, **sei ja die**
Gesellschaft und der Staat erst gegründet und mit der Be-
fugnis zur Machtausübung bei der Durchsetzung der die
Freiheiten und Rechte der Bürger schützenden Gesetze ausgestattet worden. Daher ist es für Defoe auch völlig legitim, wenn das Volk Tyrannen stürzt und korrupte, gegen
das Naturrecht der Freiheit verstoßende Parlamente auf-
löst, denn letzten Endes war das Volk die Quelle der
Macht gewesen und hatte sie nur zu bestimmten Zwecken an
den Monarchen und das Parlament, genauer an das Unterhaus, delegiert. [60]   Bei einem Versagen geht nach Defoes
Auffassung die Macht wieder an das Volk zurück; zu den
Mitgliedern des House of Commons gewandt, heißt es bei
Defoe:

> But if you are Dissolved, for you are not Immortal;
> or if you are Deceived, for you are not Infallible;
> 'twas never yet supposed, till very lately, that
> all Power dies with you. You may Die, but the People
> remain; ... Original Power endures to the same Eter-
> nity the World endures to: And while there is People,
> there may be a Legal Authority Delegated, though all
> Succession of Substituted Power were at an End. ...
> Parliaments may cease, but the People remain. [61]

Die Macht des Volkes wird als "Supream Power" beschrieben,
die ursprünglicher war als die des Königs oder des Parlamentes, und für die somit gilt: "That Power which is Original, is Superior".[62]
Dieser letzte Satz weist auch schon in die Richtung
des besonderen staatstheoretischen Ansatzes, der Defoe
von früheren Denkern abhebt und die Meinung:"Defoe's political thought was frankly eclectic, rather than original",
als unkritisch oder ungerechtfertigt erscheinen lassen
muß.[63]
Defoe sieht in seinem staatspolitischen System die Rolle des House of Commons in seiner Abhängigkeit von den
Wählern auch nach der Wahl durchaus anders als etwa Locke.
Zwar ist das Volk auch nach Locke Träger der ursprünglichen
Macht und im Falle des völligen Versagens des Parlamentes
fällt diese gemäß dem Naturgesetz vollständig ans Volk zurück ("there remains still in the people a supreme power
to remove or alter the legislative, when they find the legislative act contrary to the trust reposed in them."[64]),
aber dies gilt eben nur für den äußersten Notfall, die
staatliche Katastrophe, während ein einmal rechtmäßig ge-
wähltes Parlament jedem weiteren Einfluß entzogen ist,
auch wenn die Bürger mit einigen Entscheidungen absolut
nicht einverstanden sein sollten. Locke kam es in der
Rechtfertigung der Revolution in erster Linie darauf an,
die Vorrangstellung des Parlamentes gegenüber der Krone
nachzuweisen, das Verhältnis zwischen Volk und Volksver-
tretung interessierte ihn wenig.[65]
Anders Defoe, der ein Mitspracherecht der Bürger auch
dann als durchaus gegeben ansieht, wenn ein ordnungsge-
mäßes Parlament existiert, das aber ganz offensichtlich
in einigen Punkten die Interessen der Wähler verletzt.
Die Geschehnisse um die 'Kentish Petition' und das folgende Legion's Memorial (1701) machen Defoes Verständnis
deutlich. In der Auseinandersetzung zwischen Wilhelm von

Oranien und dem Parlament, die angesichts der drohenden
Gefahr eines Krieges zu Zerstrittenheit und damit Schwäche
innerhalb der Nation zu führen drohte, aktivierte Defoe
zunächst die öffentliche Meinung, um auf eine Beilegung des
Konfliktes hinzuwirken. Als schließlich fünf Abgesandte
der 'freeholders' aus Kent eine diesbezügliche Petition vor-
legten und vom Unterhaus einen "dringenden Beschluß" forderten,
reagierte das Haus äußerst heftig, die fünf wurden verhaftet und folgende Entschließung verabschiedet: "That the
Petition was scandalous, insolent and seditious, tending
to destroy the constitution of parliaments, and to sub-
vert the established government of these realms".[67]
　　In Reaktion auf dieses ungesetzliche Vorgehen eines
sich im Besitze fast absoluter Macht wähnenden Parlamentes
tat Defoe einen bemerkenswerten Schritt; er setzte seine
politische Theorie in die Praxis um:

> on the morning of 14 May [1701] Daniel Defoe
> marched into the House of Commons, 'guarded with
> about sixteen gentlemen of quality', and presented
> Mr. Speaker Harley with a paper called Legion's
> Memorial to the House of Commons. 68

In einem Begleitschreiben wird der Speaker nachdrücklich
aufgefordert ("You are commanded"), die Denkschrift
den Mitgliedern des Hauses zuzuleiten, andernfalls würde
er es zu bereuen haben ("If you refuse to Communicate
it to them, you will find cause in a short time to Repent
it."). Dieser eindeutigen Drohung geht der Hinweis auf
die Rechtmäßigkeit des Vorgehens voraus: "nothing but Justice, and their Duty is required, and it is required by
them who have both a Right to Require, and Power to Compel,
viz. the people of England." Man habe das Haus auch mit
Gewalt unter Druck setzen können, wolle aber jegliche Ausschreitungen vermeiden. [69]
　　In der eigentlichen Schrift werden nun die Abgeordneten
an ihre Pflichten und ihre Abhängigkeit von den Wählern erinnert: "You are not above the Peoples Resentments, they

that made you Members, may reduce you to the same Rank
from whence they chose you". Sodann folgen die unmißver-
ständlichen Worte, die wegen ihrer Schärfe großes Aufsehen
und Erregung hervorriefen ("it 'struck a terror' into
the House" [70]):

> That if the House of Commons, in Breach of the
> Laws and Liberties of the People, ... act Negligent-
> ly or Arbitrarily and Illegally, it is the undoubted
> Right of the People of England to call them to an
> Account for the same, and by Convention, Assembly
> or Force may proceed against them as Traitors and
> Betraiers of their Country.[71]

Diese Ermahnungen richten sich ausdrücklich an "our In-
feriors, for such you are by your present Circumstances,
as the Person sent is less than the Sender." [72] Legion's
Memorial endet nach der Aufstellung der konkreten inhaltlichen Forderungen mit den denkwürdigen Worten:

> Thus Gentlemen, You have your Duty laid before you ...
> for Englishmen are no more to be Slaves to Parliaments,
> than to a King.
>   Our Name is Legion, and we are Many.

Tatsächlich ließ das House of Commons die fünf Abgesandten
frei, offenbar in dem Bewußtsein, seine Kompetenzen über-
schritten zu haben. Ein Festbankett für die Befreiten, aus-
gerichtet von den Bürgern der Londoner City mit Daniel
Defoe als Ehrengast schloß sich an, und der Rückweg nach
Kent glich einem Festzug. [73]

Unter der Führung Defoes hatten die Wähler direkten
Einfluß auf die Abgeordneten genommen: "The King, at any
rate, must have been pleased to see the Parliament that
had thwarted him so long and so mercilessly thwarted in
its turn by what was almost direct government on the part
of the people." [74]

Aus der Anschauung des Verfassungsrechtlers erklärt
Ritterbusch das Handeln Defoes zu einem "in politisch-
doktrinärer Hinsicht ... historischen Ereignis" und fährt
fort:

> Das Vorgehen Defoes entspricht nicht demagogischen
> Bedürfnissen und Tendenzen ... Es entspricht viel-
> mehr einer bewußten politischen Anschauung, die
> der Theorie der Parlamentssouveränität scharf wider-
> spricht, und aus der er die Berechtigung seiner
> Handlungsweise zieht. ... Was Defoe tut, ist ihm
> nichts revolutionäres oder verfassungswidriges, son-
> dern konsequente Folgerung aus seiner Staatslehre ...
> Wir haben hier als eigentlichen hintergrund der Ge-
> schehnisse den Zusammenstoß entgegengesetzter poli-
> tischer Doktrinen und Überzeugungen zu konstatieren,
> den Zusammenstoß von Parlamentssouveränität und
> Volkssouveränität, von Repräsentativsouveränität
> und souveränem Wählerwillen. 75

Zwar war für Defoe ohne Zweifel ein wesentliches Motiv
die Unterstützung des von ihm so geschätzten Königs, von
dem er sich sicherlich Protektion und Förderung erhoffte,
dennoch sollte sein Verhalten als konsequente Schlußfolgerung aus seinen politischen Theorien und als mutiger
Einsatz für seine Überzeugungen anerkannt werden.[76]

2.1.3. Die Wirtschaft: 'Land' & 'Trade'

"Providence has adapted Nature to Trade,
and made it subservient in all its Parts,
to the several necessary Operations of
Commerce."

(Review; 3.2.1713)[77]

Defoe hat sich so ausführlich an zahlreichen Stellen zu
wirtschaftlichen Themen geäußert, daß eine detaillierte
Darstellung den Rahmen der Arbeit sprengen würde. Dennoch
erscheint es unbedingt notwendig, die Grundlinien seines
Verständnisses zu verfolgen, da einerseits für ihn die
Entwicklung der Wirtschaft unmittelbar mit der Gesellschaft zusammenhängt und zum anderen seine Einteilung
und Einschätzung sozialer Schichten wesentlich von ihrer
ökonomischen Bedeutung im Gemeinwesen bestimmt werden; daß
sich darüber hinaus Defoes Denken ganz allgemein häufig
in vom Kaufmännischen geprägten Kategorien vollzieht,
wurde in der Kritik schon häufig bemerkt und ist - solange
daraus keine vereinfachenden Schlußfolgerungen gezogen
werden - kaum zu diskutieren.[78]
    In der gleichen Genealogie, die oben Entstehung von
'Society' darstellte (vgl. Schaubild I), findet sich
auch die Entwicklungsgeschichte der Wirtschaft (vgl.
Schaubild III). Wiederum sind 'Necessity' und 'Poverty'
die Urahnen, deren Sohn 'Invention' in erster Ehe 'Projector' heiratete (in zweiter Ehe, wie oben beschrieben,
'Convenience', die spätere Mutter von 'Society').[79]
Dies alles geschah in den frühen Tagen der Menschheit,
als nur vereinzelte Familien die Erde bewohnten und jede
auf sich gestellt,alle Arbeiten zu ihrer Versorgung noch
selbst verrichtete. Dann jedoch erfolgte in Defoes Vorstellung die große Vermehrung der Bevölkerung: "Men,
multiply'd upon the Earth, and spreading themselves over

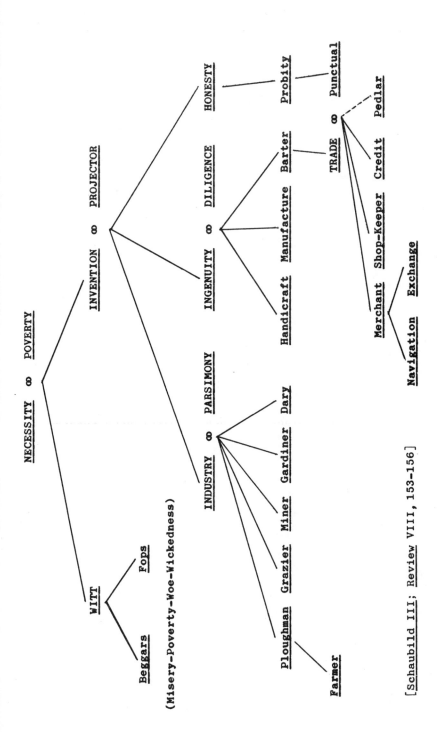

NECESSITY ∞ POVERTY

WITT

Beggars   Fops

(Misery-Poverty-Woe-Wickedness)

INVENTION ∞ PROJECTOR

INDUSTRY ∞ PARSIMONY

Farmer

Ploughman Grazier Miner Gardiner Dary

INGENUITY ∞ DILIGENCE

Handicraft Manufacture Barter

Navigation Exchange

Merchant Shop-Keeper Credit Pedlar

TRADE ∞

HONESTY

Probity Punctual

[Schaubild III; Review VIII, 153-156]

the whole Creation, began to apply themselves to Method
and Art, for Conveniences as well as Necessaries of
Life". [80]   An dieser Stelle setzte die Arbeitsteilung
ein:

> 1. That since every Man could not compass the Art,
>   or perform the Labour of providing every needful
>   Thing for himself or Family - ... This caus'd
>   what we call EMPLOYMENT or L a b o u r one for
>   another.

> 2. That whereas he that apply'd himself to Art
>   could not be diverted by other Labours, he that
>   labour'd could not apply himself to Art, ...
>   so it behov'd Men out of their respective Appli-
>   cations and Employs to supply one another.[81]

Im Bild der Genealogie ausgedrückt, bedeutet dies, daß
die Kinder von 'Invention' und 'Projector' geboren werden: 'Industry', 'Ingenuity' und 'Honesty'.

Auf 'Industry' gehen alle Berufe zurück, die unmittel-
bar die Produkte des Bodens hervorbringen helfen; die
Söhne 'Ploughman' (dessen Sohn 'Farmer'), 'Grazier',
'Miner' und 'Gardiner' ⌊=Gardener⌋ und die Tochter 'Dary'
⌊=Dairy⌋. Von diesem Familienzweig wird gesagt:

> these all apply'd themselves to Country Work,
> their Posterity have Improv'd and Enrich'd the
> World, ... they have enclos'd Forests, cleared
> the Lands of Woods and Watts, dreyn'd Fenns,
> plow'd the Plains, fed the Hills, and dug into
> the Bowels of the Mountains, till they have
> made the stagnate Lakes dry Land, the Desarts
> Habitable, and the World a Rich planted Garden.[82]

'Ingenuity', der zweite Sohn, war der Vorfahr aller Gewerbe, die mit Handwerk und Handel zu tun haben: 'Handicraft' (seine Söhne wiederum waren 'WRIGHT', 'SMITH'
und 'ENGINEER'), 'Manufacture', der eine Tochter von
'Farmer' heiratete und sich folglich mit der Weiterver-
arbeitung von Produkten des Bodens beschäftigte, und
schließlich 'Barter' als dritter Sohn des 'Ingenuity',

"He apply'd himself not at all to invent or make any
Thing, but to buy and sell, and Exchange one sort of
Goods for another;... he supply'd the respective Places
with what they had not - And this Way he made great
Gain."[83]

Einziger und bedeutender Sohn von 'Barter' war
'Trade', den Defoe mit höchstem Lob versieht, ihm sei
erst die Entwicklung der Welt zu Wohlstand und Reichtum
zu verdanken. 'Barter' trieb den Handel noch recht un-
vollkommen, er stand an der Entwicklungsstufe vor der
Einführung des Geldes:

> But as People encreas'd, ... Men found it necessary
> to form some M e d i u m, which being of an In-
> trinsick Value in its S p e c i e s, should be
> receiv'd as an Equivalent in all Demands from one
> to another.
> And this we call MONEY.[84]

Erst auf 'Trade' gehen so nützliche Dinge wie das Wissen
um den Wert von Edelsteinen und des Geldes, den Einsatz
der Schiffahrt und des Verkehrs sowie die Kunst der Navigation zurück. 'Handicraft' und 'Manufacture' sind völlig
auf 'Trade' angewiesen,und er war für die gesamte Menschheit von größtem Nutzen: "He ... is not only vastly Rich
himself, but has really made all the World so."[85]

Aus der Ehe von 'Trade' mit der Enkeltochter von
'Honesty', 'Punctual', entstammen schließlich die Söhne
'Merchant' und 'Shop-Keeper' sowie die Tochter 'Credit';
aus einem Seitensprung geht 'Pedlar' hervor ("a little
B y - b l o w, a Bastard of the Family"). 'Shop-Keeper'
betreibt den Handel in Land und Stadt, 'Merchant' beschäftigt sich vornehmlich mit dem Außenhandel im großen
Rahmen (daher werden auch als seine Kinder 'Navigation'
und 'Exchange' genannt).[86] "Foreign Trade" entwickelte
sich naturgemäß erst im Laufe der Zeit:

so as Men spread farther, separated into Kingdoms
and Nations, and settled in differing Countries
and Climates - They began to be sensible, that one
Part of the World produc'd what another wanted.[87]

Da es nicht die Aufgabe dieses Abschnittes ist, die -
gerade auch sozial - sehr differenzierten,in der Wirtschaft tätigen Personengruppen darzustellen (dies geschieht im folgenden Kapitel), soll nun nach Ursprung
und Entwicklung,auf Funktion und Bedeutung von 'Land'
und 'Trade' bei Defoe eingegangen werden.

In weitaus stärkerem Maße als mit den ökonomischen
Fragen von Landbesitz und Landwirtschaft befaßte sich
Defoe mit Problemen und Aufgaben des Handels; hierzu
verfaßte er mehrere spezielle Einzelwerke wie etwa The
Complete English Tradesman (1725), A Plan of the
English Commerce (1728), An Humble Proposal to the
People of England, For the Increase of their Trade and
Encouragement of their Manufacture (1729) und A Brief
State of the Inland or Home Trade of England (1730)
sowie zahlreiche Zeitschriftenartikel, vor allem auch
in der Review, die manchmal wochenlang Ausgabe für Aus-
gabe ein bestimmtes Thema des Handels aufgriff und ausführlich abhandelte.

Trotz dieser durch Herkunft und Interessenlage verständlichen Präferenz von 'Trade' ist sich Defoe natürlich der großen Bedeutung von 'Land', auch für den Handel, völlig bewußt. Mehrfach weist er auf das enge Ab-
hängigkeitsverhältnis zwischen 'Land' und 'Trade' ausdrücklich hin. Zunächst sei das Land naturgemäß die Voraussetzung für jede Art des Handels, indem es erst die
Waren produziere, andererseits jedoch sei es zu seiner
wirtschaftlichen Weiterentwicklung auf den Handel angewiesen:

> Land then is the first Fund, the Original of
> Trade, that must be confess'd; but Trade is the
> Fund of Improvement, even to Land ...
> Land and Trade, are like Land and Cattle; the
> Land feeds the Cattle, that is certain; but the
> Cattle again furnish Dung and Manure which En-
> riches the Land; and thus the more Cattle the
> Land can feed, the more it will be enabled to
> feed.[88]

Selbst wenn der Boden sehr fruchtbar, das Klima für die
Landwirtschaft ideal und an Bodenschätzen kein Mangel
sei, ohne die Erschließung und Verwertung durch den Handel müsse'Land'in seinem primitiven Naturzustand verharren.
Nur wenige Menschen könnten davon leben, und als Folge
fehlender Arbeitsplätze sei Armut unvermeidlich. Genauso
habe es in ganz England vor dem Aufkommen des Handels aus-
gesehen - die armseligen Gegenden Schottlands, wo trotz
guten Bodens wegen des fehlenden Handels das Land noch
weitgehend unerschlossen sei, böten noch heute den besten
Beweis für diesen Zusammenhang.[89]

Erst 'Trade' setze den großen ökonomischen Kreislauf
des wirtschaftlichen Wohlstandes für alle Beteiligten in
Gang; am Beispiel der Landwirtschaft: durch Abnahme der
Produkte schaffe der Handel Nachfrage, dies führe zu
besserer wirtschaftlicher Nutzung und zur Einstellung
neuer Arbeitskräfte, die wiederum einerseits selbst die
Nachfrage in der betreffenden Gegend erhöhten, andererseits vom Handel mit Produkten aus anderen Gegenden versorgt werden müßten. Die Gemeinden würden als Folge davon
immer weiter wachsen, die Wirtschaft in allen Bereichen
gedeihen und damit fraglos auch der Wert des Landes, wegen
der die Pachtzinsen erhöhenden steigenden Nachfrage, für
die Eigentümer zunehmen:"Land then supplies Trade with
Originals of Manufacture, Trade supplies Land with Money,
raises the Price of Provisions, and by Consequence the
Rent of that Land".[90]

Noch ausführlicher stellt Defoe an einer anderen Stelle
der <u>Review</u> die Konsequenzen des durch den Handel bedingten Wachstums der Bevölkerung und damit des Konsums dar:

> Thus Towns grew up, Countries grew populous, and
> Trade brought People; so People brought Trade, the
> Confluence of Inhabitants made great Markets, and
> encreased the Consumption of Provisions, and that
> in course employ'd the Lands, enriched the Farmers,
> and raised the Value of Lands, and that rais'd the
> Gentry.
> The riches of the Gentry and of the Farmers en-
> creased Trade again, and this filled the Country
> Towns with substantial Shop-keepers, to supply
> Houshold Stuff, Apparel, Grocery and Mercery for
> common Use; and thus Trade begot Trade by a
> natural Circulation.[91]

Durch den Handel wurde das Land also erst zu seiner gegenwärtigen wirtschaftlichen Bedeutung geführt, er weckte es
sozusagen aus seinem Dornröschenschlaf und gliederte es
in den ökonomischen Kreislauf ein.[92]   Obwohl Defoe 'Land'
als unabdingbare Voraussetzung für 'Trade' anerkennt,
läßt er doch im Grunde nie einen Zweifel daran, daß der
Handel der wesentlichere Partner und darum deutlich höher
einzuschätzen sei.

Ohne den Handel würde alles Land in seinen ursprünglichen Zustand der Armut zurückfallen: "Land will pine,
fade, Languish, and at last, die into its Original Poverty,
and its meer Native Condition. T r a d e then, is the
Life of Land's Wealth, and Land will be no Fund without
it".[93]

Diese Vorrangstellung ist für Defoe sogar gottgewollt
und von der Schöpfung her in der Natur schon so angelegt:

> there is a Kind of Divinity in the Original of Trade
> ... God, in the Order of Nature, not only made Trade
> necessary to the making the Life of Man Easy, ...
> but also qualified, suited and adapted the Vegetative
> and Sensitive World, to be subservient to the Uses,
> Methods and Necessities ... of Trade.[94]

In seiner Weisheit habe der Schöpfer die Naturgesetze
zum Nutzen des Handels geschaffen, deshalb könnten
Schiffe auf dem Wasser schwimmen und die Flüsse und Ge-
wässer bewegten sich auf Grund der Schwerkraft immer in
bestimmte Richtungen; die Wasserwege und Winde, die Zug-
und Reittiere, die magnetische Kompaßnadel, die Fixsterne,,
alles diene den handeltreibenden Menschen; Defoe ist voll
des Lobes angesichts der "Harmony of the Creation, and
the Beauty and Concern of Providence, in preparing the
World for Trade".[95]

Bei der Beschreibung der Bedeutung des Handels gerät
Defoe geradezu ins Schwärmen und verwendet zur Verdeutlichung zahlreiche Bilder und Vergleiche, von denen das
des menschlichen Körpers mit Herz und Blutkreislauf das
häufigste ist. Der Handel ist wie das Blut, die Flüsse
und Straßen wie Venen und Arterien, London das Herz des
Systems, die gesamte Nation wird dadurch am Leben erhalten,und eventuelle Störungen haben unweigerlich fatale
Folgen:

> if once that Motion ceases, is inverted, or other-
> wise interrupted, it stagnates and corrupts, or
> breaks out in Torrents beyond its ordinary Course,
> and these prove infallibly mortal, and incurably
> contagious to the Life of the Creature [i.e. the
> Nation].[96]

Da im späteren Kapitel über die Gesellschaftsstruktur
immer wieder in Einzelheiten auf den ökonomischen Hintergrund zurückgegriffen werden muß, bildet die Kenntnis der
Grundzüge von Defoes "System of Trade" eine wesentliche
Voraussetzung des besseren Verständnisses.[97]

TRADE, like Religion, is what every Body talks
of, but few understand: The very Term is dubious,
and in its ordinary Acceptation, not sufficiently
explain'd.[98]

Mit diesen Worten beginnt Defoe A Plan of the English
Commerce und macht schon zugleich sein Anliegen klar,
endlich Ordnung und Eindeutigkeit der Terminologie in
die Diskussion um Wirtschaftsfragen bringen zu wollen.
Dennoch ist kritisch anzumerken, daß auch er selbst oft
nicht so eindeutig zwischen den Begriffen trennt, wie er
es in seinen mehr systematischen Abhandlungen fordert.

Hauptschwierigkeit ist zunächst der Bedeutungsumfang
des Wortes 'Trade', das einmal im Sinne von 'Wirtschaft'
ganz allgemein gebraucht wird, sich aber zum anderen
meistens speziell auf den 'Handel' als Tätigkeitsfeld der
Kaufleute bezieht (und dann meist als Kontrastbegriff
zu 'Land' gebraucht wird).

Der umfassendere Begriff kann auf einen kurzen Nenner
gebracht werden:

'Trade' (1)   : "Dealing and Manufacturing compre-
                     hends all Trade".

Diese Definition gilt ebenfalls für den Begriff 'Commerce',
der praktisch ein Synonym für 'Trade' in seiner generellen
Bedeutung darstellt.[99]

Im System Defoes stellt dieser Satz die Grundlage
("its meer natural and original Situation") für jede
weitergehende Differenzierung dar: "all the subsequent
Divisions and Distinctions of Terms, by which we are
taught to express the particular Parts of Trade, are but
modern Names introduc'd by Custom".[100]

Auch 'Manufacturing' wird in dem oben zitierten Satz
in einem sehr allgemeinen Sinne gebraucht, es läßt sich
weiter aufteilen in Komponenten:

'Natural Produce': Landwirtschaft, Fischerei, Berg-
bau, etc.

'Handicraft'   : Handwerke wie das des Schmiedes,
Schneiders, Schuhmachers und ähn-
liche, die jeweils ihre Waren selbst
herstellen und auch verkaufen;

'Manufacture'   im exakteren Sinn meint die Herstellung
von Produkten, ohne sie auch selbst
direkt zu verkaufen, erfordert also
die Tätigkeit von Kaufleuten bei der
Weitergabe an den Endverbraucher.

Hinzu kommen eine Reihe von Beschäftigungen, die nicht
so eindeutig einzuordnen und Hilfsfunktionen für die genannten sind, wie zum Beispiel Hilfskräfte und Dienstpersonal.[101]

Mit den von diesen Berufsgruppen hergestellten Waren
hat es nun der Handel im engeren Sinne zu tun; er läßt
sich definieren:

'Trade' (2)   :"TRADE is a general Exchange of the
Necessaries and Utensils of Life,
from and between Person and Person,
Place and Place."[102]

Dieser läßt sich wiederum in 'Foreign Trade' und 'Home-
Trade' oder 'Inland-Trade' differenzieren;

'Foreign Trade'   beschäftigt sich mit Export und Import:

'Export'   "Our Exports consist chiefly in our
Manufactures, and the Growth of the
Country and Colonies; in which last
Article, I Include Provisions, Metals,
Sugars, Tobacco's, Spices, Furs,
Drugs, &c."

'Import'   : "Our Imports consist chiefly of Linen,
Silk, Wine, Brandy, Oyl, Fruit, Drugs,
Dyers Stuffs, E a s t - I n d i a
W a r e s, [etc.]".[103]

'Merchants' sind allein in diesem Bereich tätig; jedenfalls will Defoe dieses Wort in seinem engeren Sprach-
gebiet, im Unterschied etwa zu Irland und dem Norden
Britanniens, so verstanden wissen:

> in England the word m e r c h a n t is under-
> stood of none but such as carry on foreign corres-
> pondences, importing the goods and growth of other
> countries, and exporting the growth and manufac-
> ture of England to other countries.[104]

In diesem Zusammenhang weist Defoe auf die große Bedeutung der Kolonien in Amerika, Afrika und Asien als Han-
delspartner hin, der Handel mit ihnen ermöglichte ja
dem geschickten 'Merchant' und vor allem den einflußreichen Handelskompanien (die von Defoe wegen ihrer
rigoros durchgesetzten Monopolstellung übrigens teilweise heftig attackiert wurden [105]) profitreiche Ge-
schäfte; die weißen Siedler waren bereit, hohe Preise
für englische Gebrauchs- und Luxusgüter zu zahlen,
während sie ihrerseits billig in ganz Europa begehrte
Waren, vor allem Rohmaterialien wie Zucker, Gummi, Baum-
wolle, Tabak und Kaffee, aber auch Gewürze und Edel-
metalle den Kaufleuten anboten, die sie dann nach zwar
risikoreichem Seeweg (Unwetter, Piraten) mit hohem
Gewinn in England absetzen konnten.[106]

   Nachdrücklich betont Defoe die enge Zugehörigkeit
der Kolonien zum englischen Mutterland: "As to our plantations or colonies, they are naturally to be included,
their people being our own, ... their produce our produce, and their wealth our wealth";[107] vor allem unterstreicht er auch ihre Funktion im gesamten Wirtschaftskreislauf:

from these Colonies we really draw every Year an
immense Wealth; That they Maintain our Navigation,
Nurse our Seamen, and supply great Numbers; that
from their Produce is rais'd a prodigious Revenue
to the Government; That they are the most Capital
Article in the Exportation of our Manufacture, and
by Consequence, in Employment of our People at
Home, Consumption of our Wool and Provisions, and
thereby of keeping up the Value of our Lands.[108]

Mit dem 'Inland Trade' (auch:'Home Trade') beschäftigte
sich Defoe besonders ausführlich; er versteht darunter
alle Handelstätigkeit, die innerhalb Englands Ausgangs-
und Endpunkt hat.[109]   Drei große Gruppen sind zu unterscheiden:

'warehouse-keepers': "considerable dealers, ... who
                      supply the merchants with all the
                      several kinds of manufactures and
                      other goods of the produce of Eng-
                      land, for exportation;"

'wholesalemen'   : "who buy and take off from the mer-
                      chants all the foreign goods which
                      they import, ... convey and hand
                      forward those goods, and our own
                      also ... into every corner of the
                      kingdom, however remote;"

'retailers' schließlich werden von den Großhändlern versorgt und verkaufen die Waren im Einzelhandel an den Endverbraucher weiter.[110]   Zu ihnen gehören vor allem die
große Zahl der 'shopkeepers', aber auch die 'pedlars',
gegenüber denen Defoe ein gespaltenes Verhältnis zu haben
scheint; während er sie in seiner Genealogie von 'Trade'
noch relativ freundlich als "a little B y - b l o w, a
Bastard of the Family [of Trade]" bezeichnet, so nennt
er sie knapp zwanzig Jahre später "destroyers", die den
redlichen 'shopkeeper' um seinen Verdienst betrögen, keine
Steuern zahlten und keinerlei öffentliche Ämter über-
nähmen.[111]

Angehörige aller drei genannten Gruppen tragen die allgemeine Bezeichnung 'Tradesmen', im Unterschied zu den im Außenhandel tätigen 'Merchants'.

"Subject of Trade" im 'Home Trade' ist:

I. "The mere product of nature; such as wool, skins, hides, corn, coals, metals, &c."

II. "The product of art; such as we more particularly and properly call manufacture."[112]

Dazu zählen neben inländischen Gütern natürlich auch die Importe. Wichtigstes englisches Produkt ist die Wolle und ihre Verarbeitungsformen, mit ihr steht und fällt nach Defoe die gesamte Wirtschaft:

> the woollen manufacture is the life and blood of the whole nation, the soul of our trade, the top of all manufactures, and nothing can be erected that either rivals it or any way lessens it or interferes with it, without wounding us in the more noble and vital part, and, in effect, endangering the whole.[113]

Alle Waren lassen sich wiederum in zwei große Gruppen unterscheiden:

1. "The Necessaries of Life, including Subsistence and Defence."

2. "The Pleasures and Conveniences of Life, commonly included in that ill-natur'd Term Luxury."[114]

1. Hierzu gehören Lebensmittel und Güter des täglichen Bedarfs: "the Growth or Produce of Land, or more explicitly Corn, and Fruits of the Earth, Cattle, Fish, and Fowl" sowie:

> Necessaries of Defence ... (1.) Houses; (2.) Cloths, &c. and their Appendices, as a Defence of Life against the Inclemencies of the Air; and (3.) Warlike Necessaries, as the Defence of Life from Rapine and Violence.

2. Unter 'Luxury' zählt Defoe auf:

> These include a vast Variety of the luxuriant Demands
> of Life, as of Houshold-Stuff, Ornaments, whether of
> Dress or Furniture - Wines, Spices, and all Sorts of
> Dainties for the Palate, or Deckings for the Carkass,
> ... Coaches, Horses, Chairs, and a vast endless
> Catalogue in my Lady's dressing Room.[115]

Güter dieser Kategorie stellten für Defoe (und seine
Zeitgenossen) ein ungelöstes Problem dar, das häufig
diskutiert wurde. Einerseits ist 'Luxury' aus moralischen und religiösen Gründen (unnötige Verschwendung)
abzulehnen, andererseits beruhen weite Teile des Handels
darauf, Arbeitskräfte, Kaufleute und Steuereinnahmen sind
davon abhängig.[116] Diese Umstände müssen zu einer para-
doxen Beurteilung führen, die sich in ebensolchen Sätzen
äußert: "speaking in the Language of Trade, our Vices are
become our Vertues, and our Extravagancies as necessary
as our Essentials".[117] Hier klingt schon an, daß 'Trade'
eigene Gesetze hat, die sich von den 'normalen' weitgehend unterscheiden: "there are Niceties in Trade, which
can submit to no Laws; Custom of Merchants governs Law in
many Cases". Ursprung dieser Eigengesetzlichkeiten ist
das Grundprinzip:

"the End of Commerce is GAIN";[118]

daraus ergeben sich alle Gesetze und Maximen kaufmännischen
Lebens, sowohl im persönlichen Bereich, als auch im Verhältnis von 'Trade' zu Gesellschaft und Staat.

Der Staat muß dem Handel als wesentliche Voraussetzung
einer ungestörten Prosperität in erster Linie den Frieden
garantieren, den inneren ebenso wie den äußeren. Kriege
bedeuten unvernünftig hohe Steuern, Unsicherheiten auf
dem Weltmarkt und den möglichen Verlust von Investitionen
und Handelsschiffen: "Peace is the Foundation of Commerce,
no Trading Nation ever grows Rich by War;" der Krieg soll

147

nur in Notfällen dazu dienen, den Frieden möglichst bald
wieder zu sichern.[119] Unruhen im Inneren eines Staates
sind ebenso schädlich, da die allgemeine Sicherheit der
Personen und Verkehrswege sowie jeglicher Besitz gefährdet sind: "General Safety consists in P e a c e ;
P e a c e is the Bond of Property, the Root of Commerce,
the Fountain of Wealth, the Blessing of Mankind". Verantwortlich für den Frieden im Staate ist im Einzelfall der
jeweilige Magistrat, der in Ausnahmesituationen vom Militär unterstützt werden kann.[120]

'Trade' selbst ist nach Defoe quasi neutral, ihn
interessiert nicht die herrschende Partei oder die dominierende Konfession, wesentlich ist allein das gute Geschäft: "Trade knows no Whig or Tory; High-Church or
Low-Church, both will agree in reasonable Proposals to
their Profit".[121]

Unter der Voraussetzung des Friedens, der Sicherheit
und einer tragbaren Steuergesetzgebung kann der Handel die
ihm gebührende führende Rolle im Gemeinwesen einnehmen,
denn Defoe zählt ihn zu den drei vornehmsten Aufgaben-
bereichen des Staates:

> I divide the Care and Concerns of the Nation among
> these Generals, Religion, Constitution, and Commerce;
> Trade, as it is the last of these three, is the first
> of all the subsequent Concerns of the Kingdom, and I
> rank it hand in hand with Religion and Constitution,
> not by Way of Equality, but as it is the great
> Auxiliary, which enables us to protect, defend and
> preserve the other from all its Opposers.[122]

Der gut funktionierende Handel bringt nach Defoe allen
Bereichen des Staates Vorteile und Wohlstand. Direkt be-
schäftigt er neben den eigentlichen Kaufleuten etwa
200 000 Familien, die allein im Transportwesen, der
"Circulation of Trade", tätig sind, also etwa Kutscher,
Bootsleute, Träger und ähnliche.[123] Durch den Handel

werden ursprünglich unerschlossene Gebiete dem Wirtschaftskreislauf eingefügt, besiedelt und der Wert des Landes
erhöht. Vor allem entstehen überall neue Arbeitsplätze,
in der Landwirtschaft ebenso wie im Bereich von 'Manufacture'. Die dort tätigen Menschen sind gleichzeitig Konsumenten, die ihr durch Arbeit verdientes Geld wiederum
in den Wirtschaftskreislauf einfließen lassen und so die
ökonomische Entwicklung erneut ankurbeln:

> TRADE encourages Manufacture, prompts Invention,
> employs People, increases Labour, and pays Wages:
> As the People are paid, and by that Pay are fed,
> cloathed, kept in Heart, and kept together; ...
> as they are kept together, they multiply together
> ... As the Numbers of People increase , the Con-
> sumption of Provisions increases; as the Consumption
> increases, the Rate or Value will rise at Market;
> and as the Rate of Provisions rises, the Rents of
> Land rise.[124]

Ökonomische Gesetzmäßigkeiten wie diese finden sich bei
Defoe recht häufig beobachtet; neben dem großen 'Wheel
of Trade' (etwa im obigen Zitat), das im Kern schon die
meisten Gesetze enthält, führt er mehrfach das Regulativ
von Angebot und Nachfrage an: "as the Demand is greater
or smaller, so also is the Quantity made; and so the
Wages of the Poor, the Rate of Provisions, and the Rents
and Value of the Lands rise or fall".[125] Auch die Abhängigkeit des Wertes der Arbeitskraft von bestimmten
Faktoren ist ihm völlig bewußt: "The Dearness of Labour
in any Country can proceed but from one or both of the
following Reasons, Dearness of Provisions, or Want of
Hands." [126]

  Interessant ist ebenfalls seine Beobachtung der Arbeit
als wertbildendes Element im wirtschaftlichen Prozeß:

Production and Consumption are the Beginning and End
of all Trade. The Materials produc'd, whether they
are the Production of Nature or Art, are the Subject
of Trade. ...
How the meanest Trifles accumulate a Value, as they
pass from Hand to Hand: How they become Important,
Rich, Useful, and Beautiful, by the Addition of
Time, Labour, and the Improvement of Art.[127]

Zahlreiche dieser Gesetze, die hier nicht alle aufgeführt
werden können, finden sich später systematisiert ganz ähnlich auch in Adam Smiths The Wealth of Nations; sicherlich
kann Defoe (bei dem übrigens schon der Begriff "Wealth of
Nations" erscheint[128]) in mancher Hinsicht als Vorläufer
Smiths bezeichnet werden. Smith war zweifellos kein durchgängig origineller Autor, sondern er fügte ihm vorgegebene
Ideen überzeugend in sein System ein; Seligman weist in
seiner Einleitung des Werkes darauf hin: "Adam Smith owed
much both to his English and to his French predecessors",
und er nennt unter anderen Petty, Mandeville, Hume, Tucker,
Locke, Newton und Davenant.[129]

Defoes Theorien auf dem Gebiet der politischen Ökonomie
zusammenzustellen und mit seinen Vorgängern und Nachfol-
gern zu vergleichen, wäre eine lohnende Aufgabe, die
zeigen könnte, wie breit das Bedeutungsspektrum dieses
Autors ist, den schon Marx im Kapital mehrfach zitierte
und den er zusammen mit Steuart, Townsend, Franklin und
Wallace als grundlegenden Theoretiker des 18. Jahrhunderts einstufte.[130]

Wie oben gezeigt wurde, ist für Defoe 'Trade' der
Faktor, der das vorhandene Arbeitskräftepotential nutzt
und sogar noch eine Zunahme der Bevölkerung ermöglicht,
mit der wiederum der Reichtum der Nation weiter wächst,
denn: "Numbers of People are without Question, the
Strength and Wealth of a Nation"; diese Aussage bezieht
sich jedoch nur auf arbeitsame und ihren Lebensunterhalt

selbst verdienende Menschen, alle anderen dezimieren den
Wohlstand. 131

'Trade' erhöht wesentlich den Reichtum der Nation, indem
nicht nur durch Arbeit Werte geschaffen werden, sondern indem vor allem auch die Steuereinnahmen des Staates steigen.
Der Landeigentümer, dessen Boden mehr einbringt, muß nun
höhere Abgaben zahlen, ebenso vergrößern sich die Steuer-
zahlungen der besser verdienenden Kaufleute. Reichtum aber
bedeutet für jeden Staat Macht und damit Sicherheit vor
einem feindlichen Angriff:

> THUS Trade is the Foundation of Wealth, and Wealth
> of Power ... [1]

> The Power of Nations is not now measur'd, as it has
> been, by Prowess, Gallantry, and Conduct. 'Tis the
> Wealth of Nations [!] that makes them Great, ...
> 'tis the longest Purse, and not the longest Sword
> that conquers Nations ... [2]

> Trade encreas'd Wealth, and Wealth bought us
> Liberty [3]. 132

England ist Defoe das beste Beispiel für den äußerst
positiven Einfluß auf die wirtschaftliche Entwicklung
(von der davon unmittelbar abhängigen sozialen Entwicklung ist in späteren Kapiteln die Rede). Vor der
großen 'Revolution of Trade', wie Defoe den starken An-
stieg des Handels zu Zeiten Königin Elisabeths nennt,
war England ein armes Land, in dem nur wenige einzelne
gut lebten und die anderen in sklavenähnlicher Abhängigkeit vor allem landwirtschaftlich tätig waren: 133

> When we had no Trade, we had no Ships, no populous
> Cities, no Numbers of People, no Wealth compar'd
> to what we see now; Provisions bore no Price, Lands
> yielded no Rent; and why? The Reason is plain and
> short; 'tis sum'd up in a Word, L a b o u r
> brought in   n o   W a g e s. 134

Dabei war England wie keine andere Nation für wirtschaftlichen Wohlstand geschaffen:

> The bounty of Heaven has stored us with the principles
> of commerce, fruitful of a vast variety of things
> essential to trade ... in a very extraordinary manner;
> that is to say, so as no other country in Europe, or
> perhaps in the world, is supplied with.[135]

Erst mit der Hilfe von 'Trade' konnte sich England zu
seiner gegenwärtigen Größe entfalten und die bedeutendste
Nation der Erde werden. Die folgenden Sätze zählen wohl
zu den bekanntesten diesbezüglichen Aussagen Defoes, der
darin seine Einschätzung der Funktion von 'Trade' zusammenfaßt:

> E n g l a n d is a Trading Nation, ... the Wealth
> and Oppulence of the Nation, is owing to Trade, ...
> the Influence of Trade is felt in every Branch of
> its Government, in the Value of its Land, ... Trade
> is the Life of the Nation, the Soul of its Felicity,
> the Spring of its Wealth, the Support of its Great-
> ness, and the Staff on which both King and People
> lean, and which (if it should sink) the whole
> Fabrick must fall, the Body Politick would sicken
> and languish, its Power decline, and the Figure it
> makes in the World, grow by degrees, most Contempt-
> ibly Mean.[136]

Das große Zentrum dieses Handels ist die Londoner City,
die eine Sonderstellung in England und in der Welt einnimmt. In fast allen mit der Wirtschaft befaßten Schriften weist Defoe nachdrücklich auf die Bedeutung Londons
und seiner Kaufleute für das Wohl des ganzen Staates hin.
Die Einwohnerzahl Groß-Londons schätzt er - zweifellos
überhöht - auf mindestens 1,5 Millionen ("at least,
fifteen hundred thousand, with this addition, that it
is still prodigiously increasing"[137]), doch liegt diese
Schätzung sicherlich auf einer Linie mit der Tendenz,
alles mit der Bedeutung des Handels Zusammenhängende zu
überhöhen und zu idealisieren.

> Nature and the Course of Business has made
> L o n d o n   the Chief or Principal Market ... ⌊1⌋
> hither all the Manufactures in the Nation from
> the several and remotest Countries are convey'd
> in gross, as to the vast Center of Trade; and here
> they pass from the Wholesaler to the Merchant, from
> the Ware-house to the Shop, and from thence ...
> are transmitted to all the several Parts of the
> Kingdom again; and upon this Circulation ... more
> Families depend, and are maintain'd, than upon
> the first Working of the whole Manufacture of
> the Nation.   [2] 138

Durch diese Funktion als Schaltzentrale wirtschaftlicher
Macht besitzt die Stadt eine Vorrangstellung gegenüber
dem Rest des Königreiches: "not the kingdom makes London
rich, but the city of London makes all the kingdom rich
... it is the capital city that is the life of the
country". 139 Ohne die City könnten die Landbesitzer und
Handwerker ihre Produkte nicht absetzen,und die meisten
Menschen müßten auf viele Gegenstände des täglichen Ge-
brauchs, die nicht in ihrer näheren Umgebung hergestellt
werden, verzichten.

Diese Sonderstellung Londons hat natürlich Auswirkungen
auf die Position der Bürger, worunter Defoe vornehmlich
'merchants' und 'tradesmen' versteht, die als 'Freemen'
oder 'Liverymen' (wie er selbst 140) die Geschicke
der Stadt lenken und ein Vorbild für das übrige Land darstellen. 141 Die Bürger werden als außerordentlich reich
und ihre Stellung gegenüber König und Regierung als nahe-
zu gleichberechtigt und weitgehend unabhängig dargestellt.
Wenn Defoe auch häufig den Magistrat Londons, meist aber
den anderer Städte, heftig kritisiert und auf Versagen und
Unmoral hinweist, so behauptet er dennoch, daß keine
Stadt der Welt eine so perfekt funktionierende Selbstverwaltung habe ("perhaps the most regular and well-ordered
government that any city ... can boast of" 142). Ihre
Rechte gegenüber Hof und Regierung seien in England ohne-
gleichen und trügen zum Wohle des Ganzen bei:

The Council, the Parliament, and the Courts of
Justice, are all kept at the same part of the
town; but as all suits among the citizens are,
by virtue of their privileges, to be tried within the liberty of the city, so the term is obliged to be (as it were) adjourned from West-
minster-Hall to Guild Hall ...
The equality, however, being thus preserved, and
a perfect good understanding between the Court
and the city having so long flourished, this union
contributes greatly to the flourishing circumstances of both.[143]

2.1.4. Die Religion: Konfessionen und Bedeutung

"Religion teaches Men to be MEN;
or as I would be understood Men of
Honour, Men of Compassion, Men of
Temper, Men of Humanity, and instructs
them in every thing that's suited to
H u m a n   S o c i e t y."
(D. Defoe: Review 29.6.1706)[144]

In einer Zeit da religiöse Fragen im Alltag des einzelnen eine wesentliche und existentielle Rolle spielten,
wundert es nicht, daß auch Defoe eine große Zahl seiner
Schriften diesem Thema widmete; man kann sogar sagen, daß
die Religion mindestens den zweiten Rang (nach wirtschaftlichen Problemen) innerhalb der Skala seiner Interessen einnimmt und in praktisch jedem Werk zahlreiche
Argumente ihre Wurzel im religiösen Bereich haben. Sicherlich ist in seiner Biographie die wesentliche Ursache
dafür zu finden, daß er in besonderem Maße in religiösen
Dingen Stellung bezog und seine Meinung oft unter Risiken
- und mit dementsprechenden Konsequenzen, man denke nur
an seine Verhaftung 1702 nach der Veröffentlichung der
Schrift The Shortest Way with the Dissenters - auch
mächtigen Gegnern zu Gehör brachte. Schließlich war Defoe
selbst Sohn eines Dissenters und zuerst sogar zum Geistlichen bestimmt gewesen. Sein offenes und oft kämpferisches
Bekenntnis verwundert daher keineswegs - wie wohl überhaupt die Aktivitäten religiöser Bewegungen mit den sich
ihnen entgegenstellenden Widerständen zu- oder abnehmen.
Theologische Themen interessieren Defoe nur am Rande,
obwohl er sich vereinzelt auch eingehender mit Fragen der
Trinität, der Sünde und der christlichen Taufe beschäftigt,

doch diese Diskussionen verlieren nie einen praktischen
Bezug, nämlich: Welche Konsequenzen hat die Religion
eines Menschen für sein alltägliches Leben im Staat und
in der Gesellschaft,und welche Funktion hat die Religion
überhaupt für das Zusammenleben von Menschen?[145]
Diese beiden Aspekte, die man als die 'gesellschaftliche Relevanz der Religion' bezeichnen könnte, stehen
folglich im Vordergrund des Interesses dieses Abschnittes,
der sich nicht ausgiebig mit Einzelheiten der persönlichen Religiosität Defoes oder seiner theologischen Stellung
innerhalb der Entwicklung des Puritanismus befassen kann;
zu diesem Themenkreis sei auf die vorzügliche Untersuchung
Rudolf Stamms verwiesen (Der aufgeklärte Puritanismus
Daniel Defoes; Zürich 1936).

An keiner Stelle läßt Defoe einen Zweifel daran, daß
er selbst gläubiger Christ ist und als solcher in der
Tradition der Reformation und des Protestantismus steht.
Aus seiner Position als Dissenter heraus kritisiert und
attackiert er zwar häufig die anglikanische Hochkirche,
sieht aber dennoch bei nüchterner Betrachtung stets mehr
Gemeinsames als Trennendes und ist etwa ab 1707 immer
mehr um einen Ausgleich zwischen den beiden Gruppen bemüht. [146]
Gott wird von Defoe als unbezweifelbarer Schöpfer der
Welt bekannt, zumeist recht abstrakt als 'prima causa',
ganz im Sinne seiner häufig angewandten rationalistischen
Argumentation von 'cause and consequence'. [147] Die Nähe
zu deistischem Gedankengut ist in vielen seiner Formulierungen kaum zu bestreiten, zum Beispiel wenn Gott (wie
mehrfach bei ihm) als "Nature Naturing" definiert wird:

> By N a t u r e   N a t u r i n g, I understand the
> God of Nature, or Infinite Power, making both
> Nature her self, and giving Life and Laws to all
> her subsequent Operations; and therefore I distin-
> guish between N a t u r e   N a t u r i n g, and
> N a t u r e   N a t u r e d; one as the C r e a t o r
> of Nature; the other is the C r e a t u r e
> N a t u r e actually made.148

Die Naturgesetze bestimmen seit der Schöpfung den Lauf
der Welt, und das göttliche Prinzip der Vernunft leitet
die Menschen, die nach Defoes Auffassung sich von der
Existenz Gottes auf rationalem Wege bei der Betrachtung
der wohlgeordneten Natur jederzeit überzeugen können.[149]
Trotz dieser Aufnahme einiger deistisch anmutender Ge-
dankengänge, die nicht verwundern kann, wenn man bedenkt,
daß die Mehrzahl der Hauptwerke des Deismus zu Lebzeiten
Defoes erschien, läßt sich Defoe, der den Deismus als
"abhorr'd Error" verurteilte,[150] natürlich keinesfalls
als Deist einordnen, allenfalls trägt sein Denken stark
rationalistische Züge. Für ihn ist Gott nämlich eben
nicht nur der entfernte Weltbaumeister, der in sein Werk
nach dem ersten Anstoß nicht mehr eingriff, sondern
Schöpfer und L e n k e r zugleich: "GOD the great
Director, as well as Maker of Nature".[151]
    Alles Geschehen in der Welt ist Gott - so sieht Defoe
es in gut calvinistisch-puritanischer Tradition - im
voraus bekannt, und er bestimmt die Abläufe nach seinem
Willen:

> these Things are all foreknown, directed, and
> determined by a Secret Hand, by a Prescience im-
> perceptible to the World. ... This should be the
> Motto over all the Amazing Occurrences of the
> World, GOD REIGNS ... He that made the World,
> guides it, and will do so in spight of all the
> Parties and Powers that are.[152]

Medium des Eingreifens und Lenkens Gottes ist für Defoe
(und seine Zeitgenossen) 'Providence', deren Hauptauf-
gabe es ist, die Ordnung in der Welt aufrechtzuerhalten
und für Gerechtigkeit zu sorgen, denn mit Stamm gilt:
"Ein Hauptattribut von Defoes Gott war die Gerechtigkeit":

> Order must come out of all these Confusions.
> The God of Order serves the glorious Ends of
> his Providence -- From the Issue of all the
> Confusions and Overturnings in the World.[153]

'Providence' verletzt mit ihren Aktionen die Naturgesetze nicht, alles Geschehen könnte auch ohne weiteres
aus seinen natürlichen Ursachen erklärt werden, aber
daß bestimmte Personen zu einem bestimmten Zeitpunkt
davon betroffen und zu bestimmten Handlungen und Meinungs-
änderungen (oft gegen ihren vorherigen Willen) veranlaßt werden, dieses Faktum läßt den wissenden Betrachter
eindeutig die Hand Gottes und seine Absicht erkennen:

> Providence often directs the Times and Connections
> of those, otherwise natural Causes to concur in
> such a manner, as may point out to us his Meaning,
> and guide us to understand it --- and the most
> obstinate have been oblig'd to own their Belief of
> it, of which History is full of remarkable In-
> stances. [154]

Außerdem schreibt Defoe der 'Providence' noch eine Ein-
flußmöglichkeit auf das Denken der Menschen zu, seien es
Könige oder Untertanen: "Wise and invisible Providence,
who acts by secret and unaccountable Influences on the
Minds of Men, made this very Spirit or Temper of the King
[Henry VIII.] ... and so laid the first Embrio ... of the
Protestant Reformation".[155]

Da 'Providence' den Boden der Naturgesetze nicht verläßt, ist ihr Eingreifen natürlich nicht schlüssig zu beweisen,und Defoe beklagt sich bitter über den konsequenten
Rationalismus der Naturphilosophen, die Hinweise auf die
'Providence' mit einem Lächeln abtun: "our natural Philosophers laugh ... because they are so fond of natural
Causes, they will have no Coherence of Circumstances signi-
fie any thing." [156] Für Defoe dagegen steht unbezweifelbar
fest, daß Gott durch 'Providence' in der Geschichte der
Welt an zahlreichen entscheidenden Stellen eingegriffen
hat und das auch noch tut, dem einsichtigen Beobachter

Dieses Verständnis von 'Providence', das den Natur-
gesetzen und der Entscheidung des einzelnen freien Lauf
läßt, beugt dem möglichen Verfahren vor, eigene Handlungen als von Gott bestimmt und dem persönlichen Willen
entzogen zu rechtfertigen; für den Komplex von Seelenheil
und Prädestination bei Defoe bedeutet es:

> So gelangt Defoe zu dem für die calvinistische Theo-
> logie charakteristischen Paradoxon: Nach ewigem Heils-
> plan rettet die göttliche Gnade nur die Auserwählten;
> aber der menschliche Wille ist frei, sich für Gut
> oder Böse zu entscheiden. Weder in der Gegenwart noch
> in der Vergangenheit ist jemals ein Mensch in Sünde
> gefallen, weil göttliche Vorherbestimmung ihn dazu
> verdammt hätte. [157]

Defoe warnt auch vor einem Verständnis von 'Providence'
als wankelmütige 'Fortuna', für ihn hat sich das heidnische Trugbild der 'Fortuna' in die konkrete christliche
'Providence' verwandelt (auch wenn er selbst vereinzelt
vom "Wheel of Providence" spricht [158]):

> As to those F o r t u n e   m o n g e r s   I have
> nothing to say to them, they are worth no Body's
> Notice; it is long since, a m o n g   C h r i s -
> t i a n s, that Chimera call'd F o r t u n e, has
> dwindled away into the Substance PROVIDENCE, for
> which the Idolatry of Mankind in former Ages
> mistook it.[159]

Neben dem Eingreifen einer höheren Macht in der Gestalt
der 'Providence', die keine Naturgesetze verletzt, hält
Defoe aber das Eintreten von Übernatürlichem und dem
Menschen nicht Erklärbarem für möglich. Bezeugte Beispiele
dafür fänden sich in den Wundern der Bibel:

> there are Effects in the World altogether super-
> natural, and which must derive from Causes of a
> superior Quality of Nature; such are the Miracles
> recorded in Scripture to be acted by the immediate
> Power of God. [160]

Solche Ereignisse seien zwar heute sehr selten geworden
und oft nur Vorspiegelungen einer verwirrten Phantasie,

aber es gebe sie noch; eine Aufzählung von unerklär-
lichen Ereignissen kommentiert Defoe mit dem vielsagenden Satz: "This can never be human Direction, it must
certainly come from God, or Devil; choose you whether".[161]
Defoes besonderes Interesse für das Übernatürliche und
sein Glaube an die Existenz des Teufels kommt unter anderem in Schriften wie A True Relation of the Apparition
of One Mrs Veal, the Next Day After her Death (1705),
The Political History of the Devil (1726), A System of
Magick (1727) und An Essay on the History and Reality
of Apparitions (1727) zum Ausdruck.[162]
Grundlage des christlichen Glaubens und der Religionsausübung ist für Defoe die Bibel, in der er das unbe-
zweifelbare, durch Inspiration des Heiligen Geistes dik-
tierte Wort Gottes sieht; folgendes Zitat aus dem Family
Instructor macht seine Auffassung deutlich:

> the Bible is the word of God, it was dictated by
> the inspiration of the Spirit of God; when you
> read the Bible you are to believe that God speaks
> to you in the words you read: this is his voice.[163]

Beweis für die göttliche Autorität der Bibel ist ihm die
Auffassung, daß sie stets das Gute zu tun befehle und
alle guten Taten ermunternd unterstütze. Dies entspricht
Defoes Idee von Gott als dem 'unendlich Guten' ("the
very Nature and Being of GOD, who is Infinitely Good"):[164]

> One of the great Testimonies of the Divine Authority
> of the Scripture is, that it commands, and encour-
> ages to every thing that is in it self Good, and
> that tends to the general good of the World.[165]

Besondere Bedeutung nehmen die vier Evangelien als Zeugen
der Botschaft Jesu Christu ein: "The Gospel is the work
of God, the message of life sent from heaven, revealed in
the Scriptures, and preached by his servants, the ministers".[166] Wie eine Vielzahl von Bibelzitaten im gesamten
Werk Defoes beweist - oft in der Form des Schriftbeweises

für ein bestimmtes Argument - war er ein ausgezeichneter
Bibelkenner, der offenbar mehrfach auch frei zitierte;
auf die Tage der Herrschafts Karls II. zurückblickend berichtet er übrigens von sich, daß er den gesamten Penta-
teuch abgeschrieben habe, um einer Konfiszierung seiner
Bibel vorzubeugen.[167]

Die Bibel ist ihm wesentlichste und hinreichende Quelle christlicher Lehre und Richtschnur des Glaubens:

> the scripture is allowed by all christians to be
> the rule of faith sufficient to instruction; the
> christian confessions of faith are a collection
> of the fundamental heads of our religion, deduced
> from the said scriptures, composed of plain, in-
> disputable truths, unto which whoever agrees,
> though in the a d d e n d a and circumstances
> of order, discipline, and manner, he may differ,
> he is in the sense of all christians, an orthodox
> believer.[168]

Defoes Forderungen an einen orthodoxen Christen lassen
sich somit in einigen 'Fundamentals' zusammenfassen, es
bedarf des Glaubens an:

1. "the nature, being, or attributes of God";

2. "the resurrection of the body, futurity of
   rewards and punishments";

3. "the divinity, conception, birth, death, resurrection, ascension, and intercession of
   our Redeemer; his delegated power of judgment
   and retribution";

4. "the power, operation, and efficacy of the
   holy Spirit, and the mystical union of the
   Trinity".[169]

Allerdings scheint ihm der Glaube an Christus unter Umständen schon ein ausreichendes Zeugnis für die Christ-
lichkeit eines Menschen zu sein: "I Exercise a general
Charity, in Calling all those People Christians, who
PROFESS to Believe in Jesus".[170] Mit einem solchen Bekenntnis sei nun aber noch nichts über eine sichere Errettung des Betreffenden ausgesagt, immerhin enthalte jedoch das Neue Testament eine diesbezügliche Verheißung:

> I am not to debate the Fundamentals of any Chris-
> tians, that profess to believe in JESUS, ... 'tis
> the only Specifick to Antichristianism, and the
> Scripture is positive, that 'whosoever without
> Distinction believes in him, shall be sav'd.'
> Mark, 16.16.[171]

Dieses Zitat ist ein Beispiel für die häufig ungenaue
Zitierweise Defoes, der oftmals Bibelstellen in seinem
Sinne variiert, in diesem Falle lautet der Text: "He that
believeth and is baptized shall be saved; but he that believeth not shall be damned." Defoes Zitat ist gleichzeitig seine eigene Interpretation, die Taufe wird als
Voraussetzung der Errettung nicht erwähnt, die Nicht-Ver-
dammung mit der Errettung gleichgesetzt.

Wer sich nun allerdings zu den aufgeführten 'Fundamentals' bekennt, der solle Defoes Auffassung nach in einem
christlichen Staat wie England ohne Rücksicht auf dogma-
tische Feinheiten toleriert und als gleichberechtigter
Bürger geachtet werden. Diese Forderung hat natürlich
auch für die Religionsgruppe, zu der Defoe selbst zählt,
eminente Bedeutung, denn wie schon im historischen Teil
der Arbeit dargestellt wurde, waren die Dissenter auch
nach der 'Toleration Act' noch keineswegs völlig gleichberechtigt.

Hauptargument für die Forderung nach Gleichstellung
und Vereinheitlichung aller protestantischen Christen ist
sein Hinweis darauf, daß Mitglieder der Church of England
und die Dissenter mehr Gemeinsames als Trennendes hätten
und ihre Differenzen nur von untergeordnetem Gewicht
seien.[172]

Zwar akzeptiert Defoe die Church of England als "a
Protestant Reform'd Church, pure in Doctrine, and Orthodox in Profession", auch als Hort der staatlichen zivilen
Verwaltung ("As England is establish'd, I am fully satisfy'd the Civil Administration should be in the Church of
England"), aber er und mit ihm die Dissenter könnten sich
aus verschiedenen Gründen nicht zu ihr bekennen:

> I find it impossible, with Ease to my Conscience,
> for me to conform or comply with either the Wor-
> ship, Discipline, or Government of this Church -
> or to communicate with her, whether in a stated
> or an Occasional Communion.[173]

Er verabscheut die Verwendung des Sakramentes Abendmahl

als Prüfstein der Konformität und weist auf die bekannten

Gründe der Dissenter für ihre Haltung hin:

> I neither say nor believe the Church of England to
> be a compleatly reform'd Church -- But that many
> Things remain yet to be reform'd, and which among
> the Dissenting Churches are (tho' not there either
> perfectly) farther reform'd --- And for this Reason
> I DISSENT.[174]

Diese Dinge, die im wesentlichen die Form des Gottesdienstes

und die Konstitution der Episkopalkirche ("Episcopal Hier-

archy" [175]) betreffen, führten in Defoes Augen schon

kurz nach der Reformation in England zur Spaltung der Pro-

testanten; damals waren es die Puritaner, die die Bibel

in dieser Hinsicht anders auslegten und den Gottesdienst

von Resten katholischer Elemente 'reinigen' wollten. In

seiner Geschichte der Reformation, die sich vor allem mit

der Entwicklung des Dissents befaßt (Review, Vol.IV),

kommt er auf die Puritaner als Vorläufer der heutigen

Dissenter zu sprechen:

> For the Number of those that objected against the
> imposing the Ceremonies, daily encreas'd, the
> Reasons, they gave, were so specious, so clear,
> direct, and deduc'd from Scripture, that no body
> could oppose them; They alledg'd,
> 1.That it was every Christian's Duty to worship
>   GOD in that Way, which he did believe to be most
>   agreeable to his Will revealed in the Scripture.
> ...
> Thus the whole Plea was Purity of Worship, and from
> hence the People were call'd P u r i t a n s.[176]

Seit dieser Zeit seien sie von allen Herrschern bis zur

'Glorious Revolution' verfolgt worden,und selbst die Church

of England, doch protestantische Brüder, habe sich daran
beteiligt, "she was Corrupted, Influenc'd, and made a
Tool of the Court; whose Projects being ... to Destroy, not
Liberty only but Religion".[177]

Ein weiteres wesentliches Argument Defoes gegen die
Zugehörigkeit zur Church of England war deren 'Discipline',
darunter versteht er die moralische und disziplinarische
Situation ihrer Geistlichen, über deren desolaten Zustand
er sich immer wieder beklagt; in einem Aufruf an die
Führer der Kirche mahnt er:

> root out Vice, Immorality, and Debauchery from the
> Clergy --- It is not too late --- Heaven summons you
> to the Work, by the general Complaint of the whole
> Nation --- Drunkenness, Oaths, and abominable Lewd-
> ness, Ignorance, Negligence, and scandalous Insuffi-
> ciency, and to make it still worse, abhorr'd Error,
> Deism, and Socianism, have over-run the Clergy of
> the Church.[178]

Demgegenüber seien die Dissentergeistlichen, obwohl natürlich auch mit menschlichen Schwächen behaftet, geradezu
Musterbeispiele von Disziplin und Tugend, wie es der Vorbildfunktion des Standes eigentlich zieme; am Beispiel
der presbyterianischen schottischen Kirche:

> no matter what the P r e s b y t e r i a n Church
> is in Principle, ... But will ye be pleas'd to view
> the Effect of her Discipline? --- Not the least
> Immorality, no Appearance of Vice, no Scandal in
> Conversation is to be found among her whole Clergy;
> the worst Enemy of her Constitution will allow her
> Ministers are sober, grave, moral, and free from
> Scandal.[179]

Aus allen diesen Gründen hielten sich seit der Zeit der
Puritaner Gläubige wie die Dissenter der Church of England fern. Trotz gemeinsamer Interessen seien sie auch
untereinander vielfach verschiedener Auffassungen und
ließen sich in vier Hauptgruppen einteilen:

> The D i s s e n t e r s, are, at least in my
> Account, of f o u r S o r t s, for I do not
> Reckon the Various Subdivisions of Opinions are
> among them, ... those four Sorts of differing
> People called P r e s b y t e r i a n s, I n-
> d e p e n d e n t s, B a p t i s t s, and
> Q u a k e r s: I call these all Protestants,
> and Christian Dissenters.180

Ihnen drohe noch heute Diffamierung seitens der Kirche
("the dissenters are branded as rebels, and constant
underminers of the church"), auch werde versucht, sie
untereinander noch weiter zerstritten zu machen, indem
ihnen jeweils eigene, gefährliche Tendenzen unter-
schoben würden:

> the presbyterians charged with persecuting prin-
> ciples, the independent with commonwealth tenets,
> the quakers unchristianized and charged with having
> no principles at all.181

Defoe wandte sich übrigens immer besonders scharf gegen
alle Versuche, den Quäkern ihren Status als Christen ab-
zusprechen, und wies ihre grundsätzliche Rechtgläubig-
keit unter anderem an Hand eines Quäker-Katechismus
nach.182

Ein möglicher Grund für die allgemeine Abneigung
gegen die Quäker war neben religiösen Motiven vielleicht
auch ihr großer Erfolg im Geschäftsleben, der viele von
ihnen sehr reich werden ließ; "The Quakers have made
themselves Rich, but by General Inclination to Buy and
Sell with one another".183 Überhaupt zähle die große
Mehrzahl der Dissenter zu den Kaufleuten und in der
Wirtschaft Tätigen:

> the Principal Body of the D i s s e n t e r s,
> in E n g l a n d, lies among the Trading People
> of the Nation ... Calculate the Trading, Mer-
> chandizing, Manufacturing, and Shop-keeping part
> of E n g l a n d --- And the D i s s e n-
> t e r s, take one place with another, are at
> least a half.184

Gemessen an ihrem von Defoe geschätzten Anteil an der
Gesamtbevölkerung von 1 : 12, sind sie damit natürlich
bei weitem überrepräsentiert.[185]

Der Großteil aller Dissenter würde nun in der gegenwärtigen Zeit der Church of England beitreten, wenn diese
eine Neuregulierung der strittigen Punkte vornähme:

> Is it not possible for the Church of E n g l a n d,
> in Charity to make such Abatements, such Conces-
> sions, and such steps, in Matters of Discipline
> and Forms of Worship, as that being met with a Pro-
> portion of Charity from the D i s s e n t e r s,
> would bring a Great Multitude of them into the
> Church.186

Im Grunde seien doch die Differenzen nicht absolut grundsätzlicher Art, sondern "Circumstantial, and not alto-
gether Essential, or Doctrinal", denn die protestantischen
Dissenter (und nur für sie spricht Defoe) könnten 36 von
den 39 Glaubensartikeln der Church of England unterschrei-
ben.[187]

Daher appelliert Defoe an die Kirche, diesen Dissentern
den Beitritt zu ermöglichen und sie zu gleichberechtigten
Staatsbürgern und Christen zu machen. In der Schrift A
Short View of the Present State of the Protestant Religion in Britain (1707) faßt er dieses Bemühen in einer
dreifachen Differenzierung der Situation zwischen Church
of England und Dissentern zusammen, die wegen ihrer Bedeutung ausführlicher zitiert werden soll:

> the Dissenters and the Church of E n g l a n d
> ought to be considered in several and seperate
> Capacities.
>
> 1.A s a N a t i o n, and respecting their Civil
> Policy as E n g l i s h - M e n, they stand all
> upon one Foundation, viz. Of L a w, L i b e r-
> t y and R i g h t ...

2.A s   P r o t e s t a n t s, respecting Refor-
mation in general, they are still one United
Body of Christians, in Doctrine, Charity and
Interest the same, and therefore, when ever
the Dispute comes to be   b e t w e e n   the
Papist and the Protestant, b e t w e e n
Idolatry and true Worship, between the Puri-
ty of Religion and the T e a c h i n g   f o r
D o c t r i n e s   t h e   C o m m a n d -
m e n t s   o f   M e n, they are still one
Body of Protestants ...

3.But if you respect them as   P a r t i c u l a r
C h u r c h e s, then indeed you find them
differing in Judgment and Opinion about the
Circumstances of Religion, such as H a b i t s,
C e r e m o n i e s,   W o r s h i p   and
D i s c i p l i n e; yet this Difference, as
it is not essential to Religion, so it does
not, or at least, ought not to break in upon
their Mutual Charity, or National Interest.[188]

Wie aus dieser Stellungnahme für die Tolerierung der
Dissenter aus einer gemeinsamen Position als Recht und
Freiheit liebende Engländer und den gemeinsamen Glauben
verteidigende Protestanten schon hervorgeht, setzt sich
Defoe keineswegs für eine uneingeschränkte Toleranz
gegenüber allen religiösen Gruppen ein.

Das gilt in erster Linie für die nächstgrößere
religiöse Minderheit der Katholiken, denen Defoe grundsätzlich das Recht auf Toleranz abspricht ("I am for
Tolerating none of them" [189]), da er einerseits als
Protestant wesentliche Teile ihrer Dogmen und die Institution des Papstes ablehnt, ihre Priesterschaft als
schädlich für die persönlichen Freiheiten der Bürger
beschreibt ("exercising the compleat Tyranny of Priestcraft over the World, who had brought the World to believe, the Power of forgiving Sins to be lodg'd in the
Absolution of the Priest" [190]) und immer wieder den
Katholizismus als drohende Gefahr für die Freiheit des
Staates heraufbeschwört; zu dem letztgenannten Zusammenhang finden sich häufig die Wortverbindungen 'Papists'

'Popish Prince' - 'Popish Tyrant' - 'Divine Right' -
'absolute Authority', die für Defoe wahre Schreckensbilder zu bedeuten scheinen.[191] Direkt verbunden damit ist die Angst vor einem französischen (=katholischen)
Einfluß auf König und Hof, der in Defoes Augen nur Verderbtheit, Ausschweifung und Unheil gebracht hat und zuletzt noch bei Jakob II. zu beobachten war:

> In the F r e n c h Court King J a m e s the
> IId. suck'd in the unhappy Principles of Popery,
> and Arbitrary Government; from whence has flow'd
> all the Terrible Consequences he felt here; and
> two of the most Bloody, Chargeable, and Fatal
> Wars that ever this Nation knew.[192]

Immer wieder warnt Defoe vor dem Katholizismus, mit ihm
würde das gegenwärtige "Religious Establishment", ein
Ergebnis der Reformation und des Kampfes der Protestanten
um 'Truth', umgestoßen, "all sink at once into one uni-
versal Mass of Popery, which we call Idolatry." [193]
Gleichzeitig drohe damit die Gefahr der Vernichtung des
"Revolution Establishment" - ein Ergebnis der 'Glorious
Revolution' - das den Bürgern 'Liberty', das heißt kon-
stitutionelle Monarchie und Toleranzakte, gebracht habe.
Mit 'Truth' und 'Liberty' wären die Grundfesten des
gegenwärtigen Staates erschüttert ("the Nations great
Essentials"), die Folgen für das Gemeinwesen katastrophal:

> Then take a View of the Society, which would com-
> pleat this Hell; what Monsters, what shapeless
> Hydra's, what Dragons and Figures of Terror is it
> full of; such as in the Cabinet, a Priest; in the
> Bed-Royal, a F r e n c h Spye; in the House of
> Peers, Papists; in the Commons, Pensioners; on
> the Bench, Oppression; in the Church,an Idol; in
> the Court, a Bribe; in the Land, an Army; in the
> Fleet, a Traytor; on the Throne, a Tyrant.[194]

In The Poor Man's Plea finden sich einige Sätze, die das
Verhältnis zwischen Protestantismus und Katholizismus
weiter erläutern:

> The Protestant Religion seems to have an un-
> question'd Title to the first introducing a
> strict Morality among us; ... Reformation of
> Manners has something of a Natural Consequence
> in it from Reformation in Religion. [195]

So hart und ausnahmslos die Verurteilung alles Katholischen bei Defoe auch immer klingen mag, im persönlichen Bereich differenziert er immerhin etwas, indem
er deutlich macht, daß sich seine Ablehnung gegen die
eigentliche Konfession, nicht jedoch gegen sämtliche
Mitmenschen katholischen Glaubens richtet. Sätze wie:
" R o m a n   C a t h o l i c k s are GOD's Creatures
as well as others" und "I never offer'd to say, a
P a p i s t could not be an honest Man" deuten sein
Verständnis in dieser Hinsicht an; [196] besonders bemerkenswert ist allerdings seine Auffassung, daß eine
durch einen katholischen Priester geschlossene Ehe
völlig rechtmäßig sei. [197] Defoe verhält sich also
gegenüber seinen katholischen Mitbürgern auch nicht anders als die Church of England gegenüber den Dissentern,
denn in jedem Falle werden die eine völlige Tolerierung
behindernden Gründe als 'religiös' bezeichnet.

Ebensowenig wie die Katholiken sollen nach Defoes
Meinung - und nach der seiner Dissenterbrüder - alle
anderen Gruppen toleriert werden, die nicht auf dem Boden protestantischer 'Fundamentals' stehen; die Dissenter ließen sich nicht von Verfechtern einer "universal
toleration", wie sie zum Beispiel von Stephens und
Toland gefordert würde, einspannen: [198]

> I am perswaded, no D i s s e n t e r will be for
> tolerating Blasphemy, Atheism, Deism, Socianism,
> or any Errors inconsistent with, or invading the
> Being and Attributes of God, the Doctrines of the
> Trinity, Redemption by a Mediator, or any essen-
> tial Point of the Christian Religion --- nor are
> they tolerated at all by the Act of Toleration. [199]

'Socianism', 'Atheism' und 'Deism' werden geradezu als
Schimpfworte gebraucht, ebenso wie 'Papists' und 'Non-
jurors', häufig treten sie auch in Verbindung mit Begriffen auf, die ein moralisch verwerfliches Verhalten
beschreiben, wie in folgendem Beispiel: "Drunkards,
Swearers, Atheists, Papists, and Non-jurors". [200] Den
Anspruch der Deisten auf Toleranz lehnte Defoe stets
schroff ab, und beim frühen Tode Tolands (1722) schrieb
er in einem Artikel unter der Überschrift "On the Death
of Toland, the Infidel Writer" neben Beschimpfungen und
Verurteilungen auch den bösen Satz:

> I never knew an open Blasphemer of God live to be
> an Old Man, God has singled them out to Moments of
> his Vengeance; as they have singled their Maker out
> to be the Subject of their Insolence. [201]

Seine Haltung gegenüber Atheisten ist ebenso strikt, sie
bekämpft er weil sie eben keine Religion haben, [202] die
für ihn aber zu den Grundlagen eines Staates gehört. Problematischer stellt sich die Frage nach der Situation der
außerchristlichen Religionen. Zwar behauptet Defoe, daß
etwa Mohammedaner verdammt würden, da sie ja nicht an
Christus glaubten, aber ihm ist auch bewußt, daß dies
schließlich nicht ihre Schuld ist; dazu Stamm:

> Gerade die Frage, ob tatsächlich alle, die von
> Christus nicht gehört haben, alle, die anderen
> Glaubens sind, dem Höllenreiche angehören, hat
> viele Deisten zur Aufgabe des orthodoxen Stand-
> punktes getrieben ... Obwohl die Behauptung
> auch Defoe ungeheuerlich vorkam, seinem Lebens-
> gefühl widersprach, blieb er bei der Stange,
> weil er die Konsequenzen des Nachgebens an die-
> sem einzigen Punkte für das Ganze sah und fürch-
> tete.[203]

Nach Stamm entwickelte sich Defoe im Laufe seines Lebens
immer mehr zu einem streng orthodoxen Standpunkt hin und
"mußte sich sogar von der Hochkirche, dem Hort der Ortho-
doxie, angezogen fühlen".[204]

Abschließend sollen noch einmal die Gefahren und Vorteile der Religion in einem Staate zusammengefaßt und
der Wert der christlichen Religion überhaupt auf einen
Nenner gebracht werden. Unter Hinweis auf die Geschichte
erinnert Defoe nachdrücklich daran, daß Könige und In-
teressengruppen die Religion für ihre ganz persönlichen
Zwecke in Anspruch genommen haben und sie als Vehikel
zur Beeinflussung und Unterdrückung unmündig glaubender
Menschen benutzten:

> Religion is certainly the usefullest thing in the
> World, Whether Honestly or Politickly considered;
> no Engine, no Artifice comes up to the Turns and
> Tricks of those that make use of it to carry on
> their Arguments. These Spiritual Engineers make
> Religion serve so many Uses ... Religion has been
> Accessary to all the Pride, Tyranny and Ambition
> of Princes, Rebellious and Popular Tumults of
> Subjects, Invasions and Depredations of Neigh-
> bours, Oppressions, Persecutions and Robbery in
> the World. [205]

Menschen würden verfolgt, beraubt und getötet unter dem
Zeichen der Religion; besonders verurteilt er die Kreuz-
züge, das Vorgehen der Spanier in Mexiko und die Vertrei-
bung der Protestanten aus Frankreich.

Andererseits stellt aber die richtig verstandene
christliche Religion für ihn einen sehr entscheidenden
und wertvollen Faktor schon im äußeren Zusammenleben der
Menschen dar:

> it has civiliz'd the Nations as to their Manners
> and Temper, even there where it has not had a
> saving Operation. The Native Barbarity of Mind
> and of Customs, that in former Ages spread the
> World, has fled before that Candor, that Temper
> and compassionate Tenderness which the Principles
> of Christianity have infus'd into the very Genius
> of the Nations, where it has been profess'd; and
> which gives a glorious Testimony, that the
> Christian Religion is founded upon what is most
> agreeable to the best Methods of living, and
> effectually suited to the Temporal, as well as
> the Eternal Felicity of Human Nature. [206]

Der Protestantismus (für ihn gleichbedeutend mit 'Liberty' und 'Truth') erfüllt allerdings diese Aufgaben in höherem Maße als der Katholizismus ('Tyranny' und 'Error'): "Thus the Protestant without Partiallity claims a higher share of this general Humanity, than the P o p i s h Nations, who seem rather degenerated back to the Barbarities they were advanc'd from among Nations professing Chris - tianity".[207]

Dennoch hat die christliche Religion für Defoe ganz grundsätzlich und abgesehen von der jeweiligen Konfession die Funktion, den Menschen für das friedliche Zusammenleben nützliche Werte zu vermitteln: "Religion teaches Men to be MEN ... and instructs them in every thing that's suited to Human Society".[208]

2.2. Die Konzeption der Gesellschaftsstruktur

2.2.1. Schichteinteilung (1698 - 1729)

"They would divide the World into two Parts only,
(v i z.) the Gentry and the Commonalty; ...
THIS Family Jargon ... they oppose to the
trading Part of the whole World, whom they
divest of all Dignity, as well as of Degree;
and blend together under one general, or
rather common Denomination of M e c h a n i c k s."
(D. Defoe: A Plan of the English Commerce; 1728)[1]

Wie bei den meisten bisher behandelten Einzelthemen
steht man auch bei der Frage nach Defoes Konzeption der
Gesellschaftsstruktur vor dem Problem, daß er sich kaum
jemals ausführlich äußerte oder gar eine umfassendere
systematische Abhandlung verfaßte; dennoch läßt eine
Vielzahl von Textstellen erkennen, daß er sehr konkrete
Vorstellungen von den Schichten innerhalb seiner Ge-
sellschaft hatte. Seine späten Werke A Plan of the
English Commerce und vor allem The Compleat English
Gentleman (1728/9) setzen sich zudem gezielt mit
Spannungen zwischen zwei sozialen Gruppen auseinander,
während er sich schon früher speziell mit den unteren
Schichten beschäftigt hatte: The Poor Man's Plea (1698)
und The Great Law of Subordination Consider'd (1724).

Bei der Betrachtung aller untersuchten Schriften,
einschließlich der Review, fiel auf, daß nicht von Anfang an ein einheitliches Bild der Gesellschaftsstruktur
existierte, sondern daß offenbar eine Entwicklung von
mehr traditionellen Vorstellungen zu 'Defoe-typischen'
stattfand, was nicht unbedingt Rückschlüsse auf Defoes
Denken zu irgendeinem Zeitpunkt zuläßt, sondern nur ein
Urteil angesichts der Veröffentlichungen darstellen kann.

Auf diese Entwicklung wird eingegangen, nachdem die
wesentlichere und für die Intention der Arbeit entscheidende Grundkonzeption - anhand derer auch klarer
eine Verschiebung erkennbar werden kann - dargestellt
ist.

Etwa ab 1706 bildet sich, vor allem in der _Review_,
ein Schema der Gesellschaftsschichten heraus, das prinzipiell bis 1729 (dem vermutlichen Entstehungsdatum von
The Compleat English Gentleman) nicht mehr variiert und
somit als Parallelkonzeption zu den ab 1719 erscheinenden Romanen herangezogen werden kann.

Das erste Grundmuster dieser systematischen Einteilung
findet sich in der _Review_ Nr. 130 vom 25. Januar 1709.
Bei der Behandlung des Problems, wie man auf gerechte
Weise aus allen Bevölkerungsgruppen Soldaten einziehen
könne, kommt Defoe auf Bevölkerungszahl und -zusammen-
setzung zu sprechen. Die Anzahl der vorhandenen Menschen
könne man relativ genau ermitteln:

> The Books of the Commissioners, for the late Taxes
> for Births and Burials, will give a very fair Pros-
> pect of it, if not an exact Account --- Or the
> present Surveyors of the Glass Window Tax may do
> the like; [2]

dann aber stelle sich die wesentliche Aufgabe, die Zusammensetzung nach Gruppen zu ermitteln: "to examine,
what the Proportion of People is and how they may be taken
without Prejudice to the Nation, or Partiality to the
People themselves." Zu diesem Komplex habe er bisher
wenig Verläßliches in den Schriften zur "Politickal
Arithmetick" - wie Defoe Berechnungen von Bevölkerungszahlen nennt - gefunden; [3] deshalb gründe er seine
Darstellung lieber auf eigene Beobachtungen:

> if I may be allow'd to form my own Conjectures, from
> what I have observ'd in E n g l a n d, after being
> able to say that I have been almost in every Corner
> of E n g l a n d my self, and not been an idle
> Observer of Things neither.

Damit ist zwar ein Hinweis auf seine große Reisetätigkeit,
wie sie sich später in der Tour manifestiert, aber eben
noch keine Nennung seiner konkreten Quellen gegeben,
dennoch wird sich zeigen, daß Defoes Schätzungen der
proportionalen Verhältnisse der Wirklichkeit recht nahe
kommen dürften.

Auf der Grundlage einer vermuteten Gesamtbevölkerungs-
zahl von 10 Millionen Einwohnern, die sicherlich um etwa
20 % zu hoch veranschlagt ist, [4] kommt Defoe zu folgender Strukturierung:

> I believe, I may divide the People thus.
>
> The Gentry,   or such who live on Estates, and
>   without the Mechanism of Employment,
>   i n c l u d i n g   t h e   M e n   o f
>   L e t t e r s, such as Clergy, Lawyers
>   and Physicians, I cannot call less
>   than 2/25 Parts of the People.
>
> The Tradesmen, such as Merchants, Shop Keepers of all
>   Sorts, and Employers of others, either
>   in Trade or Manufactures, Farmers of
>   Land, Publick-Houses, such as Vintners,
>   Inn-keepers, Ale-house-keepers, Coffee-
>   houses, Brewers, &c. are at least
>   10/25 Parts more. ...
>
> The meer labouring People who depend upon their Hands,
>   such as Weavers, Butchers, Carpenters,
>   Shoe-makers, Labourers, with all Kinds
>   of Manufacturers and Husband-men, &c.
>   including Apprentices, Servants of all
>   Sorts, with Vagabonds, Loiterers, and
>   unaccountable People; these I account
>   to be 12/25 Parts of the People of
>   B r i t a i n. [5]

Das fehlende Fünfundzwanzigstel spricht er den Seeleuten
und allen mit Schiffahrt Beschäftigten zu, die im oben
beschriebenen Zusammenhang eine besondere Rolle einnehmen
("who, as adapted to the Sea-Service, are exempt from the
present case") und von ihrer Tätigkeit her wohl zum überwiegenden Teil der dritten Gruppe zugeordnet werden
müßten. [6]

Betrachtet man die Zahlen Defoes zunächst unter dem
rein quantitativen Aspekt und vergleicht sie mit den Angaben Gregory Kings für 1688, so kommt man zu einigen
recht erstaunlichen Resultaten:

Um die Verhältniszahlen Defoes auf Kings Statistik
übertragbar zu machen, wurden Kings Zahlen der bei Defoe
für jede der drei Gruppen genannten Berufe zusammengefaßt
und den Proportionen nach Defoe(auf die Bevölkerungszahl
von King bezogen)gegenübergestellt; da King die Summe der
Gesamtbevölkerung mit 5,5 Millionen angibt, entspricht
1/25 = 220 000 (vgl. dazu die Tabelle Kings in den Anmerkungen).[7]

Somit ergibt sich:

Gruppe	King	Defoe (prop.)	Defoe (absolut)
The Gentry	325 500	440 000	800 000
The Tradesmen	2,2 Mio.	2,2 Mio.	4 Mio.
The meer labouring People	2,8 Mio.	2,88 Mio.	5,2 Mio.

Diese Übereinstimmungen sind so bemerkenswert, daß sich
entweder Defoes Abhängigkeit von King oder eine gegenseitige Bestätigung folgern ließe. Da weder das eine
noch das andere grundsätzlich verifizierbar ist, kann zumindest eine relativ hohe Zuverlässigkeit der Zahlen
Kings, die im ersten Fall sicherlich nicht unkritisch von
Defoe übernommen worden wären, und außerdem eine recht
realistische Einschätzung des Verhältnisses der Bevölkerungsgruppen durch Defoe konstatiert werden.

Unter dem Gesichtspunkt der Schichteinteilung handelt
es sich um eine zentrale Stelle - wenn nicht sogar um
den 'locus classicus' in Defoes nicht-romanhaften Schriften. Ihr besonderer Vorteil ist ihre Wertneutralität

durch das Fehlen fast jeglicher persönlicher Beurteilung
der einzelnen Gruppen, die sonst stets erfolgt.

Stimmt schon die Zahl der genannten Gruppen mit den
drei im historischen Teil postulierten Hauptschichten
überein, so gilt das gleiche im wesentlichen für die Kriterien der Zuordnung und die Zugehörigkeit bestimmter Berufe und Stände.

Zu dem an erster Stelle genannten Personenkreis unter
dem Oberbegriff The Gentry zählt Defoe alle diejenigen,
die ohne die Notwendigkeit, für ihren Lebensunterhalt Arbeit verrichten zu müssen ("without the Mechanism of Employment"), auf ihren Besitztümern leben; er schließt auch
ohne jede Einschränkung Berufe, die ein Universitäts-
studium voraussetzen, ein ("such as Clergy, Lawyers and
Physicians"), ohne sie natürlich zur 'Gentry' im engeren
Sinne zu rechnen, denn Voraussetzung dazu war für Defoe
ganz selbstverständlich die entsprechende Abstammung.[8]

The Tradesmen umfaßt als Bevölkerungsgruppe neben den
eigentlichen Kaufleuten, die im Außenhandel oder Binnenhandel tätig sind ("such as Merchants, Shop Keepers of
all Sorts"), auch alle Arbeitgeber in Handel und Handwerk
("Employers of others, either in Trade or Manufactures")
und selbständige Landwirte (die den im historischen Teil
beschriebenen 'Freeholders' entsprechen dürften); aber
auch die Besitzer von Gasthäusern aller Art, die ja auch
Waren und Dienstleistungen verkaufen, sind eingeschlossen.
Ihre gemeinsamen Merkmale sind Besitz und Lohnunabhängig-
keit als Selbständige, damit erfüllen sie genau die Definitionen im historischen Teil für Angehörige der mittleren Schicht.

Entsprechendes gilt auch für die Gruppe The meer
labouring People. Ihre Mitglieder leben von körperlicher
Arbeit ("depend upon their Hands"), und die Skala der Berufe erstreckt sich von Handwerkern ("Weavers, Butchers,

Carpenters, Shoe-makers") über die ungelernten Arbeiter
("labourers") und die 'Husband-men" (etwa den 'cottagers'
entsprechend) bis zu Lehrlingen und Hauspersonal; ebenso
zählt Defoe die Arbeitslosen und Armen ('paupers') dazu.

Defoes Kriterien für seine Zuordnungen zum jeweiligen
Personenkreis sind also neben der Abstammung bei der
'Gentry' in erster Linie Besitzstand, Selbständigkeit
oder Lohnabhängigkeit und Grad der Ausbildung - Universi-
tätsabschluß führt zur Gleichstellung mit der obersten
Schicht. Daß nämlich mit diesen Gruppierungen auch wert-
mäßige Abstufungen verbunden sind, wird schon aus mehreren
früheren Stellen in der Review deutlich, wo Defoe ausdrücklich von den 'Trading-Men' als "middling Sorts of
People" und von den Handarbeitern als "Poor" und "Poorer
Families" spricht. [9]

Das gleiche Schema der prinzipiellen Dreiteilung findet
sich meiner Auffassung nach ebenfalls in der bekannten und
oft zitierten Stelle der Review, die eine Gliederung der
Bevölkerung in sieben Gruppen vornimmt. Allerdings scheint
diese Stelle problematischer als sie gemeinhin verstanden
wird, denn einerseits ist der spezifische Kontext zu beachten, zum anderen muß man vergleichbare Zusammenhänge
heranziehen, um konkret und zuverlässig angeben zu können,
welche Berufe und Stände einer jeweiligen Gruppe zuzuordnen sind.

Bei der Untersuchung der Folgen einer Bevölkerungszunahme stellte sich Defoe das Problem der Berechnung des
Lebensmittelkonsums pro Kopf der Einwohner:

> we must take a Calculate from such a M e d i u m,
> as may be proportion'd to the Conditions of all the
> People, and the Poor may be set against the Rich ...
>
> The People are divided into;
>
> 1. The Great, who live profusely.
> 2. The Rich, who live very profusely.
> 3. The middle Sort, who live well.

4. The working Trades, who labour hard,
   but feel no Want.
5. The Country People, Farmers, &c. who fare
   indifferently.
6. The Poor, that fare hard.
7. The Miserable, that really pinch and suffer
   Want.[10]

Äußerst fraglich erscheint Shinagels Vorgehen, der zu
dieser Stelle bemerkt, Defoe unterscheide   "seven
distinguishable classes of people", und damit eindeutig
soziale Klassen meint; denn er greift die "middle Sort"
als "middle class" heraus, geht auf die anderen Gruppen
aber gar nicht erst ein. [11]

Defoes Skala gliedert jedoch nur in Einheiten, die
etwa gleiches Konsumverhalten zeigen; dies wird auch
schon daran deutlich, daß die 4. Gruppe die eigentliche
Mitte im Verbrauch bildet ("Take then the 4th Sort for
the M e d i u m") und die 1. und 2. um so viel auf-
wendiger leben, wie die 6. und 7. Gruppe Mangel haben
("the Luxury of the two first makes up in the Consumption, what the Necessities of the two last abate"). "The
middle Sort" überschreitet den durchschnittlichen Verbrauch der "working Trades" um soviel, wie ihn die "Country People" unterschreiten, dennoch geht es dieser
5. Gruppe generell recht gut ("the Farmers, my 5th Sort,
w h o b y t h e w a y a l l o v e r England l i v e
v e r y w e l l t o o"), nur lebt die "middle Sort"
eben noch besser. [12]

Zu klären wäre nun, wie sich diese einzelnen "Sorts"
zusammensetzen und in welchem Verhältnis sie zu der als
Grundschema betrachteten Dreiteilung der Gesellschaft
stehen.

Kaum Zweifel dürften daran bestehen, daß die "middle
Sort" recht genau der oben genannten mittleren Schicht
"The Tradesmen" entspricht, denn im selben Text redet

Defoe von den "middling People of E n g l a n d,
Citizens, Shopkeepers, Merchants, and Gentlemen" und
führt damit bis auf "Gentlemen" Berufsgruppen auf, die
er dem Oberbegriff "The Tradesmen" ebenfalls zugeordnet
hatte. Wieso er in diesem Zusammenhang allerdings auch
"Gentlemen" aufführt, bleibt um so fraglicher, als er sie
auf der folgenden Seite als Mitglieder der Gruppe "The
Rich" bezeichnet, die "plentifully" leben, während er
doch zu den "middling People" bemerkte, ihr Konsum ent-
spräche einer "common Rate" (die entsprechende Textstelle findet sich in den Anmerkungen [13]). Es ist
also anzunehmen, daß Defoe, dem es in diesem Text wesentlich um ein bestimmtes Konsumverhalten und weniger um
gesellschaftliche Abstufungen geht, einmal die zwar wohlhabenden, jedoch nicht der reichen 'gentry' zugehören-
den 'gentlemen' in den Städten, also etwa Ärzte, Rechts-
anwälte und höhere Kirchendiener und auch weniger vermögende 'country gentlemen' meinte, während er die be-
gütertere 'gentry' der Gruppe "The Rich" zuordnete. Dafür
spricht auch, daß "The Great, who live profusely" mit
einiger Sicherheit vor allem die 'nobility' bezeichnet,
der Defoe Verschwendungssucht und ruinösen Lebenswandel
vorwirft und die ursprünglich auch über die nötigen Mittel verfügte, um überhaupt im Sinne Defoes "profusely"
leben zu können.

Eine andere Stelle der Review macht nämlich den Be-
deutungsunterschied der Begriffe "profusely" und "plentifully" klar:

> There will for ever therefore remain a Difference,
> between Living Plentifully and Freely, and yet
> Honestly; and Living Profusely and Extravagantly,
> and Destroying their Estates, Ruining Families,
> and turning Gentlemen into Beggars. [14]

Während die einen die Gesamtwirtschaft stärken und Arbeitsplätze für die Armen erhalten ("In the open, Large,
and Plentiful Living of the first sort, is that Luxury
Maintain'd, which I say however it may be a Vice in
Morals, may at the same time be a Vertue in Trade"),
bringen die anderen nicht nur sich und ihre Familien ins
Unglück, sondern beeinträchtigen auch noch nach dem Motto
"Every Prodigal is a Moth in the Commonwealths" das Gesamtwohl:

> but to have Great Families Reduc'd to Beggary, the
> Estates and Inheritances Sold and gone, nay, tho'
> it remains still in Specie, some where, 'tis a
> general Damage, as every Prodigal is a Loss to the
> Publick Stock of the Nation, because he brings
> some Uncapable Wretch to want, who cannot Work. 15

Somit dürfte deutlich sein, daß die "Great Families" der
'nobility', die verschwenderisch und ohne Rücksicht auf
die vorhandene finanzielle Substanz leben, auch die "Great,
who live profusely" repräsentieren, während "The Rich,
who live plentifully" neben den vermögenden, aber im
Rahmen ihrer Möglichkeiten lebenden Adligen durchaus
auch reich gewordene, nicht mehr im Berufsleben stehende
und den 'Gentlemen' ähnliche ehemalige 'Merchants' umfaßt, denn die 'Tradesmen', 'Merchants' und 'Citizens'
der "middle Sort" leben ja gerade weitgehend von dem
großen Konsum der Reichen, ebenso wie die Handwerker und
Arbeiter in den entsprechenden Gewerbezweigen.

Eindeutig sind die Verhältnisse bei der 4. Gruppe
("The working Trades"), denn die Berufe "a Carpenter,
a Smith, a Weaver, or any such Workman", die Defoe als
Beispiele dafür nennt, entsprechen genau denen der unteren
Schicht im Grundschema; sie alle sind "meer labouring People
who depend upon their Hands". 16 Das gleiche gilt für
die allermeisten der nächstfolgenden "Country People,
Farmers, &c.", die bis auf die Arbeitgeber in diesem Bereich ebenfalls der unteren Schicht zugerechnet werden

müssen. Sie werden an dieser Stelle zusammengefaßt,
da Defoe ihren durchschnittlichen Prokopfverbrauch unterhalb dem der "working Trades" und oberhalb dem der "Poor"
vermutet, was wohl darin begründet sein dürfte, daß zwar
der Großteil von ihnen als ungelernter Landarbeiter tätig
ist, jedoch meist mit der ganzen Familie noch ein kleines
Stück Land bewirtschaftete und so besser ernährt war, als
die sozial gleichrangigen "Labourers" in den Städten. Aus
diesen setzt sich nämlich vor allem die 6. Gruppe der
"Poor" zusammen; ihre Mitglieder sind die "poor labouring
People", die für ihr tägliches Brot arbeiten müssen und
k ö n n e n, denn in der Möglichkeit, ausreichende Arbeit
zu finden, unterscheiden sie sich von der 7. Gruppe, "The
Miserable, that really pinch and suffer Want". Sie zählen
für Defoe ebenfalls zu den Angehörigen der unteren Schicht,
ihr Konsum liegt nochmals niedriger und teilweise sicherlich nur knapp am Existenzminimum, sie empfiehlt Defoe
jedenfalls der Fürsorge der Gemeinden an:

> Poor, Industrious, Laborious, and Honest Families,
> Numerous in Children, and where the Mouths are too
> many for their Hands; or where the Heads of Fami-
> iies [sic!] are snatch'd from them, or Sickness ōr
> Disaster renders them Necessitous; and among these,
> I think the Greatest M i s e r y is to be found.[17]

Wie auch hier hatte Defoe schon vorher, etwa in seiner
Schrift Giving Alms no Charity (1704), genaue Abstufungen
innerhalb der 'Poor' vorgenommen; nähere Einzelheiten
dazu finden sich in dem betreffenden folgenden Kapitel.

Zusammenfassend ist festzuhalten, daß die oben beschriebene und als 'Grundstruktur' bezeichnete Dreiteilung der Gesellschaft, wie sie ganz deutlich ab 1709
auftritt, allen einschlägigen untersuchten Schriften
seit diesem Zeitpunkt zugrunde liegt. Der folgende Abschnitt soll zeigen, welches die Vorformen dieses Grund-
musters waren und welche Differenzierungen innerhalb der

einzelnen Schichten sich später noch entwickelten. Dabei
erschwert die Beurteilung beträchtlich, daß Defoe fast
nie mit seinem Namen hinter den Werken stand, sondern sie
zumeist anonym, aber auch pseudonym erscheinen ließ. Die
Review war die große Ausnahme, hier schrieb Defoe unter
eigenem Namen und - als ausgebildeter 'merchant' - im
Interesse Gleichgesinnter;[18] in der Review trat auch
eine mittlere Schicht innerhalb der Gesellschaft zuerst
konkret erkennbar zutage, aber diese Konzeption wird von
nun an durchgehalten, selbst dann, wenn ein Werk (The
Compleat English Gentleman) aus der Sicht der oberen
Schicht heraus verfaßt wurde. Bei den anderen, gerade
den frühen Schriften, muß man sich demnach besonders fragen, aus welcher Interessenlage und aus welchem Blick-
punkt sie zu verstehen sind.

Zur Verdeutlichung der Entwicklung von Defoes Konzeption der Gesellschaftsstruktur wurde eine synoptische
Übersicht erstellt, die wesentliche Stationen im Zeitraum zwischen 1698 und 1729 erkennen läßt (vgl.Schau-
bilder).[19]

An Essay upon Projects, 1697 als erste bedeutende
Schrift Defoes erschienen, völlig traditionell einem
adligen Mäzen gewidmet ("To Dalby Thomas, E s q;") und
mit "Your most Obliged, Humble Servant, D.F." unter-
schrieben, enthält eine Vielzahl origineller und modern anmutender Ideen, ist aber im gesellschaftlichen Bereich noch völlig dem Konservativen verhaftet. Kaufleute
und Landadlige treten nur als Repräsentanten von 'Land'
bzw. 'Trade', nicht jedoch einer bestimmten Schicht auf,
die als über- oder untergeordnet verstanden werden könnte.

In The Poor Man's Plea (1698) wird ein polarisiertes
Gesellschaftsbild nach dem Muster 'Ihr da oben, wir hier
unten' erkennbar, das aus der Sicht eines Mitgliedes der
"poor Commonalty" nur in kleine Oberschicht und große

SCHICHTEINTEILUNGEN I

PMP	TBE	JD	Review, V	Review, VI
(1698)	- 1706)	(1706)	(1709)	(1709)
Nobility	Nobility	Nobility	Gentry	1. The Great live profusely
Gentry	Lords	Gentry	or such who live on Estates without the Mechanism of Employment incl. Men of Letters	2. The Rich live very plentifully
Gentlemen	Gentlemen	Clergy		3. The Middle Sort live well
J.P.s	Squires		Tradesmen	4. The working Trades labour hard/no Want
Clergy			Merchants, Shop-Keepers, Inn-K.	5. The Country People fare indifferently
			Employers of others in Trade/Manufacture	6. The Poor fare hard
Commonalty	Mechanicks	Plebeii	Labouring People	7. The Miserable really pinch and suffer want
Poorer Sort	Poor	Commoners	depend upon their Hands	
Shopkeepers				
Poor Commons			Labourers, Manufacturers, Servants, Vagabonds, Loiterers, etc.	
Plebeii				
Poor				
Nob				

Tour (1724)	Plan of the English Commerce (1728)		Compleat English Gentleman (ca.1728/1729)	
	[IST]	[SOLL]	[IST]	[SOLL]
Nobility	GENTRY	Gentry	BORN Gentleman	BRED Gentlemen
Gentry	Nobility Ancient Families	Mixtures with Tradesmen	of Ancient Family	of Ancient Family + Families rais'd by Trade
Middle Sort		Trading, middling Sort		
Citizens		Dealing Part		Merchants Tradesmen
Merchants		Merchants		Fund for the Encrease of our Nobility and Gentry
Tradesmen		Tradesmen Faktors Pedlars		
Poor	COMMONALTY	Labouring, manufacturing Class	Class of MECHANICKS	Class of Mechanicks
Workmen	Mechanicks = trading + labouring part	properly called Mechanicks labouring Poor	of no Family	

Masse - "we of the P l e b e i i" - unterscheidet. Vorsichtig werden die Mitglieder der Oberschicht als
"E n g l i s h Gentlemen" und "our Superiors" angeredet,
die sich aus "Nobility, Gentry, Justices of the Peace,
and Clergy" sowie "Magistrates" zusammensetzen (an einer
Stelle zählt offenbar auch ein reicher 'merchant' dazu [20]), doch um so deutlicher attackiert der Autor dann
das schlechte Vorbild dieser Gruppe für die "poor Commons",
die in Trunksucht und Unmoral nur dem schlechten Beispiel
folgten. Zu der großen Masse der "poorer sort" zählen
Bettler und Arbeitslose ebenso wie Geschäftsleute, Handwerker und ungelernte Arbeiter; das folgende Zitat zeigt
dies deutlich:

> If the Gentry were thus Reform'd, ... a Lewd,
> Vicious, Drunken Footman must Reform or Starve,
> he would get no Service; a Servant once turn'd
> away for Intemperance, would be entertain'd by
> no body else; a Swearing, Debauch'd Labourer or
> Workman must Reform, or no body would Employ
> him; the Drunken whoring Shop-keeper must grow
> Sober, or lose all his Customers, and be Undone.
> Interest and Good Manners would Reform us of the
> poorer sort. [21]

Nichts deutet in dieser Schrift darauf hin, daß der Autor
sich als Mitglied einer mittleren Schicht empfindet, diese
wird nicht einmal als überhaupt existierend angedeutet;
wenn daher James die Stimme eines "obedient, but not
servile Englishman of the lower m i d d l e class" zu
hören meint, so ist diese Auffassung jedenfalls nicht
durch den Text selbst begründet, sondern an ihn herangetragen worden; das gilt allerdings ganz besonders für
FitzGerald, der hier Defoe authentisch vor sich sieht
("so much reading Defoe as hearing him speak").[22] Nur
ein gewisses Maß an (ideologischer?) Einseitigkeit kann
dazu verleiten, Defoe - der am liebsten als 'Gentleman'
auftrat - als sich tatsächlich mit den 'Poor' oder
'Plebeii' identifizierend zu interpretieren. Sutherland
sieht die Rolle des Autors treffend:

This pamphlet is also notable for being the
first in which he made effective use of a
p e r s o n a. All that is said here is said
by "the poor man" ... In The Poor Man's Plea
Defoe has already come close to the method
that he invariably used when writing his
works of fiction more than twenty years later:
he has identified himself with an invented
person, and (except when he occasionally for-
gets) is writing a s that person. 23

Zu fragen wäre natürlich nach der Glaubwürdigkeit dieser
Rolle, denn obwohl sich Defoe um einfachen Stil und
klare Diktion bemüht, lassen doch Wortschatz und
konsequente Durchführung der Argumentation Zweifel an
der Autorschaft eines 'poor man' aufkommen, der zu damaligen Zeiten doch kaum lesen und schreiben konnte, geschweige denn die Möglichkeit besaß, Pamphlete überhaupt
zu verfassen und zu veröffentlichen.

The True-Born Englishman (1701) beschäftigt sich auf
den ersten Blick nicht mit sozialen Problemen, sondern
mit der Verteidigung der niederländischen Abstammung
Wilhelms von Oranien; daß Defoe in dieser Schrift dennoch
nicht allein gegen die Notwendigkeit eines bis zu nor-
mannischen Zeiten zurückreichenden königlichen Stammbaumes, sondern auch im eigenen Interesse argumentiert,
wird später noch zu zeigen sein.24   Das Gesellschaftsbild dieses Werkes ähnelt stark dem des Poor Man's Plea,
wiederum findet sich kein Hinweis auf eine mittlere
Schicht, es gibt nur oben und unten: auf der einen Seite
stehen 'Nobility', 'Gentry', 'Gentlemen', 'Magistrates',
'Clergy' und 'Bench', auf der anderen 'Mechanicks' und
'Poor', und selbst wenn die Möglichkeit gesellschaftlicher Mobilität angesprochen wird, fehlt eine Differenzierung. Der bekannte Satz

Wealth, howsoever got, in E n g l a n d makes
Lords of Mechanicks, Gentlemen of Rakes

ist dafür ein gutes Beispiel. Sicherlich war es nicht
die Intention dieses Werkes, durch das Defoe sehr bekannt wurde und auf das er immer stolz war, die Struktur
der Gesellschaft zu zeichnen; dennoch fehlen nach etwa
1709 in kaum einem Text wenigstens nebenbei Andeutungen
einer dritten sozialen Schicht, auch wenn das Thema ein
anderes ist.

Wie in den anderen Einzelschriften und Pamphleten
bis 1704 fehlen auch in Giving Alms no Charity solche
Hinweise. [25]   Zwar redet Defoe auch einmal vom Verhältnis zwischen "Employer and the Work-man", aber nie von
'middle sort' oder 'middling people' als einer eigen-
ständigen Gruppierung innerhalb der Gesellschaft. Dafür
finden sich einige interessante Bemerkungen zu seinem
Verständnis der unterschiedlichen Arten von 'Armen' und
ihrer Bedeutung für die Wirtschaft. [26]   Defoe tritt in
dieser Schrift auch nicht als Advokat des Handels auf,
sondern wendet sich als "an E n g l i s h Freeholder"
anonym an die ihn repräsentierenden "Knights, Citizens
and Burgesses in Parliament Assembled", wenn auch seine
Identität in diesem Falle kaum geheim bleiben konnte:
"he knew that the secret of authorship was hard to keep,
and that he would almost certainly be identified as the
writer. (His mention of his tile factory would be a sufficient clue for most readers.)" [27]

Jure Divino erschien 1706 mit dem Vermerk "By the
Author of the True-Born Englishman" und ließ damit keinen
Zweifel an der Verfasserschaft Defoes. Das Gesellschafts-
bild ähnelt wiederum den anderen Einzelwerken dieses
Zeitraumes, indem nur zwischen den Gruppen 'Nobility'/
'Gentry'/'Clergy' und 'Commoners' unterschieden wird. Bei
der Diskussion der besten Regierungsform für England wird
ein 'commonwealth' abgelehnt mit der Begründung:

>a commonwealth can never suit a nation where there
>is so illustrious a nobility, and so numerous a
>gentry; ... If we were a nation of mere p l e-
>b e i i, all commoners, or the like, other argu-
>ments might be used. [28]

Schon vor diesem Zeitpunkt finden sich in der Review
Hinweise auf ein Verständnis von der grundsätzlichen Dreiteilung der Gesellschaft, völlig ausgeprägt allerdings
erst ab etwa 1709. Der Grund dürfte darin zu suchen sein,
daß sich Defoe als ausgebildeter Kaufmann nun primär an
Seinesgleichen richtet und nachdrücklich die Ansprüche
der Kaufleute als einer bedeutenden eigenen Schicht vertritt.

Doch auch wenn er nach diesem Zeitpunkt aus der Sicht
eines 'gentleman' schreibt (The Great Law of Subordination; Tour; The Compleat English Gentleman), hat das
nur Auswirkung auf Nuancen der Beurteilung der einzelnen
Schichten, nicht auf die Art der Einteilung; denn etwa in
der Tour spricht der Autor ("a GENTLEMAN") ausdrücklich
von einer "middlesort of mankind, grown wealthy by
trade". [29]   In The Great Law of Subordination will der nun
in England Ansässige "A.L." seinem Bruder in Frankreich
und zugleich allen anderen interessierten 'gentlemen'
über die Situation der unteren Schichten berichten: "the
particular Design of these Letters ... is more especially
to give you a Sketch of L o w - L i f e". [30]

Sein besonderes Interesse gilt der angeblichen moralischen Verderbtheit und der Disziplinlosigkeit gegenüber ihren Vorgesetzten. Mitglieder dieser "Lower Class",
auch "lower Rank", "common sort" oder "common people" genannt, arbeiten als "Husbandmen, Day-Labourers, and Work-
men" oder auch als "Servants" bei Kaufleuten - "middling
Families" - und bei 'Nobility' und 'Gentry'. [31]   In
dieser Schrift zeigt sich die Tendenz, auch innerhalb der
mittleren Schicht noch einmal deutlich zu differenzieren,

187

und zwar zwischen "Merchants, and more eminent Trades-
Men" (worunter z.B. "Wholesale-Men" verstanden werden),
den "Shop-Keepers", die im Vergleich zu den 'Merchants'
"meaner People" genannt werden, und schließlich zwischen
den 'Shop-Keepers' und den Handwerkern, die "labouring
Trades" genannt werden. Dennoch trennt sie alle natürlich
noch einiges von der "Lower Class", deren Arbeitgeber
oder Lehrherren sie sind.

A Plan of the English Commerce (1728), von James zu
Recht als "typical of Defoe's writing in his own voice"
eingestuft, zählt in bezug auf seine Schichteinteilung
zu den bemerkenswertesten Werken. [32]   Geradezu entrüstet
wehrt er sich gegen die Vorstellung der Oberschicht, daß
die Menschen nur in zwei Gruppen einzuteilen seien, nämlich in "Gentry" und "Commonalty":

> They would divide the World into two Parts only,
> (v i z.) the Gentry and the Commonalty; among
> the Gentry they rank the Nobility, the ancient
> Families of Gentlemen, (as they call them) Barons,
> &c. and those who were formerly called Barons; and
> with some Difficulty they admit the Men of Learning,
> and the Men of Arms, (v i z .) the Soldiery and
> the Clergy, and all the Families, who by the Heraldry
> of their Houses claim to have been Gentlemen un-
> mix'd with plebeian Blood for immemorial Ages. ...
>
> THIS Family Jargon, f o r   i t   i s   n o
> m o r e, they oppose to the trading Part of the
> whole World, whom they divest of all Dignity, as
> well as of Degree; and blend together under one
> general, or rather common Denomination of M e -
> c h a n i c k s. [33]

Er greift also ein Gesellschaftsbild an, wie es in seinen
eigenen frühen Schriften ebenso zu finden ist, und proklamiert eine mittlere Schicht, " T h e   D e a l i n g
P a r t " oder "the trading, middling sort of People",
und unterhalb davon wird " T h e   l a b o u r i n g
P a r t " eingeordnet: "the labouring, manufacturing
People u n d e r them", sie trage zu Recht die Bezeichnung 'Mechanicks': "those who are employ'd in these
Works, are properly called M e c h a n i c k s". [34]

Es ist interessant, dazu den Guardian No 130 von 1713
zu vergleichen, der zwar zunächst feststellt "The inhabitants of the earth may properly be ranged under the
two general heads of gentlemen and mechanics", dann aber
- etwa im Sinne Defoes - neu definieren will, wer zu
welcher Gruppe zu rechnen sei (siehe die Anmerkungen).[35]

Konsequenter Schlußpunkt der Entwicklung des Gesellschaftsbildes ist The Compleat English Gentleman (1729),
in dem Defoe nur mühsam - und wenig glaubwürdig - als
'Gentleman' zu 'Gentlemen' spricht und sie davon zu überzeugen versucht, daß die erfolgreichen 'tradesmen' und
'merchants' sich über ihre (aus der Sicht der 'gentry')
ursprüngliche "Class of Mechanicks" nicht nur erhoben
hätten, sondern sich auf breiter Front anschickten, immer
mehr den Rang der Oberschicht einzunehmen; sie seien "the
fund for the encrease of our nobility and gentry".[36]
Auch diese Schrift ist ein Beispiel dafür, daß Defoe
wirklich herbe Kritik an der 'gentry' nur anonym übt
(vgl. A Poor Man's Plea).

An die oben dargestellte und nach 1709 immer deutlicher werdende Dreiteilung der Gesellschaft ('Grundstruktur') knüpft die folgende Schilderung der einzelnen
Schichten und ihrer Beurteilung durch Defoe an und geht
auch auf die Differenzierungen innerhalb dieser Schichten
und schließlich die durchgängig vorfindliche Intention
einer Neuorientierung sozialer Wertungen ein.

2.2.2. Darstellung und Beurteilung der Schichten und ihrer Funktion

2.2.2.1. Court, Nobility, Gentry & 'the new fund'

Daß Defoe die Institution des Königs und seine Position an der Spitze des Staates, vom Parlament kontrolliert, nachdrücklich unterstützt, wurde schon näher erläutert, die jeweilige Person des Monarchen aber und sein Einfluß auf Hof und Adel wird von ihm äußerst kritisch betrachtet und bis auf wenige Ausnahmen sogar scharf verurteilt.

Defoes Forderung an Herrscher, die sich auf der höchsten Ebene der Gesellschaft bewegen ("persons of the highest rank" [37]), ist vorbildliches Verhalten in jeder Beziehung – als Ergebnis persönlicher Tugend und guter Erziehung. Als ein Musterbeispiel der Vergangenheit nennt er Heinrich V.:

> Nature taught him to be brave, magnificient, warlike, fierc, and undaunted; education taught him to be wise, just, prudent, beneficent, and every thing that was gracious and good; Nature fitted him for the field, learning fitted him for the throne; in a Word, Nature made him great, education made him good.[38]

Ein solcher König stellt mit seinem Hof und dessen Einfluß auf den Adel ein Exempel für das gesamte Volk dar, das sich in seinem Verhalten stets an Höhergestellten orientiert. Den Herrschern des 17. Jahrhunderts macht Defoe in dieser Beziehung bis auf eine Ausnahme die größten Vorwürfe; zu Lebzeiten von Königin Anna schreibt er in der Review:

If we pass by this and the last Reign, I hardly
know, whither we shall run back, before we shall
find the least Example in the Court fit to imitate;
Drunkenness, Lewdness, and all Manner of Wickedness have been the Patterns of the Court, and the
Court Politicks were guided by I know not what in-
fernal Influence, to run the Nation into general
Debaucheries. [39]

Das Unheil begann mit Jakob I., der "Gallantry ...
Gaiety, Luxury" am Hof aufkommen ließ, sein Sohn führte
es fort und verankerte die Sündhaftigkeit sogar im Ge-
setz, indem er das 'Book of Sports' erließ. [40]   Mit
Karl II. erreichte das Verderben seinen Höhepunkt: "the
Prince given up entirely to his Ease, and drowned in all
the Pleasures of a Life devoted to Sloth, and Luxury ---
His long, lascivious Reign was spent wholly in Drunkenness,
Lewdness, and all Manner of Debaucheries." [41]   Auch
Jakob II. folgte - wie schon zuvor Karl I. - am Hof dem
unheilvollen französischen Vorbild ("by the Example of
F r e n c h Customs, F r e n c h Whores, and all
manner of Publick Luxury" [42]) mit dem Resultat, daß
papistische Prinzipien, Willkürherrschaft und zwei blutige Kriege das Land bedrückten. Statt also mit gutem Beispiel voranzugehen, waren Könige und Hof für die Ausbrei-
tung von allen möglichen Untugenden und Ausschweifungen
verantwortlich. Der häufig zitierte und in fast allen
sich zum Thema äußernden Schriften auftauchende Lasterkatalog umfaßt vor allem "Luxury", "Sloth", "Drunkenness",
"Whoring", "Lewdness", "Vanity", "all Manner of Debaucheries", "Gallantry", "Gaiety", "Gaming", "Wickedness",
kurz "all sorts of Vice".

Verbunden damit ist eine ungesunde Lebensweise -ärmere
Leute ernähren sich einfacher und zugleich gesünder -, die
eine häufige Inanspruchnahme von Medizinern bedingt, [43]
und vor allen Dingen auch die Trunksucht, die für Defoe
das größte Übel bedeutet und zahlreiche Laster nach sich

zieht: "I call the D r u n k e n   V i c e the worst
of all B r u t a l l i t y; ... the M o t h e r   S i n,
the Parent or producing Cause of all Vice". [44]

Den Hof dieser Zeit als Brutstätte von Unmoral, Religionslosigkeit, Ausschweifung und Verschwendung darzustellen, ist Defoes Anliegen,wann immer er auf ihn zu
sprechen kommt. Erst mit der Revolution und dem Regierungsantritt König Wilhelms von Oranien, der wieder ein in
jeder Beziehung vorbildlicher Monarch gewesen sei, habe
das verderbliche Treiben eine Hemmung erfahren. Er und
seine Gemahlin seien von beispielhafter Tugend und Ehren-
haftigkeit gewesen,und auch die Nachfolgerin Anna stehe
in dieser glücklichen Tradition:

> In this our revolution praise is due,
> That with the tyranny the vice withdrew:
> The sceptred crime's dethroned, with guilt's dismay'd,
> And vice retreats to her detested shade;
> Exemplar virtue took the reins in hand,
> Example makes more converts than command:
> ...
> Vice from his ⌊=William's⌋ virtue had her mortal wound,
> And Ann's bright pattern does the race confound;
> Justice has the example of her throne,
> And shows us virtue's pattern in her own. [45]

Doch leider sei der Verfall am Hofe schon so weit fort-
geschritten, daß eine schnelle Änderung in allen Bereichen
nicht erwartet werden könne.[46]   Vor allem aber hätten
sich 'Noblity' und 'Gentry' nach dem Motto " R e g i s
a d   E x e m p l u m " den Hof zum Vorbild genommen, mit
dem Resultat, daß nun sämtliche Laster auch in ihren
Reihen unausrottbar verbreitet seien. [47]

So pauschal und grundsätzlich Defoe den Hof verdammte,
so wenig differenziert er auch meist in der Beurteilung
von 'Nobility' und 'Gentry', die er durchweg als eine
einheitliche große Gruppe der Gesellschaft versteht und
die meist zusammen mit 'Clergy' in einem Satz zur Bezeichnung der oberen Schicht zusammengefaßt werden. Auch

wenn einige Adlige als vorbildlich dargestellt sind und
an mehreren Stellen mit Ehrfurcht von den alten Adelshäusern und ihrer Familientradition gesprochen wird, etwa
im Vorwort von Jure Divino und vor allem bei der Beschreibung prächtiger Wohnsitze in der Tour, seit dem Erscheinen des True-Born Englishman (1701) war spätestens
klar, daß Defoe die herrschende Oberschicht ablehnte und
ihren - mit Abstammung und Erbfolge begründeten - Anspruch
auf eine Vorrangstellung gegenüber dem Rest der Bevölkerung zurückwies.

Anlaß der Schrift waren vielfältige Angriffe vornehmlich des Adels auf die niederländische und damit nicht-
englisch-aristokratische Abkunft des von Defoe hochge-
schätzten Königs Wilhelm von Oranien. Dieser "race
hysteria" (Sutherland) setzt Defoe eine Abwertung jeglichen 'Stammbaum-Denkens' entgegen; [48] im "Explanatory
Preface", das ab der neunten Auflage vorangestellt wird,
heißt es:

> But the Intent of the S a t y r i s pointed at
> the Vanity of those who talk of their Antiquity, and
> value themselves upon their Pedigree, their Ancient
> Families, and being T r u e - B o r n; whereas 'tis
> impossible we should be T r u e - B o r n; and if
> we could, shou'd have lost by the Bargain. [49]

Seine Begründung ist, daß allein Schotten, Waliser und
Iren sich noch 'reinrassig' nennen könnten, alle anderen
seien im Laufe der letzten Jahrhunderte nach England gekommen und hätten sich, aus einer Vielzahl von Nationali-
täten abstammend, zu den gegenwärtigen 'Engländern' entwickelt. Gerade Wilhelm der Eroberer, in dessen Zeit
zurückzureichen das Nonplusultra eines Stammbaumes bedeutete, sei schließlich nur einer von vielen fremdländischen
Eindringlingen gewesen, die mit ihren wenig vornehmen
Armeen Britannien heimsuchten und sich dort niederließen:

> From this Amphibious Ill-born Mob began
> That vain ill natur'd thing, an Englishman.
> ...
> He gave his Legions their Eternal Station,
> And made them all Free-holders of the Nation.
> ...
> And here begins the Ancient Pedigree
> That so exalts our poor Nobility:
> 'Tis that from some French Trooper they derive,
> Who with the Norman Bastard did arive:
> ...
> Yet who the Heroe was, no Man can tell,
> Whether a Drummer, or a Colonel. [50]

Auch in späteren Zeitaltern habe sich der Hochadel häufig
aus zweifelhaften Ursprüngen rekrutiert; wieder ist es
Karl II., der als Negativbeispiel dient:

> The R o y a l R e f u g e e our Breed restores,
> With F o r e i g n C o u r t i e r s, and with
>   F o r e i g n W h o r e s:
> And carefully repeopled us again,
> Throughout his Lazy, Long, Lascivious Reign;
> ...
> This Off-spring, if one Age they multiply,
> May half the House with E n g l i s h Peers
>   supply. [51]

Unter Berufung auf einen 'original englischen' Stammbaum
könne sich also kaum jemand zum Adel zählen. Vielmehr
hätten doch die Leistungen einiger Vorfahren zur Übertragung eines Adelsprädikats geführt:

> 'Tis well that Virtue gives Nobility,
> How shall we else the want of Birth and Blood supply?
> Since scarce one Family is left alive,
> Which does not from some Foreigner derive. [52]

Zweifellos war es eine Mischung aus Wunsch und Wirklichkeit,
die Defoe den bekannten Vierzeiler schreiben ließ:

> Wealth, howsoever got, in E n g l a n d makes,
> Lords of Mechanicks, Gentlemen of Rakes:
> Antiquity and Birth are needless here;
> 'Tis Impudence and Money makes a P[ee]r. [53]

Wäre dem wirklich so und legten nicht die Mitglieder
der herrschenden Oberschicht größten Wert auf eine möglichst lange Familientradition eines jeden, der sich zu

ihr rechnen möchte, dann hätte es keinen Anlaß für die
Schrift gegeben und Defoe hätte nicht noch fast dreißig
weitere Jahre lang (nämlich auch bis zum <u>Compleat English
Gentleman</u>) versuchen müssen nachzuweisen, daß sein Satz
"Virtue gives Nobility" auch tatsächlich stimme.[54]
So aber kommt er natürlich zu dem Schluß, daß Wilhelm III.
mindestens so viel Anspruch auf die Anerkennung seiner
Ebenbürtigkeit hat wie seine Vorgänger, und da er 'virtue'
im höchsten Maße besitze, sei er zudem der Herrscher par
excellence.

In "THE CONCLUSION" zieht Defoe dann ein scheinbar ver-
söhnliches Resümee, das einerseits noch einmal die Argumentation für die Anerkennung des Königs als 'Englishman'
zusammenfaßt, zum anderen aber sein eigenes Anliegen umreißt, daß nicht Familienabstammung, sondern Verdienste
den Rang eines einzelnen bestimmen:

> Then let us boast of Ancestors no more,
> Or Deeds of Heroes done in Days of Yore,
> ...
> For if our Virtues must in Lines descend,
> The Merit with the Families would end:
> And Intermixtures would most fatal grow;
> For Vice would be Hereditary too;
> ...
> How we contend for Birth and Names unknown,
> And Build on their past Actions, not our own;
> They'd cancel Records, and their Tombs deface,
> And openly disown the Vile Degenerate Race:
> For Fame of Families is all a Cheat,
> 'T i s   P e r s o n a l   V i r t u e   o n l y
> m a k e s   u s   G r e a t.[55]

Hatte Defoe im <u>True-Born Englishman</u> Ursprung, Zusammensetzung und Würde des britischen Adels kritisiert und
lächerlich gemacht, so faßt <u>The Compleat English Gentle-
man</u> seine Argumente gegen den Anspruch der 'Gentry' auf
eine Sonderstellung auf Grund ihrer Familientradition und
der damit verbundenen 'Reinheit des Blutes' zusammen, wie
sie schon im <u>Essay upon Projects</u> zuerst vorsichtig an-
klangen und immer heftiger - vor allem auch in der <u>Review</u>
fortgesetzt wurden.

Der Autor der Abhandlung, der sich später selbst als
'Gentleman' bezeichnet und sozusagen zu Seinesgleichen
spricht, beginnt das erste Kapitel mit einer Klarstellung des Begriffes 'Gentleman' ("I should explain
my Terms"). Voller Ironie unterscheidet er zwischen einer
'klassischen', und damit offenbar veralteten Definition,
und der 'modernen'. Die 'klassische' lautet:

> that the Word G e n t l e m a n being instituted
> and legitimated in our Language, as signifying a
> Man of generous Principles, of a great generous
> Soul, intimates a kind of an Obligation upon those
> who assum'd the Name to distinguish themselves
> from the rest of the World by generous and vir-
> tuous Actions. [56]

dagegen die 'moderne':

> A Person BORN (for here lies the Essence of
> Quality) of some known, or Ancient Family; whose
> Ancestors have at least for some time been rais'd
> above the Class of Mechanicks. [57]

Nicht persönliche Verdienste, hervorragende Eigenschaften oder besonderes Verantwortungsbewußtsein gegenüber
den Niedrigstehenden konstituieren also den 'Gentleman',
sondern der schicksalhafte und vom betreffenden Individuum nicht zu beeinflussende Zufall der adeligen Geburt.
Doch selbst dieses Attribut ist unsicher und von den
Faktoren 'Länge des Stammbaumes' und 'Reinheit des Blutes'
abhängig, die bei genauerer Betrachtung fragwürdig erscheinen, denn wie schon im True-Born Englishman, so
wird auch hier darauf hingewiesen, daß aller Adel ursprünglich aus einfachen Verhältnissen abstammte:

> the main Support of the thing, which is Antiquity,
> and the Blood of an Ancient Race, is a tender Point,
> and is not without its Defects; but, like a Rope
> of Sand, if it be stretch'd out too far it separates
> and falls back into the Mass or Heap of the meanest
> Individuals. [58]

Je weiter man Stammbäume zurückverfolge, umso größer
müsse notwendig die Wahrscheinlichkeit werden, auf un-
liebsame Vorfahren zu stoßen, darum solle man sich mit
wenigen Generationen begnügen: "It is enough therefore
that we can derive for a Line of two or three Generations,
or perhaps less". Versöhnlich schlägt der Autor - der
bemerkenswerterweise ja nie grundsätzlich das Prinzip der
Familientradition ablehnt - vor:

> It is enough then ... if we can trace our Line back
> as far as our Ancestors are to be remember'd for
> great and good Actions; lest going on to strain the
> Line too far, we sink it again below what we would
> have it be: It is sufficient to derive from Virtue
> and Honour, let it stand near or remote is not the
> Question; nor can that Part add to the Lustre, be-
> cause there is no Standard of Antiquity settled to
> rate a Gentleman by.
> Nor is it yet determin'd, no not in the Jargon of
> the Heralds, How many Descents make the Son of a
> Cobler commence G e n t l e m a n. [59]

Mit diesen Argumenten widerspricht er so gut wie allen
Auffassungen der existierenden Oberschicht, die allenfalls
seinen Hinweis auf den nicht exakt festliegenden "Standard of Antiquity" als relativ objektiv akzeptieren würde.

Gegen die traditionelle Vorstellung wandte sich übrigens auch ein Zeitgenosse Defoes, Rev. Mr. Deane Bartelett,
in einem Artikel des Guardian (1713, Auszüge in den Anmerkungen), der zwar die Menschen zunächst grundsätzlich
in 'Gentlemen' und 'Mechanics' aufteilen will, dann aber
bezweifelt,ob gegenwärtig diese Bezeichnungen eigentlich
korrekt zugeordnet würden. Seine Argumentation geht davon
aus,zunächst die Begriffe selbst zu definieren:

> defining the gentleman to be him whose occupation
> lies in the exertion of his rational faculties, and
> the mechanic him who is employed in the use of his
> animal parts, or the organic parts of his body ...
> From the premises follows, that a man may descend
> from an ancient family, wear fine clothes, and be
> master of what is commonly called good-breeding,
> and yet not merit the name of gentleman.

Der wahren 'Gentry' sollten nur zugerechnet werden:
"those who employ the talents of the mind in the pursuit of knowledge and practice of virtue", ihr Rang werde
allein bestimmt durch "moral and intellectual accomplishments". [60]   Der leicht ironische Ton des Artikels sollte
nicht darüber hinwegtäuschen, daß das Problem ganz offenbar die Zeitgenossen beschäftigte und daß Defoe mit
seinen recht agressiven Formulierungen ein Vorkämpfer
dieser Neuorientierung war.

Nachdem Ursprung und Umfang des Stammbaumes fragwürdig
gemacht wurden, geht der Autor des Compleat English Gentleman nun daran, die angeblich so wichtige 'Reinheit des
Blutes' kritisch zu hinterfragen. Zunächst wird zum
Schein auf dieses Verständnis eingegangen:

> I shall take it as the World takes it, that the
> Word G e n t l e m a n implies a Man of Family,
> born of such Blood as we call Gentlemen, such
> Ancestors as liv'd on their Estates, and as must
> be suppos'd had Estates to live on, whether the
> present Successor be poor or rich.
> Now tho' this Birth, a f t e r a l l, is but
> mean in it self abstracted from other Merit, yet
> this I must also grant, that a Dignity thus rais'd
> at first flows in the Blood, that is handed on
> from Family to Family, and from Age to Age, by the
> meer Consequence of Generation. [61]

Wenn Defoe an dieser Stelle in seiner Argumentation den
Aspekt des 'Blood' herausgreift und im weiteren Verlauf
ad absurdum führt, dabei aber die Funktion von 'Estate'
nicht kritisiert, so dürfte hier eine wesentliche Ursache für eine Crux in seinen Aussagen zu suchen sein.
Wie noch zu zeigen sein wird, mißt nämlich auch Defoe
dem Haus- und Landbesitz (nicht nur hinsichtlich der
schon diskutierten Vermittlung von Macht) größte Bedeutung als Element zur Konstituierung von Oberschichtzu-
gehörigkeit bei. Damit jedoch wird ein sozialer Rang
wiederum vererbbar, denn das 'Estate' fällt an den
ältesten Sohn. [62]

Sein Hauptargument gegen die Bedeutung des 'Blutes' ist -
neben dem Verweis auf den verderblichen Einfluß eines in
fast jeder Familiengeschichte anzutreffenden wenig ehrenwerten, wenn nicht gar verbrecherischen Zwischengliedes -
die Gewohnheit der adeligen Mütter, ihre Kinder nicht
selbst zu stillen, sondern dies einer Amme zu überlassen,
die im Regelfalle aus der diesbezüglich besser ausgestatteten Unterschicht stammt. [63]   Offenbar das medizinische Verständnis der Zeit ausdrückend,heißt es:"the
milk in a woman's breasts is a most noble fluid, ...
and constituted in the same manner from the same principles as the blood itself, and so is a part of the blood."
Die Milch der Amme hat somit verheerenden Einfluß auf das
Blut des Kindes: [64]

> as the milk is a true sence the blood of the nurse,
> so when taken in, it is mixt with the blood of, the
> child much more effectually than any other of the
> mixtures of generation, and this deserves their
> reflection who are so chary about mixing the blood
> of familyes, as they call it, by matching with
> inferiors. [65]

Alle schlechten Eigenschaften der Amme können sich übertragen und die Ursache für allerlei Laster bilden: "the
temper, the dispositions, the passions, the affeccions,
nay the crimes of the nurse are often convey'd this
way." [66]   Der gegenwärtige Zustand großer Teile der 'Gentry' scheint dem Autor jedenfalls diese Theorie nahezu-
legen:

> Whence elce does that degeneracy proceed? and how
> is it that we see the offspring of the sober, the
> grave, the learned, the good, ancestors degenerated
> into rakes, cowards, and mad men? [67]

Als Beispiele nennt er die ehemals so ehrenwerten Häuser
der Veres, Ceciles, **Russells** und Whartons.

Natürlich ging aber die Abhandlung nur zum Schein auf
die Argumentationsweise der Adligen ein, um ihre Bewertung der Bedeutung des Blutes als absurd und geradezu

verderblich nachzuweisen, wenn sie wirklich ernst genommen und konsequent durchgeführt würde; der Adel wurde
sozusagen mit seinen eigenen Waffen geschlagen, denn das
Denken in Kategorien von Stammbäumen und Blutsverwandt-
schaften ist nichts als die Ideologie einer kleinen pri-
vilegierten Gruppe, die unter sich bleiben möchte, ohne
durch persönliche Leistungen ihre Sonderstellung immer
wieder legitimieren zu müssen:

> All this while I do not grant there is really any
> degeneracy of blood in either the marriage or the
> suckling ... but I take the argument as the gentle-
> men and as the ladyes lay it down for us. [68]

Die wahren Fehler der 'Gentry' weiß The Compleat English
Gentleman auf gänzlich anderen Gebieten: die Erziehung
und Ausbildung der Kinder, vor allem der 'elder sons', sei
allgemein äußerst mangelhaft und falsch orientiert, daher
seien die meisten auch von dem Idealbild eines 'Gentleman' weit entfernt, das wie folgt gezeichnet wird: "a
Person of Merit and Worth; a Man of Honour, Virtue, Sense,
Integrity, Honesty, and Religion, without which he is
Nothing at all". [69]   Allein durch die adelige Geburt
könne also niemand ein 'Gentleman' im wahren Sinne (das
heißt im Sinne des Autors) sein; daher stellte er auch in
der Einleitung die Prämisse auf, daß der 'Compleat Gentleman' sich aus den Komponenten "born" u n d "bred" zusammensetzen müsse: "The complete gentleman I am to speak
of will take them in both; and neither of them, singly
and abstractedly considred, will stand alone in the class
of a compleat gentleman". [70]

Dem gegenwärtigen Adel fehlt demnach der Bestandteil
"bred"; als Hauptmängel werden aufgeführt:

> 1. "That our English gentlemen, generally speaking,
> are not men of learning, men of heads, of genius
> and wit, whether naturall or acquir'd." [71]

Viele könnten nicht lesen und schreiben, kaum
korrekt Englisch - geschweige denn andere Sprachen - sprechen oder selbständig Briefe verfassen. Die Bibliotheken in den Adelssitzen
seien allein eine schmückende Modeerscheinung,
und der Bestand werde in erster Linie nach dem
Aussehen erworben. Die Nachkommen orientierten sich an diesem Verhalten und würden noch
darin bestätigt, denn der Grund liege im Selbstverständnis der 'Gentry':

2. "⌊Gentlemen⌋ were born for enjoyment, singl'd
out to form a degree of men above the ordinary
rank; that learning and improvements were for
the inferior world, to recomend them to employment and bussiness that they might get their
bread". 72

Die 'elder sons' hätten es doch gar nicht nötig,
sich mit Lernen abzugeben, ihr Einkommen sei gesichert und allein die Jagd, der Alkohol und
das Vergnügen stellten erstrebenswerte Lebens-
ziele dar; dennoch redeten sie - dank ihrer
'natürlichen' Überlegenheit - überall mit, meist
um sich bei ihren besser gebildeten Dienern nur
lächerlich zu machen. Allein die 'younger sons'
- die bei Defoe stets als vernünftig und einsichtig dargestellt werden -genössen notgedrungen eine bessere Ausbildung, denn sie müßten
schließlich erst noch ihren Platz im Leben er-
kämpfen. Töchter würden in dieser Hinsicht noch
mehr vernachlässigt als die 'elder sons':

"daughters are bred at the assembly and at the
card table, and the Quadrill is the hight of
their accquir'd knowlege." 73

Die Folgen seien fatal:

3. "Want of learning makes them ⌊=the Gentlemen⌋
easie, indolent, manageable, thoughtless, and
extravagant ... incapable, breaks their oeconomy,
and exposes them to a thoughtless luxury; the
consequence of which is reduccion of estates,
necessitous circumstances, and even beggary; and
the naturall consequence of that is being subject to all manner of currupcion". 74

Mit anderen Worten werden die so geschilderten
'Gentlemen' ihrer hohen sozialen Stellung nicht
mehr gerecht, sind kein Vorbild für das gemeine
Volk und geraten sogar, wenn der Besitz die ver-
schwenderischen Ausgaben nicht mehr zu tragen
vermag, in Verschuldung, Abhängigkeit und schließlich in Korruption und Ruin.

Die Konsequenz des <u>Compleat English Gentleman</u> aus diesen
Analysen ist nun allerdings nicht die Forderung nach der
völligen Abschaffung der Oberschicht. Schon zu Beginn
hatte es geheißen: "the Design of the Work is not at all
to level Mankind, to blend the Low and the High together,
and so make a meer Mob of the People." Sogar Gott habe
ganz bewußt die Erde nach dem gleichen Prinzip bevölkert
wie das Firmament, nämlich nach rangmäßig abgestuften
'Classes':

> Thus Heaven, I say, acts with the same Wisdom in
> placing his Creatures in differing Ranks and Clas-
> ses in every Part of the Creation ... In the very
> same Manner God proceeded when he established a
> Nation under his own Government here on Earth ...
> All this is in favour of the G e n t r y and
> N o b i l i t y of the World ... I am far from
> intending to lessen or dishonour the Gentleman I
> am speaking of: I allow him to be the Glory of the
> Creation, ... that demands Honour and Distinction
> from the rest of the World. 75

Nicht die Institution einer Oberschicht will der Autor
ändern, sondern ihre Komposition; auf der einen Seite
sollen die 'Born Gentlemen' durch Bildung und vorbildliches Verhalten ihren hohen Rang absichern oder erst
einmal legitimieren - Ratschläge dazu erteilt die Schrift
in ihren wesentlichen Teilen -, andererseits sollen neue
Mitglieder in die Oberschicht aufgenommen werden, die
sämtliche Voraussetzungen bis auf die Familientradition,
die Komponente 'born', erfüllen. Mit diesen beschäftigt
sich der (leider unvollständige) zweite Hauptteil, dessen
erstes Kapitel die Überschrift trägt: "Of the fund for
the encrease of our nobility and gentry in England, being
the begining [sic!] of those we call Bred Gentlemen, with
some account of the difference."
    Weite Teile der traditionellen 'Nobility' und 'Gentry',
die "Titles without Merit" besitzen, sind in den Augen
Defoes in einem stetigen Abstieg begriffen, dessen wesent-

liche Ursachen in drei Bereichen zu suchen sind: Wirtschaft, Kultur und Moral. [76]   Auf die kulturellen und
bildungsbezogenen Mängel wurde im Zusammenhang mit The
Compleat English Gentleman eingegangen, die moralischen
kommen in den immer wieder auftauchenden Lasterkatalogen
zum Ausdruck, die recht genau dem oben für den Hof aufgeführten entsprechen, denn der Hof war das große Vorbild, dessen frühere Verfehlungen nicht nur auf die Oberschicht, sondern (wie noch zu zeigen sein wird) auch auf
große Gruppen der übrigen Bevölkerung ausstrahlten.

Der w i r t s c h a f t l i c h e Abstieg von 'Nobility' und 'Gentry' gründet teilweise auch in Unmoral
und Unvernunft; Verschwendungssucht und fehlendes Verständnis von wirtschaftlichen Grundprinzipien ließen
zahlreiche alte Adelshäuser verarmen und in den Strudel
der ökonomischen Entwicklung geraten, die dem Handel eine
bei weitem größere Bedeutung zumaß als dem 'Land', dessen
Repräsentanten sie doch im wesentlichen waren. Kennt man
Defoes Auffassungen der Überlegenheit von 'Trade' gegenüber dem 'Land', so kann seine Beurteilung der damit jeweils verbundenen gesellschaftlichen Gruppen nur als konsequent erscheinen.

Ob in Review oder Compleat English Gentleman, überall
wird die Entwicklung gleich dargestellt, die reich ge-
wordenen Kaufleute nehmen den Platz der verarmten Adligen
ein:

> The want of ... Husbandry, what Miserable Figures
> has it reduc'd the best of our Nobility to; and
> how have several of the most Antient and Flour-
> ishing Families in E n g l a n d , being Trampled
> under the Feet of Trade? How do the Posterity of our
> Tradesmen, dwell now in the Castles, Mannours and
> Mansion-Houses of the E n g l i s h Nobility,
> and having Engross'd the Estates of those Famous
> Men, by the Luxury, Ill Husbandry, and Extravagance
> of the Families, they lie Buried under the Ruines
> of their own Misfortunes. [77]

Die Kaufleute profitieren nämlich in zweifacher Weise
von der unvernünftigen und lasterhaften Verschwendungssucht der Adligen, sie verdienen sehr gut daran und
können schließlich mit dem so erworbenen Vermögen den
Besitz der inzwischen Verarmten übernehmen. Als Ausweg
bliebe der verschuldeten 'Gentry' sonst nur noch, sich
der wirtschaftlichen Situation anzupassen, in irgendeiner Form am Handel teilzuhaben oder zumindest durch
Heirat reiche Mitglieder der mittleren Schicht in ihre
Familien aufzunehmen, um so den Besitz zu sanieren.
Gegen derartige Verbindungen hätten jedoch die meisten
Adligen in ihrem Stolz Einwände, wenn auch zahlreiche
von ihnen zugeben müßten, daß Vorfahren entweder aus Kauf-
mannskreisen stammten oder Töchter aus der Mittelschicht
geheiratet hätten. Zum Beweis führt Defoe in einigen
seiner Werke seitenweise Namen von Adelshäusern an, die
mit 'Trade' verbunden sind oder ihm entstammen; besonders
ausführlich im Complete English Tradesman (ca. 14 Seiten),
aber auch im Compleat English Gentleman und an zahlreichen
Stellen der Tour, wenn bei der Beschreibung eines ansehn-
lichen Adelssitzes wie beiläufig darauf hingewiesen wird,
welche verwandtschaftliche Beziehung zu 'tradesmen' und
'citizens' bestehe oder welcher ehemalige Kaufmann nun
der Eigentümer sei. [78]
    Stets problematisch ist allerdings auch in der Beur-
teilung Defoes der tatsächliche soziale Status der Aufsteiger; trotz aller Abwertung von 'Blut' und Familientradition versucht sich diese neue Gruppe den traditionellen Normen anzugleichen, indem sie Verhaltensformen
und äußere Statusindizes übernimmt. Im Compleat English
Gentleman wird das Problem (und seine Entstehung) eingehend
beschrieben:

Law, trade, war, navigàtion, improvement of stocks,
... and abundance of other modern advantages and
private wayes of getting money, which the people of
England in these last ages have been accquainted
with more than formerly ... have rais'd a great number of familyes to not onely prosperous circumstances, ... but to immense estates ... and which have,
in the consequence, rais'd such families to a stacion
of life some thing difficult to describe and not
less difficult to giv a name to.
  We can not call them gentlemen; they don't insist
upon it themselves as the word gentlemen is understood to signify men of antient houses. [79]

Wer immer ernsthaft den Rang eines 'Gentleman' anstrebt,

muß zunächst seine ursprüngliche Identität als Kaufmann

ablegen, nicht mehr ans Geldverdienen denken und jede

Verbindung mit seinem ehemaligen Gewerbe und dem dazuge-

hörigen Bekanntenkreis abbrechen. Doch auch dann wird

man dem Gründer der 'neuen Familie' seine Herkunft noch

anmerken, selbst wenn er sich mit allen äußeren Attributen

eines 'Gentleman' schmückt und sich einen alten Adelssitz

mit den zugehörigen Parks und Ländereien kauft:

You see I am willing to giv up the first money getting
wretch, who amass'd the estate, tho' he rod in his
coach and four, and perhaps, coach and six, wore a
sword ... in short, perhaps he had all the ensigns of
grandeur that a true bred gentleman is distinguish'd
by, yet the stock jobber, the 'Change Alley broker,
the projector, or whatever low priz'd thing he was,
may be allow'd to hang about him too much for the
first age to give him so much as the shaddo' of a
gentleman. [80]

Diese scharfen Formulierungen gegen den ersten 'Gründer'

erklären sich zwar aus der fiktiven Position des Autors

im Compleat English Gentleman, der sich selbst als 'Gen-

tleman' ausgab, sie finden sich jedoch in etwas abge-

schwächter Form in den meisten anderen Schriften eben-

falls. Immer wird darauf hingewiesen, daß das erste Glied

mit seinem finanziellen Reichtum zwar die Voraussetzungen schafft, daß aber dann die Lebensweise, Erziehung
und das Verstreichen einiger Generationen den sozialen
Aufstieg erst realisieren.[81] Im Complete English Tradesman heißt es dazu:

> Trade is so far here from being inconsistent with
> a gentleman, that, in short, trade in Enland makes
> gentlemen, and has peopled this nation with gentle-
> men; for, after a generation or two, the trades-
> man's children, or at least their grandchildren,
> come to be as good gentlemen, statesmen, parliament-
> men, privy-counsellors, judges, bishops, and noble-
> men, as those of the highest birth and the most
> ancient families.[82]

Eine besonders wichtige Rolle nimmt für Defoe dabei die
schon erwähnte Erziehung der Kinder ein:

> The Wealth of the Trading Part of this Nation, is
> so much Superiour to that of the Gentry, Especial-
> ly of meer Ancient Families; that it has given
> the Tradesmen opportunity to give a more liberal
> Education to their Children, than the other; and
> Education has such strange Effects on Children,
> that it makes these Mechanicks Gentlemen, and
> Join'd to large Fortunes; has Erected such Great
> Families.[83]

Ergänzend könnte man die folgenden Faktoren hinzufügen:
"learning, travel, conversation, and reading, and abov
all ... a modest courteous gentleman-like behaviour",[84]
sie bereiten den zukünftigen 'Gentleman' auf seine er-
strebte Rolle vor. Festzuhalten bleibt aber, daß auch
für Defoe in allererster Linie Geld als die Voraussetzung
für einen sozialen Aufstieg gilt; erst mit einem äußerst
großen Vermögen könne man sich Lebensweise, Erziehung und
den unabdingbaren Land- und Hausbesitz erwerben.[85]
Defoe mißt dem Familiensitz stets eine ganz besondere
Bedeutung bei, er repräsentiert für ihn - im Doppelsinne
des Wortes 'Haus' - die Tradition und den Rang der betreffenden Familie.

Doch trotz aller Bemühungen Defoes, die Kaufleute als potentielle 'Gentlemen' zu propagieren, wird bei genauerer Betrachtung klar, daß er sich auch selbst der Tatsache bewußt war, daß seine Vorstellungen ein Idealbild darstellten.

Erstens weisen zahlreiche Nebensätze auf die Skepsis der traditionellen Oberschicht hin; zum Beispiel: "a gentleman-tradesman, is not so much nonsense as some people would persuade us to reckon it".[86]   Auch versucht er geradezu krampfhaft, die Kaufleute als den ursprünglichen Adel darzustellen, etwa mit Hilfe eines Schriftbeweises:

> AND here to prove you beyond the Power of Cavil, that the Antients thought it not below their Quality to be Tradesmen; the Prophet Ezekiel says, Thy wise Men were the Pilots, and thy Merchants are Princes; ... THUS much is sufficient for the Antiquity of Trade and Navigation ... why then are we to despise Commerce as a Mechanism, and the Trading World as mean, when the Wealth of the World is deem'd to rise from Trade?[87]

Zweitens sind doch die häufig erwähnten Heiraten zwischen Adel und Kaufmannsfamilien stets außerordentlich einseitige Angelegenheiten. In allen bei Defoe stolz als Verbindungen zwischen Adel und Kaufleuten beschriebenen Fällen heiratet ein 'Gentleman' die Tochter eines reichen Kaufmannes, allein dieser Weg wird vom Adel akzeptiert und von der mittleren Schicht schon freudig begrüßt, denn im umgekehrten Fall verliert die Frau ihren ehemals hohen Rang; auch wenn ihr Gatte noch so vermögend sein sollte: "Thus, if a baronet's widow marries a tradesman in London, she is no more my lady, but plain Mrs. Such-a-one, the draper's wife".[88]

Den Normalfall des sozialen Aufstiegs beschreibt Defoe im **Plan of the English Commerce**:

A Merchant, or perhaps a Man of a meaner Employ
thrives by his honest Industry, Frugality, and a
long series of diligent Application to Business,
and being grown immensely rich, he marries his
Daughters to Gentlemen of the first Quality, perhaps a Coronet; then he leaves the Bulk of his
Estate to his Heir, and he gets into the Rank of
the Peerage; does the next Age make any Scruple of
their Blood, being thus mix'd with the antient
Race? Do we not just now see two Dukes descended
by the Female Side, from the late Sir J o s i a h
C h i l d? [89]

Drittens handelt es sich bei zahlreichen der von Defoe
beschriebenen Bewegungen aus der Kaufmannschaft in die
'Gentry' um Wiederaufstiege verarmter ehemaliger 'Gentlemen' oder um 'younger sons', die ihren eigenen Weg nach
oben gehen mußten; auch darauf wird hingewiesen:

THE rising Tradesman swells into the Gentry, and
the declining Gentry sinks into Trade. ... the declining Gentry, in the Ebb of their Fortunes, frequently push their Sons into Trade, and they again,
by their Application, often restore the Fortunes of
their Families: Thus Tradesmen become Gentlemen, by
Gentlemen becoming Tradesmen. [90]

Nur in den seltensten Fällen – dessen war sich wohl auch
Defoe letztlich bewußt – konnte ein Mitglied der mittleren
Schicht den Aufstieg allein und ohne die Mithilfe schon
dem Adel Zugehöriger schaffen. Außerdem findet sich eine
Crux in der Argumentation Defoes; einerseits behauptet
er, daß zahlreiche 'Tradesmen' in der 'Gentry' aufgegan-
gen seien, und sogar: "almost all our Great Families,
many of the Nobility, owe their Wealth and Birth to
Trade", [91] aber auf der anderen Seite muß er die Abneigung der 'Gentlemen' gegenüber den 'Tradesmen', den ver-
achteten 'Mechanicks', beklagen. Offenbar verhalten sich
also die Aufgestiegenen genau so, wie sie es vorher der
'Gentry' vorwarfen, sie lehnen die 'Neureichen' ab.

Die Summe aller dieser Faktoren muß zu Widersprüchen
im Denken Defoes führen: Zwar gebührt den erfolgreichen
Kaufleuten dank Sparsamkeit, Fleiß, ihrer wirtschaftlichen Bedeutung, Tugend und aller guten Eigenschaften
seiner Auffassung nach ein Rang in der Oberschicht, deren
traditionelle Mitglieder alle diese Kriterien nicht aufzuweisen haben, aber andererseits muß die Übernahme der
traditionellen Normen, die von den Aufsteigern konsequent
angestrebt wird, auch die meisten der negativen und von
Defoe beklagten Eigenschaften auf die 'neue Gentry' übertragen. Das gilt in besonderem Maße für die - schon diskutierte - problematische Betonung des 'Estate', wodurch
ein vererbbarer sozialer Status beibehalten wird.

Eine grundsätzlich andersgeartete Oberschicht mit
neuen, den erfolgreichen Mittelständlern angepaßten Normen kommt Defoe nicht in den Sinn; auch proklamiert er
die Mittelschicht nicht als neue Oberschicht, sondern
bemüht sich zunächst nur, sie wenigstens allgemein anerkannt aus der Masse der 'Mechanicks' herauszulösen und
den Anspruch ihrer wertvollsten Mitglieder auf einen
Platz in der Oberschicht zu sichern oder zumindest Heiraten zwischen den Gruppen als legitim und normal darzustellen. Offenbar werden die Mitglieder der Oberschicht
letztlich doch bewundert und um ihren Rang beneidet - und
daß Defoe sich am liebsten auch selbst dazugezählt hätte,
das beweisen zahlreiche Details seiner Biographie.[92]

2.2.2.2. Middle Sort

Nachdem im vorigen Abschnitt schon auf Defoes Bild
der ambitionierten und einen Rang in der Oberschicht an-
strebenden Kaufleute eingegangen wurde, gilt nun das Interesse vornehmlich seinen Vorstellungen von den aktiv
im Erwerbsleben stehenden Angehörigen der 'middle sort'.
Zwar rechnete Defoe generell "Employers of others" zur
mittleren Schicht und schloß damit die Besitzer größerer
Werkstätten und ausgedehnter Ländereien in diesen Personenkreis ein, aber zumeist beschäftigte er sich in
seinen Schriften mit den Kaufleuten, beschrieb ihre Situation, unterstrich ihre Bedeutung und gab ihnen ausführliche und sehr detaillierte Verhaltensmaßregeln. Daher
befaßt sich auch dieser Abschnitt besonders mit der
Zusammensetzung, hierarchischen Gliederung und Funktion
der Kaufleute und klammert die anderen Gruppen aus, die
für Defoe offenbar stets verdächtig nahe bei den Handarbeitern angesiedelt waren und die er auch nicht immer
unbedingt zu den eigentlichen 'Tradesmen' gezählt haben
wollte. [93]
    Auf die unterschiedlichen Tätigkeitsbereiche der
Außenhandel treibenden 'Merchants' und der im Binnenhandel tätigen 'Tradesmen' wurde im Abschnitt über 'Land'
und 'Trade' schon näher eingegangen; auch in der sozialen
Einschätzung bestehen zwischen diesen Berufen eindeutige
Unterschiede, die ihre Ursache ganz offenbar in den jeweiligen Vermögensverhältnissen haben.

An der Spitze der Skala stehen eindeutig die 'Merchants', die Defoe als "degree of traders above [trades-
men]" bezeichnet; dabei gelten etwa die "Turkey merchants"
mehr als die in Italien oder Spanien engagierten, denn
die einen nehmen 1000, die anderen 400 - 600 Pfund Lehrgeld.

Nach den 'Merchants' folgen die "more eminent Trades-
Men", die "warehouse-keepers" und "wholesale-dealers",
wobei letztere zum Teil auch zu den "Shop-keepers of the
first Rank, as Linnen and Woollen-Drapers, Mercers, whole-
sale Grocers, and other considerable Dealers" gezählt
werden, deren Lehrgeld Defoe übrigens mit 200 - 300 Pfund
beziffert. [94]

Unterhalb davon ordnet Defoe die "retailers", also die
große Menge der 'Shopkeepers' ein, die im Einzelhandel
die Waren an den Endverbraucher weitergeben und je nach
ihrer Prosperität auch als "middling" oder "meaner Tradesmen" bezeichnet werden.

Schließlich zählt er noch Viehhändler, Metzger und die
Aufkäufer landwirtschaftlicher Produkte ("factors") zu
den 'Tradesmen', ebenso wie "brewers and distillers, ...
all the vintners, innholders, alehouse-keepers, and
strong-water shops; these are all tradesmen, for they buy
and sell, trade on this side and that, and are no manu-
facturers on one hand or on the other." [95] Am Ende der
Skala rangieren die Straßenhändler ("pedlars"), die Defoe,
wenn auch offenbar mit Mühe, dennoch zu den 'Tradesmen'
gerechnet haben will. [96]

Defoes Einschätzung der Bedeutung der Kaufleute für den
gesamten Staat darzustellen, hieße,weite Teile seiner Beurteilung von 'Trade' zu wiederholen; die Kaufleute als
Träger des Handels, der Arbeitsplätze schafft, den Land-

besitz wertvoller macht und für den Reichtum und die
politische Macht der ganzen Nation verantwortlich ist,
sind für Defoe auch die bedeutendste Gruppe auf der sozialen Skala:

> If we Respect Trade, as it is understood by Mer-
> chandizing; it is certainly the most Noble, most
> Instructive, and Improving of any way of Life. The
> Artificers or Handicrafts-Men, are indeed Slaves;
> the Gentlemen are the Plowmen of the Nation, but
> the Merchant is the Support, and Improver of Power,
> Learning, and Fortunes. [97]

Was hier vom 'Merchant' stellvertretend gesagt wird, gilt
generell für alle englischen 'Tradesmen', die innerhalb
der Länder Europas einen besonderen Rang innehaben:

> trade is a very different thing in England than
> it is in many other countries, and is carried on
> by persons who, both in their education and des-
> cent, are far from being the dregs of the people.
> ... Nor is trade itself in England, as it is ge-
> nerally in other countries, the meanest thing the
> men can turn their hand to; but, on the contrary,
> trade is the readiest way for men to raise their
> fortunes and families. [98]

Der Reichtum der Nation sei hauptsächlich bei den 'Tradesmen' zu finden, deren durchschnittliches Einkommen
höher liege als bei Mitgliedern der "middling gentry",
ganz zu schweigen von der "lower gentry": "as to them,
I say, a shoemaker in London shall keep a better house,
spend more money, clothe his family better, and yet
grow rich too." [99]

Welches sind nun die besonderen Eigenschaften und
persönlichen Qualitäten, die den erfolgreichen und angesehenen Kaufmann ausmachen? An erster Stelle nennt Defoe
"INDUSTRY" und "HONESTY", die beide im eindeutigen Gegensatz zu den im Lasterkatalog des Adels genannten
"Sloth" und "all sorts of Vice" stehen; das gilt ebenso

für "temperance, modesty, and good husbandry, as the
grand foundations of ... prosperity in trade".
"Good husbandry" ist dabei im Sinne von sparsamer Wirt-
schaftsführung zu verstehen, also wiederum im Kontrast
zur verderblichen Verschwendungssucht der Adligen. [100]

Der erfolgswillige Kaufmann geht seinen Weg, ohne das
Ziel - einen möglichst ertragreichen Geschäftsablauf -
auch nur zeitweise aus dem Auge zu verlieren; Geschäfts-
mann ist man ganz - oder gar nicht:

> Trade must not be entered into as a thing of
> light concern; it is called business very
> properly, for it is a business for life, and
> ought to be followed as one of the great
> businesses of life. [1]
> To a complete tradesman there is no pleasure
> equal to that of being in his business, no
> delight equal to that of seeing trade flow
> in upon him, and to be satisfied that he goes
> on prosperously. [2] [101]

Alles,was ihn von diesem geradlinigen Vorgehen ablenkt,
gefährdet unmittelbar den Erfolg; zwei Dinge bezeichnet
Defoe als in besonderem Maße "dangerous and fatal":

> 1. Pleasures and diversions, especially such as
>   they will have us call innocent diversions.
> 2. Projects and adventures, and especially such
>   as promise mountains of profit, and are there-
>   fore the more likely to ensnare the avaricious
>   tradesman. [102]

Vergnügungen aller Art, wie der Besuch von Gasthäusern,
Tanzveranstaltungen, Theatern, Kaffeehäusern (außer zur
Information über aktuelle geschäftliche Entwicklungen),
der Besuch von Pferderennen, die Jagd, das Spiel und
der Genuß von Alkohol müssen dem Kaufmann verpönt sein,
denn sie lenken nur von der eigentlichen Aufgabe ab, die
selbst schon das höchste Vergnügen darstellen sollte.

Doch auch zu schnelles Fortkommen kann unangebracht
sein, da es häufig die Sicherheit des Ganzen gefährdet;
Ehrgeiz und Habgier lassen oft die Vernunft vergessen
und bieten die Verlockung, den mittleren Weg des gesicherten Erfolges zu verlassen und Risiken auf sich zu
nehmen. Zweifellos denkt Defoe dabei auch an die großen
Pleiten der Vergangenheit, man erinnere sich nur des
"South Sea Bubble" von 1720, als nach anfänglichen wilden Spekulationen in der Hoffnung auf raschen Reichtum
schließlich Tausende von Anlegern ruiniert wurden. [103]

Es dürfte schon deutlich geworden sein, daß Defoe
hier stets das Bild seines 'Ideal-Kaufmannes' zeichnet,
von dem die Realität ohne Zweifel in zahlreichen Punkten
abweicht. Er selbst stellt gerade bei dem folgenden Komplex im Laufe der Jahrzehnte immer wieder warnende Beispiele dar, die den guten und tugendhaften Kaufmann
davon abhalten sollen, sich in die wohl größte Gefahr
zu begeben, in Verschwendungssucht und ungerechtfertigt hohen Lebensaufwand.

Diesem Thema widmet er im Complete English Tradesman
sogar ein ganzes Kapitel mit der Überschrift:

Of extravagant and expensive living, another step
to a tradesman's disaster: in which are included
expensive housekeeping, extravagance in dress,
expensive company, and expensive equipage. [104]

Mit einem Wort, er warnt die immer vermögender werdenden
Kaufleute davor, sich dem Lebensstil der 'Gentry' anzugleichen, ein Verhalten, das er plastisch als "to ape
the gentry" beschreibt. [105] Wie sich Defoe häufig über
die allgemeine Tendenz seiner - und wohl jeder - Zeit
beklagt, daß alle Schichten sich an den Höhergestellten
orientierten und die Stubenmädchen häufig besser ge-
kleidet seien als die Dame des Hauses, so stellt er hier

die Folgen eines "immoderate expense" der Kaufleute
dar: "Expensive living feeds upon the life and blood
of the tradesman, for it eats into the two most essential branches of his trade, namely, his credit and his
cash". [106]

"Expensive housekeeping" meint die verschwenderische
Einrichtung eines Hauses ebenso wie den Gebrauch von
kostbarer Wäsche, Decken und Tischtüchern aus importier-
tem feinem Leinen und Seide und die Verwendung von wert-
vollem Geschirr. In einem Artikel der <u>Review</u> schildert
Defoe anklagend "the Extravagance of costly House-Furni-
ture ... among the middling Tradesmen":

> Here I saw, out of a S h o p k e e p e r ' s House,
> Velvet Hangings, Embroidered Chairs, Damask Cur-
> tains, Plumes of Feathers; and, in short, Furniture
> equal to what, formerly, suffis'd the greatest of
> our Nobility. [107]

Aber auch Speisen und Getränke, die von Defoe als 'Luxury'
bezeichnet werden, zählen dazu, meist ausländischer Herkunft und hoch besteuert: "citizen's and tradesmen's
tables are now the emblems, not of plenty, but of luxury;
not of good housekeeping, but of profusion, and that of
the highest kind of extravagancies"; Weine und Weinbrände
werden ebenso verdammt wie "treats and liquors ... sending
us to the physicians and apothecaries to cure the breaches
which they make in our health". [108]

Er warnt außerdem davor, mehr Personal zu beschäftigen,
als zur Versorgung des Kaufmannes und seiner Familie unbedingt nötig sei; viele ahmten auch in dieser Hinsicht die
'Gentry' nach:

> many common tradesmen in London keeping two maids,
> and some more; and some a footman besides: for it
> is an ordinary thing to see the tradesmen and
> shopkeepers of London keep footmen as well as the
> gentlemen. [109]

"Extravagance in dress" bezieht sich auf die Neigung
zahlreicher Kaufleute, sich äußerlich der Mode der 'Gentlemen' anzupassen, kostbare Kleidung, Perücke und
Schwert zu tragen und dann womöglich noch die 'bessere'
Gesellschaft von tatsächlichen 'Gentlemen' zu suchen,
indem man sich am Hof und im Theater sehen läßt sowie
zu großen Festbanketts einlädt:

> keeping high company abroad, certainly brings on
> visitings and high treatings at home; and these
> are attended with costly furniture, rich clothes,
> and dainty tables; how these things agree with a
> tradesman's income, it is easy to suggest. 110

Auch "extravagant equipage" zehrt am Kapital, ohne wirtschaftlichen Nutzen zu erbringen. Zahlreiche Kaufleute
besitzen nach Defoe schmuckvolle Kutschen ("Rich Coaches")
mit dem dazugehörigen Gespann und den entsprechend ge-
kleideten Dienern, um entweder auf Spazierfahrten zu
prunken oder um zwischen der Stadtwohnung und dem Landhaus hin- und herzupendeln, denn: "so many tradesmen
keep country houses, and country lodgings, whither they
retreat for their diversion, with their families, in the
heat of the summer season"; die letztgenannte Gewohnheit
verurteilt Defoe nicht allein wegen der damit verbundenen Ausgaben, sondern vor allem wegen der Gefahren, die
dem so allein gelassenen und nur von Angestellten geführten Geschäft drohen. 111

Abschließend seien zu diesem Komplex noch die Mahnungen
Defoes bezüglich der Ehefrauen von 'Tradesmen' kurz dargestellt. Wenn ein Kaufmann denn schon heirate, so solle
er eine Frau nehmen, die ihre persönlichen Ausgaben und
die für den Haushalt im Rahmen des Einkommens halte und
am Geschäft interessiert sei. Er müsse ihr einen gewissen Einblick geben, damit sie in Notfällen - etwa beim
Ableben des Ehemannes - nicht völlig hilflos dastehe.

Vor allen Dingen dürfe sie sich nicht zu 'vornehm' sein,
als Frau eines 'Tradesman' aufzutreten,und nicht versuchen,in Kleidung und Auftreten als etwas 'Besseres' zu
erscheinen.   Andererseits sei es natürlich auch verfehlt, die Ehefrau aus Repräsentationsgründen als "gentlewoman" herauszuputzen und mit Schmuck zu behängen ("our
Citizens ... have their Chambers hung with Velvet, and
their Wives with Jewels" [113]), denn:

> tradesmen should consider that their wives are not
> all ladies; nor are their children all born to be
> gentlemen. Trade, on the contrary, is subject to
> contingencies; some begin poor, and end rich;
> others, and those very many, begin rich, and end
> poor. [114]

Der 'Ideal-Kaufmann' vermeidet nun alle diese Gefahren
und konzentriert sich auf sein erfolgreiches Geschäftsleben; zu den zahlreichen sehr detaillierten Anweisungen
Defoes zählt in erster Linie die Aufforderung, die Bücher
genau zu führen, eine geradezu 'heilige' Handlung: "A
tradesman's books, like a Christian's conscience, should
always be kept clean and neat; and he that is not care-
ful of both, will give but a sad account of himself
either to God or man." [115] Vier notwendige Arten von Ge-
schäftsbüchern werden vorgeschlagen: " 1. A cash-book ...
2. A petty cash-book ... 3. A day-book or journal ...
4. A blotting-book, or preserver of the memory, for the
other to be recopied"; die regelmäßige Kontrolle der
Bücher informiert den Kaufmann über den Erfolg in dieser
Welt: " they could always tell whether they went back-
wards or forwards in the world". [116]
    Man könnte noch eine Vielzahl von Forderungen und Ver-
haltensmaßregeln aufzählen, die das Auftreten, das Kre-
ditgebaren, den Briefstil, die Geschäftsführung und
schließlich die Abwicklung von Pleiten betreffen, aber

zumindest einige Maximen, die Bedeutung für den Umgang mit anderen Menschen haben und gewissermaßen
'eigene Gesetze' des Handels darstellen, seien noch
erwähnt. Die beiden ersten könnte man als Ausdruck
eines konsequenten Individualismus im kommerziellen
Bereich bezeichnen; sie folgen dem Grundsatz, daß sich
im Geschäftsleben jeder selbst der Nächste sei:

1. "Avoid partnerships of all kinds".

Jede Aufnahme eines Partners in ein Geschäft bringe
eine Reihe von Gefahren mit sich und bedinge einiges
Mißtrauen, da jeder doch im Grunde daran interessiert
sei, zu seinem eigenen Vorteil zu wirtschaften; der andere verliere leicht die Übersicht und könne auch das
Vorgehen des Partners nicht immer genau kontrollieren.
Es sei immer besser, ein mittleres Geschäft allein zu
führen, als bei einem großen nur zur Hälfte beteiligt
zu sein. Wenn nun allerdings keine andere Möglichkeit
bestehe, so gibt Defoe folgende Ratschläge, die nur an
einen Beteiligten gerichtet sein können und darauf hin-
auslaufen, den anderen zu übervorteilen:

> If you must have a partner, always choose one
> rather under than over; by this I mean, take him
> for a fifth, a fourth, or at most a third; never
> for a half. ...
> If you must have a partner, let him always be
> your junior, rather than your senior in the busi-
> ness, whether he is so in years or not;

und er schließt mit dem vielsagenden Satz: "Next to no
partner such a partner is best." [117]

2. "Trade knows no Friends".

Die zweite Maxime zielt in eine ähnliche Richtung wie
die erste, nur geht sie noch ein ganzes Stück weiter,
denn sie besagt, daß im Geschäftsleben jede persönliche

Beziehung belanglos wird, sei sie freundschaftlicher
oder sogar familiärer Art:

> In Trade, as in Gaming, Men know neither Father
> nor Mother, Friend or Relation; ... The Busi-
> ness of Trade is to get Money -- And if I can
> get Money by Trade, ... I am to do it against
> any Body's Interest or Advantage. [118]

Vater und Sohn würden sich gegenseitig mit allen Mitteln
die Kunden abjagen, wenn sie sich nur ein gutes Geschäft
davon versprächen, könnten aber andererseits im privaten
Bereich freundlich miteinander verkehren. Ein 'Freund'
im kommerziellen Sinne sei nur derjenige, an dem man
auch verdienen könne:

> Trade knows no Friends, ... he is my Friend in
> Trade, who I can Trade with, t h a t i s, can
> get by; but he that would get f r o m m e, is
> my Mortal Enemy in Trade, tho' he were my Father,
> Brother, Friend, or Confederate. [119]

3. "The custom and usage of trade".

An mehreren Stellen weist Defoe darauf hin, daß im Handel eigene Gesetze gelten, die sich von den normal-bür-
gerlichen unterscheiden. Die Kaufleute akzeptieren untereinander und im Verkehr mit der Kundschaft eigene
Normen, auf juristischem Gebiet ebenso wie auf moralisch-
ethischem; zum ersteren gilt das schon zuvor erwähnte
Zitat: "The Lawyers will not be Angry with me, when I
shall tell them there are Niceties in Trade, which can
submit to no Laws; Custom of Merchant governs Law in
many Cases". [120]

Die anderen Bräuche werden auch als "trading license"
bezeichnet, gewisse Unehrlichkeiten ("trading-lies"),
die im Privatleben als unmoralisch und unehrenhaft gelten
würden, im Geschäftsleben aber geduldet und geradezu notwendig sind: "there are some latitudes which a tradesman

is and must be allowed, and which, by the custom and
usage of trade, he may give himself a liberty in, which
cannot be allowed in other cases".[121]   Dazu zählt das
Verfahren, mehr zu fordern,als man überhaupt nehmen wird,
ebenso wie die Abgabe von Zahlungsversprechen, ohne gegenwärtig im Besitz von Geld zu sein; zu nennen wären
auch die Tricks,mit deren Hilfe man Falschgeld wieder in
Umlauf bringt oder die den Kunden durch geschickte Deko-
ration und Beleuchtung eine Ware im zu vorteilhaften
Licht erscheinen lassen, schließlich noch die oft fragwürdigen Verkaufsgespräche und mündlichen Versprechungen,
die den Kunden zum Kauf überreden sollen ("shop rhetoric").[122]   Entschuldigend resümiert Defoe:

> Custom, indeed, has driven us beyond the limits
> of our morals in many things, which trade makes
> necessary, and which we can now very rarely avoid;
> so that if we must pretend to go back to the li-
> teral sense of the command, if our yea must be
> yea, and our nay, nay, why, then, it is impossible
> for tradesmen to be Christians.[123]

Letzten Endes zählt demnach für den Kaufmann nur der Erfolg, der sich in stetig zunehmendem Wohlstand ausdrückt.
Beachtet er alle notwendigen Verhaltensmaßregeln, so
kann er sicher sein, sich in einer Existenz zu wissen, die
kaum Wünsche übrig läßt:

> I know no state of life, I mean in that we call the
> middle station of it, and among the sensible part
> of mankind, which is more suited to make men per-
> fectly easy and comfortable of themselves, than
> that of a thriving tradesman; he seems not only
> thoroughly settled with respect to his circumstan-
> ces, but that settlement seems the best secured and
> established; and though he is not incapable of a
> disaster, yet he is in the best manner fenced against
> it of any man whatever ... He is below the snares
> of the great, and above the contempt of those that are
> called low ... plenty surrounds him ... he is a safe
> man, nothing can hurt him but himself.[124]

Darüber hinaus gilt für Defoe nicht nur: "Merchants ...
are the most Valuable People of Nation", was mit ihrer
Bedeutung für die Wirtschaft begründet wird, sondern
vor allem: "A True-Bred Merchant, is a Universal Scholar
his Learning Excells the meer Scholar in Greek and Latin
... He understands Languages without Books, Geography
without Maps", womit er Defoes Ideal der praxisbezogenen
Bildung erfüllt und als den mehr traditionell Erzogenen
überlegen dargestellt wird. [125]

Kaufleute, die es in ihrem Beruf so weit gebracht
haben, daß sie nun außerordentlich reich sind und sich
vom Geschäft zurückziehen können (unter "immensely rich"
versteht Defoe übrigens den Besitz von 20 000 - 30 000
Pfund [126]), müssen bestimmte Regeln beachten: ihr Abschied vom Geschäftsleben sollte ohne Skandale und im
Frieden mit der Umgebung stattfinden, vor allem aber
müßten sie sich dessen bewußt sein, daß ihr Schritt endgültig sei und die Trennung vom 'alten' Leben mit allen
seinen Verhaltensformen bedeute:

> The tradesman's leaving his shop, is like another
> man's leaving the world; he should resolve to die
> in charity with all men; it is a t r a d i n g
> d e a t h, he dies, out of trade, as much as an-
> other dies out of the world. [127]

Stolz und Eitelkeit unter Hinweis auf das Erreichte seien
ebenso dumm wie das Protzen mit Geld; "I think a purse-
proud tradesman one of the most troublesome and intoler-
able of all men". [128] Ein solches Auftreten mache die Ak-
zeptierung als 'Gentleman' völlig unmöglich.

Dagegen stellt der reiche und unabhängige Kaufmann,
der sich allen Regeln konform zurückgezogen hat, ein
höchst wertvolles Glied seiner Umgebung dar:

> A wise, sober, modest tradesman, when he is
> thriven and grown rich, is really a valuable
> man; ...
>
> He is, in the first place, a kind of natural
> magistrate in the town where he lives ...
>
> He is the general peacemaker of the country,
> the common arbitrator of all trading dif-
> ferences, family breaches, and private in-
> juries; ...
>
> he is the trade-counsellor ... every one goes
> to him for advice ...
>
> Of such benefit to society is an experienced
> modest tradesman, who has retired from the
> hurry of the world, and delights to do good
> to his neighbours all around him. [129]

In diesen Lobpreisungen ist natürlich der im Erwerbsleben stehende Kaufmann nicht wiederzuerkennen - man
denke allein an die drei Maximen - aber Defoes Idealbild kaufmännischer Existenz war ohne Frage auch in
anderen Punkten von der Wirklichkeit deutlich entfernt.
Seine Mahnungen und Warnungen hatten sicherlich ihre
sehr konkreten Ursachen im tatsächlichen Verhalten der
Mittelschicht. Dennoch sind für ihn die erfolgreichen
Kaufleute die wertvollsten Mitglieder der Gesellschaft,
die, mit den Attributen 'virtue', 'honesty' und 'industry' versehen, den Grundstock für eine neue Oberschicht bilden, auch wenn sie auf dem Wege zu dieser
Position nicht immer die ihr zugehörigen Normen beachten können. Doch starb ja, wer aus dem Geschäftsleben
ausschied, den "trading death", mit dem alle negativen
Seiten abfielen und der den Blick auf das neue Ziel
freimachte, dem nun allerdings die oben beschriebenen
Widerstände der existierenden Oberschicht vorgelagert
waren.

2.2.2.3. The (labouring) Poor

In <u>The Great Law of Subordination</u> bemerkt Defoe an
einer Stelle:

> several of the Authors I have just now mentioned,
> have written largely of the antient Families of
> the Nobility and Gentry ... But I meet with very
> few that take Notice of the common People; how
> they live, what their general Employment is ...
> yet I found this an Enquiry very full of useful
> Observations. 130

Die Absicht der Schrift ist daher "to give ... a Sketch
of L o w - L i f e", und man kann Defoe keinesfalls
denselben Vorwurf machen, den er gegen andere Autoren
äußerte; er selbst befaßte sich sehr ausgiebig mit den
Problemen der unteren Bevölkerungsschicht und beurteil-
te sie zwar sehr kritisch, aber in vielen Punkten neu-
traler und realistischer als viele seiner Zeitgenossen,
für die die Armenfrage häufig nur ein lästiges Problem
darstellte, das möglichst schnell zur e i g e n e n
Zufriedenheit gelöst werden mußte.

Bevor näher auf die sozialen Abstufungen dieser
Schicht sowie auf Defoes Beurteilung ihrer moralischen
Haltung und wirtschaftlichen Bedeutung eingegangen
wird, scheint eine Klärung des Begriffes "the Poor"
notwendig zu sein, denn der Bedeutungsumfang ist recht
weit und je nach Kontext auch unterschiedlich. Als umfassender Oberbegriff meint 'Poor' bei Defoe einmal
ganz allgemein alle Menschen, die auf Handarbeit als
Grundlage ihres Lebensunterhaltes angewiesen sind, also
etwa im Sinne der oben aufgeführten Grunddefinition der
Unterschicht. Ein Zitat aus der <u>Review</u> verdeutlicht

dieses Verständnis: "The Poverty of Inheritance, ...
I mean the People born to Labour, that work for Bread,
and d e p e n d upon either Labour or Charity for
Subsistence."[131] Damit wird schon die Abhängigkeit
als geradezu konstituierendes Moment für die Schichtzu-
gehörigkeit in den Vordergrund gerückt, denn wie der
letzte Teil des Satzes nahelegt, zählen zu den "People
born to labour" grundsätzlich alle, die in Handel, Handwerk oder Landwirtschaft arbeiten, lohnabhängig und besitzlos (das heißt relativ 'arm' gegenüber den Besitzen-
den) sind, aber auch alle diejenigen, die arbeitslos
und damit ohne festes Einkommen von Bettelei und wohl-
tätiger Unterstützung leben. Diese letzte Gruppe wird
von Defoe ebenfalls - in dem anderen Bedeutungsumfang
des Wortes - häufig einfach 'the Poor' genannt; zwar
mochte die Grenze zwischen den beiden Gruppen oftmals
gleitend sein, doch sind diese 'Armen', im Sinne von
'Bedürftigen', von den übrigen zu unterscheiden, es
handelt sich um: "clamouring, unimploy'd, unprovided
for poor People, who make the Nation uneasie, burthen
the Rich, clog our Parishes".[132]
Gerade für diese Armen hat sich Defoe häufig eingesetzt und in zahlreichen Artikeln der Review und in
Adressen an das Parlament (Giving Alms no Charity;1704)
zum Thema Arbeitslosigkeit, Arbeitshäuser und Armen-
hilfe sehr kritisch und oft in Opposition zur herrschenden Meinung Stellung bezogen.[133]
Die Gruppe der "labouring, manufacturing People"
ist in sich auch nach Defoes Vorstellungen noch vielfältig abgestuft (vgl. dazu den historischen Teil):

RANG	TÄTIGKEIT	BEURTEILUNG
Guides/Masters Artists/Crafts- men Mechanicks	Clothiers Weavers etc.	"SUPERIOR"
Workmen Handicrafts	"particularly instructed" Carpenter Smith etc.	"some Art mingled with their Industry"
Working Men Labourers Labouring Poor	Husbandmen Miners Diggers Fishers	"meaner and first Employments" "Drudges and Labourers in the several Productions of Nature or of Art"

(nach: A Plan of the English Commerce) [134]

Wie zu erwarten war, nehmen die am besten ausgebildeten und damit besser verdienenden Handarbeiter den
höchsten Rang innerhalb der arbeitenden Unterschicht
ein, während die ungelernten Arbeitskräfte am unteren
Rand der Skala plaziert sind. Sie werden von Defoe
übrigens auch "Servants w i t h o u t D o o r s"
genannt, im Unterschied zu den "Servants ... kept

within Doors", zu denen "Apprentices" und "Clerks"
ebenso gezählt werden wie natürlich die große Zahl
der "Menial Servants, such as Cooks, Gardeners, But-
lers, Coachmen, Grooms, Footmen, Pages, Maid-Servants,
Nurses, /&c."[135] Alle Gruppen der Bevölkerung, die
einer Arbeit nachgehen und sich und ihre Familien
selbst versorgen, stellen für Defoe einen Gewinn für
den Reichtum der gesamten Nation dar. "Manufactures,
which is the Labour of our Poor" und "Trade" hängen
unmittelbar von der Arbeitsleistung selbst der Ärmsten
ab: "even the greatest Articles of Trade follow, and
as it were pay Homage to this seemingly Minute and
Inconsiderable Thing, T h e   p o o r   M a n ' s
L a b o u r."[136] Diese Auffassung steht im engsten
Zusammenhang mit Defoes häufig geäußerter Theorie, daß
der Umfang der Bevölkerung die wirtschaftliche Größe
einer Nation ausmache:

> the Glory, the Strength, the Riches, the Trade,
> and all that's valuable in a Nation, as to its
> Figure in the World, depends upon the Number of
> its People, be they never so mean or poor; the
> consumption of Manufactures encreases the Manu-
> factures; the number of Manufacturers encreases
> the Consumption; Provisions are consum'd to feed
> them, Land Improv'd, and more Hands employ'd to
> furnish Provision: All the Wealth of the Nation,
> and all the Trade is produc'd by Numbers of
> People.[137]

Alles das bezieht sich aber eben nur auf arbeitende
Menschen, somit gilt auch für die "labouring Poor":
"[they] really live, keep Families, pay Taxes, Scot
and Lot, as we call it, wear good Cloths, eat the Fat,
and drink the Sweet"; Defoe meint sogar, daß es dieser
Gruppe in England bei weitem besser gehe als in jedem
anderen Land der Welt: "the E n g l i s h Poor earn

more Money than the same Class of Men or Women ...
in any other Nation"; das treffe für die Gesamtheit
der "labouring, manufacturing People" zu.[138]

War der im Erwerbsleben stehende und sich selbst
versorgende Teil der Unterschicht nützlich für das
Gesamtwohl, so sieht Defoe in den Mitgliedern des
nicht regelmäßig arbeitenden und auf Wohltätigkeiten
angewiesenen Teiles geradezu Parasiten, die sich auf
Kosten anderer ernähren, indem sie von Bettelei leben
oder dem 'parish' zur Last fallen. Allerdings differenziert Defoe hier eindeutig zwischen solchen Bedürftigen, die keine Schuld an ihrer Situation tragen, und
den vielen anderen, denen diese Lebensweise aus irgendeinem Grunde zusagt.

In Giving Alms no Charity wird diese Unterscheidung,
die sich ähnlich an zahlreichen anderen Stellen auch
findet, besonders systematisch durchgeführt: [139]

> The Poverty and Exigence of the Poor in E n g -
> l a n d, is plainly deriv'd from one of these
> two particular Causes,
> C a s u a l t y or C r i m e.
> By Casualty, I mean Sickness of Families, loss
> of Limbs or Sight, and any, either Natural or
> Accidental Impotence as to Labour. These as In-
> firmities meerly Providential ... ought to be
> the Charge and Care of the Respective Parishes
> ...
> The Crimes of our People, and from whence their
> Poverty derives, as the visible and direct Foun-
> tains are,
> 1. Luxury.
> 2. Sloath.
> 3. Pride.

Mit dem ersten Typus der Armen, den wirklich hilfsbe-
dürftigen Einzelpersonen oder den Familien,deren Er-
nährer ausgefallen ist, beschäftigt sich Defoe nur am
Rande, sie empfiehlt er auch der Wohltätigkeit der

Mitmenschen und der Gemeinden an. Zu dieser Gruppe
wären auch diejenigen zu zählen, die zwar arbeits-
willig sind, jedoch auf Grund fehlender Beschäftigungsmöglichkeiten kein eigenes Auskommen finden können. In
solchen Notfällen hat Defoe sogar Verständnis dafür,
wenn die Betroffenen statt zu verhungern, durch Dieb-
stähle, Überfälle oder Prostitution zu überleben suchen:

> Men rob for Bread, Women whore for Bread;
> Necessity is the Parent of Crime; Ask the worst
> High-Way Man in the Nation, ask the lewdest
> Strumpet in the Town, if they would not willing-
> ly leave off the Trade, if they could live hand-
> somly without it. [140]

In solch ausgesprochener Notlage befindet sich jedoch
in Defoes Augen nur ein kleiner Teil der Armen, die
meisten gehören zum zweiten Typus der aus eigenem Verschulden armselig lebenden.

Von den frühesten bis zu den späten Schriften beklagt Defoe immer wieder das Verhalten und die Laster
der 'Poor', die verschwenderisch lebten ("Luxury"),
arbeitsunwillig ("Sloath") und aufsässig seien. Selbst
wenn sie vereinzelt arbeiteten, hörten sie sogleich
damit auf, sobald das Geld für den Besuch der nächsten
Kneipe ausreiche, mit dem Resultat, daß Frauen und Kinder betteln oder stehlen gehen müßten. Die Trunksucht
der Männer ist für Defoe der Hauptfaktor in dieser Entwicklung, hinzu komme das Verlangen der Frauen, sich
möglichst aufwendig zu kleiden. "Husbandry" fehle diesen
Armen völlig: "the profuse Extravagant Humour of our
poor People in eating and drinking, keeps them low,
causes their Children to be left naked and starving, to
the care of the Parishes, whenever either Sickness or
Disaster befalls the Parent." [141] Gerade die Trunksucht ziehe eine Anzahl anderer Sünden nach sich:

> the Sins of Whoreing, Gameing, Thieving,
> Murther, Rapin, Couzening, and Cheating,
> and particularly that of Swearing, ...
> the Mouths of the common Labouring Poor
> so continually over-flowing with gall.[142]

Der andere Hauptgrund für die Armut sei: " a general
Taint of Slothfulness upon our Poor"; während reich-
lich Arbeitsplätze vorhanden seien, weigerten die
meisten sich einfach, diese Angebote auch anzunehmen:
" 'Tis the Men that w o n t w o r k, not the Men
that c a n g e t n o w o r k, which makes the
numbers of our Poor". [143] Es sei eben so einfach zu
betteln, da viele Leute in falschverstandener Nächsten-
liebe dieses für das Gesamtwohl schädliche Verhalten
auch noch unterstützten:

> B e g g i n g is the present most Destructive
> Grievance of our Home Trade, and the Encourage-
> ment given it, by our Foolish mistaken Charity,
> is cutting our Throats in Trade ... Every Far-
> thing given in the Streets ... is just so much
> Money contributed to the Ruine of your Native
> Country, Destruction of Trade, and the En-
> tailing of Idleness, Luxury, and Misery on our
> Posterity. [144]

Daher trug die sich mit dem Arbeitslosenproblem be-
schäftigende Schrift auch den Titel Giving Alms no
Charity. In ihr, wie auch in der Review, lehnt Defoe
jeden Versuch ab, durch zentrale Errichtungen von Ar-
beitshäusern das Problem lösen zu wollen, da dies
einen Eingriff in den natürlichen Kreislauf des Handels darstelle; außerdem nähmen die in einem bestimmten Arbeitshaus beschäftigten "Vagabond Poor"
nur den schon irgendwo tätigen "Diligent Labouring
Poor" die Arbeitsplätze fort.[145] England sei groß
genug und der Handel so weit entwickelt, daß ausreichend Arbeitsplätze zur Verfügung stünden, wo nicht,
müßten Gewerbezweige neu eingeführt werden, deren Artikel noch importiert würden. [146]

Nach Defoes Wirtschaftstheorie hatten ja neue
Arbeitsplätze zur Folge, daß der Konsum weiter stieg
und dadurch wieder neue Beschäftigungsmöglichkeiten
eröffnet wurden. Allerdings stand für Defoe auch fest,
daß die Armen sich in Gegenden, wo tatsächlich keine
Arbeitsplätze zur Verfügung standen, nicht selber helfen konnten. Ohne Kapital waren sie auf die kaufmännischen Unternehmer oder die Hilfe der 'Gentry' angewiesen; am Beispiel einer Region Schottlands heißt es
in der Tour:

> People tell us, that slothfulness begets poverty,
> and it is true; but I must add too, that poverty
> makes slothfulness ... to bid men trade without
> money, labour without wages, catch fish to have
> them stink, when they had done, is all one as to
> bid them work without hands, or walk without
> feet; 'tis the poverty of the people makes them
> indolent. 147

Das gleiche gilt übrigens auch für die Besiedlung der
Kolonien, arme Leute ohne "Stocks" könnten es aus
eigener Kraft nie zu etwas bringen: "If you send poor
People, whose Estate is the Clothes on their Backs;
whose Inheritance is their Hands and their Day-Labour;
... they must starve". 148

Grundsätzlich sind demnach alle Armen, auch die
arbeitsamen und beschäftigten, von ihren Arbeitgebern
und der Lage des Handels abhängig und bedürfen der
stetigen Führung und Regulierung durch ihre Vorgesetzten und den Magistrat:

> the labouring Poor, they are indeed the Grievance
> of the Nation ...
>
> 1. Under a s t o p o f T r a d e, and a general
> want of Work, then they are clamorous and mutinous,
> run from their Families ... and seeing they have
> not Work enough, they will not work at all, and
> that brings them to wander, starve, beg, steal,
> and be Hang'd.

2. I n a G l u t o f T r a d e they grow
saucy, lazy idle, and debauch'd; ... they will
Work but two or three days in the Week ...
and all the other part of their Time they lie
in the Alehouse to spend it.[149]

In der Schrift The Great Law of Subordination consider'd (1724), aus der dieses Zitat stammt, wird
daraus die Konsequenz gezogen, daß es an der Zeit sei,
endlich scharf durchzugreifen und die Armen rigoros
zu disziplinieren: "there seems an absolute Necessity
to bring them, by severe regulations, to some State
of immediate Subordination".[150] Defoe läßt den Autor
(einen 'Gentleman', der seinem Bruder im Ausland
brieflich berichtet) schreiben:"the common People of
this Country have suffer'd a kind of general Revolution,
or change in their Disposition, Temper and Manners";
vor 1640 waren die Armen noch treu, gehorsam und religiös, mit der Restauration aber habe sich vom Hof aus
- der seit Jakob I. ein Hort des Lasters gewesen sei -
das Unheil über die ganze Nation verbreitet: "upon the
return of Monarchy at the Restoration, the Court was
all Mirth and Gayety again ... and particularly, that
most brutish of all Crimes, Drunkenness, ... over-
spread the Nation like a Winter-Flood".[151] Zur Zeit
seiner Reisen, 1684 bis 1688, seien Trunkenheit, Auf-
sässigkeit, Blasphemie, Fluchen und alle möglichen
Laster und Verbrechen unter den Armen auf dem Höhepunkt ihrer Verbreitung gewesen, erst mit der Revolution und dem Regierungsantritt Wilhelms sei wenigstens
am Hofe das übermäßige Trinken gestoppt worden, aber zu
spät für die große Masse, die daran Gefallen gefunden
habe. [152]

Dem Fehlverhalten von Hof und Oberschicht schreibt
also Defoe letztlich die Schuld an den Problemen mit
den Armen zu, die nur die 'Höhergestellten' imitieren:

> As in the common Vices of the Nation, 'tis not
> so much the Common-People, as the Gentry, Clergy,
> and Magistrates, that are the Authors of our
> general Debaucheries, by their encouraging the
> Crimes of the meaner Sort in their Example. 153

Diese Anklage findet sich zuerst im Poor Man's Plea,
wo 'Gentry' und 'Clergy' als Ursprung der schlimmsten
Sünden dargestellt werden ("Drunkenness, Swearing, and
Whoring") und heftig beklagt wird, daß nur die Armen
für solche Verschulden auch bestraft würden, da die
Richter Ihresgleichen ungeschoren ließen. Vielmehr
müßten die Mitglieder der oberen Schicht sich im positiven Sinne vorbildlich verhalten und sonst ebenso hart
bestraft werden. Einige Jahre nach dem Erscheinen der
Schrift, die anonym veröffentlicht worden war, bemerkt
Defoe dazu in der Review:

> 'Tis now 8 Years since I first had the Misfor-
> tune to Anger my Masters the Magistrates by
> Writing a little Book, call'd T h e P o o r
> M a n ' s P l e a, ... wherein the Honest Poor
> Man Protests against being set in the Stocks
> by a Drunken Justice; or Fin'd for Swearing,
> by a Magistrate, with a G -- d D -- n h i m,
> l e t t h e D o g p a y f o r i t ? 154

Dieses Zitat ist interessant einmal für Defoes eigenes
Verständnis bei der Schaffung eines fiktiven Autors,
zum anderen zeigt es die rigorose Härte der Zeitgenossen
in der Bestrafung des Fluchens;und schließlich läßt es
Defoes Gerechtigkeitsempfinden erkennen, für den alle
Menschen bei Verfehlungen vor dem Gesetz gleich sind:

> The punishing Vices in the Poor, which are daily
> practis'd by the Rich, seems to me to be setting
> our Constitution with the wrong end upward, and
> making Men Criminals because they want Money.

Armut allein sei kein Vergehen oder eine Strafe Gottes,
wie zahlreiche Zeitgenossen glaubten, deshalb antwortet
Defoe in der <u>Review</u> auf die Frage "Pray, which is the
greatest Crime, Poverty or Adultery?" : "It is no Question,
because one is an accident, and not a Crime".[155] Gott
könne jederzeit die Eigentumsverhältnisse wieder ändern,
und ein ehrenwerter Armer sei besser als ein sündiger
Reicher. Nur für solche Arme verwendet sich Defoe auch,
die arbeitsscheuen, aufsässigen und trunksüchtigen haben
für ihn ein falsches Verständnis ihrer - ihnen aber
zweifellos grundsätzlich zustehenden - Rechte als Mitglieder der englischen Nation:

> AS the People here are universally bless'd with
> real and valuablle [sic !] LIBERTY, more than
> any Nation in the World, SO the common sort are
> withal so possess'd with mistaken Notions of that
> LIBERTY in general, and of their L e g a l
> L i b e r t i e s in Particular, ... suggesting
> that Liberty is a Freedom to Crime, not a Security
> against Oppression and Injustice. [156]

Der fiktive Autor des <u>Great Law of Subordination</u>, wohlgemerkt ein 'Gentleman', fordert angesichts der Situation
("Order is inverted, Subordination ceases"; "the P l e -
b e i j have almost mobb'd the P a t r i c i j")
harte Maßnahmen, um die Ordnung wiederherzustellen, und
selbst wenn er sich zu der Äußerung versteigt, es könne
schon einmal passieren, daß ein 'Gentleman' als Reaktion
auf die Provokationen seines Untergebenen diesen er-
schlage, was allerdings in England - leider - härter bestraft werde als in Frankreich, so steht doch die gesamte Schrift unter dem Grundtenor: "They are greatly
mistaken, who think that the poor People are below our
Concern, it is true, in many Cases they are below our
Resentment".[157] Seine Abneigung gilt allein den arbeits-

scheuen, aufsässigen und mit Lastern behafteten Mitgliedern dieser Schicht, deren Fehlverhalten er jedoch wiederum auf das schlechte Vorbild der oberen
Schicht zurückführt.

Die bisher zu wenig beachtete Tatsache, daß Defoe
bei seiner Beurteilung der unteren Schicht zum einen
deutlich zwischen bestimmten Gruppen darin differenziert und daß zum anderen die jeweils herangezogenen
Einzelschriften zumeist aus einer je anderen Perspektive von fiktiven Autoren - zur Unter- bzw. Oberschicht
gehörend - oder auch Defoe selbst repräsentierend verfaßt wurden, ließen einige Kritiker einen grundlegenden Gesinnungswandel Defoes konstatieren. Nun scheint
auch tatsächlich der Abstand zwischen <u>A</u> <u>Poor</u> <u>Man's</u>
<u>Plea</u> (1698) und <u>The</u> <u>Great</u> <u>Law</u> <u>of</u> <u>Subordination</u> (1724)
auf den ersten Blick nicht nur zeitlich sehr groß zu
sein, so daß Weimann, ohne eine überzeugende Erklärung zu wissen, zu dem Ergebnis kommt:

> Die zwischen dem plebejischen "Plädoyer des
> armen Mannes" ... und dem späten "Großen Ge-
> setz der Unterordnung" ... klaffenden Wider-
> sprüche sind in der Tat erstaunlich: In der
> frühen Schrift tritt er für die Rechte der
> arbeitenden Bevölkerung ein und spricht von
> sich selbst als "wir Plebejer" ... In der
> späten Abhandlung verwandelt sich dies - wie
> Rudolf Stamm sagt - in einen "geradezu ge-
> hässigen Ton", in die "vernichtendsten Urteile
> über den Geist der englischen Arbeiter".158

Es wurde schon oben darauf hingewiesen, daß Defoe im
<u>Poor</u> <u>Man's</u> <u>Plea</u> einen 'armen Mann' reden läßt, der
nicht mit Defoe selbst identifiziert werden kann und
darf; zudem klagt der fiktive 'Gentleman'-Autor der
Schrift von 1724 sogar aus seiner Perspektive 'Gentry'
und 'Nobility' als ursächlich schlechte Vorbilder für

die Armen an und entschuldigt damit deren Laster,
ohne sie allerdings zu verniedlichen. Damit zeigt
sich sogar eine Parallele zu der frühen Schrift, in
der ja keineswegs ein Plädoyer für "die Rechte der
arbeitenden Bevölkerung" geführt wird (das übernimmt, wie oben gezeigt wurde, auch die Review und
zum Teil The Great Law of Subordination ...), sondern es wird die Bestrafung auch der reichen Leute
gefordert, den Armen geschieht bereits 'recht', indem sie für ihre Laster bestraft werden; allerdings
besteht das Unrecht eben darin, daß nur sie vor Ge-
richt gestellt werden und die obere Schicht, die ihre
Vorbildfunktion völlig vernachlässigt, bei den gleichen
Untaten ungeschoren davonkommt, Defoes Anliegen ist
also, wie so oft, mehr eine Kritik der Oberschicht als
ein Plädoyer für die Armen.

Auch A Hymn to the Mob enthält meines Erachtens
keine Widersprüche, weder in sich noch in Relation
zu früheren oder späteren Schriften. West nämlich behauptet, Defoe habe noch im Legion's Memorial (1701)
in der Masse des Volkes die Quelle aller staatlichen
Macht gesehen,und nun gebe er zwar zu Beginn seiner
Hymne an den Mob dieses Faktum zu, habe aber bereits
seine Meinung geändert, da man den Mob nun nicht mehr
zur Durchsetzung der bürgerlichen Interessen benötige.
Diese "crux" resultiere aus dem neuen Verständnis
Defoes:

> Because the energy of the community is to find
> its freedom through trade, Defoe now wants the
> power of the mob restrained. Despite The Poor
> Man's Plea, Defoe ... saw in the mobs of his
> own day a growing danger. [159]

Auch Weimann beklagt sich - offenbar im Anschluß an
West - über Defoes Schwanken gegenüber der "Londoner
Menge":

der grundlegende Wandel in Defoes Verhältnis
zu den arbeitenden Massen ist bedingt durch
die historisch gewandelte Funktion der Volksmasse in der nachrevolutionären Epoche: Nicht
länger Bundesgenosse einer antifeudalen Kampf-
gemeinschaft, wurde die Masse in den Augen des
Bürgers zum Pöbel. [160]

Nun war Defoe sicherlich zu keiner Zeit der Meinung,
daß tatsächlich die "arbeitenden Massen" des Volkes
Einfluß auf die Regierung nehmen sollten; stets bedeutete für ihn 'Volk' 'Wahlberechtigte', also Grundbesitzer in Städten und Landkreisen. Auch im Legion's
Memorial spricht er nur im Namen der Wähler, denen die
Mitglieder des 'House of Commons' verantwortlich seien:
vom 'Mob' ist in diesem Zusammenhang auch nie die
Rede.

Es ist auch festzuhalten, daß Defoe 'Mob' nie sta-
tisch mit bestimmten vollständigen Gesellschafts-
gruppen, etwa 'the Poor', gleichsetzt, sondern es handelt sich immer um eine aktuelle Zusammenballung einer
bunten Volksmasse, die ein bestimmtes Ziel verfolgt, [161]
daher auch der oft verwandte Parallelbegriff 'Rabble'.
Diese Aktionen sind meist lokal begrenzt, können aber
ebenso - wie in der Vergangenheit bei der Reformation
und der Revolution - das ganze Land und alle Schichten
umfassen. Unter diesen Gesichtspunkten betrachtet, dürfte A Hymn to the Mob eindeutiger einzuordnen sein.

Das anonym erschienene (und gegenwärtig kaum zu-
gängliche) Werk richtet an den 'Mob' die verheißungsvoll klingenden Worte:

> Hail! Ancient Gentry, Nature's Eldest Line,
> Of True Original Divine;
> Parent of Nations, Spring of Government,
> For Whom, and from Whom Governors were sent,

aber schon im Vorwort hatte Defoe deutlich gemacht,
welchem Zwecke die Schrift im Grunde diente, daß sie
nämlich ausdrücklich g e g e n den 'Mob' gerichtet
war:

> The Reason and End, and for which all Govern-
> ment was at first appointed, was to prevent
> Disorder and Confusion among the People; that
> is, In few Words, to prevent MOBS and RABBLES
> in the World ... MOBS of any Party are in
> their Nature destructive of Government itself,
> ruinous to all the Purposes of Civil Society,
> Enemies to Safety, Order, Justice, and Policy
> among Men ...
> ...
> This is the Reason of the present Performance,
> in which, the Author, to the Utmost of his
> Power, declares against MOBS, ... that every
> Man may see Reasons to avoid, and abhor the
> Insults offer'd to the present Government, as
> he himself does. [162]

Diese beiden Zitate erläutern die Haltung des Autors
schon sehr weitgehend und stehen im übrigen in völliger Übereinstimmung mit Defoes Konzeption der Entstehung eines Staates und der Art der Machtverteilung.
Daß das Volk der Ursprung von Adel und Macht sei, fand
sich genauso schon in The True-Born Englishman, The
Original Power und Jure Divino, dort erläuterte Defoe
auch seine oben schon diskutierte Vorstellung, daß
seit der Revolution England eine rechtmäßige Regierungsform besitze; der König stehe an der Spitze des Staates,
das Volk werde im Parlament repräsentiert und kon-
trolliere so die Machtausübung. Daß aber 'Volk' in diesem Zusammenhang für Defoe stets 'Landbesitzer' bzw.
'Wahlberechtigte' bedeutet, auf dieses Faktum weist
er im Vorwort zu A Hymn to the Mob hin:

> It is True, we have a Notion, That in England the
> People govern; ... This is properly the People
> represented, not the People gather'd together; in
> short, It is the Parliament in a House, not the
> Rabble in the Street. [163]

Erst bei einem Versagen des Parlamentes fällt die
Macht nach Defoe an die Wähler zurück, diese Situation scheint ihm jedoch 1715 nicht gegeben, alles
nimmt seinen ordnungsgemäßen Verlauf, und "Disorders
and Confusion" - so sein Verständnis der gegenwärtigen
'Mobs' und 'Rabbles'-sind völlig unangebracht, da
sie ihren Ursprung nicht in einer Bedrohung des Staates
oder der persönlichen Freiheiten der Bürger haben
- dann nämlich sind für Defoe 'Mobs' rechtmäßige In-
strumente der Einflußnahme des Volkes:

> Power began with thee [=Mob]
> And was but lent to guard thy Liberty;
> If when 'tis misapply'd, we grant it true,
> The Re-assumption has been thought thy Due. 164

Mit einem Satz: "MOB's never useful but when Tyrants
reign";   ein solcher 'Mob' war der von 1688 ("the
MOB of Eighty Eight, That put King James and Pop'ry
in a Fright") und auch die Volksbewegung der Reformation ("The Glory of the Reformation's THINE").
Diese 'Mobs' umfaßten aber auch den Großteil der Bevölkerung in allen Schichten, die gegenwärtigen 'Mobs'
sind für Defoe Versuche bestimmter politischer und religiöser Parteien, die armen Volksmassen für ihr spe-
zifisches Anliegen zu mobilisieren und dadurch Wahlen
und die öffentliche Meinung zu beeinflussen:

> And now Heaven guard us from our Fate,
> Let's speak of PARTY-MOBS, and MOBS of STATE;
> When Politicians stand in need of Fools,
> And use the Mob as Workmen use their Tools. 165

Es gibt also für Defoe gute und schlechte 'Mobs',
schon in der Review von 1710 hatte er aus gegebenem
Anlaß darauf hingewiesen:

> In speaking of the Late Mobbs, and the Differ-
> ence between them and the former Rabbles that
> have happen'd in this Nation: I cannot but
> observe, that as
>
> 1. It differs in the People it was compos'd of. So,
> 2. It differs in the People pointed at --- All the
> Rabbles of former Times have been aim'd at some-
> thing oppressive, something invasive of common or
> special Right, or at something illegal. [166]

Bisher hatten sich 'Mobs' auch nur selten ins Unrecht
gesetzt ("seldom have beeen [sic!] in the Wrong 'till
Now" [167]), doch da die gegenwärtigen Aufstände, über
die in der Review häufig berichtet wurde, in den Augen
Defoes unrechtmäßig sind, müssen sie auch vom Magistrat
scharf bekämpft und unterdrückt werden:

> The Glorious Name of MOB's no more thy Due,
> Monster becomes thy Title now,
> ...
> The Rabble must be dispossest,
> The Devil's got in, --- Why then that Devil
>   must OUT,
> Nor is the Manner how a Doubt,
> Perswasion must attempt to make them still,
> And if Perswasion wo'n't, The GALLOWS will. [168]

Wie ernst diese letzte Drohung tatsächlich gemeint war,
bleibt angesichts des Satzes "if the Gallows instead of
the Counter, and the Galleys instead of the Fines, were
the Reward of going to a Conventicle ..." aus dem ebenfalls anonym erschienenen The Shortest Way with the
Dissenters sicherlich zu fragen.

Defoe somit vorzuwerfen, er schwanke in seiner Stellung
zur Volksmasse (Weimann) oder es finde sich eine Crux
in seiner diesbezüglichen Argumentation (West), scheint
mir verfehlt. Sein Verständnis bleibt von 1698 bis 1724
hinsichtlich der 'Mobs' das gleiche; stets differenzierte
er zwischen den Zielen und den Zusammensetzungen der jeweiligen Erhebungen, und die Unruhen zwischen 1705 und 1715

bedrohten für ihn nur die Grundfesten der gegenwärtigen staatlichen Ordnung, ohne einem gerechten Zweck zu
dienen. Die Armen, die sich daran beteiligten, waren
für ihn im Grunde nur irregeleitete, unwissende oder
arbeitslose Menschen, die entweder von Demagogen ver-
führt oder auch durch Hunger und Not rebellisch gemacht worden waren und einer festen Führung bedurften.[169]

Will man Defoes Vorstellungen von der Situation
und Funktion der unteren Bevölkerungsschicht zusammenfassen, so muß zunächst primär der Aspekt ihrer A b -
h ä n g i g k e i t von den beiden anderen Schichten
hervorgehoben werden.
Der Satz "[they] depend upon either Labour or
Charity for Subsistence" galt für alle drei Hauptgruppen, in die Defoe im wesentlichen unterscheidet: die
arbeitsamen und sich selbst versorgenden Mitglieder
dieser Schicht, die - weitgehend besitzlos - auf tägliche körperliche Arbeit angewiesen waren, die arbeits-
unwilligen und verschwendungssüchtigen Armen, die ihre
Familien vernachlässigten und trotz gelegentlicher Arbeit, ebenso wie die dritte Gruppe der wirklich Bedürftigen, von Bettelei, Unterstützung durch die Gemeinden
oder sogar von kriminellen Delikten lebten. Wer in einer
festen Stellung tätig war, hing bezüglich des Lohnes
und der Dauer der Beschäftigung vom Arbeitgeber ab,
schlechte und gute Zeiten im Handel hatten unmittelbare
Auswirkungen auf die eigene Existenz. Die Armen waren
darauf angewiesen, daß die Wirtschaft neue Arbeitsplätze schuf und alte erhielt, denn ihnen fehlten jegliche Mittel zur selbständigen Sicherung des eigenen
Lebensunterhaltes. Auch wer auf Wohltätigkeiten ver-

trauen mußte, hing von den übergeordneten, steuer-
zahlenden oder Almosen spendenden Schichten ab, die
zudem noch die Verteilung der Mittel innerhalb der
Gemeinden regulierten.

Der Oberschicht lastete Defoe vor allem auch die
moralischen Schwächen der Armen an, die in ihrem Verhalten vom Vorbild dieser Personengruppen abhingen.
Statt sich als Muster von Tugend und Religiosität zu
zeigen, propagierten sie geradezu alle möglichen Laster,
die den Ruin der Armen bedeuteten - es sei nur an die
Trunk- und Verschwendungssucht erinnert. Besonders in
den ländlichen Gegenden wäre es durch die Nachlässig-
keit des "Lord of the Mannor" auch um die Unterrichtung
der Armen im Schreiben und Lesen schlimm bestellt: "Let
your Country Clergy tell me, how full of Ignorance are
the dark Villages in our Land of Light, and how many
thousand Parishes are there in E n g l a n d, where a
third Part of the People can neither write nor read?"[170]
Daß es damit aber generell im Argen liege, war Defoe
natürlich bewußt, wenn er sich auch mehr mit den Bil-
dungsfragen höherer Schichten befaßte.[171]

Was gerade angesichts der intensiven Beschäftigung
Defoes mit den sozialen Aufstiegsmöglichkeiten von Mittelständlern auffällt, ist das völlige Fehlen irgendwelcher
Bemerkungen zu einer potentiellen Mobilität von Unter-
schichtmitgliedern. Zu diesem Thema schweigen die einschlägigen Schriften. Vermutlich erschien Defoe die Aufstiegschance für ein Mitglied der Unterschicht selbst in
die Mittelschicht aufgrund von Bildungsvoraussetzungen
und finanzieller Situation so minimal, daß er sie nie
grundsätzlich diskutierte. Die Untersuchung der Romane
wird allerdings zeigen, daß sich Defoe mit diesem Komplex durchaus beschäftigte.

Grundsätzlich sind für Defoe, anders als für zahlreiche
seiner Zeitgenossen, Mitglieder der unteren Schicht
jedenfalls keine an sich schlechteren oder rechtloseren
Menschen, die von ihren besser gestellten Mitbürgern
vernachlässigt werden dürften. Die Arbeitskraft der
fleißigen Armen hat seiner Meinung nach größte Bedeutung
für das Funktionieren der gesamten Wirtschaft, und ihr
Konsum kurbelt wiederum den Wirtschaftskreislauf (und den
Umsatz des Handels) an; "Labour feeds Trade, and Trade
feeds the Labourer." [172]

Die Sorge um das Wohl und die geordnete Beschäftigung
der Armen ist für Defoe eine wesentliche Aufgabe für
alle verantwortungsvollen Magistrate und Regierungen,
denn letztlich sind diese Menschen ein notwendiger Bestandteil der Gesellschaft und verrichten alle diejenigen
Arbeiten, die die beiden übergeordneten Schichten zwar
verachten, aber für ihre Existenz dringend benötigen.
Zwei Zitate (aus Second Thoughts are Best und aus der
Review) fassen Defoes Verständnis zusammen:

> Those who deny an inferior class of people to be
> necessary in a body politic, contradict reason
> and experience itself; since they are most use-
> ful when industrious, and equally pernicious
> when lazy. By their industry our manufactures,
> trade, and commerce, are carried on. [1]
>
> every Class of Mankind ... is useful in their
> proper Sphere, to the general Advantage of the
> whole. [2] [173]

3.1. Die Funktion gesellschaftlicher Faktoren in den Romanen

"We find here a close imitation of man and
manners; we see the very web and texture of
society as it really exists, and as we meet
it when we come into the world...

We are brought acquainted with the motives
and characters of mankind, imbibe our notions
of virtue and vice from practical examples,
and are taught a knowledge of the world
through the airy medium of romance."

(William Hazlitt; 1778 - 1830)[1]

Mit dieser Erwartungshaltung ging Hazlitt an einen
Roman, und er entwarf zugleich eine der wohl treffendsten
Definitionen des frühen englischen Romans, der Defoe
mit einiger Wahrscheinlichkeit zugestimmt hätte, denn
auch er schuf in seinen Romanen eine realitätsnahe Welt,
in die der Leser eintreten und die er betrachten konnte,
um sich schließlich seine eigenen Gedanken machen zu
können. In eben diesem Sinne nennt der fiktive 'Editor'
in Colonel Jack die Erzählung "a delightful Field for
the Reader to wander in; a Garden where he may gather
wholesome and medicinal Plants, none noxious or
poisonous; where he will see Virtue ... rewarded; Vice
and all Kinds of Wickedness attended with Misery".[2]

Christopher Caudwell ist zuzustimmen, wenn er Defoes
Vorgehen wie folgt beschreibt:

> a mock world is created, completely articulated,
> and held within the author's mind. This world,
> which is like a self-contained, walled-in peep-
> show with only a small hole in one wall to which
> the reader applies his eye, is projected into the
> social world of language.[3]

In dieser 'mock world' läßt Defoe seine Figuren konkret auf Regeln und Gesetze reagieren, die er außerhalb
der Romane als Theorien aufgestellt und diskutiert hatte.

Der Roman dient ihm als Experimentierfeld zur Überprüfung der Richtigkeit eben dieser Theorien, die
nicht einfach illustriert, sondern in die 'Wirklichkeit' der Romanwelt umgesetzt werden. Moll Flanders
macht selbst eine in dieser Hinsicht paradigmatische
Aussage. Als sie zuerst über die Gefahren der Armut
für die 'Anständigkeit' theoretisiert hatte, bricht
sie ab mit den Worten: "But I wave that Discourse till
I come to the E x p e r i m e n t." [4]

Aus der facettenreichen und umfassenden Romanwelt
- die Defoe immerhin so wirklichkeitsgetreu gestaltet
zu haben glaubte, daß er seinen Werken stets das Siegel
der Authentizität und Historizität aufprägte - soll
nun ein Segment näher untersucht und auf seine Bedeutung innerhalb der 'Versuchsbedingungen' hin überprüft
werden. Da sich schon gezeigt hat, wie intensiv Defoe
mit gesellschaftlichen Fragen (im oben aufgeführten
Umfang) beschäftigt war, soll nun die Gesellschaftskonzeption der Romane untersucht und mit den bisherigen
Ergebnissen verglichen werden.

Dabei haben die vorangegangenen Teile, die einmal
die historische Situation und zum anderen die Auffassungen Defoes in den nicht-romanhaften Schriften darstellten, eine mehrfache Funktion:
Der historische Hintergrund erlaubt eine Einschätzung
der Position Defoes und gibt wenigstens in einer Annäherung Antwort auf die Frage: wie haben die damaligen
Leser es verstehen müssen (und sollen)?

Außerdem haben die beiden Teile zusammen die Bedeu-
tung einer Kontroll-Instanz für die Interpretation der
Romane: das Vorverständnis des Interpretierenden und
Lesenden ist soweit konditioniert, daß Details des

Textes, etwa bestimmte, scheinbar unauffällige Begriffe oder Formulierungen,viel unmittelbarer als
bedeutsam erkannt werden können und daß zudem die
Intentionalität von Gesamtzusammenhängen und Entwicklungen eindeutiger konstatierbar wird.

Nach der ausführlicheren Interpretation von
Robinson Crusoe sollen die drei anderen Romane in
relativ knappen Einzelanalysen und zum Teil unter
Erstellung von 'Struktur-Modellen' auf die Bedeutung
gesellschaftlicher Faktoren hin untersucht werden,
bevor dann in einem zusammenfassenden Vergleich auf
bestimmte Grundmuster der Romanhandlung und -aussage
sowie auf generelle Fragen, wie die Bewertung von
Schichten, die Rolle der Wirtschaft, Macht und Religion,eingegangen wird.

Es zeigte sich, daß grundsätzlich drei Verfahren
zur Darstellung sozialer Faktoren zu finden sind:

1. konstatierend
2. funktionell
3. strukturell

Zu Typ 1 gehören explizite Aussagen in Monologen,
Dialogen oder Anmerkungen des Erzählers, die nicht
unbedingt konkret exemplifiziert werden und nicht eindeutig im Kontext integriert sein müssen. Beispiele
dafür sind die Rede des Vaters im Robinson Crusoe und
Dialoge in den meisten untersuchten Romanen.

Typ 2 meint eine Form der Darbietung, in der bestimmte Ideen oder Bewertungen nicht ausdrücklich aus-
gesprochen werden, sondern aus der Handlung, dem Beispiel ableitbar sind; etwa die Bewährung oder das Versagen bestimmter gesellschaftlicher Gruppen in realistisch geschilderten Situationen.

Typ 3 stellt einen Zusammenhang zwischen Roman-
struktur, dem Ablauf und der Gliederung der Handlung
und gesellschaftlichen Faktoren her. Dazu zählen
etwaige anfänglich geäußerte soziale Ambitionen des
Helden ebenso wie die strukturierende Funktion bestimmter, sich regelmäßig wiederholender 'Bestands-
aufnahmen', die nach einem 'Ist'-'Soll'-Vergleich
zu neuen Schritten in die intendierte Richtung führen
oder schließlich im Erfolg / Mißerfolg einen Endpunkt erreichen.

Eindeutige Unterscheidungen besonders zwischen
Typ 1 und 2 sind natürlich nicht immer möglich, da
im Roman (anders als im Film) sprachliche Aussagen
auch zur Darstellung konkreter Situationen benötigt
werden.

3.1.1. Robinson Crusoe

Robinson Crusoe nimmt innerhalb der untersuchten
Romane in mehrfacher Hinsicht eine Sonderstellung
ein. Abgesehen davon, daß er das bei weitem bekann-
teste und von der Kritik schier unerschöpflich be-
handelte Werk Defoes ist, durch das bisher noch jedes
Zeitalter sich angesprochen fühlte, fügt er sich doch
nicht ohne weiteres in den Rahmen der anderen Romane
- und das in mehrfacher Hinsicht:

Der Held verbringt nur einen kleinen Teil seines
Lebens innerhalb seiner Heimatgesellschaft und 24 Jahre
sogar in völliger Einsamkeit (deren Darstellung die
Hälfte des 1. Teiles einnimmt!). Dennoch muß dieser
Roman - nicht allein aus chronologischen Gründen - am
Anfang dieser Untersuchung stehen, finden sich doch
an seinem Anfang wiederum zentrale Aussagen zu gesellschaftlichen Phänomenen, die als Folie zur Analyse der
übrigen Romane dienen können und den 'locus classicus'
der Gesellschaftskonzeption des Romanwerkes bilden,
parallel zu der oben zitierten Review-Stelle mit ihrer
Bedeutung für die nicht-romanhaften Schriften.

Ein damaliger Leser, durch den ebenso umfangreichen
wie reißerischen Titel des Werkes zum Kauf verlockt,[5]
fand auf den ersten Seiten keineswegs schon eine dra-
matische Geschichte in fremdartiger Umgebung angesiedelt
vor, wie es die Anspielung auf den Orinoko und damit
das Erfolgsbuch der Aphra Behn verhieß, sondern nach
einer kurzen Betrachtung der Abstammung des Helden
- ganz im Stile der traditionellen Adelsbiographien -
folgt eine ausführliche Darstellung der Lebensweisheiten

des Vaters, der sich in einer Form zu seiner gegenwärtigen sozialen Position - "the middle Station of
Life" - bekennt, daß die Bezeichnung 'Mittelständisches
Credo' für die Rede des Vaters gerechtfertigt erscheint.

Dieses 'Credo' bestimmt nicht allein die Ausgangsposition des Helden Robinson Crusoe, sondern erinnert
unmittelbar an die einschlägigen nicht-romanhaften
Schriften Defoes, streckenweise finden sich sogar
wörtliche Übereinstimmungen. Wegen ihrer umfassenden
Bedeutung nicht nur für die Struktur der beiden Teile
des Robinson Crusoe, in denen immer wieder auf Motive
dieser Einleitung Bezug genommen wird, sondern auch
für die Gesellschaftskonzeption der anderen Romane,
deren Schichteinteilung und soziale Wertskala hier
weitgehend vorweggenommen ist, verdienen die ersten
drei Seiten des Romans eine besonders ausführliche
Interpretation.

3.1.1.1. Die Abstammung - oder: Mittelstand im
         Adelsgewand

   As it is usual for great Persons whose Lives
   have been remarkable, and whose Actions deserve
   Recording to Posterity, to insist much upon their
   Originals, give full Accounts of their Families,
   and the Histories of their Ancestors: So, that I
   may be methodical, I shall do the same, tho' I
   can look but a very little Way into my Pedigree.[6]

Dieser erste Satz Captain Singletons dient vorzüglich
als Kommentar zu Robinson Crusoes Verfahren, seine Abstammung gemäß dem traditionellen literarischen Topos

des adligen Stammbaumes darzustellen, und gleichzeitig
relativiert er durch die Einschränkung "I can look but
a very little Way into my Pedigree" auch dessen Intention, denn wie Singleton, so kann auch Robinson Crusoe
nur auf eine recht begrenzte Reihe erwähnenswerter Vorfahren zurückblicken:

> I was born in the Year 1632, in the City of York,
> of a g o o d F a m i l y, tho' not of that Country,
> my Father being a Foreigner of Bremen, who settled
> first at Hull: He got a good Estate by M e r -
> c h a n d i s e, and l e a v i n g o f f his
> Trade, lived afterward at York, from whence he had
> married my Mother, whose Relations were named
> Robinson, a v e r y g o o d F a m i l y in
> that Country. (RC I, I,1 [m.Sp.])7

Der Vater stellt geradezu ein Musterbeispiel für den
von Defoe häufig propagierten Typ des erfolgreichen
Kaufmannes dar, der fleißig und konsequent (darauf wird
noch im Zusammenhang mit dem 'Credo' näher eingegangen)
ein Vermögen ("a good Estate") anhäufte, sich aus dem
Geschäftsleben völlig zurückzog ("leaving off") und
somit die Ausgangsposition für den sozialen Aufstieg
seiner Familie in die Oberschicht schuf, der er als
aktiver 'Merchant' aus der Sicht eben dieser Oberschicht
noch keinesfalls zugehörte.8

Da der Vater außerdem noch nicht-englischer Abstammung ist (der damit verbundene Makel war für Defoe
schließlich Anlaß des True-Born Englishman), erscheint
der Hinweis auf die "good Family" - zumindest im traditionellen Sinne - als fragwürdig;9 nicht umsonst
nennt Robinson Crusoe seinen Vater wohl deshalb auch nie
'Gentleman', sondern nur "a wise and grave Man". Höchstens
die Familie der Mutter ("a very good Family in the Country"), die den nicht gerade seltenen, aber doch an zahlreiche bekannte Persönlichkeiten erinnernden Namen

'Robinson' trägt, könnte für einen akzeptablen sozialen Hintergrund sorgen. [10] Obwohl also eine gewisse Prominenz der Familie gerade auch in Anbetracht der bei Defoe häufig anzutreffenden Vermischung von 'fact' und 'fiction' nicht auszuschließen ist, fehlen doch genauere Angaben zu ihrem gesellschaftlichen Rang - allerdings soll sie der Formulierung nach zweifellos als der höheren Schicht, vielleicht der 'Gentry' zugehörig erscheinen. [11]

Hull und York als Schauplätze der Handelstätigkeit des Vaters bzw. als Sitz der Familie sind sicherlich nicht zufällig gewählt, die Zeitgenossen assoziierten damit ganz bestimmte Vorstellungen und Einschätzungen: In seiner Tour bemerkt nämlich Defoe zu Hull:

> there is more business done in Hull than in any town of its bigness in Europe ...
> they trade to all parts of the known world; nor have the merchants of any port in Britain a fairer credit, or fairer character than the merchants of Hull, as well for the justice of their dealings as the greatness of their substance or funds for trade.[12]

An der dortigen Börse träfen sich die Kaufleute genauso wie in London, und besonders auffallend sei "the confluence of real merchants, and many foreigners"; solch ein "foreigner" (aus Bremen) war Robinson Crusoes Vater, und auch von einer bekannten 'Erfolgsgeschichte' eines 'Merchant' aus Hull weiß Defoe zu berichten: Michael de la Pole hatte vor langer Zeit den Aufstieg von einem "merchant of Hull" in die 'Nobility' geschafft: "the king knighted him, made his son ... Earl of Suffolk, and gave him several lordships in Holderness." [13]

Auch York wird ein gutes Zeugnis ausgestellt: "York is indeed a pleasant and beautiful city" und "abundance of good families live here, for the sake of the good

company and cheap living".[14]   Mehrfach betont Defoe
den Rang der Bewohner: "as York is full of gentry and
persons of distinction, so they live at large, and
have houses proportioned to their quality"; sogar König Karl I. sei schon dort zu Gast gewesen - derselbe
Herrscher also, der noch ein Jahr vor der Rede des
Vaters regiert hatte.[15]

Robinson Crusoes Vater, der offenbar gemäß den
Richtlinien Defoes für erfolgswillige Kaufleute erst
spät geheiratet und sich somit voll auf die Handelstätigkeit in der sozial angesehenen Position eines
'Merchant' konzentriert hatte (der Sohn wurde in York
geboren, also nach dem Rückzug aus dem Geschäftsleben),
bot seinen Söhnen eine günstige Ausgangsposition für
einen weiteren, problemlosen sozialen Aufstieg. Einer
der beiden älteren Brüder war als "Lieutenant Collonel"
in einem englischen Regiment auch schon ein gutes Stück
auf diesem Wege vorangekommen, denn die Stellung eines
'Colonel' verlangte zwar zunächst eine beträchtliche
finanzielle Investition, vermittelte zugleich aber auch
ein hohes soziales Prestige, als 'Colonel' (vor allem
eines bekannten Regimentes wie es der Bruder kommandiert
hatte) galt man zugleich als 'Gentleman' und wurde
üblicherweise sogar vom König persönlich berufen; gegen
Ende des zweiten Romanteiles nennt Robinson Crusoe bei
der Aufzählung der verbannten Moskauer Prominenz "Noblemen, Princes, Gentlemen, Colonels" in einem Zuge.[16]
Allerdings hatte der Vater den Sohn von derartigen Aktivitäten abhalten wollen, da sie nicht seinen Vorstellungen
von einem gesicherten Leben entsprachen.

Robinson Crusoe hätte, wäre es nach dem Vater gegangen,
alle Aussichten auf ein angenehmeres gesellschaftliches
Fortkommen gehabt, denn als 'younger son', also ohne

Aussicht auf das Erbe, das dem anderen älteren Bruder zustand, war er in den Genuß einer ordentlichen
Schulbildung gekommen ("My Father ... had given me a
competent Share of Learning, as far as House-Education,
and a Country Free-School generally goes" (RC I, I,2)
und - genau den oben beschriebenen Gepflogenheiten der
oberen Schicht folgend - für den Beruf des Juristen vorgesehen ("and design'd me for the Law").[17] Damit war
der Aufstieg sozusagen 'programmiert', denn auf das
Sozialprestige der 'professions' wurde schon mehrfach
hingewiesen.

So betrachtet sich Robinson Crusoe später auch durchaus als zu 'Höherem' geboren, zum Beispiel wenn er nach
dem Verlassen des Vaterhauses vermerkt:

> for having Money in my Pocket, and good Cloaths
> upon my Back, I would always go on board in the
> Habit of a G e n t l e m a n; and so I neither
> had any Business in the Ship, or learn'd to do
> any. (RC I, I,17 ⌊m.Sp.⌋)

Sicherlich war der letzte Teil des Satzes von Defoe
als Seitenhieb auf die unwissende Inaktivität vieler
'Gentlemen' gemeint.

Doch die vom Vater vorgezeichneten Bahnen eines
sicheren Erfolges gedenkt Robinson Crusoe nicht zu
gehen, mit 18 Jahren - als 'Younger Son' größerer persönlicher Freiheiten teilhaftig - noch zu keinem Beruf
ausgebildet, fühlt er sich von "rambling Thoughts" oder,
wie er es auch später häufig nennt, von einer "wandring
Inclination" besessen, die allerdings vielschichtiger
ist, als es an dieser Stelle scheint, und nicht allein
ihre Ursache in jugendlich-romantischem Sturm und Drang,
sondern auch in kommerziellem Vorwärtsstreben hat. Der
Vater sieht jedenfalls in dem Wunsch des Sohnes nach
einem Seefahrerleben nur den Ausdruck jugendlicher Un-

vernunft und Unerfahrenheit, denn um reich zu werden,
brauchte der Sohn Vaterhaus und Vaterland schließlich
nicht zu verlassen, dafür hatte er selbst schon weitgehend gesorgt,und der Sohn konnte sich seiner väterlichen Führung anvertrauen:

> I might be well introduced, and had a Prospect
> of raising my Fortune by Application and Industry,
> with a Life of Ease and Pleasure. (RC I, I,2)

Ein Mann in der sozialen Position des Vaters konnte
dank seinem Einfluß und seinen finanziellen Mitteln
dem Sohn einen unproblematischen Übergang in eine ertragreiche Zukunft - etwa als Jurist - ermöglichen, die
zwar "Application and Industry" erforderte, ansonsten
aber ein durchaus angenehmes Leben verhieß, das sich
von dem oft entbehrungsvollen Aufstreben eines erfolg-
besessenen Kaufmannes sicherlich wesentlich unterschied.[18]
   Die vom Sohn angestrebten abenteuerlichen Unter-
nehmungen passen in den Augen des Vaters ganz einfach
nicht zu den ihm gebotenen Voraussetzungen:

> He told me it was for Men of desperate Fortunes
> on one Hand, or of aspiring, superior Fortune on
> the other, who went abroad upon Adventures, to
> rise by Enterprize, and make themselves famous
> in Undertakings of a Nature out of the common
> road.   (RC I, I,2)

Nur wer sich in einer verzweifelten Lage befinde oder
wer ambitiös sei, habe es nötig, solche Risiken auf
sich zu nehmen und auf diese Weise nach Ruhm zu streben. Das eine wie das andere stehe dem Sohn nicht an:
"these things were all either too far above me, or too
far below me". Er befinde sich, dank seiner Abstammung
("the Station of Life I was born in"; RC I, I,4) in der
gesicherten und sorgenfreien Position der "middle
Station", deren Verherrlichung der Vater daraufhin im
'Mittelständischen Credo' beginnt.

3.1.1.2. Das 'Mittelständische Credo'

Mehrere Faktoren unterstreichen die Bedeutung der
Rede des Vaters für den gesamten Roman, übrigens auch
für dessen zweiten Teil, der im Grunde ebenfalls mit
einem ganz ähnlichen Bekenntnis beginnt.

Zunächst fällt die exponierte Stellung gleich auf
der zweiten Seite der Erzählung ins Auge, die dem Text
das Gewicht einer grundlegenden Ausgangsposition und
einer Orientierungshilfe für zukünftige Entscheidungen
und Beurteilungen verleiht.

Innerhalb der Handlung des Romans soll die Rede den
zweifelnden Sohn dazu bewegen, seine unvernünftigen
Reise- und Abenteuerpläne aufzugeben und sich von einer
Lebensform überzeugen zu lassen, deren Vorzüge inhaltlich
qualifiziert und als die Lebenserfahrung des Vaters
legitimiert werden.[19]

Auf die wesentliche strukturierende Funktion des
'Credo' wird noch näher eingegangen, es kann jedoch
schon festgehalten werden, daß der Roman durchgängig
von Rückblicken auf zahlreiche Motive aus der Rede des
Vaters durchzogen ist, und zwar in verstärktem Maße an
Stellen, die mit wichtigen Entscheidungen über den zu-
künftigen Lebensweg zu tun haben oder in denen sich der
Held über seine gegenwärtige existentielle Situation
Gedanken macht.

Seiner Explikation der Vorzüge des Mittelstandes
stellt der Vater zunächst das Ergebnis in Form einer
recht einfachen Gliederung voraus, die er als die
Summe seiner Lebenserfahrung bezeichnet ("which he had
found by long Experience"):

"middle State"="upper Station _ "best State in
                of Low Life" ⁻ the World"

und er macht auch gleich noch deutlicher, daß er
unter der 'Mitte' eine gesellschaftliche Kategorie
versteht und nicht nur eine philosophische Idee - etwa
im Sinne der traditionellen Vorstellung der 'Goldenen
Mitte', denn er nennt als alternative Positionen, im
Verhältnis zu denen sich die Mitte erst bestimmen
läßt: "the mechanick Part of Mankind" und "the upper
Part of Mankind", die sogleich näher als "the Mean and
the Great" und als "the two Extremes" qualifiziert
werden.[20]

Die grundsätzliche Dreiteilung der Gesellschaft,
wie sie in den nicht-romanhaften Schriften ausgeprägt
ist, wird also übernommen. Zwar erkennt der Vater ohne
weiteres eine Gesellschaftsschicht als übergeordnet an,
will aber seine Position auf der Sozialskala unmittelbar darunter angesiedelt wissen ("upper Station of Low
Life"), und er spricht der Oberschicht alle erstrebenswerte 'Lebensqualität' ab, indem er sie in seiner negativen Beurteilung stets im gleichen Atemzuge mit der
Unterschicht nennt: "the Calamities of Life were shared
among the upper and lower Part of Mankind".

Ohne Zweifel haben die Begriffe "Extremes", "Mean"
und "Great" eine negative Konnotation, man denke bei
"the Great" nur an Defoes oben dargestellte Schichteinteilung in der Review (VI,143), wo mit dieser Gruppe
Eigenschaften wie Verschwendungssucht, Extravaganz,
Ausschweifung und wirtschaftlich ruinöses Verhalten
assoziiert wurden.

Es fällt auf, daß die gesellschaftlichen Gruppen
recht pauschal gefaßt werden und eine nähere Zuordnung
von Positionen wie 'Nobility', 'Gentry', 'Tradesmen',
'Merchants' nicht erfolgt, allein Könige werden aus-

drücklich als den "Great" zugehörig beschrieben; die
Gruppe "mechanick Part" entspricht - betont durch Zu-
sätze wie "embarrass'd with the Labours of the Hands" -
genau der dritten Schicht, wie sie in der Review V,515
aufgeführt worden war.

Bevor der Vater dann im Detail die Vorzüge des
Mittelstandes und die Nachteile der beiden anderen
Schichten aufzählt, wobei dem Mittelstand n u r
Positives, den anderen n u r Negatives nachgesagt
wird, faßt er das Wesentliche kurz zusammen:

> the middle State ... was the best State in the
> World, the most suited to human Happiness, not
> exposed to the Miseries and Hardships, the
> Labour and Sufferings of the mechanick Part of
> Mankind, and not embarrass'd with the Pride,
> Luxury, Ambition, and Envy of the upper Part
> of Mankind (RC I, I,2)

Alle Mängel der Unterschicht resultieren aus ihrer
Besitzlosigkeit und dem damit zusammenhängenden Zwang
zur körperlichen Arbeit, der Oberschicht werden primär
moralische Defekte angelastet, sämtlich ausgesprochene
'Vices', die aus dem Katalog der sieben 'Hauptsünden'
entnommen scheinen: "human Happiness" ist hier natürlich nirgends zu finden.

Grundlage dieses Urteils ist die Lebenserfahrung
des Vaters ("which he had found by long Experience"),
wobei freilich zu fragen wäre, woher er sein Wissen
über die Oberschicht gewonnen hat; ihr stimmten außerdem alle anderen Leute zu, indem sie neidvoll auf den
Mittelstand blickten: "That this was the State of Life
which all other People envied" (RC I,2). Sogar Könige
hätten häufig bedauert, zu "great things" geboren zu
sein und nicht der Mitte zuzugehören. Ohne näher auf
den etwas makabren Tatbestand eingehen zu wollen, daß

König Karl I. etwa ein Jahr vor dieser Rede geköpft
worden war und sich durchaus ein anderes Schicksal
gewünscht haben dürfte, kann man sich kaum vorstellen,
daß der Vater ernsthaft meinte, ein König wäre lieber
'Shopkeeper' oder 'Tradesman' geworden, eher wird man
schon an folgende Stelle in Defoes Compleat English
Gentleman erinnert:

> The late ever glorious King William us'd fre-
> quently to say that, if he was not a king, and
> Providence had mercifully plac'd his stacion of
> of life in his choice, he would be an English
> gentleman of two thousand pounds a year.
> His Majesty gave many very good reasons for
> the narrow compass of his desires, and one which
> I thought was very significant was this: that
> it was the stacion of life that gave the least
> room for disquiet and uneasyness in the world,
> and the greatest opportunity of calm and content;
> that there were very few comforts among man-kind
> which such an estate could not giv ⌊sic!⌋.[21]

Daß der Vater mit seiner Auffassung vom gesegneten
Mittelstand wohl mehr eine soziale Position meint, wie
sie in dem Zitat erkennbar ist, als die eines durchschnittlichen 'Tradesman' oder 'Shopkeeper', ist zum
einen schon aus seiner persönlichen Stellung ersicht-
lich (als erfolgreicher 'Merchant' lebt er nach dem
Ausscheiden aus dem Geschäft vom Kapital), zum anderen
wird dies am Beispiel Robinson Crusoes deutlich, der zu
Beginn des zweiten Teiles nach dem Erwerb von Land sich
zunächst als "a meer Country Gentleman" vorstellt, um
dann - auf den ersten Blick verwunderlich - fortzufahren:
"Now I thought indeed that I enjoy'd the middle State
of Life, that my Father so earnestly recommended to
me" (RC I, II,116).
  Doch nicht nur Könige führt der Vater zur Bekräfti-
gung seiner Vorstellungen von der Mitte als "the just
Standard of true Felicity" an, sondern es wird auch der

"wise Man" - gemeint ist zweifellos Agur im Alten
Testament ('Instructions of Agur'; Proverbs 30), den
Defoe mit Vorliebe zitiert [22] - als Zeuge bemüht:
"he prayed to have neither Poverty or Riches".
   Die gemeinte Stelle lautet im Kontext:

> Two things have I required of thee; deny me them
> not before I die:
> Remove far from me vanity and lies: give me
> n e i t h e r   p o v e r t y   n o r   r i c h e s;
> feed me with food convenient for me:
> Lest I be full, and deny thee, and say, Who is
> the LORD? or lest I be poor, and steal, and take
> the name of my God in vain. [23]

Agur hat zwar sicherlich keine sozialen Positionen im
Sinn, aber er bittet tatsächlich darum, nicht durch ex-
treme Lebenssituationen in die Versuchung geführt zu
werden, Gott entweder auf Grund des Reichtums nicht
mehr kennen zu wollen oder seiner unwürdig zu werden,
wenn die Armut ihn zum Stehlen zwänge; auf die Bedeutung dieses letzten Zusammenhanges, den Defoe häufig
zur Rechtfertigung einer in der Armut begründeten Kriminalität durch 'Necessity' verwendet, wurde schon hingewiesen.

   Das 'Mittelständische Credo' erfährt also seine Legitimation durch die sich in ihrem Gewicht einander
noch übertreffenden Instanzen 'Vater' - 'König' -
'Gottes Wort'.

   Inhaltlich soll es dem Sohn die Vorzüge des Mittelstandes im scharfen Kontrast zu den gravierenden Nach-
teilen der beiden anderen Schichten vor Augen führen.
Der Vater setzt zu diesem Zweck ganz bestimmte Begriffe
und Begriffsverbindungen einander gegenüber, die jeweils ganz typisch für Defoes Beurteilung der drei
Schichten sowohl in den nicht-romanhaften Schriften als

auch in allen Romanen sind und die schlagwortartig
einmal die Wertskala des Mittelstandes, zum anderen
wesentliche Mängel von "upper Part" und "mechanick
Part" verdeutlichen.

Defoes klare Strukturierung des Textes erlaubt
eine kontrastive Gegenüberstellung der Argumente des
Vaters in tabellarischer Form, wodurch (natürlich in
geringem Umfang interpretierend) die Konzeption des
'Credo' verdeutlicht und ein sonst unvermeidbares,
ausführliches Referieren des Textes umgangen wird
(vgl. Tab.).

In dem völlig einseitig zu Gunsten des Mittelstan-
des konzipierten Entwurf finden sich praktisch alle
Schlüsselbegriffe konzentriert, die Defoe auch außer-
halb der Romane, etwa in Review, Complete English
Tradesman und Compleat English Gentleman den drei
Gruppen zuordnete.

Das 'Credo' stimmt ganz auffallend mit der oben
schon ausführlich zitierten Idealisierung der "middle
station of life" im Complete English Tradesman überein,
wo davon gesprochen wird, daß ein Leben in dieser
"middle station" "perfectly easy and comfortable" sei
und "delights", "felicity" und "plenty" biete; die
Lage des Mittelständlers im Vergleich zu den anderen
gesellschaftlichen Schichten wird an dieser Stelle wie
folgt beschrieben: "He is below the snares of the
great, and above the contempt of those that are called
low".[24] Auch der Vater bescheinigt den Mittelständlern moralische Festigkeit und Tugenden ("all kind of
Vertues"), und er verheißt dem Sohn wirtschaftliche
Sicherheit auf der Grundlage von "Application" und "Industry" - alles unabdingbare Voraussetzungen für ein
angenehmes Leben in Gesundheit und Zufriedenheit.

'MITTELSTÄNDISCHES CREDO'

MIDDLE STATION	UPPER PART	LOWER PART
MIDDLE OF THE EXTREMES	THE GREAT	THE MEAN
MIDDLE FORTUNE/PLENTY	RICHES	POVERTY
TRUE FELICITY / HUMAN HAPPINESS	PRIDE/ENVY LUXURY AMBITION	MISERIES LABOURS HARDSHIPS
FEWEST DISASTERS	CALAMITIES OF LIFE	
PEACE & PLENTY	VICISSITUDES	
EASY CIRCUMSTANCES	UNEASINESSES	
VERTUES	VICIOUS LIV-ING (PRIDE/ENVY)	
ALL DESIRABLE PLEASURES		HARD LABOURS
PLENTY	LUXURY	WANT OF NEC-ESSARIES
MODERATION	EXTRAVAGANCIES	
	(natural consequences)	
HEALTH	DISTEMPERS	
EASY CIRCUMSTANCES	PERPLEXED CIRCUMSTANCES (rob the SOUL of PEACE and the BODY of REST)	
QUIETNESS	PASSIONS	SUFFERINGS
SOCIETY	BURNING LUST OF AMBITION FOR GREAT THINGS	SOLD TO THE LIFE OF SLAV-ERY FOR DAI-LY BREAD
LIFE OF EASE & PLEASURE	LABOURS OF THE HEAD	LABOURS OF THE HANDS

Schrecklich dagegen die Aussichten für ein Mitglied der anderen Schichten: die Oberschicht ergehe
sich in moralischen Verfehlungen ("vicious Living"),
die in allen Punkten mit dem oben zitierten Lasterkatalog des Hofes und des Adels übereinstimmen, sie
führe einen wirtschaftlich ruinösen Lebenswandel,
der von "Luxury" und "Extravagances" geprägt sei und
der zusammen mit Stolz, Neid und übersteigertem Ehrgeiz den Menschen nicht zur Ruhe kommen lasse, sondern
ihn in "Calamities", "Vicissitudes" und "perplex'd
Circumstances" treibe, deren natürliche Folgen Krank-
heiten an Körper und Seele seien; alles Erscheinungen,
auf die oben schon hingewiesen wurde.[25] Einzig die
Hinweise auf Trunksucht und Religionslosigkeit der
Adligen fehlen in der Argumentation des Vaters, wie
überhaupt von religiösen Dingen, etwa der Gläubigkeit
der Mittelständler oder dem Wohlgefallen Gottes an
ihrem Stand,im 'Credo' nicht die Rede ist.

Das Leben der 'mechanicks' weist ähnlich viele
Mängel wie das der "Great" auf, auch hier finden sich
nur "Calamities", "Vicissitudes", "Uneasinesses" und
schließlich "Distempers", nur die Ursache ist eine
andere. Statt moralischer und wirtschaftlicher Verfehlungen bedingen Armut und der Zwang zu körperlicher
Arbeit die wenig erstrebenswerten Lebensumstände dieser
Gruppe. Der Vater betont, ebenso wie Defoe in den
nicht-romanhaften Schriften, den Aspekt der Abhängigkeit der Schicht. Daß "Poverty" und "Want of Necessaries" nicht nur ein bemitleidenswerter Zustand ist,
sondern auch in die Kriminalität führen kann, deutete
schon das Wort Agurs an; wie die "Great" durch "Ambition" in moralische Verfehlungen geführt werden können,
so die "Mean" durch "Miseries", genau wie Defoe es im
Complete English Tradesman beschrieben hatte:

Every station of life has its snares atten-
ding it ...

1. Necessity tempts the poor man;

2. Avarice tempts the rich.

It is true, they are both, to the last degree,
criminal in yielding to the temptation; but
the latter much more than the former. 26

Darüber hinaus betont der Vater, ebenso wie Defoe in
den nicht-romanhaften Schriften, den Aspekt der Abhängigkeit der 'mechanicks' von ihren Arbeitgebern:
"sold to the Life of Slavery for daily Bread"; er
geht allerdings mit keinem Wort auf ihre Nützlichkeit
als Arbeitskräfte und Konsumenten auch für die Mittelständler ein.

Seine Absicht ist es nämlich nicht, ein objektives
Bild der gesellschaftlichen Gruppen zu zeichnen, sondern allein in Schwarzweißmalerei Schreckensbilder
einerseits und vermeintlich paradiesische Zustände
andererseits vorzuführen. Der Vater geht damit genauso vor wie Defoe selbst, dem es vor allem darauf an-
kam, den Mittelstand zu idealisieren und die übrigen
Schichten, meist unter Hinweis auf ihre wirtschaftliche Unfähigkeit bzw. Abhängigkeit und ihre moralischen Mängel abzuwerten.

Nach dem Willen des Vaters soll Robinson Crusoe
seine Entscheidung zugunsten der "middle Station"
fällen und sich damit dem Wunsche des Elternhauses
fügen. Ganz offenbar bestand demnach für den Sohn
durchaus die Möglichkeit, die ihm nur scheinbar schicksalhaft vorbestimmten Bahnen nach oben oder unten hin
zu verlassen, sonst hätte der Vater die Alternativen
nicht aufzuzeigen brauchen. Allerdings wäre dann zu
fragen, wieso etwa Mitglieder der Oberschicht nicht
ihre hohe und gleichzeitig freudlose Stellung - in die

sie angeblich unentrinnbar 'hineingeboren' waren
("being born to great things") - verließen und das
doch unvergleichlich angenehmere Leben in der Mittelschicht suchten. Vermutlich ahnte auch der Sohn,
daß die Aussagen seines Vaters der sicheren Geborgen-
heit des Rentiers entstammten und nur das Idealbild
eines Lebens darstellten, das in Wahrheit aus dauernder Arbeit, Fleiß, Sparsamkeit und zahlreichen Ent-
behrungen bestehen mußte, sollte es einmal zu den
Annehmlichkeiten führen, von denen der Vater zu berichten wußte, welche in Wahrheit dem Lebensstil der
Oberschicht viel näher standen als dem Alltag der
überwiegenden Mehrzahl aller Mitglieder der Mittelschicht.

Auch reizte ihn ganz offenbar noch nicht einmal
der Gedanke, relativ problemlos an das vom Vater Erreichte anzuknüpfen, indem er (zwar ohne der Haupt-
erbe zu sein) einen angenehmen und finanziell lukra-
tiven Beruf wie den des Juristen ausüben konnte,
sondern Robinson Crusoe wollte in jeder Hinsicht mehr:
mehr sehen und erleben ("Adventures"; "rambling
Thoughts") und mehr Reichtum ("to rise by Enterprize");
sein Ziel glich genau dem derjenigen Männer, vor deren
Plänen der Vater gewarnt hatte, die nämlich beabsich-
tigten, "[to] make themselves famous in Undertakings
of a Nature out of the common Road" (RC I, I,2).

Immer wenn Robinson Crusoe nach dem Bruch mit dem
Vaterhause und seiner Geisteshaltung zurückblickt, nennt
er abwechselnd oder zusammen zwei Arten von Gründen
für sein Verhalten; sie finden sich mehrfach im ersten
Teil des Romans, werden aber auch im zweiten Teil
wieder aufgenommen:

(1) - "the wild and indigested Notion of
raising my Fortune" (<u>RC</u> <u>I</u>, I,16)

- "those aspiring Thoughts which have
since so compleated my Ruin" (<u>RC</u> <u>I</u>, I,18)

- "I rejected the Voice of Providence,
which had mercifully put me in a Posture
or Station of Life, wherein I might have
been happy and easy" (<u>RC</u> <u>I</u>, I,104)

- "the general Plague of Mankind ... I
mean, that of not being satisfy'd with
the Station wherein God and Nature has
plac'd them" (<u>RC</u> <u>I</u>, I,225)

(2) -" my Head began to be fill'd very early
with rambling Thoughts: ... I would be
satisfied with nothing but going to
Sea" (<u>RC</u> <u>I</u>, I,1/2)

- "all these Miscarriages were procured by
my apparent obstinate adhering to my
foolish inclination of wandring abroad"
(<u>RC</u> <u>I</u>, I,42)

- "but I was inur'd to a wandring Life"
(<u>RC</u> <u>I</u>, II,104)

Weder die eine noch die andere Motivation kann sein
Verhalten je für sich vollständig erklären, deshalb
ist es sicherlich zu einseitig, wenn Watt den Ent-
scheidungsprozeß des Sohnes wie folgt interpretiert:

> the argument between his parents and himself is
> a debate, not about filial duty or religion, but
> about whether going or staying is likely to be
> the most advantageous course materially: both
> sides accept the economic argument as primary.27

Dem Vater rein ökonomisches Argumentieren vorzuwerfen,
ist verfehlt; primär zählen für ihn Sicherheit und Be-
quemlichkeit, als deren selbstverständliche Voraussetzungen er "Plenty" und ein "middle Fortune" ansieht,
während er doch ausdrücklich vor dem Besitz (vom Erwerb selbst spricht er ja nie) von "Riches" warnt.

Differenzierter muß man auch Robinson Crusoes
Absichten betrachten, der zwar zweifellos mit einem
gesicherten Leben in der Mittelschicht und einem
entsprechenden mittelmäßigen Vermögen nie zufrieden
ist, dem es aber ebenso nie allein um den Reichtum
geht, sondern stets auch darum, seiner Umwelt und
sich selbst zu beweisen, daß er immer alles besser
kann als seine Mitmenschen und daß er jeder Situation
gewachsen ist.

Wer - wie Watt - glaubt: "profit is Crusoe's only
vocation, and the whole world is his territory", verkennt ganz offenbar, daß allein vier Fünftel des
ersten Teiles auf einer Insel spielen , die fernab
jeder Handelsmöglichkeit liegt und auf der einfach
kein Profit gemacht werden kann; [28] er verkennt ebenso, daß zu Beginn des zweiten Teiles der reiche Landbesitzer Robinson Crusoe (" I had gain'd ten thousand
Pound, I had been no richer "), der sich anschickt,
ein "meer Country Gentleman" zu werden (und was mehr
hätte er zur damaligen Zeit erreichen können?), wiederum seine Position verläßt, um der starken Neigung zu
folgen: "to go Abroad again".

Dies soll nun allerdings nicht heißen, daß Robinson
Crusoe keinen Wert auf Geld und Reichtum legt, gerade
in seiner Jugend - vor dem Inselaufenthalt - hat dieser
Antrieb großes Gewicht, jedoch nie das alleinige.

Anders als in den meisten übrigen Romanen Defoes
spielt hier auch das Motiv der Erlangung einer höheren
Gesellschaftsposition keine dominierende Rolle. Zwar
stellt der Held seine Abstammung gemäß der Tradition
einer adligen Genealogie dar und ist mit dem vom Vater
propagierten Mittelstand nicht zufrieden, aber seine
Abneigung galt offenbar weniger dem damit verbundenen

sozialen Rang als vielmehr der bürgerlich-satten
Gesinnung, die auf eine Sicherung des Erreichten
mehr Wert legt als auf ein aktives Anstreben des
Neuen.

Da im weiteren Verlauf des Romans keine im Sinne
des Vaters repräsentativen Vertreter des Mittelstandes noch der Unter- oder Oberschicht auftreten und
der bei weitem größte Teil außerhalb einer eigentlichen Gesellschaft spielt, scheint die Rede des
Vaters recht isoliert am Anfang des Ganzen zu stehen.
Tatsächlich aber wird häufig darauf Bezug genommen,
nicht nur, daß das Denken des Sohnes weitgehend von
mittelständischen Kategorien geprägt ist, es wird
sich zeigen, daß an zahlreichen Stellen direkt und
zum Teil wörtlich auf die Rede zurückgegriffen wird.
Dabei hat das 'Mittelständische Credo' eine strukturierende Funktion, indem es -vergleichbar mit
einem magnetischen Plus-Pol - den Helden anzieht,
wenn es ihm schlecht ergeht (er sich also 'minus'
nähert) und ihn abstößt, wenn er sich selbst in einer
mittelstandsähnlichen Position (also 'plus') befindet. Der strukturell wesentlichere Effekt ist der
des 'Abstoßens', er tritt gleich zu Beginn des ersten
Romanteiles auf, wiederholt sich schon bald und ist
dann wieder am Anfang der Farther Adventures zu finden.

3.1.1.3. Stationen bis zur Insel

Doch zunächst kommt Robinson Crusoe zweimal in
Situationen, die ihm die Vorteile des väterlichen
Lebensstiles konkret vor Augen stellen. Angesichts
des scheinbar lebensbedrohenden Sturmes auf seiner
ersten Schiffsreise erkennt er:

> Now I saw plainly the Goodness of his Obser-
> vations about the middle Station of Life, how
> easy, how comfortably he had liv'd all his
> Days, and never had been expos'd to Tempests
> at Sea or Troubles on Shore. (RC I, I,7)

Doch solche Gedanken schwinden mit der sie aus-
lösenden Situation und kehren erst wieder, als er
im Verlauf der zweiten abenteuerlichen Afrikareise
als Sklave festgesetzt wird. Robinson Crusoe registriert zunächst seine radikal veränderte soziale
Lage - "this surprising Change of my Circumstances
from a Merchant to a miserable Slave" (RC I, I,20) -
und prompt erscheint ihm das Bild des Vaters vom
Mittelstand wieder verlockend und anziehend;
schließlich verhieß es statt schwerer Arbeit ("the
common Drudgery of Slaves") "Ease" und "Pleasure"
und statt Einsamkeit und Isolation "Society". Daß
der Vater sogar ausdrücklich erklärt hatte, die
Mittelständler seien eben nicht "sold to the Life
of Slavery for daily Bread", dürfte dem Sohn nun
recht eindringlich bewußt geworden sein.

Am Beispiel Robinson Crusoes demonstriert Defoe
dann zwei Grundthesen seines kaufmännischen Denk-
systems. Erstens wird mit dem - oft diskutierten -
Verkauf des treuen "Boy Xury" die Maxime "Trade
knows no Friends" sehr praktisch exemplifiziert,[29]

zweitens bestätigt der rettende portugiesische
Kapitän die in der Review geäußerte Auffassung,
daß Neuankömmlinge in den Kolonien ohne ein Mini-
mum an Besitz ('stock') keinerlei Chancen hätten:
"if I should take from you what you have, you will
be starved there, and then I only take away that
Life I have given" (RC I, I,36).
    Obwohl er in Brasilien zunächst wie ein 'mecha-
nick' schwere körperliche Arbeit ("by the Labour of
my Hands") verrichtet - allerdings mit dem bedeut-
samen Unterschied des Landbesitzes - ahnt Robinson
Crusoe schon bald, wohin seine Tätigkeit führen
wird:

> I was gotten into an Employment quite remote to
> my Genius, and directly contrary to the Life I
> delighted in, and for which I forsook my
> Father's House, and broke thro' all his good
> Advice; nay, I was coming into the very
> M i d d l e   S t a t i o n, or upper Degree of
> low Life, which my Father advised me to before;
> and which if I resolved to go on with, I might
> as well ha' staid at Home (RC I, I,39;m.Sp.).

Dank ausgeprägter mittelständischer Tugenden - Fleiß
und Sparsamkeit - hat er alle Aussichten, in kurzer
Zeit "exceeding prosperous and rich" zu werden und
ein Vermögen von schätzungsweise 3000 bis 4000 Pfund
anzusammeln.
    Wiederum tritt der Effekt des 'Abstoßens' ein, und
nur in der Retrospektive beurteilt Robinson Crusoe
seine damalige Lage positiv:

> Had I continued in the Station I was now in, I
> had room for all the happy things to have yet
> befallen me, for which my Father so earnestly
> recommended a quiet retired Life, and of which
> he had so sensibly describ'd the middle Station
> of Life to be full of (RC I, I,42).

In der konkreten Situation nutzt er die erstbeste,
vielversprechende Gelegenheit, dem "quiet retired

Life" zu entfliehen. Abenteuerlust und "a rash and
immoderate Desire of rising faster than the Nature
of the Thing admitted" (RC I, I,42) lassen ihn das
riskante Geschäft des Sklavenhandels ergreifen und
damit einen Grundfehler begehen, vor dem der Vater
(und auch Defoe im Complete English Tradesman) gewarnt hatte:

> now increasing in Business and in Wealth, my
> Head began to be full of Projects and Under-
> takings beyond my Reach; such as are indeed
> often the Ruine of the best Heads in Business
> ... for me to think of such a Voyage, was the
> most preposterous Thing that ever Man in such
> Circumstances could be guilty of.
> (RC I, I,41/42;44; m.Sp.) 30

Diese Beurteilung des Entschlusses, die vernünftigen,
kaufmännischen Überlegungen entspricht, entstand
sicherlich erst wieder im Nachhinein, denn ad hoc
entscheidet er sich ganz spontan für das vielversprechende Abenteuer.

Als Robinson Crusoe dann am 1. September 1659 an
Bord geht, stimmen nicht nur Wochentag und Monat
mit den Daten seines Verlassens des Elternhauses
überein, sondern auch mehrere andere Umstände:
Wieder einmal verhält er sich genau anders als es
der Vater riet, wieder sind die Motive Abenteuerlust und (übersteigertes) Gewinnstreben, und wieder
einmal erlangt der Faktor 'Flucht vor dem Mittelstand' eine strukturell bedeutsame Funktion in der
Romanhandlung - nicht zum letzten Mal.

3.1.1.4. Die Insel

Es scheint paradox, den Inselaufenthalt unter gesellschaftlichen Gesichtspunkten untersuchen zu wollen;
dies gilt natürlich in erster Linie für die 25 Jahre,
die Robinson Crusoe allein auf der Insel verbringt.
Doch auch als Freitag auftaucht, ist damit noch keine

Gesellschaft im eigentlichen Sinne entstanden.

Auch kann man nicht davon sprechen, daß Robinson
Crusoe auf der Insel die Entwicklung vom Naturzustand bis zur Entstehung einer bestimmten Gesellschaftsform durchlebt, obwohl er selbst einmal von
sich sagt: " I ... was reduced to a meer State of
Nature" (RC I, I,136). Seine Situation hat kaum
irgendeine Ähnlichkeit mit den Gedankenmodellen
Hobbes' oder Lockes, auch wenn einige Faktoren, wie
die Angst, etwa an die Grundstimmung des Hobbeschen
Naturzustandes erinnern. Es fehlen jedoch die wesent-
lichsten Komponenten, deren Aufeinandertreffen erst
jede Theorie eines Naturzustandes interessant macht:
die Menschen. Ohne sie kann weder ein Kampf aller
gegen alle drohen noch ein Naturgesetz den einzelnen dazu anhalten, den anderen nicht in Leben, Gesundheit, Freiheit oder Besitz zu beeinträchtigen.
Und noch eine wesentliche Voraussetzung für jeglichen
Naturzustand ist nicht erfüllt: Robinson Crusoe ist
selbst schon das Produkt einer bestimmten Gesellschaftsform;und er hat - durch einen glücklichen Umstand - allerlei Dinge zu seiner Verfügung, die ihn
auch materiell weit von jedem Urzustand entfernen.[31]

Als Freitag und später der Spanier und Freitags
Vater auf der Insel erscheinen - und die eigentliche
Situation eines Naturzustandes gegeben wäre, finden
sie in Wahrheit schon eine bestehende Gesellschaftsordnung vor, die Robinson Crusoe aus seiner Heimat
mitgebracht und auf die Insel übertragen hat: die
absolute Monarchie.

Robinson Crusoe lebt nämlich in seiner Vorstellung,
sobald er auf der Insel angekommen ist, in genau derselben Gesellschaftsform weiter, die er verließ: in
seiner Ein-Mann-Gesellschaft gibt es auch 'mechanicks',

Kaufleute, 'gentlemen' und sogar einen König, in
allen diesen Rollen sieht er sich nämlich selbst,
und er spielt sie nicht nur alleine, sondern auch
noch gleichzeitig.

Die Ausübung aller dieser Funktionen trägt wesentlich dazu bei, daß er in seiner Einsamkeit nicht ver-
zweifelt oder an ihr zugrunde geht; denn die Handarbeit beschäftigt seinen Körper, die Ideen eines Lebens
als 'gentleman' und als Herrscher des Eilandes seine
Phantasie, und das Grundgerüst seines Denkens und
Handelns bilden mittelständische Eigenschaften wie
Vernunft, Fleiß, Sparsamkeit und Sicherheitsdenken.

3.1.1.4.1. Lower Part

Als Robinson Crusoe sich auf der Insel wiederfindet,
weiß er zwar sein Leben gerettet, aber seine Situation
ist zunächst desolat: "I had nothing about me but a
Knife, a Tobacco-pipe, and a little Tobacco in a Box,
this was all my Provision" (RC I, I,53); und er bezeichnet sich als: "left entirely destitute of all
Comfort and Company" (RC I, I,54). Ihm fehlen sämtliche
"Necessaries of Life", wie sie im Abschnitt über die
Wirtschaft definiert wurden, ganz zu schweigen von
Gütern der Gruppe "Luxury"; [32] und ihm fehlen Mitmenschen, doch hat man stets den Eindruck, daß ersteres
schwerer wiegt.

Diese Ausgangsposition kann Robinson Crusoe suk-
zessiv verbessern, denn sein Motto lautet: "It was in
vain to sit still and wish for what was not to be had,

and this Extremity rouz'd my Application" (RC I,I,55).
Das gestrandete Schiff bietet ihm die Möglichkeit,
seine materiellen Mängel unter dem Einsatz körperlicher Arbeit zu decken: "with a great deal of
Labour and Pains, but hope of furnishing my self with
Necessaries, encourag'd me to go beyond what I should
have been able to have done upon another Occasion."
(RC I, I,55/56). Planmäßig sorgt er zunächst für einen
Grundvorrat an Lebensmitteln ("Provision"), für Kleidung, Werkzeuge und schließlich Waffen, genau dem
schon oben erwähnten Schema der Review entsprechend, wo
nach den "Necessaries of ... Subsistance" die "Necessaries of Defence" aufgeführt wurden; hierzu zählten
Geräte für den Haushalt, Kleidung und Waffen zur Verteidigung des Lebens und Besitzes. 33
   In seiner spezifischen Situation wird ihm (und dem
Leser) nun klar, welche Bedeutung so scheinbar selbstverständliche und im Alltag nie weiter reflektierte
Dinge wie Handwerkszeug und das Wissen seiner Hand-
habung haben. Der gesamte Bereich der von 'mechanicks'
ausgeübten Tätigkeiten erscheint nun als Grundlage und
Voraussetzung eines angenehmen Lebens. Beim Entdecken
der Werkzeugkiste des Schiffzimmermannes (eines vorher
natürlich nie erwähnten 'mechanick') bemerkt er: "the
Carpenter's Chest ... was indeed a very useful Prize
to me, and much more valuable than a ship loading of
gold would have been at that time" RC I, I,56/57).
   Mit Hilfe dieser Geräte und unter Einsatz harter
körperlicher Arbeit ("labour'd very hard all Day";
"infinite Labour") wehrt Robinson Crusoe zunächst
äußere Gefahren durch Wall und Zaun ab, baut sich
eine Behausung und schließt diese erste Phase der
Existenzsicherung mit den beruhigenden Gedanken an
seine relativ gute Ausstattung mit dem Lebensnotwendigen ab:

> Then it occurr'd to me again, how well I was
> furnish'd for my Subsistance ... What would
> have been my Case, if I had been to have liv'd
> in the Condition in which I at first came on
> Shore, without Necessaries of Life, or Neces-
> saries to supply and procure them? Particularly
> said I aloud, (tho' to my self) what should I
> ha' done without a Gun, without Ammunition,
> without any Tools to make any thing, or to work
> with ... now I had all these to a Sufficient
> Quantity ... so that I had a tollerable View
> of subsisting without any Want as long as I
> liv'd. (RC I, I,71)

Auch wenn er einige wichtige Geräte, wie Spaten, Spitz-
hacke und Schaufel sowie Nadel und Faden vermißt, kann
er nun daran gehen, sich gewisse Annehmlichkeiten zu
verschaffen: "I began to apply my self to accommodate
my way of Living" (RC I, I,76); zu den wichtigsten
Voraussetzungen zählt er Tisch und Stuhl: "without these
I was not able to enjoy the few Comforts I had in the
World, I could not write, or eat, or do several things
with so much Pleasure without a Table." (RC I, I,77).
Zur Herstellung dieser - in der Heimatgesellschaft von
'mechanicks' produzierten - recht alltäglichen Gegenstände, bedarf es neben spezieller Werkzeuge auch
einigen Wissens und Geschicks, das Robinson Crusoe zuerst nicht besitzt, sondern sich nach und nach aneignen
muß. Dabei helfen ihm seine Ausdauer - an Zeit mangelt
es ihm natürlich nicht - und ein ausgeprägter Glaube an
die Möglichkeiten der menschlichen Vernunft, der daran
erinnert, daß sein Schöpfer (als ein Vertreter des
'Zeitalters der Vernunft') sogar seine Schrift Jure
Divino der "LADY REASON, FIRST MONARCH OF THE WORLD"
gewidmet hatte:

as Reason is the Substance and Original of the
Mathematicks, so by stating and squaring every
thing by Reason, and by making the most rational
Judgment of things, every Man may be in time
Master of every mechanick Art. I had never
handled a Tool in my Life, and yet in time by
Labour, Application, and Contrivance, I found
at last that I wanted nothing but I could have
made it, especially if I had had Tools. (RC I, I,77)

Ausdrücklich spricht er auch davon, "Experiments" anzustel-
len, um "Experience" zu sammeln, am häufigsten aber betont
er die Schwere der Arbeit und den hohen Zeitaufwand, die
beide zur Schaffung selbst der einfachsten Dinge nötig
sind; so beschäftigt er sich tagelang mit dem Tisch und
muß, um ein einziges Brett zu produzieren, einen ganzen
Baum fällen und bearbeiten. Doch auch wenn er zuerst noch
einige Schwierigkeiten hat, die bei bestimmten Gegenständen,
wie dem Rad und dem Schleifstein,nie schwinden, kommt er
doch schließlich zu der hoffnungsvollen Aussage: "I was
yet but a very sorry Workman, tho' Time and Necessity made
me a compleat natural Mechanick soon after, as I believe
it would do any one else" (RC I, I,82).

Robinson Crusoe, der wohl nicht ohne einen gewissen
Stolz darauf hinwies, daß er es bisher noch nicht nötig
hatte, Werkzeuge in die Hand zu nehmen, muß also alle diejenigen Arbeiten verrichten, welche zu Hause die Handarbeiter getan hatten. Nun selber in der Rolle eines 'mechanick'
erkennt er die Nützlichkeit dieser Bevölkerungsgruppe. Zeitweise durchlebt er auch dieselben Bedingungen, die der Vater in seiner Rede dem 'mechanick Part' zugeschrieben hatte:
"Want of Necessaries", "Hardships", "hard Labours", "Labours of the Hands"; und als Robinson Crusoe darangeht,
Brot zu backen, erinnern seine Worte wiederum an die des
Vaters: "It might be truly said, that now I work'd for my
Bread" (RC I, I,135). [34]

Doch wie die Zitate schon andeuteten, ist er
nicht nur in der Lage, die 'mechanicks' zu ersetzen,
er vermag in einigen Punkten sogar Besonderes zu
leisten; so hält er sich für einen "very good Carpen-.
ter", erreicht "an unexpected Perfection in my Earthen
Ware" und sagt von sich "In my Wicker Ware also I im-
proved much" (RC I, I,166).

Besonders erfolgreich ist er aber in seiner land-
wirtschaftlichen Tätigkeit: Aus anfänglich zehn bis
zwölf Getreidekörnern produziert er mit großer Umsicht
und Sparsamkeit in vier Jahren so viel, daß er genügend Korn zum Brotbacken besitzt. In dieser Zeit be-
arbeitet er das Land, zäunt es ein und registriert
sorgfältig die besonderen klimatischen Bedingungen der
Insel, die es ihm schließlich erlauben, sogar zweimal
im Jahr zu ernten. Er nennt sich auf diesem Gebiet
"Master of my Business" und vermag derartige Mengen zu
erzeugen, daß er den Anbau begrenzen muß, um kein Getreide verderben zu lassen.

Auch die Viehzucht hat es ihm angetan; als er feststellt, daß das dauernde Erlegen von wilden Ziegen zu
sehr an seinen Munitionsvorräten zehrt, fängt und
zähmt er zwölf Tiere, sucht geeignetes Weideland aus,
hegt nach dem Vorbild der sich damals durchsetzenden
"Enclosures" (so nennt Robinson Crusoe die Weide-
flächen auch ausdrücklich) ein und sieht sich zwei
Jahre später im Besitz einer Herde von 43 Tieren. Diese
Ziegen, die er oft stolz "my Cattle" nennt, dienen ihm
jedoch nicht nur als Fleischlieferanten:

> now I set up my Dairy, and had sometimes a Gallon
> or two of Milk in a Day. And as Nature, who gives
> Supplies of Food to every Creature, dictates even
> naturally how to make use of it; so I that had
> never milk'd a Cow, much less a Goat, or seen
> Butter or Cheese made, ... made me both Butter and
> Cheese at last, and never wanted it afterwards.
> (RC I, I, 170/171)

Wenngleich Kott mit seiner These, daß der "einsame
Robinson ... auf der öden Insel den Kapitalismus
[gründet]", sicherlich zu weit geht (oder beutet
sich Robinson Crusoe, der das Privateigentum an den
Produktionsmitteln besitzt und zugleich von seiner
eigenen Arbeitskraft abhängig ist, etwa selbst aus?),[35]
so hat er dennoch recht mit seinen Feststellungen,
daß Robinson Crusoe wichtige ökonomische Gesetze entdeckt:

> das der gesellschaftlichen Arbeitsteilung und
> das des Austausches der Dienstleistungen. ...
> Robinson ist ein Vorläufer von Smith und Ricardo.
> Robinson weiß schon genau, daß jeder Wert aus
> der Arbeit herrührt und daß man ihn nach der zu
> seiner Produktion nötigen Zeit mißt. Robinson
> unterscheidet sogar auf der öden Insel - um mit
> der Sprache der Ökonomie zu sprechen - die ab-
> strakte Arbeit von der konkreten Arbeit, die
> Zeit, die in der Gemeinschaft unbedingt zur Pro-
> duktion des betreffenden Gegenstandes erforder-
> lich ist, von der Zeit, die er selbst zur An-
> fertigung braucht.[36]

Robinson Crusoe erfährt somit in der Praxis seines
Alltages diejenigen Gesetzmäßigkeiten, die Defoe in
theoretischen Erörterungen behauptet hatte, die Fiktion dient dem Durchspielen von Ideen.

Der 'mechanick' Robinson Crusoe, der als Bauer,
Fischer, Töpfer, Bäcker, Schreiner, Bootsbauer und
in zahlreichen anderen Handwerken tätig ist, befindet
sich natürlich in einer völlig anderen Situation als
die 'mechanicks' seiner Heimatgesellschaft; er trans-
zendiert deren ökonomische Bedingungen, indem er weder
lohnabhängig noch besitzlos ist. Er arbeitet stets
als Selbständiger, und die Ergebnisse seiner Arbeitskraft - darauf hat schon Marx hingewiesen - kommen
ausschließlich ihm selbst zugute.[37] Auch kann er
keineswegs als arm oder gar bedürftig bezeichnet wer-

den, ist er doch im Besitz von Werkzeugen und zahlreichen Gegenständen des täglichen Bedarfs sowie von
zu bearbeitendem Grund und Boden, der mehr produzieren könnte,als er jemals benötigte. Und in einem
weiteren Punkt unterscheidet er sich ganz wesentlich
von den heimatlichen 'mechanicks', die Arbeit ist für
ihn nicht Zwang, sondern Beweis seiner Fähigkeiten
und Möglichkeiten; für ihn sind die Folgen der harten
Arbeit nicht "Distempers", wie der Vater es dem
"mechanick Part" nachgesagt hatte, sondern im Gegenteil erst die Voraussetzung seines Überlebens in
materieller und psychischer Hinsicht, so daß er sogar
von sich behaupten kann: " I ... began to enjoy my
Labour" (RC I, I,117).[38]

3.1.1.4.2. Middle Station

Als 'Merchant' oder 'Tradesman' im engeren Sinne kann
Robinson Crusoe auf der Insel nicht tätig werden, dazu fehlte es an Handelspartnern, außerdem lag die Insel
- wie er mehrfach ausdrücklich bemerkt - weitab von
jedem traditionellen Handelsweg.[39] Aber Weimann - dem
wohl überzeugendsten Interpreten des Romans - ist voll
zuzustimmen, wenn er ihn in seinem Verhalten mit einem
Kaufmann vergleicht, der "ein Muster an ökonomischer
Tatkraft und Voraussicht" sei und die "besten Eigenschaften des aufstrebenden nachrevolutionären Bürgertums" verkörpere.[40]

Tatsächlich erweist sich Robinson Crusoe auch auf
der Insel in seinem ganzen Denken und Verhalten, bedingt durch seine Herkunft und bisherige Tätigkeit,
als außerordentlich stark von mittelständischem Kauf-
mannsgeist geprägt.

Seine Fahrten zu den beiden vor der Insel gesunkenen
Schiffen gleichen Handelsreisen mit geringstem Einsatz
und größtem Gewinn; er nennt seine Ladung sogar ausdrücklich "Cargo" und spricht von der Landungsstelle
als "a Port to get to Land with my Cargo" (RC I, I,57).
Mit rastlosem Fleiß bringt er Ladung um Ladung an Land
und häuft auf diese Weise eine solche Menge von Gütern
und Vorräten an, daß der Bau eines Lagers notwendig
wird. Sinngemäß nennt er die Erdhöhle, in der er seine
Waren unterbringt, abwechselnd "Storehouse", "Warehouse
or Magazine" oder "general Magazine". Voll vorbildlicher Ordnungsliebe stattet er diese Räume mit langen
Regalen aus, auf denen jedes Ding seinen festen Platz
hat; so kann er nicht nur stolz von seinen Gütern
sagen "I had the biggest Maggazin of all Kinds now
that ever were laid up, I believe, for one Man", sondern
zur Freude über den Umfang des Besitzes gesellt sich
noch die Genugtuung über die sinnvolle Anordnung und
sofortige Verfügbarkeit im Falle des Bedarfs, außerdem
wird der Überblick über den Bestand gewährt, eine Notwendigkeit, auf die Defoe im Complete English Tradesman
nachdrücklich hingewiesen hat. [41]

Doch auch in anderer Hinsicht erweist sich Robinson
Crusoe als vorbildlicher Kaufmann; er ist stets um
sorgfältige Buchführung bemüht. Durch die gesamte Erzählung ziehen sich die Berechnungen und Aufstellungen
von Soll und Haben, Kott hat darum nicht unrecht mit

seiner Bemerkung: "fast die ganze Beschreibung von
Robinson Crusoes Aufenthalt auf der. menschenleeren
Insel stellt ja ein einziges großes Handelsbuch dar,
das Kredit und Debet enthält." [42]
    Seine Gegenüberstellung von "Evil" und "Good" be-
schreibt Robinson Crusoe selbst in diesen Kategorien:
"I stated it very impartially, like Debtor and Cre-
ditor, the Comforts I enjoy'd, against the Miseries
I suffer'd" (RC I, I,74). [43] Bemerkenswert erscheint an der Mentalität dieser Aufstellung, daß
jeweils dem als "Evil" beklagten Mangel an Mitmenschen
stets als "Good" der Besitz materieller Güter gegenübergestellt wird; die Freude am Eigentum wiegt also
für Robinson Crusoe die Trauer über seine Einsamkeit
weitgehend wieder auf:

Evil.	Good.
...	...
I am divided from Man-kind a Solitaire, one banish'd from humane Society.	But I am not starv'd and perishing on a barren Place, affording no Sustenance.
...	...
I have no Soul to speak to, or relieve me.	But God wonderfully sent the Ship in near enough to the Shore, that I have gotten out so many neces-sary things as will either supply my Wants, or enable me to supply my self even as long as I live. (RC I, I,75)

Wie es Defoe den guten Kaufleuten empfohlen hatte, so
führt auch Robinson Crusoe ein "Journal", das natürlich keine Einnahmen und Ausgaben im eigentlichen Sinne,
sondern die Daten der Auseinandersetzung mit der Umwelt enthält und "every Days Employment" darstellen
soll (RC I, I,78). Darüber hinaus finden sich an zahlreichen Stellen 'Accounts', die nach dem Muster '1.,
2., 3. ...' einen bestimmten Tatbestand unter verschie-

denen Aspekten prägnant beschreiben. [44] Ein weiteres beachtenswertes Beispiel für konsequente Buchführung ist auch die ordentliche Abrechnung der bei
einem Kampf getöteten Wilden, wobei die einzelnen
Bezwinger 'ihre' Toten aufs Konto gebucht bekommen:

> The Account ... is as follows;
>   3 Kill'd at our first Shot from the Tree.
>   ...
>   2 Kill'd by Friday in the Boat.
>   2 Kill'd by Ditto, of those at first wounded.
>   1 Kill'd by Ditto, in the Wood
>   3 Kill'd by the Spaniard.
>   ...
>   4 Escap'd in the Boat, whereof one wounded if
>   not dead.
>
>   ___
>   21 In all
>   ___

Auch Freitags Name erscheint nur als ein Faktor, der
durch "Ditto" ersetzbar ist, 'Trade' kennt nun einmal
keine persönlichen Beziehungen.

Defoes Verfahren, Elemente des kaufmännischen Haupt-
buches in den Roman zu übernehmen, hat natürlich neben
der unbestreitbaren Übersichtlichkeit den Vorteil,
gerade beim damaligen Leser den Eindruck zu erwecken,
daß alle Angaben klar, eindeutig und letztlich scheinbar überprüfbar seien; wie hieß es doch im Complete
English Tradesman, dem "kaufmännischen Knigge" (Weimann):
"the books can tell him [=the tradesman] at any time
what his condition is." [45]

Wenngleich sich Robinson Crusoe auf der Insel nie
ausdrücklich als 'Merchant' oder 'Tradesman' fühlt
oder bezeichnet, lebt er doch in einer gut mittelständischen Form der Existenz, die neben den schon erwähnten
Aspekten geprägt wird von starkem materiellen Sicherheitsdenken, planender Vorausschau und gezielter Vor-

ratshaltung (neben dem "Magazine" besitzt er auch
noch ein "living Magazine", und zusätzliche Getreide-
anbaufläche ist bereits projektiert; RC I, I,176).
Überdies stellt Robinson Crusoe ein Muster an Sparsamkeit und geordneter Lebensführung dar; als er
gerade einen Monat auf der Insel ist, beginnt er schon,
seinen Tagesablauf genau festzulegen: "This Morning
I began to order my times of Work, of going out with
my Gun, time of Sleep, and time of Diversion" (RC I, I,81).
Auch vergeudet er keine Zeit mit nutzloser Tätigkeit
oder durch Müßiggang, stets bestimmen Fleiß und Be-
triebsamkeit sein Verhalten, so daß er sich das gute
Zeugnis ausstellen kann: "I was very seldom idle; but
having regularly divided my Time, according to the
several daily Employments"; RC I, I,131); und - im
Hinblick auf das erste gestrandete Schiff - "this
satisfactory Reflection, viz. That I had lost no time,
nor abated no Dilligence to get every thing out of
her that could be useful to me" (RC I, I,65).
   Im Grunde ist Robinson Crusoe also recht zufrieden
mit sich und zeitweise auch mit seiner Lebenssituation
auf der Insel; zwar macht er dann und wann Krisen-
zeiten durch, in denen er sich wiederum wünscht, auf
den Rat des Vaters gehört zu haben, aber man verliert
nie den Eindruck, daß er auf der Insel durchaus
glücklich wäre, wenn ihm nicht der Umgang mit den
Mitmenschen fehlte (so muß "Society" in diesem Kontext wohl verstanden werden). Diesen Mangel beklagt
er durchgängig und regelmäßig.   "Society" hatte
ihm der Vater für den Fall versprochen, daß er Mitglied der "middle Station" würde. Bemerkenswert
bleibt in diesem Zusammenhang, daß Robinson Crusoe
andererseits auf der Insel wesentliche der als an-

genehm geschilderten Seiten des Mittelstandes selbst
erlebt: sein Besitz entspricht recht genau der "Plenty"
des 'Mittelständischen Credo', er sagt von sich "in
this plentiful Manner I lived; neither could I be
said to want any thing but Society" (RC I, I,171/172)
und sogar: "I had all that I was now capable of
enjoying: ... I possess'd infinitely more than I knew
what to do with" (RC I, I,148/149).

Erreicht hatte Robinson Crusoe dies alles auf die
gleiche Weise, die der Vater empfohlen hatte, durch
"Application and Industry". Wie die Mittelständler
wird er also nicht von Begierden nach mehr Besitz
oder "Extravagancies" und "Luxury" getrieben noch
durch "Want of Necessaries" oder "insufficient Diet"
gequält, zeitweise lebt er nach eigener Aussage durchaus "easy enough".

Dazu bestimmen allein "Vertues" seinen Lebenswandel; denn abgesehen davon, daß vielerlei Möglichkeiten zu 'sündigen' einfach fehlten ("I was remov'd
from all the Wickedness of the World here"; RC I, I,148),
hält er sich auch tugendhaft (und ganz im Sinne
Defoes) vom vorhandenen Alkohol und sogar vom Tabak
fern, beides benutzt er nur sehr sparsam als Medi-
zin. [46]

3.1.1.4.3. Upper Station

Legte Robinson Crusoe gleich zu Anfang des Romans
Wert darauf, seiner Biographie Ähnlichkeit mit solchen
des Adels zu geben, so setzt er auf der Insel sein
Bemühen fort, sich in den Kategorien des Adels, ja
sogar als König darzustellen.

Die Insel bot zu einem solchem Verhalten in doppelter Hinsicht beste Voraussetzungen. Erstens betrachtete
Robinson Crusoe - dem auf Grotius fußenden Rechts-
grundsatz der 'prima occupatio' folgend - Grund und
Boden als sein unbestreitbares Eigentum; [47]   die
Voraussetzung des Landbesitzes als notwendiges Krite-
rium der Zugehörigkeit zum Adel war somit gegeben.
Zweitens bestand auf der Insel natürlich keine traditionelle Gesellschaft, die durch Familien- und Stamm-
baumdenken einem Neuling eine bestimmte soziale Rolle
vorschreiben konnte.

Unter diesen Gesichtspunkten ist die Insel für
ihren Eigentümer auch nicht einfach ein wildes, unbe-
wohntes und relativ wertloses Stück Land weitab jeder
Schiffahrtslinie, sondern er malt sie sich als einen
Teil der heimatlichen Insel England aus, wenn er mit
einigem Stolz zum Beispiel ein Tal betrachtet: "the
Country appear'd so fresh, so green, so flourishing
... that it looked like a planted Garden" (RC I, I,114).
Mit demselben Bild hatte Defoe in der Tour seine
Heimat von einem 'gentleman' charakterisieren lassen,
der damit möglicherweise eine damals verbreitete Auf-

fassung wiedergab: "England was not like other
countries, but it was all a p l a n t e d g a r-
d e n".[48] Konsequent vergleicht sich Robinson
Crusoe auch durchaus mit einem englischen Lord:
"this was all my own, ... and if I could convey it,
I might have it in Inheritance, as compleatly as
any Lord of a Mannor in England" (RC I, I,114), und
er vergißt nie zu betonen, daß das Land nicht nur
sehr ausgedehnt, sondern darüberhinaus noch außerordentlich fruchtbar und wirtschaftlich nutzbar
sei : man könne ohne weiteres viele Schiffsladungen
Korn und Rosinen produzieren und in den Wäldern
riesige Mengen Holz schlagen.[49]

Zahlreiche äußere Attribute weisen Robinson Crusoe
außerdem für den zeitgenössischen Leser als Mitglied
des Adels aus; auf ihre Bedeutung wurde im historischen Teil mehrfach hingewiesen.

So bezeichnet er seine Unterkunft, bestehend aus
Höhle und Zelt, nachdem sie durch Pfähle, Taue und
eine Leiter abgesichert ist, durchweg 'standesgemäß'
als "my Castle", umgeben mit einem "Wall" und be-
stückt mit den Musketen - "like Pieces of Cannon".[50]
Doch wie es in den Kreisen von 'nobility' und
höherer 'gentry' üblich war, verfügt auch Robinson
Crusoe über mehrere Wohnsitze; seinen ersten bezeichnet er abwechselnd als "Sea-Coast-House", "chief
Seat" oder "my Residence" und eine weiter im Inneren
des Landes gelegene Hütte ("a little kind of a Bower;
RC I, I,117) als "Country-House" oder "Country Seat".[51]
Zwischen diesen Wohnsitzen 'reist' Robinson Crusoe [52]
- er spricht ausdrücklich von "Journeys" und "travel-
ling" - des öfteren hin und her, und einmal stellt er
sich schmunzelnd vor, welches Bild er abgäbe, würde

er in seiner Kleidung und "with such an Equipage"
in Yorkshire gesehen. [53]   Doch gerade Begriffe wie
"Equipage" und der erstaunliche Wert, den er in
dieser Umgebung auf seine Kleidung und sein Äußeres
legt, lassen seine Absicht erkennen, wie ein Mitglied der Oberschicht zu erscheinen; so schildert
er sich später stets als mit Gürtel, Pistolen und
Schwert (äußeren Attributen eines 'gentleman') versehen, auch wenn er anfangs dieses Erscheinungs-
bild ironisiert, indem er in der 'Aufbauphase'
statt dieser Insignien Säge und Axt im Degenhalter
trägt. [54]

Wie ein englischer 'country gentleman' geht
Robinson Crusoe schließlich auch auf die Jagd; zwar
nicht zu Pferde, aber immerhin mit Hund und Gewehr:
"I made my Rounds in the Woods for Game every Day
when the Rain admitted me", und er erlegt nicht nur
das Wild des Waldes, sondern auch "Sea Fowls"
(RC I, I,87;82). [55]

3.1.1.4.4. Der Inselkönig

Was die meisten Kritiker nur als Kuriosum vermerk-
ten, spielte für Robinson Crusoe ganz offenbar eine
wesentliche Rolle: sein Selbstverständnis als König
der Insel. Nicht nur während seines Aufenthaltes
dort, sondern noch bis in die letzten Jahre seines
Lebens hinein beschäftigte er sich mit der Vorstellung, daß er dort ein uneingeschränkter und vorbildlicher Monarch gewesen sei. [56]

Zum ersten Mal äußert er diese Auffassung zehn
Monate nach seiner Ankunft ("with a secret Kind of
Pleasure"):

> I was King and Lord of all this Country inde-
> feasibly (RC I, I,114);

später, am vierten Jahrestag der Landung,heißt es:

> I was Lord of the whole Manor; or if I pleas'd,
> I might call my self King or Emperor over the
> whole Country (RC I, I,148);

und nach der Ankunft des Spaniers meint er:

> I thought my self very rich in Subjects; and it
> was a merry Reflection which I frequently made,
> How like a King I look'd (RC I, II,30).

Selbst dem ihn rettenden englischen Kapitän stellt
er sich noch als Fürst vor:

> I told him, this was my Castle, and my Residence;
> but that I had a Seat in the Country, as most
> P r i n c e s have (RC I, II,50 m.Sp.).

Nebenbei nennt er sich auch noch "Majesty" und be-
liebt vereinzelt sogar, bestimmte Jahre seines Insel-
aufenthaltes als "Year of my Reign" oder "Year of
my Residence" zu bezeichnen.[57]
Da ein König selbstverständlich Dienerschaft benötigt und bis zur Ankunft Freitags keine Menschen
vorhanden waren, stellt Robinson Crusoe die geretteten Tiere als Bedienstete und Vertraute dar. Das
schönste Beispiel hierfür ist die Szene des königlichen Mahles: [58]

> Then to see how like a King I din'd too all alone,
> attended by my Servants, Poll, as if he had been
> my Favourite, was the only Person permitted to
> talk to me. My Dog who was now grown very old and
> crazy ... sat always at my Right Hand, and two
> Cats, one on one Side the table, and one on the
> other, expecting now and then a Bit from my
> Hand, as a Mark of special Favour (RC I, I,171).

Poll als Günstling, der Hund als in Ehren ergrauter
treuer Diener und die Katzen auf die Wohltaten der
einsam speisenden Majestät aus, dieses Bild des
Königsdinners wird noch abgerundet durch ausgesuchte
Gänge, die durchaus gehobenen Ansprüchen gerecht
werden könnten, denn zuvor schon hatte Robinson Crusoe
Bestandteile seiner 'Speisekarte' aufgezählt: neben
Schildkröteneiern, Fisch, "Cakes" und "Puddings"
auch: "Goats, Pidgeons, and Turtle or Tortoise; which,
added to my Grapes, Leaden-hall Market could not have
furnish'd a Table better than I" (RC I, I,126). Den
Zeitgenossen dürfte an dieser Stelle das Wasser im
Munde zusammengelaufen sein, denn der Markt von Leaden-
hall galt damals als 'die' Adresse für beste Qualität
von Wild, Geflügel, Eiern und Fleisch (Roxanas erster
Liebhaber wußte dies ebenfalls zu schätzen; [59]);
Tauben, Weintrauben und wohl auch Schildkröte(nsuppe?)
wurden als ausgesprochene Delikatessen betrachtet. [60]
Aus diesem Grunde kann Robinson Crusoe auch in aller
Bescheidenheit davon sprechen, daß er keinerlei
Nahrung vermisse, sondern alles im Überfluß habe:
"rather Plenty, even to Dainties" (RC I, I,126).
    Dennoch kann man sicherlich nicht behaupten, er
lebe - wie die vom Vater beschriebene Oberschicht -
in Ausschweifung und Luxus (wenngleich Defoe in der
Review unter "Luxury" auch "all sorts of Dainties for
the Palate" aufführte [61]). Darin unterscheidet sich
der Inselkönig nämlich wesentlich von seinen heimatlichen Pendants: Laster sind ihm fremd, und weder
"Pride" noch "Ambition" oder "Envy" quälen sein Ge-
müt.

Und noch in anderer Hinsicht, die wesentlicher für
Robinson Crusoe (und Defoe) ist, unterscheiden sie
sich: Robinson Crusoes Herrschaft ist unumstritten,
absolut und - in Defoes Terminologie - 'Jure Divino',
also vollkommen rechtmäßig. Diese Konstellation wäre in
der englischen Heimatgesellschaft nicht möglich gewesen,
und Defoe kämpfte in zahlreichen Schriften (wie oben
dargestellt) gegen ein solches Verständnis des Königtums. Auf der Insel aber herrschen andere Verhältnisse,
und zwar andere Eigentumsverhältnisse.

> If any single man possess this land,
> And had the right, he must have the command;
> If once he was but landlord of the isle,
> He must be king because he own'd the soil;
> No man his just succession could dispute;
> He must both make the laws and execute;
> ...
> And he that would not to his rule submit,
> Must quit the place, the place was all his right.62

Mit diesen Versen hatte Defoe in Jure Divino die Abhängigkeit der Macht vom Landbesitz erklärt und behauptet, ein alleiniger Besitzer "of the isle", gemeint ist
England, habe auch nach göttlichem Recht Anspruch auf
absolute Macht. Der Boden der Insel England gehörte jedoch keinem einzelnen, während die Insel des Romans
alleiniges Eigentum Robinson Crusoes ist. Am Modell
dieses 'Inselkönigs' kann Defoe nun seine theoretischen
Überlegungen, die sich hinsichtlich der Wertschätzung
des Landbesitzes als Machtgrundlage kaum von den Auffassungen der Zeitgenossen unterschieden (man denke
etwa an die 'landed property qualification' für das
'House of Commons' von 1710), praxisnah und exempla-
risch im Roman durchspielen.

Auch Robinson Crusoe begründet seine Machtansprüche stets
mit dem Eigentum an Grund und Boden:

> First of all, the whole Country was my own meer
> P r o p e r t y ; so that I had an undoubted
> Right of Dominion;   (RC I, II,30; m.Sp.)

> I might call my self King, or Emperor over the
> whole Country which I had P o s s e s s i o n
> of;   (RC I, I,148; m.Sp.)

> this was all my   o w n , that I was King and
> Lord of all this Country indefeasibly, and had
> a Right of P o s s e s s i o n. (RC I, I,114;m.Sp.)

Diese eindeutigen Besitzverhältnisse haben für sein
Königtum die angenehme Konsequenz, daß es - genau parallel zu dem Zitat aus Jure Divino - keine Rivalen um
das Amt und keinerlei Streit um die Macht geben kann:
"There were no Rivals. I had no Competitor, none to
dispute Sovereignty or Command with me" (RC I, I,148).
    Darin unterscheidet sich das Inselreich sehr positiv
von der englischen Heimat der Zeit (Dauer des Insel-
aufenthaltes ca. von 1658 bis 1686), in der man, nach
Revolution und Chaos, gerade wieder mit Mühe einen um-
trittenen Monarchen gekrönt hatte.
    Auch das Verhältnis zu den Untertanen, es wird an
mehreren Stellen ausdrücklich von "Subjects" gesprochen, erfährt durch die modellhafte Eigentumssituation
eine eindeutige Klärung. Der häufig zitierte Satz:
"I had the Lives of all my Subjects at my absolute
Command" (RC I, I,171), klassifiziert Robinson Crusoe
als absolutistischen Herrscher, der zugleich selbst definiert, was unter seinem absoluten Herrschaftsanspruch
genau zu verstehen sei: "I could hang, draw, give Liberty, and take it away, and no Rebels among all my
Subjects".

Dies stellt nun tatsächlich die Aussage eines
tyrannischen Despoten dar, der seine Macht nicht
nur auf die persönliche Freiheit, sondern auch auf
das Recht über Leben und Tod seiner Untertanen ausgedehnt sieht; sogar die Folter - zu dieser Zeit
in England durchaus noch üblich und erst zu Beginn
des 18. Jahrhunderts offiziell abgeschafft - ist
vorgesehen, wohl um eventuelle Rebellen nachhaltig
bekämpfen zu können; sicherlich in Anspielung auf
die englische Situation, weist er jedoch zugleich
auf deren Fehlen im vorbildlichen Inselreich hin.
      Diese Äusserungen Robinson Crusoes erschienen
den Kritikern aller Zeiten von Rousseau und
Coleridge bis hin zu Novak recht problematisch; so
fragt sich Novak: "why should Defoe, an ardent
opponent of tyranny, have made his hero into a
despot"? [63]   Besonders fragwürdig mußte Novak der
absolute Machtanspruch von Defoes Held erscheinen,
da er Defoe - wie oben gezeigt wurde - zu Unrecht
für einen Verfechter der allgemeinen Demokratie
hielt: "Defoe apparently thought that democracy
was the ideal form of government". [64]   Novak zielt
damit genau an den Ideen Defoes vorbei, der alle
Macht in einem Staat ausschließlich auf dem Eigentum am Land gegründet sieht und deshalb dem Parlament als der Menge der Grundeigentümer (bzw. ihrer
gewählten Repräsentanten) das alleinige Recht auf
das Erlassen von Gesetzen zusprach. [65]   Im Sinne
Defoes stellte Robinson Crusoe ja gerade ein Beispiel für diese Theorie dar, indem er als alleiniger
Landbesitzer auch sämtliche damit verbundenen Rechte
besaß. Wer - wie Rousseau - meinte, daß sich der

absolute Herrschaftsanspruch legal nur auf die
menschenleere Insel beziehe, gründete wohl
diese Erkenntnis auf der Tatsache, daß Robinson
Crusoe seine einschlägigen Aussagen in Abwesenheit menschlicher Bürger machte. Die angedrohte
Todesstrafe gegen Rebellen trifft in dieser Situation auch nur einige diebische Vögel, die sich
über die sorgsam gehütete Saat hermachen und
prompt eine ähnliche Behandlung erfahren wie Taschendiebe und Räuber in der englischen Heimat;
nach der 'Hinrichtung' bemerkt er nämlich: "I took
them up, and serv'd them, as we serve notorious
Thieves in England, (viz.) Hang'd them in Chains
for a Terror to others " (RC I, I,134). Offenbar
hat er mit dieser Maßnahme mehr Erfolg als die
englische Justiz, denn angeblich funktioniert die
Abschreckung.

Doch bei genauer Untersuchung läßt sich nicht
verkennen, daß Robinson Crusoe auch allen auf die
Insel kommenden Menschen gegenüber der unumschränk-
te und unumstrittene Herrscher bleibt und sich bis
ans Ende seiner Tage als guter und sogar muster-
gültiger König seines Inselreiches begreift.

Jedes menschliche Wesen betritt mit der Insel
zugleich ein bereits existentes Königreich, in dem
es sich unterzuordnen und dem Monarchen unbedingten
Gehorsam zu leisten hat: Freitag, nach 25 Jahren
der Einsamkeit der erste Mensch, dem Robinson Crusoe
gegenübersteht, unterwirft sich mit allen Gesten
der Unterordnung, die einem menschlichen Herrscher
nur entgegengebracht werden können, und er nennt
seinen Herrn stets ehrerbietig "Master". Obwohl die

Zeit mit Freitag als die schönste des gesamten Aufenthaltes bezeichnet wird, sieht Robinson Crusoe
im Grunde in ihm einen Diener, gegen den er allerdings auch väterliche Gefühle hegt und von dem er
erwartet: "he would have sacrific'd his Life for
the saving mine upon any occasion whatsoever"
(RC I, I,242). Bei seinem Tod (Freitag wird von
Pfeilen getroffen, als er für seinen Herrn mit
kriegerischen Wilden verhandeln will) erinnert er
sich nur: "so ended the Life of the most grateful,
faithful, honest, and most affectionate Servant
that ever Man had." (RC II, III,76).[66]
    Nun könnte man annehmen, daß sein Verhalten
gegenüber Freitag nur in der Tatsache begründet war,
daß er einen heidnischen Wilden vor sich hatte, den
er durch die Rettung unterwarf und zum Sklaven machte. Unter diesen Gesichtspunkten müßte dann das Verhalten Robinson Crusoes gegenüber Freitag noch geradezu als großherzig bezeichnet werden, da zu dieser
Zeit Sklaven wie Waren gehandelt und behandelt wurden
(es sei nur an die entsprechenden Szenen in Colonel
Jack erinnert), Freitag aber ganz im Sinne der für
den Roman von Aphra Behn begründeten Tradition des
'noble savage' beschrieben wurde; die Insel lag
übrigens, welcher Zufall, im Mündungsgebiet des
"Oroonooko", woher schließlich auch Behns 'Royal
Slave' stammte.   Freitag wird sogar in vieler Hinsicht als seinem Herrn überlegen dargestellt; nicht
nur, daß die Schärfe seiner Augen sogar ein Fernglas
übertrifft, seine Religiosität und Moral erweisen
sich als ebenso bemerkenswert wie seine "filial
Affection" gegenüber dem Vater, und ganz besonders

betont Robinson Crusoe seine außerordentliche
Treue und Gehorsamkeit als Diener, die Defoe sicherlich auch im Hinblick auf die von ihm oft beklagten
Zustände bei den englischen 'Servants' in den Vordergrund gestellt hat. [67]

Freitags vorbildliche Führung dürfte allerdings
nicht zuletzt ihre Ursache darin gehabt haben, daß
Robinson Crusoe sich nach bestem Wissen darum bemühte, ihn mit Nahrung und Kleidung zu versorgen,
ihm seine Sprache beizubringen und ihn in die Grundlagen der christlichen Religion einzuführen (deren
'civilizing effect' von Defoe stets betont wurde);
Freitag wurde eben - anders als die 'labouring Poor' -
nicht allein als billige Arbeitskraft betrachtet und
schon gar nicht primär ausgebeutet, wie einige Interpreten es sehen möchten. Wenn Watt die Atmosphäre
zwischen Robinson Crusoe und Freitag beschreibt als
"A functional silence, broken only by an occasional
'No Friday', or an abject 'Yes, Master', is the
golden music of Crusoe's *ile joyeuse*", so klammert
er in sehr fragwürdiger Weise alle persönlichen Sym-
pathiebekundungen für Freitag aus - ebenso wie die
seitenlangen Dialoge über Fragen der christlichen
Religion, in denen Freitag geradezu einen deistischen
Standpunkt vertritt und das Religionsverständnis
seines Lehrers oftmals in Frage stellt. [68]

Als später der Spanier und Freitags Vater die
Insel betreten, werden sie sogleich als gehorsams-
pflichtige Untertanen ("my two new Subjects";
RC I, II,32) in das Königreich integriert. Der
Spanier ordnet sich dem Befehl Robinson Crusoes be-
dingungslos unter und schwört: "That he would never
stir from me as long as he liv'd, 'till I gave him
Orders; and that he would take my Side to the last
Drop of his Blood" (RC I, II,35).

Im Hinblick auf diese beiden Neuankömmlinge vergleicht sich Robinson Crusoe wieder einmal mit
einem König, nicht ohne auch die Grundlagen seiner
Macht zu betonen und dieses Mal eben auch in Gegenwart menschlicher Bürger:

> My Island was now peopled, and I thought my
> self very rich in Subjects; and it was a merry
> Reflection which I frequently made, How like
> a King I look'd. First of all, the whole
> Country was my own meer Property; so that I
> had an undoubted Right of Dominion. 2dly, My
> People were perfectly subjected: I was abso-
> lute Lord and Lawgiver; they all owed their
> Lives to me, and were ready to lay down their
> Lives, if there had been Occasion of it, for
> me. (RC I, II,30)

Zwar ist die Zahl der Untertanen noch recht gering -
er bemerkt unter Verwendung des Majestätsplurals
"we had but three Subjects" (RC I, II,30) - aber
diese Situation ändert sich, sobald die englischen
Meuterer und der von ihnen überwältigte Kapitän
die Insel betreten. [69] Wiederum bleibt Robinson
Crusoes Status als uneingeschränkter Herrscher unangetastet, denn bevor er dem Kapitän bei der Wieder-
erlangung seines Schiffes hilft, setzt er ihm zwei
Bedingungen, selbst nachdem der Kapitän schon freiwillig sein Leben und die Rechte auf das Schiff
dem Befehl seines 'Landsmannes' untergeordnet hatte:

> 1. That while you stay on this Island with me,
>   you will not pretend to any Authority here;
>   and if I put Arms into your Hands, you will
>   upon all Occasions give them up to me, and
>   do no Prejudice to me or mine, upon this
>   Island, and in the mean time be govern'd by
>   my Orders.
>
> 2. That if the Ship is, or may be recover'd,
>   you will carry me and my Man to England
>   Passage free. (RC I, II,47)

Diese Klauseln, deren Formulierung aus einem juristischen Ratgeber für Kaufleute stammen könnte,
akzeptiert der Kapitän ohne jede Einschränkung:
"he would comply with these most reasonable De-
mands, and b e s i d e s would owe his Life to
me, and acknowledge it upon all Occasions as long
as he liv'd." (RC I, II,48; m.Sp.). Robinson
Crusoe vermerkt somit ausdrücklich, daß die Tatsache, daß die Bewohner seiner Insel ihm ihr
Leben verdanken, nur ein w e i t e r e r Grund
für ihre Unterordnung sei. Demgegenüber sieht
Novak Robinson Crusoes Machtansprüche ausschließlich in einem durch Lebensrettung erlangten "right
of conquest" begründet; die Theorie, daß sie auf
dem Landbesitz fußen, bezeichnet er gar als "absurd":

> Crusoe establishes his absolutism on diffe-
> rent ground. ... His claim to power is based
> on the right of conquest; every person who
> comes to the island is forced to swear com-
> plete obedience to his commands.[70]

Defoe und Robinson Crusoe waren da sicherlich anderer Auffassung; denn abgesehen davon, daß der
'Inselkönig' stets Machtanspruch und Landbesitz
in einem Atemzuge nennt und auch schon vor dem
Kommen von Menschen seine Rechte gegenüber Bürgern
betont, bezieht er seinen Einflußbereich ausdrücklich auf das Territorium der Insel, etwa im obigen
Zitat: "while you stay on this Island with me", und
den Meuterern auf dem Schiff wird angedroht: "every
Man of them that comes a-shore are our own, and
shall die, or live, as they behave to us" (RC I, II,53).
Dieser Rechtsstandpunkt entspricht genau dem in
Jure Divino geäußerten, wo zu dem alleinigen Landeigentümer bemerkt wird:

He must both make the laws and execute;
...
And he that would not to his rule submit,
Must quit the place, the place was all his
right. 71

Auch als Robinson Crusoe kurz vor dem Ende der
Farther Adventures einem russischen Adligen stolz
und idealisierend von seinem Königreich berichtet,
fehlt nicht der Hinweis auf den Zusammenhang von
absoluter Macht und Landbesitz:

> I told him, I had the absolute Disposal of
> the Lives and Fortunes of all my Subjects
> ... I told him, That all the Lands in my
> Kingdom were my own, and all my Subjects
> were not only my Tenants, but Tenants at
> Will: That they would all fight for me to
> the last Drop; and that never Tyrant, for
> such I acknowledged myself to be, was ever
> so universally beloved, and yet so horribly
> feared by his Subjects. (RC II, III,200)

Den Meuterern gegenüber übt Robinson Crusoe nun
tatsächlich absolute Macht aus, er schenkt Einsichtigen die Freiheit, läßt andere in Ketten legen
und ins 'Gefängnis' bringen ("They convey'd them
to the Cave, as to a Prison" RC I, II,63) und
veranlaßt, daß der erschossene Meuterer-Kapitän
- wie vorher die diebischen Vögel - zur Abschreckung am Rahnock aufgeknüpft wird. Außerdem
droht er damit, daß fünf Geiseln in Ketten bei
lebendigem Leibe aufgehängt würden, falls die
meuternde Mannschaft keinen Gehorsam zeige; und
schließlich wandelt er - dem englischen Beispiel
folgend - die Todesstrafen für die Meuterer gnädig
in eine Art von 'transportation' um: sie werden
die neuen Siedler der Insel sein.

Robinson Crusoe macht also wahr, was er in seiner
Erklärung als König der Insel gesagt hatte: "I
could hang, draw, give Liberty, and take it away".
In seinem Verhalten gegenüber den 'Rebels', als
welche die Meuterer zweifellos zu verstehen waren,
wird deutlich, daß er diese Worte eben nicht nur
im Hinblick auf Tiere, wie etwa die gehenkten
Vögel, gesprochen hatte. Zwar trat er den Matrosen
gegenüber wegen der etwas dürftigen äußeren Umstände nicht mehr als König auf (obwohl er sich dem
Kapitän noch als 'Fürst' präsentiert hatte [72]),
aber als "Governour" oder "Commander" übte er immer
noch die gleiche Macht aus und wurde darin von dem
Kapitän stets voll unterstützt: "he told them, they
were none of his Prisoners, but the Commander's of
the Island; ... and that the Governour was an
English Man; that he might hang them all there, if
he pleased" (RC I, II,62). [73]
So autoritär Robinson Crusoe auch auf seiner
Machtbefugnis gegenüber seinen Untertanen besteht,
so tolerant ist er andererseits gegenüber ihrer Religion und Nationalität:

> It was remarkable too, we had but three Sub-
> jects, and they were of three different Reli-
> gions. My Man Friday was a Protestant, his
> Father was a Pagan and a Cannibal, and the
> Spaniard was a Papist: However, I allow'd
> Liberty of Conscience throughout my Dominions.
> (RC I, II,30/31)

Wenngleich die Toleranz gegenüber Heiden im zweiten
Teil des Romans noch einige Differenzierungen erfährt (auf Fragen der Religion wird in einem späteren Kapitel noch ausführlicher eingegangen), ist
dennoch die Einführung der Gewissens- und Religions-

freiheit auf der Insel ein bemerkenswertes Faktum
und ein großer Fortschritt gegenüber den Zuständen
in der englischen Heimatgesellschaft. Allerdings
wäre anzumerken, daß Robinson Crusoe nie davon
spricht, daß seine Bürger ein R e c h t darauf
haben, sondern daß sie es der großmütigen Entscheidung ihres Herrschers verdanken – die er, so
könnte man folgern, jederzeit wieder rückgängig
machen kann.

Selbst nach dem Verlassen der Insel sieht sich
Robinson Crusoe bis ans Ende seiner Tage als könig-
licher Herrscher seines Inselreiches, mehrfach
spricht er noch von "my Kingdom, the Island" und
sieht sich besonders gern in der Rolle des gütigen,
väterlichen Monarchen ("like an old Patriarchal
Monarch", der für seine Landeskinder sorgt, die
Herrschaft über sie aber nie aus der Hand gibt:[74]

> But I never so much as pretended to plant in
> the Name of any Government or Nation, or to
> acknowledge any Prince, or to call my
> P e o p l e Subjects to any one Nation more
> than another; nay, I ... left it as I found
> it, belonging to no Man; and the People
> under no Discipline or Government b u t
> m y o w n; (RC II, III,80; m.Sp.)

Doch diese Funktion und dieser Status sind natürlich
auf das Inselterritorium beschränkt, und als Robinson
Crusoe nach 28 Jahren in seine Heimatgesellschaft
zurückkehrt, findet er sich bald schon in eben der
sozialen Position wieder, der er schon zweimal entflohen war: in der 'Middle Station'.

3.1.1.5. Stationen des weiteren Lebensweges

Der Beginn des zweiten Teiles weist deutliche
Parallelen zu dem des ersten auf: Genau wie vor
43 Jahren der Vater, besitzt nun Robinson Crusoe
ein beträchtliches Vermögen, dessen Zinsen er
sogar nicht aufbrauchen kann, es sei denn, er über-
nähme den Lebensstil der Oberschicht:

> If I had gain'd ten thousand Pound, I had
> been no richer; for I had already sufficient
> for me, ... for having no great Family, I
> could not spend the Income of what I had,
> unless I would set up for an expensive Way
> of Living, such as a great Family, Servants,
> Equipage, Gayety, and the like, which were
> Things I had no Notion of, or Inclination
> to. (RC II, II,111/112)

Diese Einstellung stimmt mit der des Vaters weitgehend überein, und nun beurteilt er seine eigene
Situation auch genau so, wie der Vater damals die
des Sohnes gesehen hatte, als er ihn davor warnte,
durch Abenteuer ein Vermögen verdienen zu wollen:
"the common Motive of foreign Adventures was taken
away in me; for I had no Fortune to make, I had
nothing to seek".

Anders als der Vater aber, und kaum überraschend,
ist Robinson Crusoe mit einem solchen Leben nicht
zufrieden, trotz - oder gerade wegen - seiner Erfahrungen in dieser 'station':

> after near seven Years of Peace and Enjoyment
> in the Fulness of all Things; grown old, and
> when, if ever, it might be allowed me to have
> had Experience of every State of middle Life,
> and to know which was most adapted to make a
> Man compleatly happy: I say, after all this,
> any one would have thought that the native
> Propensity to rambling ... should be worn
> out. (RC II, II,111)

Nun selber in einer mittelständischen Position,
beschäftigen ihn auch im Alter von 61 Jahren Gedanken, diesem Zustand wieder zu entfliehen, denn
den geordneten und sicheren Lebensverhältnissen
weiß er immer noch nichts abzugewinnen; keineswegs fühlt er sich - wie der Vater verhieß - "compleatly happy", sondern Robinson Crusoe klagt fast
exakt in Umkehrung des väterlichen 'Credo': "I had
no Enjoyment of my Life, no pleasant Hours, no
agreeable Diversion" (RC II, II,114).

Doch zunächst halten ihn mehrere Gründe davon ab,
sich sogleich ins Abenteuer zu stürzen und zur Insel zurückzukehren, die Verantwortung für seine
Familie und weitere rationale Erwägungen:

> I corrected my wandring Fancy, and began to
> argue with my self sedately, ... what Business
> I had to rush into new Hazards, and put my
> self upon Adventures, fit only for Youth and
> Poverty to run into. ...
> I had all the World could give me, and had
> no Need to seek Hazards for Gain. (RC II, II,115)

Mit diesen Worten beurteilt Robinson Crusoe indirekt
auch seine damalige Entscheidung, das Elternhaus zu
verlassen, als offenbar durchaus verständlichen
Schritt der 'Jugend', zugleich stimmt er mit dem
Vater überein, der gesagt hatte "it was for Men of
desperate Fortunes ... who went abroad upon Adventures, to rise by Enterprize".

Da ihn die Gedanken an die Ferne am meisten
quälen, wenn er untätig grübelt, und Nichtstun noch
nie seine Stärke war, entschließt er sich gleichsam
zu einer 'Beschäftigungstherapie', die ihn außerdem
von jedem Kontakt mit der weiten Welt abschneidet:

> I bought a little Farm in the County of
> Bedford, and resolv'd to remove my self
> thither. I had a little convenient House
> upon it, and the Land about it I found was
> capable of great Improvement, and that it
> was many Ways suited to my Inclination,
> which delighted in Cultivating, Managing,
> Planting, and Improving of Land.
> (RC II, II,115/116)

Erinnern schon diese Tätigkeiten an seine Aktivitäten auf der Insel, so läßt sich dies erst recht
von der Freizügigkeit sagen, die ihm der Landbesitz vermittelt:

> I farm'd upon my own Land, I had no Rent to
> pay, was limited by no Articles; I could
> pull up or cut down as I pleased: What I
> planted, was for my self, and what I im-
> proved, was for my Family. (RC II, II,116)

Weltabgeschiedenheit, aktive Kultivierung von Land
und Unabhängigkeit auf der Grundlage des Eigentums
an Grund und Boden, erst in dieser Reproduzierung
der Inselsituation findet Robinson Crusoe auch in
der Heimatgesellschaft vorübergehende Zufriedenheit. Nun endlich glaubt er, eine mittelständische
Position gefunden zu haben, deren Annehmlichkeiten
der Vater so eindringlich beschrieben hatte: [75]

> Now I thought indeed, that I enjoy'd the
> middle State of Life, that my Father had so
> earnestly recommended to me, and liv'd a
> kind of heavenly Life, something like what
> is described by the Poet upon the Subject of
> a Country Life.
>
> Free from Vices, free from Care,
> Age has no Pain, and Youth no Snare.
> (RC II, II,116)

Natürlich ragte die soziale und wirtschaftliche
Situation Robinson Crusoes - wie schon die des
Vaters - weit über die eines durchschnittlichen

Mittelständlers heraus; durch den Landerwerb hatte
er seinen sozialen Status deutlich erhöht und war
damit dem Beispiel vieler erfolgreicher Kaufleute
gefolgt, die auf diese Weise den ersten Schritt
zum Aufstieg in die 'gentry' machten. Nach einem
halben Jahr bezeichnet sich Robinson Crusoe schon
als "a meer Country Gentleman", der zwar nicht
weiter von politischen oder gesellschaftlichen Implikationen seines Grundeigentums spricht, dafür
aber intensiv mit der Beaufsichtigung und Anleitung
seiner "Servants" bei der Kultivierung und Bewirt-
schaftung des Landes beschäftigt ist. Damit folgt
er Defoes Idealvorstellung vom aktiv am landwirt-
schaftlichen Produktionsprozeß beteiligten 'gentleman', der nicht nur zurückgezogen vom Ertrag lebt
(und kontinuierlich den Besitz aufzehrt), sondern
sich selbst um die Ausweitung des Anbaus und der
Viehzucht bemüht, also mittelständische Grundsätze
der Ökonomie einführt. [76]

Mit dem Tode seiner Frau fehlen plötzlich die
familiären Bindungen an die gegenwärtige Existenzform (Kinder werden sowieso nur beiläufig erwähnt).
Aus den eben noch gelobten Tätigkeiten "in the
middle State of Life" werden nun "pleasant innocent
Amusements", und auch die umgebende Welt bietet
keine akzeptablen Alternativen:

> I saw the World busy round me, one Part
> labouring for Bread, and the other Part
> squandring in vile Excesses or empty
> Pleasures, equally miserable ... for the
> Man of Pleasure every Day surfeited of his
> Vice, and heaped up Work for Sorrow and
> Repentance, and the Men of Labour spent
> their Strength in daily Strugglings for
> Bread to maintain the vital Strength they
> labour'd with, so living in a daily Cir-
> culation of Sorrow. (RC II, II,117/118)

Diese Beurteilung stimmt zum Teil sogar wörtlich
mit den Aussagen des 'Mittelständischen Credo'
zu "upper Part" und "lower Part" überein: auf der
einen Seite "Vice" und "Excesses", auf der anderen
"labouring for Bread" und Mangel, bei beiden
"Sorrow" und Freudlosigkeit. Anders als bei seinem
Vater fehlt jedoch in Robinson Crusoes Bemerkungen
das Lob des Mittelstandes, der doch alle diese
Mängel angeblich kompensierte. Genau wie zu Beginn
des ersten Romanteiles wird Robinson Crusoe nun
wieder vom mittelständischen Leben abgestoßen, und
wie nach der Rede des Vaters und nach seinen Erfolgen in Brasilien entscheidet er gegen die "middle
Station" und für "foreign Adventures", "an active
Life" und vor allem für "my Kingdom, the Island".

Als er sich nun zum dritten Mal von einer sicheren
und beschaulichen Existenz abwendet, hat er somit
ein konkretes Ziel. Nicht allein Abenteuerdrang und
auch nicht mehr der Wunsch nach rascher Bereicherung
sind die Hauptmotive seines Schrittes, sondern der
zwar wohlhabende, aber gelangweilte und relativ
einflußlose Bürger sehnt sich nach der fernen Insel,
die ihm als ein Paradies erscheint, in dem er König
sein und das Geschick seiner Untertanen und seines
Besitzes aktiv bestimmen kann. Sogar der Neffe be-
stärkt ihn in diesen Vorstellungen, als er den
Vorschlag macht, die Reise in Angriff zu nehmen,
"to see your new Colony there, where you once
reigned with more Felicity, than most of your
B r o t h e r M o n a r c h s in the World"(RC II,
II,120; m.Sp.). Mit einer Ladung nützlicher Utensi-
lien für die Inselbewohner und mit drei 'Mechanicks',
die genau diejenigen Berufe ausübten, in denen er
selbst auf der Insel versagt hatte, geht die Reise
los.

302

Bei der Ankunft in seinem Inselreich sieht sich
Robinson Crusoe dann nicht mehr als einfacher,
mittelständischer "Gentleman", sondern als unum-
strittener Herrscher seines Territoriums, der von
den Untertanen huldvoll empfangen wird:

> they all came one by one, not as if they had
> been Sailors and ordinary Fellows, and I the
> like, but really, as if they had been Am-
> bassadors of Noblemen, and I a Monarch or a
> great Conqueror. (RC II, II,148)

Mit seinem Erscheinen fällt alle Macht, die in der
Zeit des 'Interregnums' von dem zuerst geretteten
Spanier als "Governour" ausgeübt worden war, wieder
an ihn zurück. Wie beiläufig äußert sich der Spanier zu Prinzipien des Zusammenlebens in einer
menschlichen Gesellschaft; seine Worte klingen wie
Zitate aus Defoes staatstheoretischen Schriften,
als er bemerkt: "all Laws and all Governours were
to preserve Society; and those who were dangerous
to the Society, ought to be expell'd out of it"
(RC II, II,176). Doch Aussagen wie diese stehen
relativ isoliert,und Robinson Crusoe legt offensichtlich keinen Wert darauf, eine selbständige
Regierung innerhalb seines Inselreiches zu er-
richten, an dessen wirtschaftlicher oder politischer Entwicklung er im Grunde gar kein Interesse hat. [77]

Nach einiger Zeit schickt er sich an, die Insel
für immer zu verlassen, nicht ohne vorher in aller
Machtvollkommenheit das Land an die Siedler zu
verteilen:

> I gave them ... severally a Right to the
> whole Possession and Inheritance of the
> respective Plantations or Farms, with their
> Improvements to them and their Heirs, re-
> serving all the rest of the Island as my
> own Property, and a certain Rent for every
> particular Plantation after eleven Years.
> (RC II, III,58/59)

Offenbar erhalten die Siedler das Land in Erb-

pacht, denn einerseits werden sie von nun an immer

"Tenants" genannt, und andererseits sieht sich

Robinson Crusoe auch nach der Landübertragung

immer noch als Monarch und Besitzer der gesamten

Insel:[78]

> I pleased my self with being the Patron of
> those People I placed there, and doing for
> them in a kind of haughty majestick way,
> like an old Patriarchal Monarch; providing
> for them, as if I had been Father of the
> whole Family, as well as of the Plantation:
> But I never so much as pretended to plant
> in the Name of any Government or Nation, or
> to acknowledge any Prince, or to call my
> People Subjects to any one Nation more than
> another; nay, I never so much as gave the
> Place a Name; but left it as I found it,
> belonging to no Man; and the People under
> no Discipline or Government but my own; who,
> tho' I had Influence over them as Father
> and Benefactor, had no Authority or Power,
> to Act or Command one way or other, farther
> than voluntary Consent mov'd them to comply.
> (RC II, III,80)

Die in diesem Zusammenhang verwunderliche Be-

hauptung, die Siedler gehorchten nur freiwillig,

steht nicht nur im Gegensatz zu allen bisherigen

Aussagen Robinson Crusoes, sondern auch im scharfen

Kontrast zu seinen späteren Äußerungen am russischen

Hof, wo er mit einigem Stolz berichtet:

> I ... told him I was a greater and more
> powerful Prince than ever the Czar of <u>Muscovy</u>
> was, ... I had the absolute Disposal of the
> Lives and Fortunes of all my Subjects: That
> notwithstanding my absolute Power, I had not
> one Person disaffected to my Government, or
> to my Person, in all my Dominions. ...
> <u>I told him</u>, That all the Lands in my King-
> dom were my own, and all my Subjects were not
> only my Tenants, but Tenants at Will ... and
> that never Tyrant, <u>for</u> <u>such</u> I <u>acknowledged</u>
> <u>myself</u> <u>to</u> <u>be</u>, was ever so universally beloved,
> and yet so horribly feared by his Subjects.
> (<u>RC</u> <u>II</u>, III,200)

Diese Stelle, die scheinbar ebenfalls den Widerspruch zwischen absoluter Macht und Freiwilligkeit
der Siedler aufwirft, bietet zugleich den Schlüssel
zur Lösung der Crux: die "Tenants at Will" akzeptieren mit ihrem Verbleiben auf dem Grund und Boden
auch die Herrschaft des Landeigentümers, denn schon
in <u>Jure</u> <u>Divino</u> hieß es zu diesem Problem:

> If any single man possess this land,
> And had the right, he must have the command;
>
> ...
>
> And he that would not to his rule submit,
> Must quit the place, the place was all his right.[79]

Wer also freiwillig auf der Insel weilte – und das
taten nach Robinson Crusoes Worten alle Siedler
("they were all resolv'd to stay upon the Island
'till I came to remove them"; <u>RC II</u>, III,70) – unterwarf sich damit dem Befehl des 'Herrschers', wenngleich natürlich zu fragen ist, inwieweit die be-
dauernswerten Bürger überhaupt eine andere Wahl hatten;
schließlich konnten sie die Insel nur mit fremder
Hilfe verlassen, und die Erfahrung hatte gezeigt,
daß 28 Jahre vergehen mochten, ehe ein Schiff sich
dorthin verirrte. Robinson Crusoe selber macht

jedenfalls keinerlei Anstalten, die Siedler aus
ihrer Verbannung zu befreien, sondern genießt den
Gedanken an das Gedeihen mehrerer 'Städte' und
kleinerer Kolonien sowie an die ständig wachsende
Zahl der Bewohner, bei seinem Abschied immerhin
schon 70 Frauen und Männer, die Kinder nicht hinzu-
gerechnet: "a Plantation of sober and religious
People" (RC II, III,69). [80]

Als Robinson Crusoe die Insel dann endgültig
verläßt, bleiben die Bewohner in einer Gesellschaftsform zurück, die er selbst als "a Kind of
Common-Wealth" bezeichnet; für England hatte Defoe
eine solche Art des gleichberechtigten, demokratisch
bestimmten Zusammenlebens unter Hinweis auf die besonderen Rechte von 'nobility' und 'gentry' immer
abgelehnt, auf der Insel ist sie dank der homogenen
Gemeinschaft der Siedler möglich. [81] Aus dieser
mehr beiläufigen Bemerkung Robinson Crusoes zur
Form der Lebensgemeinschaft auf der von ihm ver-
lassenen Insel folgern zu wollen, hier sei die
historische Entwicklung der menschlichen Gesellschaft
zur Demokratie hin nachgezeichnet worden, hieße
sicherlich den Text überzuinterpretieren. [82] Mit
dem Ende des Königtums Robinson Crusoes verlor nicht
nur er, sondern auch sein Autor das Interesse an der
Insel und ihren Bewohnern, die ansonsten sicherlich
ein gutes Ausgangsmaterial zur Darstellung der Entwicklung und des Funktionierens einer Gesellschaft
dargestellt hätten, so aber nur eine zufällige An-
sammlung von unglücklich Verbannten bildeten, die
lieber heute als morgen ihren elenden Lebensbedingungen entflohen wären.

Vom weiteren Schicksal Robinson Crusoes, der
- erneut von seinem "wandring Spirit" besessen -
als reiselustiger 'Gentleman' und/oder gut ver-
dienender 'Merchant' noch zahlreiche Abenteuer
erlebt, erscheint in diesem Zusammenhang nur noch
der Aufenthalt in Sibirien erwähnenswert.

Als 'Gentleman' und ehemals mächtiger König
fühlt sich Robinson Crusoe in der Gegenwart ver-
bannter Prominenz aus Adel, Politik und Militär
(vom Hofe der Moskauer Periode) wohl: "excellent
Company ... this City was full of Noblemen, Princes,
Gentlemen, Colonels, and in short, all Degrees of
Nobility, Gentry, Soldiery and Courtiers of
Muscovy" (RC II, III,198/199). Mit ihnen verkehrt
er wie mit Seinesgleichen und berichtet stolz von
der Überlegenheit seines Reiches gegenüber dem des
Zaren:

> I was a greater and more powerfull Prince than
> ever the Czar of Muscovy was ... I had the ab-
> solute Disposal of the Lives and Fortunes of
> all my Subjects: That notwithstanding my abso-
> lute Power, I had not one Person disaffected
> to my Government, or to my Person, in all my
> Dominions. (RC II, III,200)

Daß ein Tyrann die Sympathien seines Volkes besitzen kann, muß dem interessiert lauschenden
Fürsten natürlich paradox erscheinen, daher sein
erstaunter Kommentar: "there indeed I outdid the
Czar of Muscovy"; als Erklärung dieses scheinbaren
Widerspruches führt Robinson Crusoe seine - schon
diskutierte - Eigentumstheorie an: "I told him,
that all the Lands in my Kingdom were my own, and
all my Subjects were not only my Tenants, but
Tenants at Will".

Diese Gegenüberstellung der Vorteile des Inselreiches und der Mängel des Zarentums hatte übrigens
durchaus einen aktuellen Bezug; in der Review hatte
sich Defoe nämlich recht ausführlich mit der Herr-
schaftsausübung des Zaren auseinandergesetzt. Trotz
einer gewissen Bewunderung kritisiert er dort den
Zaren sehr scharf als brutalen Tyrannen, der keine
Grundrechte seiner unterdrückten und unglücklichen
Bürger achte:

> let any Man that has Travelled into those
> Countries, give us an Account but how he
> Reigns, how Absolutely he Commands, as a Man
> may say, the very Souls and Bodies of his
> Subjects; how they breath but by his Permis-
> sion, and his Breath is Life or Death to them,
> as he pleases ... How he lays their Nobles
> and Princes on the Ground at his Pleasure,
> and causes them to be Corrected by the Execu-
> tioner. 83

Der Roman bot die Möglichkeit, einen solchen Reisen-
den von seinen Erlebnissen und Unterhaltungen mit
den erwähnten Fürsten berichten zu lassen und die
Erzählung als wahrheitsgetreues Bild der russischen
Zustände zu präsentieren. Darüber hinaus konnte
Robinson Crusoe sogar schildern, wie im 'konkreten'
Fall seines Inselreiches ideale Herrschaftsbedingun-
gen existierten, die selbst dem großen Zaren ein
Vorbild sein konnten.

Als ob zum Schluß des Romans noch einmal die
Aussagen des 'Mittelständischen Credo' zur Oberschicht von höchster Warte und aus erster Hand bestätigt werden sollten, gerät der Fürst unvermittelt
ins Philosophieren/Moralisieren: "Greatness", "Riches"
und "Pleasures" hätten zwar auch angenehme Seiten,
aber in der Hauptsache trügen sie dazu bei, niederste

Neigungen, wie "Ambition", "Pride", "Vanity",
"Avarice" und "Sensuality", zu wecken, die selbst
schon "Crimes" seien und dazu noch die Ursache
für andere "Crimes" seien. Diese Aussagen decken
sich exakt mit denen des Vaters zur "upper Part",
und sie entsprechen wiederum dem Lasterkatalog,
den Defoe außerhalb der Romane mit Vorliebe dem
Hof und dem Adel zuordnete; genau in diese letzte
Richtung zielt auch das, was der Fürst über das
Leben am Hofe sagt:

> Nothing that I know of in this World would
> move me ... to go back to the Pomp of the
> Court, the Glory, the Power, the Hurry of a
> Minister of State, the Wealth, the Gaiety,
> and the Pleasures, that is to say, Follies
> of a Courtier. (RC II, III,202/203)

Das russische Beispiel bot Defoe offenbar will-
kommene Gelegenheit, alles, was mit dem lasterhaften
Leben am Hofe zu tun hatte, zu verurteilen, ohne
direkt englische Verhältnisse anzusprechen und
möglicherweise die von ihm durchaus geschätzte Anna
(die zu diesem Zeitpunkt der Romanhandlung regierte)
zu treffen.   Es ging ihm, wie oben beschrieben,
stets darum, Hof und Adel als Zentrum und Ausgangspunkt zahlreicher Laster darzustellen, ohne die
Hoffnungsschimmer, die für ihn mit den Namen
Wilhelm von Oraniens und Annas verbunden waren,
direkt zu beeinträchtigen.

Wie aus der Review oder Jure Divino zitiert,
klingt auch der Satz des Prinzen: "Virtue only
makes a Man truly wise, rich and great, and preserves him in the way to a superior Happiness in a
future State" (RC II, III,201); auf der gleichen

Linie liegt die von Defoe oft propagierte Relativierung von Personen an der Spitze des Staates
und der Gesellschaft, die nur normale Menschen
mit Fehlern und Schwächen seien und nichts Über-
natürliches oder gar Göttliches an sich hätten.
In diesem Sinne sagt der Prinz nämlich: "you
suppose me to be a Lord, or a Prince, &c. So
indeed I am; but you are now to consider me only
as a Man, a human Creature, not at all distinguish'd from another" (RC II, III,203).

Die Szene mit dem Fürsten erscheint auf weite
Strecken wie ein Dialog, in dem Zitate aus anderen
Schriften Defoes mit verteilten Rollen gelesen
werden, eine Erscheinung, auf die man in anderen
Romanen (besonders in Roxana) verstärkt stößt.
Dazu ist die Episode kaum in die Handlung integriert und wirkt wie ein Vehikel zur Darstellung
bestimmter Ideen und Ideologien. Charles Gildon
hatte schon 1719 an diesem Phänomen Anstoß genommen, er bezeichnete den zweiten Romanteil als:

> clog'd with Moral Reflections ... every
> where insipid and awkward, and in many
> Places of no manner of Relation to the
> Occasion on which they are deliver'd, be-
> sides being much larger than necessary.84

3.1.1.6. Zusammenfassende Bemerkungen

Obwohl im gesamten Robinson Crusoe niemals eine
vollständige Gesellschaft mit ihren Schichten
und deren Funktionen Gegenstand der Darstellung
ist, haben gesellschaftliche Kategorien große Bedeutung für Struktur und Aussage des Romans.
Das 'Mittelständische Credo', scheinbar isoliert
am Anfang der Erzählung stehend, erwies sich als
immer wiederkehrendes und die Handlungen des Helden
direkt beeinflussendes **Strukturelement**, dessen
Wertvorstellungen und Einschätzungen weitgehend vom
Helden geteilt und an zahlreichen Stellen des Romans
an konkreten Beispielen exemplifiziert werden.

Robinson Crusoe gibt zwar vor, das Lob des Vaters
auf den Mittelstand als wertvollste Gesellschaftsschicht zu teilen - und sein Denken und Handeln
wird auch von eindeutig mittelständischen Kategorien
geprägt -, aber er strebt selbst nie eine Position
in der **empfohlenen** Stellung an, sondern **flieht sie**
jedesmal dann, wenn sich seine Lebenssituation der
'Middle Station' nähert; allein in Not und Unsicherheit gewinnt die gepriesene 'Middle Station' für ihn
einige Attraktivität, verheißt sie doch Sicherheit
und Annehmlichkeiten, eben die Mitte zwischen den
Extremen.

Glück und Zufriedenheit empfand Robinson Crusoe
nur auf seiner Insel, und zwar meist dann, wenn er
mit Stolz seine Erfolge bei der Herstellung von
Gegenständen und bei landwirtschaftlicher Tätigkeit
betrachtete, vor allem aber, wenn er seine Stellung

als vorbildlicher und unanfechtbarer König reflektierte. Außerhalb Englands kann der aus dem Mittelstand stammende Robinson Crusoe beweisen, daß er
nicht nur in der Lage ist, die Arbeiten der 'Mechanicks' binnen kurzer Zeit auszuüben (wobei zugleich
die im Alltag der Leser oft verkannte wichtige
Funktion dieser Bevölkerungsschicht deutlich wird),
sondern unter den idealen Bedingungen der Insel
sieht sich Robinson Crusoe auch als idealer König,
der alle wertvollen mittelständischen Tugenden in
seine Stellung mit einbringt und sich dadurch von
den im Werk Defoes meist als lasterhaft dargestellten
Herrschern der Realität positiv unterscheidet. Defoe
schuf für seinen Helden auf der Insel Voraussetzungen,
die Watt sehr treffend zusammenfaßt: "the island offers
the fullest opportunity ... to realize three asso-
ciated tendencies of modern civilization - absolute
economic, social, and intellectual freedom for the
individual."[85]   Allerdings ist zur Konzeption Defoes
kritisch anzumerken, daß diese einmaligen Chancen
eben nur e i n e m Individuum geboten werden. Nur
Robinson Crusoe besitzt derartige Freiheiten; jedes
neu hinzukommende Individuum betritt sogleich einen
schon bestehenden Machtbereich, muß sich unterordnen
und geradezu für die Gewährung von persönlichen und
religiösen Freiheiten dankbar sein. Unter diesem Gesichtspunkt kann die Robinsoninsel sicherlich nicht
als utopisches Modell für eine grundsätzlich neue
Staats- und Gesellschaftsform verstanden werden, denn
auch auf ihr herrscht eben ein - wenngleich fort-
schrittlicher - Monarch.

3.1.2. Moll Flanders

In <u>Moll Flanders</u> gewinnen soziale Faktoren neue
und für die Struktur des Romanes wesentliche
Dimensionen. Die Heldin verbringt ihr Leben nämlich nicht zum großen Teil auf einer einsamen
Insel, sondern mitten in der Gesellschaft ihrer
Zeit, Defoe kann zeigen, wie Moll auf die Gesetze
dieser Gesellschaft reagiert und wie sie ihre
Ambitionen in der Auseinandersetzung mit den ihr
vorgegebenen sozialen Spielregeln realisiert. Obwohl die meisten Kritiker in dem Roman primär die
eher pikareske und strukturlose Lebensgeschichte
einer Kriminellen sehen, geht es in <u>Moll Flanders</u>,
wie zu zeigen sein wird, in hohem Maße um soziale
Mobilität. Allein ein Blick auf das Verhältnis
des Textumfanges, der den kriminellen Aktivitäten
einerseits und den übrigen Erlebnissen (Heiraten,
Kolonien) gewidmet ist, läßt erkennen, daß der
'Diebin' Moll Flanders nur ein Drittel der Erzählung zukommt (das Seitenverhältnis Eheabenteuer :
Kriminalität : Kolonien beträgt 200 : 125 : 50).[86]
Moll Flanders entstammt nicht wie Robinson
Crusoe der gehobenen Mittelschicht, sondern sie
beginnt ihren Lebenslauf als Kind einer zur Arbeit in den Kolonien begnadigten Diebin (vom Vater
hört man nie etwas) im Gefängnis von Newgate;
armseliger konnte ihre Herkunft also sogar in der
Unterschicht kaum sein.

Wenn sie daher im Rückblick ihre Memoiren mit
einem Angriff auf das schlechte englische System
zur Versorgung solcher Notfälle beginnt und das
gute französische Beispiel der Waisenhäuser an-
führt, so läßt Defoe sie damit zwar soziale Mißstände anklagen, die erst im Verlaufe des 18.
Jahrhunderts allmählich verbessert wurden, Moll
Flanders kann allerdings ihren persönlichen Lebenswandel ("Twelve Year a Whore, ... Twelve Year a
Thief") damit nicht entschuldigen. Denn trotz
dieser denkbar schlechten Voraussetzungen meint es
das Schicksal in früher Jugend doch recht gut mit
ihr. In Colchester wird sie von einem mitleidigen
Magistrat so behandelt, als wäre sie dort legal
geboren: "Compassion mov'd the Magistrates of the
Town to take Care of me, and I became one of
their own as much as if I had been born in the
Place" (MF, I,3). [87]
   Im Alter von drei bis acht Jahren genießt sie
mit einigen Gefährten eine Erziehung, die sicherlich besser als in einem Waisenhaus oder bei ihrer
leiblichen Mutter gewesen wäre. Eine "Nurse" ("a
Woman who was indeed Poor, but had been in better
Circumstances"; MF, I,3) versorgt sie mit allem
Lebensnotwendigen, bringt ihr Lesen und Hausarbeit
bei und zieht sie geradezu vorbildlich auf:

> she bred up the Children with a great deal of
> Art, as well as with a great deal of Care.
>   But which was worth all the rest, she bred
> them up very Religiously also, being herself
> a very sober, pious Woman.(2.) Very House-
> wifely and Clean, and, (3.) Very Mannerly,
> and with good Behaviour: So that excepting a
> plain Diet, coarse Lodging, and mean Cloaths,
> we were brought up as Mannerly as if we had
> been at the Dancing School. (MF, I,4)

Hätte sich Moll Flanders nun an diesem Vorbild
orientiert und die guten Eigenschaften ihrer
"Nurse" auch nur teilweise übernommen, so wäre
sie geradezu ein ideales Mitglied der Unterschicht geworden, wie es sich Defoe in seinen
sozialkritischen Schriften nur erträumen konnte.
Aber Moll hatte anderes im Sinn; bereits im Alter
von acht Jahren beginnt sich ihr Lebensziel abzuzeichnen, und der Weg zur Erreichung dieses Ziels
ergab auch zweifellos mehr Stoff für einen Roman
als nur die Geschichte einer von vielen armen
kleinen Mädchen, die - von ihrer Mutter getrennt -
in der oft fragwürdigen Versorgung des 'parish'
aufwuchsen und denen schließlich nur der Weg in
ein niederes Dienstverhältnis oder in die Kriminalität blieb.

Nicht ihre Herkunft aus armseligen Umständen
treibt Moll Flanders in ihre zahlreichen Abenteuer,
sondern soziale Ambitionen: sie möchte "Gentlewoman" werden.

Schon die Achtjährige äußert diese Absicht in
einer Unterhaltung mit der "Nurse", die nicht begreifen kann, wieso Moll bei der Aussicht auf eine
Beschäftigung als Dienstmädchen tagelang weint: [88]

> Why, what, __said she__, is the Girl Mad? what
> would you be a Gentlewoman? Yes, __says I__,
> and cry'd heartily till I roar'd out again
> ...
> Well, Madam, Forsooth, says she, __Gibing__
> __at me__, you would be a Gentlewoman, and how
> will you come to be a Gentlewoman? What
> will you do it by your Fingers Ends?
> Yes, __says I again__, very innocently.
> (__MF__, I,5/6)

So absurd der Wunsch an dieser Stelle zu sein
scheint - die spöttische Reaktion der "Nurse"
zeigt schon seine Unerhörtheit -, die Intention der Heldin steht von nun an endgültig fest,
auch wenn Defoe zunächst ironisierend Differenzen im Verständnis des Begriffes "Gentlewoman"
zwischen Moll und ihrer Umgebung aufzeigt:

> they meant one Sort of thing by the Word
> Gentlewoman, and I meant quite another:
> for alas, all I understood by being a
> Gentlewoman, was to be able to Work for
> myself, and get enough to keep me with-
> out going to Service, whereas they meant
> to live Great and High, and I know not
> what. (MF, I,7/8)

Moll beschreibt ihre Vorstellungen hier in einer
Form, die eher an eine mittelständische Position
denken läßt, denn es werden Unabhängigkeit und
Selbständigkeit betont, während das unterschicht-
typische Dienstverhältnis abgelehnt wird. An
dieser Stelle zeigt sich schon die später noch
deutlicher hervortretende, atypische Grundein-
stellung des ursprünglichen Unterschichtmitgliedes
Moll Flanders.

Daß ihr Ziel "Gentlewoman" über die Bedeutung
einer jugendlichen 'fixen Idee' hinausgeht, zeigt
sich nach einiger Zeit, als Moll Flanders das Verständnis ihrer Umgebung selber übernimmt; andererseits finden sich auch in dieser frühen Phase
schon Hinweise auf eine mögliche Verwirklichung
ihrer Pläne. Der Wunsch erregt in ihrer Umgebung
derartiges Aufsehen, daß sogar die Frau des Bürger-
meisters das ungewöhnliche Kind sehen möchte und

bei ihrem Besuch vielsagend anmerkt: "she may
come to be a Gentlewoman, says she, for ought I
know; she has a Lady's Hand" (MF, I,7); außerdem
hatte Defoe seine Leser schon im Titel auf eine
'Erfolgsgeschichte' besonderer Art vorbereitet,
indem er die Lebensbeschreibung einer Person verhieß, "Who was Born in Newgate ... at last grew
Rich, liv'd Honest, and died a Penitent".
   Somit wird wie bei Robinson Crusoe schon auf
den ersten Seiten des Romans großes Gewicht auf
die Darstellung sozialer Faktoren, vor allem der
gesellschaftlichen Voraussetzungen (Herkunft,
Bildung, Haltung zu sozialen Gruppen), gelegt und
mit der Vorstellung der Intention der Heldin ein
wesentliches Moment der Grundstruktur der Erzählung eingeführt. Wie in Robinson Crusoe ist
auch hier die Hauptfigur nicht mit ihrer vorgezeichneten gesellschaftlichen Bahn, ihrer 'station'
zufrieden, allerdings haben gesellschaftliche
Faktoren auf die Handlungsstruktur in Moll
Flanders aus zwei Gründen stärkeren Einfluß:
Moll hat ein konkretes Ziel - den Aufstieg zu
einer zunächst noch relativ unscharf gefaßten
Position "Gentlewoman" -, und verbringt ihr Leben
eben mitten in der Gesellschaft ihrer Zeit.
   Aus den Komponenten 'Intention' (="Gentlewoman"; 'independent') und tatsächliche 'Position'
läßt sich ein Struktur-Modell für den Handlungs-
verlauf in Moll Flanders erstellen, das verdeutlicht, wie die Heldin sich in einer Abfolge von
'Ist' - 'Soll' - Vergleichen ihrem ursprünglich
geäußerten Ziel (= 'Soll') nähert oder sich davon

wieder entfernt (vgl. Struktur-Modell I). Die
Beurteilung der jeweiligen Position (='Ist') auf
der Sozialskala kann natürlich nur nach den Angaben von Moll Flanders selbst erfolgen, die
sicherlich in dieser Hinsicht gänzlich anderer
Auffassung sein dürfte als etwa Mitglieder der
Oberschicht (auf die grundsätzliche Diskrepanz
dieser Einstufungen wurde oben schon eingegangen);
allerdings wird die Mehrzahl der Leser - allein
aus Gründen ihrer soziologischen Zusammensetzung -
das Verständnis Molls geteilt haben.[89]

Wollte man vorab die Chancen der Heldin auf
einen ausgeprägten sozialen Aufstieg einschätzen,
so müßte das Urteil lauten, daß sie in ihrer
frühen Jugend praktisch bei Null stehen. Als
völlig besitzloses Mitglied der Unterschicht von
der Wohltätigkeit des 'parish' abhängig, mußte die
Zielvorstellung "Gentlewoman" absolut unrealistisch
erscheinen.

Wie gezeigt wurde, boten sich damals grundsätzlich drei Möglichkeiten zur Verbesserung der
gesellschaftlichen Position: die Erlernung eines
angesehenen Berufes, Reichtum oder der Erwerb
großer Geldmittel und die Heirat. Der erste Weg
stand der Frau Moll Flanders noch weit weniger
offen als heute, er existierte so gut wie gar
nicht; da Moll aber eben auch keinerlei Vermögen
besaß, blieb ihr nur die Heirat mit einem 'Gentleman', der allerdings üblicherweise wohl eher die
Tochter eines reichen Mittelständlers zu ehelichen
gewillt war.

Defoe hatte also die Ausgangsposition Molls so
angelegt, daß der Leser auf die Schritte, die
sie zur Erreichung ihres Ziels beabsichtigte,
gespannt sein mußte, denn die Spielregeln gesellschaftlicher Mobilität lagen nun einmal
fest.

Mit dem zeitweisen Eintritt in den Haushalt
einer "Lady" - deren Familie von Moll als der
Oberschicht zugehörig dargestellt wird [90] -
hat Moll Flanders zum ersten Male Kontakt mit
"Genteel living", ihre Vorstellungen von der
Bedeutung des Begriffes "Gentlewoman" erfahren
damit eine völlig neue Prägung; das Vorbild
der Oberschicht 'verdirbt' somit die unschuldi-
gen (und eher mittelständisch orientierten)
Ideen des Unterschichtmitgliedes, das ursprünglich nur auf Selbständigkeit und Unabhängigkeit abgezielt hatte:

> I had such a taste of Genteel living at the
> Lady's House, that I was not so easy in my
> old Quarters as I us'd to be, and I thought
> it was fine to be a Gentlewoman indeed, for
> I had quite other Notions of a Gentlewoman
> now, than I had before. (MF, I,11)

Von nun an bestimmt endgültig der Wunsch nach
"Genteel living", damenhaftem Auftreten und dem
möglichst vornehmen Leben an der Seite eines
'Gentleman' den weiteren Lebensweg Moll Flanders.

Beim Tode der "Nurse" bietet sich Moll die ein-
malige Chance, in das Haus der "Lady" aufgenommen
zu werden und zusammen mit deren Töchtern aufzu-
wachsen. Somit hat sie nicht nur Gelegenheit, Umgangsformen und Sprechgewohnheiten ihrer neuen
Umgebung aufzunehmen (die ihr später das Auftreten

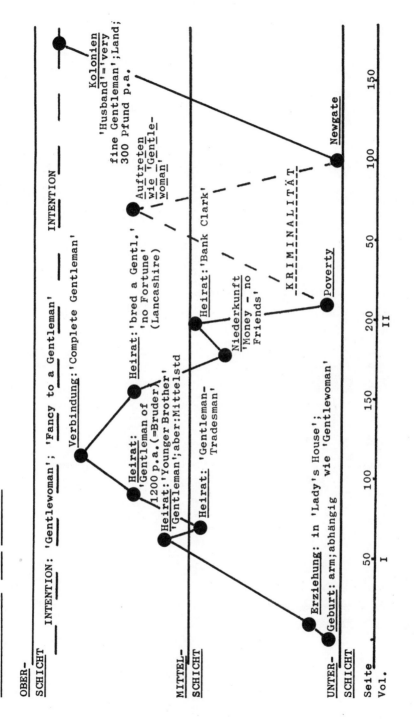

STRUKTURMODELL: Moll Flanders

als "Gentlewoman" sehr erleichtern), sondern gemeinsam mit den Töchtern hat sie teil an deren
Erziehung, die durch Hauslehrer erfolgt und an den
traditionellen Ausbildungszielen der Zeit für weib-
liche Mitglieder der höheren Schichten orientiert
ist. Neben dem Schreiben lernt man vor allem Tanzen und Singen, die Beherrschung von Musikinstru-
menten und die Kunst der französischen Konversation, im wesentlichen also alles Fächer, die Defoe
schon im Essay upon Projects und später im Compleat
English Gentleman scharf als unnütz kritisiert
hatte. [91] Im Roman mußte er allerdings der Realität Rechnung tragen, und die setzte für eine An-
wärterin auf den Rang der "Gentlewoman" die Beherrschung dieser Fähigkeiten nun einmal voraus.

Auf die Jahre des Zusammenlebens mit ihren "Superiors" zurückblickend, resümiert Moll:

> By this Means I had, as I have said, all the
> Advantages of Education that I could have had,
> if I had been as much a Gentlewoman as they
> were, with whom I liv'd; and in some things I
> had the Advantage of my Ladies, tho' they
> were my Superiors, Viz. that mine were all the
> Gifts of Nature, and which all their Fortunes
> could not furnish. First, I was apparently
> Handsomer than any of them. Secondly, I was
> better shap'd, and Thirdly, I Sung better.
> (MF, I,13)

Da Moll außerdem noch in dem Ruf steht, einer "very
good Family" anzugehören und eine geradezu vorbildliche junge Frau zu sein ("a very sober, modest, and
vertuous young Woman"; MF, I,14), läßt sich nur
folgern, daß ihre persönlichen Voraussetzungen für
einen möglichen sozialen Aufstieg sich damit seit
ihrer Geburt in fast jeder Hinsicht ganz wesentlich
gebessert haben. Daß ihr allerdings noch etwas Ent-

scheidendes - nämlich Vermögen - fehlte, das nicht
durch "Gifts of Nature" und gute Erziehung wettge-
macht werden konnte, aber eben einen ausschlaggeben-
den Faktor in den Regeln sozialer Mobilität darstellte, wurde Moll in dem Augenblick klar, als sie
ihr nächstes konkretes Ziel auf dem Wege zur Position "Gentlewoman" anvisierte: die Ehe mit einem
"Gentleman".

Von den beiden Söhnen des Hauses, "young Gentlemen of Extraordinary Parts and Behaviour" (MF, I,14),
interessiert Moll natürlich nur der ältere, denn er
wird beim Todes seines Vaters das gesamte 'Estate'
und einen möglicherweise vorhandenen Titel erben,
während der 'younger son' - oben beschriebenen Gepflogenheiten der Zeit folgend - einen juristischen
Beruf erlernt hatte ("being bred to the Law"; MF, I,27)
und damit eine Position im oberen Bereich des Mittelstandes einnehmen würde. Darauf legt Moll aber auch
schon zu diesem Zeitpunkt keinen Wert, sondern vertraut leichtgläubig den vorsichtigen Eheversprechungen
des älteren Bruders, der, mit "Wig, Hat, and Sword"
auftretend, von Defoe in seinen negativen Eigenschaften geradezu als typischer Vertreter der Oberschicht
geschildert wird: "a gay Gentleman, that knew the
Town, as well as the Country, and tho' he had Levity
enough to do an ill-natured thing, yet had too much
Judgment of things to pay too dear for his Pleasures"
(MF, I,14). Gerade der Begriff "gay" bezeichnet in
allen Werken Defoes eine leichtlebige und verantwor-
tungslose Haltung, die fast immer dem Lebensbereich
der Oberschicht und des Hofes zugeordnet wird und eine
äußerst negative Konnotation besitzt (vgl. besonders
Roxana).[92]

Daß es zu keiner Ehe kommt, liegt an dem Fehlen
des schon angesprochenen entscheidenden Faktors,
der Moll als Partnerin durchaus akzeptabel gemacht
hätte und den eine der Schwestern sehr realistisch
beschreibt:

> Betty wants but one Thing, but she has as
> good want every Thing, for the Market is
> against our Sex just now: and if a young
> Woman has Beauty, Birth, Breeding, Wit, Sense,
> Manners, Modesty, and all to an Extream; yet
> if she has not Money, she's no Body, she has
> as good want them all; nothing but Money now
> recommends a Woman. (MF, I,16)

Diese Äußerungen dienen ohne Zweifel zugleich als
praktische Demonstration der schlechten Geisteshaltung in den oberen Schichten, in denen eben keine
persönlichen Tugenden und Verdienste gewürdigt
werden, sondern vornehmlich auf das Geld der Ehepartnerin spekuliert wird, das oft genug nur dazu
verwandt wurde, die Folgen einer wirtschaftlich unvernünftigen Lebensweise abzuwenden.[93]

Nur widerwillig geht Moll schließlich die Ehe
mit dem jüngeren Bruder ein, der doch immerhin als
"Gentleman of a good Family, in good Circumstances"
(MF, I,53) beschrieben wird und an dessen Seite sie
eine gesellschaftliche Position einnehmen kann, die
bei ihrer Geburt kaum voraussehbar gewesen war.
Aber Moll reizen die Umstände dieser Verbindung nicht,
denn "safe Station" und "easy prosperous Life" (MF,
I,36;55) waren Begriffe, die eher einer mittelständischen Existenz zugehörten (und im 'Mittelständischen Credo' ganz ähnlich zu finden waren),[94] aber
nicht ihren Vorstellungen von "genteel Living" entsprachen. Da ihr aber zu diesem Zeitpunkt keine ver-
nünftigere Alternative bleibt, macht Moll zunächst

einige Konzessionen, sonst hätte sie entweder Mätresse des älteren Bruders werden müssen ("sunk
into the dark Circumstances of a Woman that has
lost her Reputation"; MF, I,53) oder: "being drop'd
by both of them, and left alone in the World to
shift for my self" (MF, I,55);an diesem letzten Satz
ist bemerkenswert, daß "to Work for myself" einmal
das Lebensziel Molls gewesen war und ihr frühes Verständnis von "Gentlewoman" wesentlich bestimmt
hatte.

Auch nach dem Tode ihres Gatten bleibt Molls Abneigung gegen einen schlichten Mittelständler bestehen; ihr Vermögen hatte sich seit dem Kontakt mit
der Familie der "Lady" von 22 s. auf stolze 1200
Pfund erhöht, eine Summe, die zwar eine größere Unabhängigkeit in der Wahl eines neuen Gatten ermöglichte, 'echte' "Gentlemen" aber noch nicht anlocken
konnte. Die Eheangebote einfacher, wenn auch vermögender "Tradesmen" lehnt Moll in ihrem Streben
nach etwas 'Besserem' ab, denn:

> I was not averse to a Tradesman, but then I
> would have a Tradesman, Forsooth, that was
> something of a Gentleman too; that when my Hus-
> band had a mind to carry me to the Court, or to
> the Play, he might become a Sword, and look
> like a Gentleman as another Man; and not like
> one that had the mark of his Apron-strings upon
> his Coat, or the mark of his Hat upon his Perri-
> wig; that should look as if he was set on to his
> Sword, when his Sword was put on to him, and
> that carried his Trade in his Countenance.
> (MF, I,59) 95

Moll zielt also genau auf den Typus des Kaufmannes
ab, vor dem Defoe in sämtlichen einschlägigen Schriften gewarnt hatte, der nämlich versucht, wie ein
'Gentleman' aufzutreten und dabei notgedrungen das
Geschäft und die Sorge um regelmäßige Einkünfte vernachlässigen muß, so daß der Ruin unmittelbar abseh-
bar ist.

Sie findet "this amphibious Creature, this Land-water-thing, call'd, a Gentleman-Tradesman", einen 'Draper', der in seiner Widersprüchlichkeit beschrieben wird als: "a Tradesman, that was Rake, Gentleman, Shop-keeper, and Beggar all together" (MF, I,60). Aber die junge Moll betrachtet den Auserwählten mit großer Zufriedenheit, denn ihr Gatte weiß sich mit allen Statusindizes zu schmücken, die mit Geld nur zu erwerben sind und die ihn als ein Miglied der Oberschicht - sogar der 'Nobility' - erscheinen lassen. So reisen beide für eine Woche in einer "Coach and Six" nach Oxford ("to look like Quality for a Week"; MF, I,60):[96]

> we had a Rich Coach, very good Horses, a Coachman, Postillion, and two Footmen in very good Liveries; a Gentleman on Horseback, and a Page with a Feather in his Hat upon another Horse; the Servants all call'd him my Lord, and I was her Honour, the Countess. (MF, I,60)

Dieser Lebensstil, dessen Details exakt den damaligen Vorstellungen vom Auftreten des Hochadels entsprechen, kann natürlich nur zum alsbaldigen Bankrott führen, womit die Warnungen Defoes an verschwenderische Kaufleute in der Praxis des (Roman-)Alltags bestätigt worden wären.

Moll, der die wirtschaftliche Unvernunft eines solchen Verhaltens durchaus bewußt war (denn sie hatte bei weitem nicht ihr gesamtes Vermögen riskiert), kommt an dieser Stelle zu einer Erkenntnis, die als Paradigma für die ganze Zeit ihres Lebens bis zum Abgleiten in die Kriminalität gelten kann und zugleich eine realistische Einschätzung der Konsequenzen ihrer Intention "Gentlewoman" darstellt:

> "I was hurried on (by my Fancy to a Gentleman) to Ruin my self in the grossest Manner that ever Woman did" (MF, I,60)

Mit einer Vermögensreduzierung von 1200 auf 500 Pfund
haben sich auch ihre Chancen für eine gute Partie
entscheidend verschlechtert, doch um ihre Aufstiegs-
absicht gemäß den gesellschaftlichen Regeln der Zeit
dennoch verwirklichen zu können, variiert Defoe die
Spielbedingungen seiner Romanwelt, indem er sie zu
einem Trick greifen läßt: Moll spielt falsch, als
sie sich als reiche Witwe vorstellen läßt und damit
ihren Wert auf dem Heiratsmarkt fiktiv erhöht; ihrer
Meinung nach keinesfalls ein Vergehen, sondern nur
ein Schlagen der sowieso begünstigten Männer ("the
Market run all on the Mens side"; <u>MF</u>, I,67) mit deren
eigenen Waffen:

> the Men made no scruple to set themselves out
> as Persons meriting a Woman of Fortune of their
> own; it was but just to deal with them in their
> own way, and if it was possible to deceive the
> Deceiver. (<u>MF</u>, I,77)

Moll hat Erfolg bei einem "Gentleman of 1200 <u>l</u>. a
Year" (<u>MF</u>, I,82), dessen Ländereien allerdings in den
Kolonien liegen und aus drei 'Plantations' in Virginia bestehen.[97]   Trotz dieser Einschränkung bedeutete die Heirat für Moll einen beachtlichen sozialen Aufstieg, denn obwohl Grundbesitz in den Kolonien natürlich nicht mit solchem in England gleichzu-
setzen war (Defoe bemühte sich oft, den Bedeutungs-
unterschied zu relativieren), trug er dennoch deutlich
zur Statuserhöhung bei, genauso wie das beträchtliche
Jahreseinkommen ihres Gatten, das aber nur am Orte des
Besitzes selbst vollen Wert hatte und in England nur
etwa 300 Pfund entsprach.
    Nach der Trennung von ihrem Gatten (der sich als
ihr Bruder entpuppt hatte) und einer weiteren Episode
als Mätresse eines tatsächlichen "compleat Gentleman",

der ihr den Lebensstandard der Oberschicht bietet,
Molls nach außen hin hohe soziale Position aber
eben nicht legalisiert, macht Moll einen letzten Versuch, durch Heirat gesellschaftlich endgültig aufzusteigen und ihren Status auch juristisch abzu-
sichern. [98]

Wenn Moll Flanders daraufhin wieder als "a Widow
Lady of a great Fortune"(MF, I,149) mit einem angeblichen Vermögen von 15000 Pfund vorgestellt wird
und diese Rolle auf einem großzügigen Adelssitz in
Lancashire so überzeugend spielt, daß sich schon
bald ein interessierter 'Gentleman' findet, so muß
doch immerhin die Fähigkeit der Heldin bewundert
werden, ihre soziale Herkunft äußerlich in einem
solchen Maße überspielen zu können. Defoe demonstriert damit, daß ein fähiges Mitglied sogar der
Unterschicht in bestimmten Kreisen der Oberschicht
als akzeptabel und gleichrangig erscheinen kann,
wenn nur das Auftreten und der Ruf entsprechend mani-
puliert werden; nach ihrer Abstammung oder gar ihrem
Stammbaum wurde Moll nämlich nie gefragt. [99]

Ihren neuen, im wahrsten Sinne des Wortes 'passenden' Partner, der standesgemäß mit eigener Kutsche
und zwei "Footmen in a good Livery" vorfährt und
überzeugend von einem verlockenden Besitz in Irland
(Jahreseinkommen 1000 - 1500 Pfund) zu erzählen
weiß, stellt Moll Flanders wie folgt vor:

> He had, to give him his due, the Appearance of
> an extraordinary fine Gentleman; he was tall,
> well-shap'd, and had an extraordinary Address;
> talk'd as naturally of his Park, and his Sta-
> bles; or his Horses, his Game-keepers, his
> Woods, his Tenants, and his Servants, as if he
> had been in a Mansion house, and I had seen
> them all about me. (MF, I,151)

Träfen diese Details über die Lebensumstände des
Gatten zu, so wären er und Moll von nun an ohne
Zweifel der Oberschicht zuzurechnen, doch zum Leid-
wesen Molls handelt es sich bei ihm nur um einen
der von Defoe so häufig angesprochenen 'Gentlemen',
die zwar adliger Abstammung sind, aber aus Gründen
wirtschaftlicher Unvernunft verarmten und daher in
ihrer Ehepartnerin vornehmlich eine Geldquelle zur
Absicherung des gewohnten Lebensstandards suchten:
"he said he was bred a Gentleman, tho' he was reduc'd to a low Fortune" (MF, I,158). [100]

Statt des erwarteten endgültigen Aufstiegs innerhalb der sozialen Skala sinkt Moll nur noch tiefer,
denn die Zeit mit dem 'Lancashire Husband' zehrt so
stark an ihrem Kapital, daß sie nach der Trennung
eine neue Ehe vornehmlich aus Sicherheitserwägungen
eingeht. Genau wie sich Robinson Crusoe in Zeiten
der Not an die Segnungen des Mittelstandes erinnerte,
so nimmt nun auch Moll - im nicht mehr ganz jugendlichen Alter von 43 Jahren - mit einer mittelständischen Position an der Seite des 'Bank Clark' notgedrungen vorlieb. Zahlreiche Stichworte aus dem
'Mittelständischen Credo' finden sich ebenso in
Molls Beschreibung ihrer neuen, gutbürgerlichen Existenz:

> I liv'd with this Husband in the utmost Tran-
> quility; he was a Quiet, Sensible, Sober man,
> Virtuous, Modest, Sincere, and in his Busi-
> ness Diligent and Just: His Business was in a
> narrow Compass, and his Income sufficient to
> a plentiful way of Living in the ordinary way
> ... We liv'd in an uninterrupted course of
> Ease and Content for five Years. (MF, II,1)

Der Bankrott und sich anschließende Tod ihres Gatten bringen Moll Flanders Armut und damit einen deutlichen sozialen Abstieg; zugleich reduzieren sich ihre Chancen, auf dem Heiratsmarkt erneut einen Versuch zur Besserung ihrer Situation oder gar zur Erreichung ihres ursprünglichen Zieles zu machen, denn völlig ohne Geld und einflußreiche Freunde kann sie nicht einmal nach außen hin als attraktive Partnerin auftreten.

Als sie nach zwei Jahren sämtlichen Besitz zur Bezahlung ihres Lebensunterhaltes verkauft hat und ihre Situation durch "Misery and Want" gekennzeichnet ist, befindet sich Moll wieder da, wo ihr Leben begann: auf der untersten Stufe der Gesellschaft und in der unmittelbaren Nähe zur Kriminalität. Auch sie erinnert sich vor ihrem ersten Diebstahl des im Werk Defoes so häufig zitierten Bibelwortes "Give me not Poverty least I steal" (MF, II,3), auf das sich schon der Vater von Robinson Crusoe im 'Mittelständischen Credo' bezogen hatte, als er vor den Gefahren der "Extremes" warnte. Moll entschuldigt ihr Verhalten wie alle ins Kriminelle geratenden Helden in Defoes Romanen mit dem Hinweis auf ihre Notlage: "Poverty harden'd my Heart, and my own Necessities made me regardless of anything" (MF, II,7/8); sie greift damit auf das oben beschriebene Naturgesetz der 'Self-Preservation' zurück, das nach Defoes Verständnis bei einer Zwangslage durchaus einen Diebstahl rechtfertigte.[101]

Man könnte nun meinen, für die armselige Diebin
Moll Flanders sei das Motiv des Strebens nach sozialem Aufstieg endgültig erloschen – das ist nicht
der Fall. Schon nach kurzer Zeit besitzt sie die
stattliche Summe von 200 Pfund, denkt aber nicht
daran aufzuhören:

> as Poverty brought me in, so Avarice kept me
> in, ... Avarice stept in and said, go on, you
> have had very good luck, go on till you have
> gotten Four or Five Hundred Pound, and then
> you shall leave off, and then you may live
> easie without working at all. (MF, II,18)

Ihr erklärtes Ziel ist es also, so viel Geld zusam-
menzutragen, bis sie ein arbeitsfreies, das heißt
einer 'Gentlewoman' geziemendes Leben führen kann.
Nie fühlt sie sich als gemeine Kriminelle (Watt
weist darauf hin, daß sie die anderen Taschendiebe
immer distanziert "they" nennt), und stets betont sie
nachdrücklich, keinesfalls arm zu sein, also nicht
der Unterschicht zuzugehören.[102]

In dem Maße wie Molls Vermögen wächst, kann man
sogar von einem erneuten Aufstieg sprechen, allerdings in einem Bereich, der außerhalb üblicher sozialer Normen liegt und dessen Mitglieder ihrem äußeren
Auftreten nach durchaus in höheren gesellschaftlichen
Rängen angesiedelt zu sein scheinen – solange ihre
kriminellen Aktivitäten nicht bekannt sind.

In diesem Sinne legt Moll während ihrer 'Karriere'
größten Wert darauf, nach Möglichkeit als "Gentlewoman" oder vornehme "Lady" aufzutreten; 'standesge-
mäße' Kleidung, wertvoller Schmuck, eine goldene Uhr,
Kutsche und Dienstpersonal lassen sie zeitweise nach
außen hin tatsächlich als Mitglied der besseren Kreise
erscheinen. Symptomatisch sind dabei Sätze wie diese:

329

"I was well dress'd, and had my gold Watch, as
well as she; so I left the Footman, and I puts myself in a Rank with this Lady" (MF, II,80), "I had
very good Cloths on, and a Gold Watch by my Side,
as like a Lady as other Folks" (MF, II,27), und sie
genießt es ganz besonders, wenn andere Leute von ihr
als einer "Gentlewoman" sprechen: "I could hear the
People ask what was the matter? and others reply and
say, a Mercer had stop'd a Gentlewoman instead of a
Thief" (MF, II,67).[103]

Die Überzeugung Molls, "Gentlewoman" zu sein, und
ihr Verfahren, diesen Rang durch äußere Statusindizes vorzuspielen, verwirrt Watt, der offenbar nicht
erkennt, daß Moll sich tatsächlich für eine "Gentlewoman" hält und ihr ursprünglich als Kind geäußertes
Ziel auch jetzt noch verfolgt:

> when we are told that 'the other gentlewoman'
> cried out, we wonder why the word 'other'? Is
> Moll Flanders being ironical about the fact
> that she too was dressed like a gentlewoman,
> or has Defoe forgotten that, actually, she is
> not?

Watt versucht, diese vermeintliche Crux mit "doubts
about the completeness of Defoe's control over his
narrative" zu erklären, und verkennt damit zugleich,
daß hier ein Element der strukturellen Einheit des
Romans vorliegt.[104]

Auf wirtschaftlichem Gebiet wird Molls Leben in der
Kriminalität von mittelständischen Tugenden bestimmt;
so betrachtet, besitzt sie nämlich durchaus Fleiß,
Sparsamkeit und Zielstrebigkeit und folgt der von
Defoe aufgestellten Maxime "Avoid partnerships of all
kinds", denn alleine hat sie mehr Erfolg und das Risiko ist geringer. Ebenso besitzt Moll eine Abneigung

gegen die von allen Mittelständlern gehaßte Falsch-
münzerei, und wie ein buchführender Kaufmann sorgt
sie für einen ständigen Überblick über ihre Vermögensverhältnisse; daß sie keinen Alkohol trinkt und
nicht flucht, sei nur am Rande vermerkt. [105]

Im Grunde verhält sich Moll Flanders mit ihrem
Vermögenserwerb in der Kriminalität nur konsequent,
wenn man bedenkt, daß der einzig mögliche Weg zum
sozialen Aufstieg - nach den Fehlschlägen auf dem
Heiratsmarkt - die Anhäufung von genügend Kapital
war, um davon später einmal als unabhängige, auf
keine Arbeit angewiesene "Gentlewoman" leben zu können und - zumindest nach außen hin - durchaus ein
Leben zu führen, das dem damaligen Verständnis von
"genteel Living" entsprach. Wie ein Kaufmann, der
nach arbeitsreichem Leben darauf abzielt, sich der-
einst in der Lebensform eines 'Gentleman' zur Ruhe
zu setzen, spricht Moll Flanders denn auch mehrfach
von dem Plan, sich aus dem 'Geschäft' (ihren Beruf
nennt sie stets "Trade") zurückzuziehen, und sie
tut es in derselben Terminologie: "leaving off"
(MF, II,74;85).

Die Methode des Gelderwerbs war natürlich unorthodox und wurde später von ihr angeblich bereut,
doch wäre zu fragen, auf welche andere Weise als
durch kriminelle Delikte oder Prostitution eine
Frau zur damaligen Zeit ein Vermögen hätte anhäufen
können, da ihr der Weg über einen Beruf oder die
Heirat nicht offen stand.

Zwar wird Molls Vorgehen nicht direkt 'belohnt',
das heißt, sie erreicht ihr Ziel nicht unmittelbar,
sondern erleidet zunächst - da sie den richtigen
Zeitpunkt des "leaving off" verpaßt hat - Festnahme,

Einkerkerung und Verurteilung. Doch auch im Gefängnis, wiederum auf der untersten gesellschaftlichen
Stufe angelangt, erlischt das Motiv des sozialen Aufstiegs keineswegs, denn mit dem Auftauchen des 'Lancashire Husband' (der juristisch immer noch ihr Ehemann ist) gewinnt es neue Nahrung. [106]

Der neue und alte Gatte wird sogleich als 'echter'
'Gentleman' eingeführt, für den - völlig den Vorstellungen der traditionell orientierten Zeitgenossen
entsprechend - körperliche Arbeit mit dem eigenen
Selbstverständnis unvereinbar scheint: [107]

> he had a kind of Horror upon his Mind at his
> being sent to the Plantations as the Romans
> sent Slaves to Work in the Mines; that he
> thought the Passage into another State, much
> more tolerable at the Gallows, and that this
> was the general Notion of all the Gentlemen,
> who were driven by the Exigence of their For-
> tunes to take the Road; ...
> that Servitude and hard Labour were Things
> Gentlemen could never stoop to. (MF, II,129)

Trotz der anklingenden Ironie und der sicherlich im-
plizierten Kritik an der fragwürdigen Moral, die das
Verbrechen ehrlicher Arbeit vorzieht, meinen es der
'Gentleman' und vor allem Moll von nun an ganz ernst
mit der Absicht, möglichst bald ein neues, endlich
'standesgemäßes' Leben zu führen.

Da dieses Ziel wegen der Vergangenheit beider Partner und auch wegen ihrer im Grunde unklaren Herkunft
in England nicht realisierbar ist, verlegt Defoe die
Handlung in die Kolonien, wo soziale Herkunft und individuelle Vergangenheit ohne Belang für die Ent-
wicklungsmöglichkeiten eines Menschen sind. [108] Konsequent beschreibt Moll ihre Absicht mit den Worten:
"we should live as new People in a new World" (MF,
II,132), und wenn sie schließlich im einundsechzig-

sten Lebensjahr in die 'neue Welt' aufbricht, zeigt
sich wieder einmal Defoes Vorliebe für die Koinzi-
denz von Daten: Robinson Crusoe war zu Beginn des
zweiten Teiles seiner Abenteuer im gleichen Alter,
und auch Defoe selbst stand bei der Abfassung von
Moll Flanders wohl recht genau im einundsechzigsten
Lebensjahr.

Schon Molls Mutter hatte Defoes Lieblingsidee von
der Chance eines völligen Neubeginns in den Kolonien
propagiert (die sich in der Review ebenso findet, wie
in Colonel Jack und ähnlich auch in Robinson Crusoe):

> Hence Child, says she, many a Newgate-Bird be-
> comes a great Man, and we have, continued she,
> several Justices of the Peace, Officers of the
> train'd Bands, and Magistrates of the Towns
> they live in, that have been burnt in the Hand.
> (MF, I,88)

Shinagel interpretiert Molls Verständnis dieser Aussage recht treffend: "a new class of gentry has grown
up there, a gentry that owes its beginning largely to
Newgate prison"; [109] tatsächlich können in den Kolonien sogar Mitglieder der Unterschicht Funktionen
übernehmen, die in der Heimatgesellschaft fast ausschließlich der Oberschicht vorbehalten waren.

Defoe macht Konzessionen an die festgefügten sozialen Strukturen Englands, wenn er in der realistischen
Darstellung des Romans seine Heldin ihr Ziel nur in
den Kolonien erreichen läßt, und er macht weitere Konzessionen an die Vorstellungen der Leser, wenn er den
Gatten Molls ganz traditionell als 'Gentleman' darstellt, der die Jagd und den Müßiggang jeglicher Arbeit vorzieht:

he was bred a Gentleman, and was not only un-
acquainted, but indolent, and when we did
Settle, would much rather go into the Woods
with his Gun, which they call there Hunting,
and which is the ordinary Work of the <u>Indians</u>;
I say he would much rather do that, than attend
the natural Business of the Plantation.
(<u>MF</u>, II,159)

Zwar klingt hier Kritik an der Mentalität eines
'Gentleman' an, der sich in der Praxis des Alltags
als recht hilflos erweist, doch im Grunde ist Moll
stolz auf ihren 'noblen' Gatten und sorgt mit Hilfe
zahlreicher Arbeitskräfte für einen raschen wirtschaftlichen Aufschwung der Plantage.

Auf diese Phase des Aufbaus, die als mittelständische Position (des handeltreibenden Pflanzers) einzuordnen ist, folgt die letzte Station des Wiederauf-
stiegs: während des sich stetig mehrenden Wohlstands
ist Moll nun bemüht, ihren Gatten endlich standesgemäß auszustaffieren und ihn mit den noch fehlenden
äußeren Attributen eines vollendeten 'Gentleman' zu
schmücken:

I took especial Care to buy for him all those
Things that I knew delighted to have; as two
good long Wigs, two Silver Hilted Swords, three
or four fine Fowling Pieces, a fine Saddle with
Holsters and Pistols very handsome, with a Scar-
let Cloak; and in a Word, everything I could
think of to oblige him; and t o m a k e h i m
a p p e a r, a s h e r e a l l y w a s, a
v e r y f i n e G e n t l e m a n.
(<u>MF</u>, II,172; m.Sp.)

Dieser Katalog von Statusindizes ließ den Leser erkennen, daß Moll es schließlich geschafft hatte; zwar
nicht in England, aber immerhin in den Kolonien sah
sie sich an der Seite eines "very fine Gentleman",
dessen Rang sich auf sie übertrug. Umfassender Land-

besitz, Dienerschaft und ein Gatte, der in ihren
Augen dem ursprünglichen Traumziel des 'elder
Brother' (an dem sie ebenfalls "Wig, Hat, and
Sword" bewundert hatte) nicht nachstand, demon-
strierten ihre soziale Stellung ebenso wie das
jährliche Einkommen von über 400 Pfund, das - auf
englische Verhältnisse übertragen - durchaus der
mittleren 'Gentry' entsprach. [110]

Defoe ermöglicht den Erfolg seiner Heldin unter
Ausnutzung aller Spielregeln sozialer Mobilität.
Auch wenn Moll einmal falsch spielt (Vortäuschung
von Vermögen bei der Heirat), werden gesellschaftliche Normen der Zeit im Grunde nicht verletzt.

Nicht zufällig erreicht Moll ihr Ziel erst in den
Kolonien, in denen Defoe stets einen von keinen
historischen und sozialen Traditionen reglementierten
Freiraum sah; hier konnte sich ein Individuum gemäß
seinen Anlagen entwickeln, ohne darin von seiner Herkunft oder seinem persönlichen Schicksal praktisch
unabänderlich bestimmt zu sein.

3.1.3. Colonel Jack

THE HISTORY

AND REMARKABLE LIFE OF

THE TRULY HONOURABLE

COL. JACQUE

COMMONLY CALL'D COL. JACK

WHO WAS

B o r n   a   G e n t l e m a n, put 'Prentice
to a Pick-Pocket, was Six and Twenty Years a
T h i e f, and then Kidnapp'd to Virginia.
Came back a M e r c h a n t, ... went into
the Wars, behav'd bravely, got Preferment,
was made C o l o n e l of a Regiment, ...
and is now abroad compleating a Life of Wonders, and resolves to dye a General.[111]

Wenn sich Kritiker des 20. Jahrhunderts fragen, worin
wohl die große Popularität des Colonel Jack begründet
sei (drei Auflagen in zwei Jahren), so ist die Antwort nicht allein im "succesful trading" des Helden
(Maynadier) oder gar in seiner vermeintlich primären
Funktion als "an embodiment of economic individualism"
(Watt) zu suchen.[112] Schon die Angaben des Titelblattes verhießen dem zeitgenössischen Leser eine Biographie, die nicht zu Unrecht als "a Life of Wonders"
charakterisiert wurde.[113]

Daß ein angeblich als "Gentleman" Geborener bei
einem Taschendieb in die Lehre ging (statt etwa bei
einem Kaufmann, was ja durchaus für 'younger sons'
üblich war), warf schon zahlreiche Fragen über die Art

dieser offenbar absolut ungewöhnlichen Abstammung auf;
daß derselbe dann trotz einer Verschleppung nach Virginia den Sprung zum "Merchant" schaffte und schließlich sogar "Colonel of a Regiment" wurde, mußte einem
potentiellen Buchkäufer einfach als ein derartig wider-
sprüchliches, sogar absurdes Spektakel erscheinen, daß
er seine Neugier durch das Lesen dieser sensationellen
Geschichte zu befriedigen hoffte. Schließlich behauptete das Titelblatt damit, daß der Held des Buches
im Verlauf seines Lebens alle gesellschaftlichen Stationen durchlief. Vom armseligen Taschendieb der Unterschicht, über den 'Merchant' der oberen Mittelschicht,
bis hin zum 'Colonel', der allgemein der Oberschicht
zugerechnet wurde. Daß das Titelblatt darüberhinaus
noch mehr verspricht, als das Buch hält, sei nur am
Rande vermerkt; weder lebt Colonel Jack zur Zeit der
Veröffentlichung außerhalb Englands (vgl. den Schluß:
"I soon got Passage on Board an English Merchant Ship
for L o n d o n"; CJ, 309), noch ist mir eine Stelle
bekannt, wo er sich dazu entschlösse, als "General"
zu sterben; [114] doch trotz dieser kleinen Mängel bot die
Geschichte Colonel Jacks den Zeitgenossen ein wahrhaft
ungewöhnliches Panorama, das sich eben aus Beschrei-
bungen des Lebens in allen Schichten und Abenteuern
aller Art (heute würde man große Teile davon als 'sex
and crime' charakterisieren) zusammensetzte und außerdem mit zahlreichen Grundideen Defoes zu Problemen wie
Bedeutung der Geburt und Erziehung, Aufstiegsmöglichkeiten eines Individuums und der Rolle des Geldes durch-
wirkt war. [115]

Wenngleich die Biographien von Colonel Jack und
Moll Flanders auf den ersten Blick bemerkenswerte
Parallelen aufweisen - beide werden in der Unterschicht

großgezogen, beide durchlaufen eine Phase der Kriminalität, beide leben zeitweise in den Kolonien und
beide haben soziale Ambitionen in Richtung auf das
Ziel 'Gentleman' bzw. 'Gentlewoman' - so unterscheiden sich ihre Lebensgeschichten dennoch in wesentlichen Bereichen. Der Grund dafür ist in den Bedingungen der damaligen Gesellschaft zu suchen, das
heißt in den grundsätzlich anderen Voraussetzungen,
die diese Gesellschaft einem aufstiegswilligen Mann
bot, denn Jack mußte zur Erreichung seines Zieles
von Anfang an andere Wege beschreiten als Moll, die
prinzipiell 'nur' den passenden Ehemann hätte zu finden brauchen. McBurney weist deshalb völlig zu Recht
das sehr vereinfachende Verständnis zurück, Jack sei
"merely a male (and inferior) counterpart of Moll",
der im Grunde die gleichen Abenteuer erlebe und
dessen Geschichte einfach nur "picaresque" sei. [116]

Die genauen Umstände von Jacks Abstammung liegen
im Dunkeln, fest steht nur, daß er als uneheliches
Kind geboren und einer 'nurse' in Pflege gegeben wurde, die von seinen Eltern lediglich behauptet: "my
Mother was a Gentlewoman, ... my Father was a Man of
Quality" (CJ, 3). Damit befindet sich Jack in einer
ähnlichen Ausgangssituation wie schon Moll, die als
Kind ihre Eltern nicht kannte und ebenfalls (wenn
auch erst vom dritten Lebensjahr an) von einer 'nurse'
aufgezogen worden war. Allerdings müssen Jacks Eltern
tatsächlich recht gut gestellt gewesen sein, denn der
Vater bezahlte großzügig für die Unterbringung seines
Sohnes. An einer Stelle im Roman wird angedeutet, daß

der Vater offenbar die Stellung eines 'Colonel' be-
kleidete, mithin tatsächlich ein 'Gentleman' oder ein
"Man of Quality" war. [117]

Als eigentliches Erbe hinterläßt der Vater Jack
jedoch nur ein Lebensmotto, das er seinem Sohn durch
die 'nurse' mitteilen läßt und das von da an dessen
Denken und Handeln ununterbrochen beschäftigt und
lenkt:

> she should always take care to bid me remember,
> that I was a Gentleman, and this he said was all
> the Education he would desire of her for me, for
> he did not doubt, he said, but that sometime or
> other the very hint would inspire me with Thoughts
> suitable to my Birth, and that I would certainly
> act like a Gentleman, if I believed myself to be
> so. (CJ, 3)

Dieses 'Gentleman'-Motiv taucht bereits auf der ersten
Seite der Erzählung auf und durchzieht den gesamten
Roman als Leitmotiv und wesentliches Moment der Handlungsstruktur;   denn immer wieder besinnt sich Jack
seiner "strange original Notion, ... of my being a
Gentleman" (CJ, 60), zunächst noch recht unreflektiert,
später immer stärker an Defoes 'Gentleman'-Ideal
orientiert.

Mehrfach vergleicht Jack seine gegenwärtige Position
('Ist') mit seiner Intention ('Soll'), so daß zum Beispiel aus einer Bemerkung wie "this was not yet, the
Life of a Gentleman" (CJ, 172) eine neue Handlungsmo-
tivation auf das endgültige Ziel hin hervorgeht.

Aus Intentionslinie, 'Ist'-'Soll'-Vergleichen und
dem Grundschema der sozialen Schichtung läßt sich - wie
schon bei Moll Flanders - auch zu Colonel Jack ein
Struktur-Modell erstellen, das die Positionen und jeweiligen neuen Motivationen des Helden von der Geburt

bis zur Erreichung des intendierten Zieles 'Gentleman'
erkennbar werden läßt (vgl. Struktur-Modell). Diese
Entwicklung soll nun in ihren wesentlichen Stationen
kurz chronologisch dargestellt und an einigen Schwer-
punkten näher analysiert werden.

Betrachtet man zunächst die Geburt Jacks nüchtern
und unter den sozialhistorischen Voraussetzungen, so
ist er natürlich keinesfalls ein 'Gentleman'. Defoe
selbst hatte schließlich im <u>Compleat English Gentle-</u>
<u>man</u> das Verständnis der Zeitgenossen definiert, wonach
die 'moderne' Auffassung von 'Gentleman' so lautete:
"A Person BORN (for here lies the Essence of Quality)
of some k n o w n, or Ancient Family". [118] Gegen die
Bedeutung der Geburt als ausschließlich den Status
eines 'Gentleman' konstituierenden Faktors hatte Defoe
zeitlebens schärfstens gekämpft, für ihn galt stets
die seiner Ansicht nach 'klassische' Definition, die
nicht automatisch alle diejenigen ausschloß, die nicht
adliger Geburt waren:

> that the Word G e n t l e m a n being insti-
> tuted and legitimated in our Language, as signi-
> fying a Man of generous Principles, of a great
> generous Soul, intimates a kind of an Obligation
> upon those who assum'd the Name to distinguish
> themselves from the rest of the World by generous
> and virtuous Actions. [119]

Seiner Abstammung nach waren für Jack die Aussichten,
einmal ein 'Gentleman' zu werden, also gleich Null,
denn er entstammte nun allerdings keiner "known, or
Ancient Family", sondern war (im harten Jargon der
Zeit) ein namen- und besitzloser 'Bastard', dessen Zugehörigkeit zur Unterschicht unbezweifelbar war. [120] Wenn
Defoe Jack dennoch sein Ziel unbeirrt und schließlich
mit Erfolg anstreben läßt, so liegt die Ursache für diesen Erfolg in individuellen Eigenschaften begründet, die

von Defoe den meisten Oberschichtmitgliedern abge-
sprochen wurden: in seiner "Virtue" und den "generous Principles he had in him".[121] Mithin erfüllt
Jack genau die Voraussetzung der 'klassischen' Definition eines 'Gentleman', die ebenfalls - wörtlich! -
"generous Principles" gefordert hatte.[122]

Doch macht eine tugendhafte Grunddisposition des
Charakters natürlich noch keinen 'Gentleman' aus,
auch nicht im Sinne Defoes und seiner gleichgesinnten
Leser, dennoch stellt sie die unabdingbare Voraussetzung für die weitere Entwicklung des Helden in
Richtung auf sein Ziel dar. Die eigentliche Zielprojektion aber mußte erst noch hinzutreten, sie war das
Vermächtnis des Vaters, im Grunde wiederum unabhängig
von den Umständen der Geburt, und bestand einfach aus
einer Idee: "remember, that I was a Gentleman ... and
that I would certainly act like a Gentleman, if I believed myself to be so".

Für Jack stellt der Begriff 'Gentleman' zunächst nur
eine Art Leerformel dar, die erst im Laufe der Zeit in-
haltliche Konturen annimmt, ein Umstand, der angesichts
seines Aufwachsens in der Unterschicht verständlich
ist und ähnlich schon bei Moll zu beobachten war.

Diese beiden Faktoren - Idee und Charakter - bestimmen von nun an den Lebensweg Jacks, der in ärm-
lichster Umgebung beginnt. Da Jack keinen Familiennamen
besitzt ("I was left to call myself Mr. Any-thing";
CJ, 4) und den Allerweltsvornamen 'John' mit seinen
beiden Mit-Zöglingen teilt - sicherlich ein Indiz für
die potentielle Austauschbarkeit seines Schicksals -,
nennt die Pflegemutter ihr eigenes Kind aus Gründen
der besseren Unterscheidbarkeit 'Captain Jack'. Das ist
der erste Anlaß für Jack, auf seinem Vorrecht als

STRUKTURMODELL: Colonel Jack

OBER-
SCHICHT

INTENTION: 'Gentleman';'Life of a Gentleman'

? Geburt: 'Quality' ?

MITTEL-
SCHICHT

UNTER-
SCHICHT

Seite

Mexico:'Don'
Virginia
'Magistrate';
'Great Man'

Frankreich
'Colonel';
'Life of a
Gentleman'

London: 'great Merchant'

Kolonien:'really rich'; aber: 'not
yet the Life of a Gentleman'

Kolonien: 'Master Planter'; eigenes Land

Kolonien: Aufseher

Kolonien: Sklave

Zoll/
Soldat

Dieb (vermögend)

Dieb: arm, aber 'honest'

Erziehung:

Dieb

50   100   150   200   250

vermeintlicher 'Gentleman' zu bestehen: "I was provok'd at having this Boy call'd Captain, and I cried and told my Nurse I would be call'd Captain, for she told me I was a Gentleman, and I would be a Captain, that I would" (CJ, 4). Die Frau geht - natürlich nicht im Ernst - auf dieses Argument ein:

> The good Woman, to keep the Peace, told me ay, ay, I was a Gentleman, and therefore I should be above a Captain, for I should be a Colonel, and that was a great deal better than a Captain; for ... none but Gentlemen are ever made Colonels; besides, says she, I have known Colonels come to be Lords, and Generals, tho' they were Bas---ds at first, and therefore you shall be call'd Colonel. (CJ, 4/5)

Trotz der unverhohlenen Ironie haben diese Worte - ähnlich dem Beginn von Moll Flanders [123] - programmatischen Charakter und nehmen in dieser frühen Phase der Erzählung schon die spätere Entwicklung Jacks zum tatsächlichen 'Colonel' auf der Ebene des Spieles vorweg.

Die Realität sieht zu diesem Zeitpunkt jedoch noch völlig anders aus. Als armer "Beggar-boy" muß sich Jack mit seinen Kumpanen recht armselig durchschlagen, und er beurteilt seine an der Wahrscheinlichkeit orientierten Zukunftsaussichten (im Stil Fieldings Jonathan Wild vorwegnehmend) so: "We were hopeful Boy's all Three of us, and promis'd very early by many repeated Circumstances of our Lives, that we would be all Rogues" [124] (CJ, 5). Um die Schulbildung ist es schlecht bestellt:

> As for your humble Servant, Colonel Jack, he was a poor unhappy tractable Dog, willing enough, and capable too, to learn any thing, if he had had any but the Devil for his School-Master. (CJ, 6)

Erst viele Jahre später lernt Jack die Kunst des Lesens, Schreibens und Rechnens. [125]

Bei der Schilderung seiner Jugend legt Colonel Jack
größten Wert darauf, den grundsätzlichen Charakterun-
terschied zwischen sich und seinen Kumpanen immer
wieder zu betonen. Formulierungen wie "Point of Honour"
und "utmost Honesty" unterstreichen sein Selbstverständnis als potentieller 'Gentleman' ebenso wie zahlreiche andere Begriffe aus einem 'standesgemäßen' Vokabular: Jack spricht immer nur mit der "better Sort" ("I
mean, the better Sort of those that would Converse with
a Beggar-boy"; CJ, 10), bezeichnet seine Erziehung hoch-
trabend als "Breeding" und seinen neuen Freund, den
Taschendieb, als "a Thief of Quality, and a Pick-pocket
above the ordinary Rank" (CJ, 4; 18). Auch äußerlich
haftet ihm etwas Besonderes an: "the People would say of
me, that Boy has a good Face; ... do but look what Eyes
he has, what a pleasant smiling Countenance", und wie es
sich für einen 'Gentleman' geziemt, weiß er mit der Zunge
besser umzugehen als mit den Händen: "I many times brought
my self off with my Tongue, where my Hands would not have
been sufficent" (CJ, 7).
   Als Jack sich vollständig der Kriminalität zuwendet
und nur noch von Taschendiebstählen lebt, sieht er darin
zunächst keinerlei Beeinträchtigung seiner Ehrenhaftig-
keit:

> I never took this picking of Pockets to be dis-
> honesty, but ... I look'd on it as a kind of Trade,
> that I was to be bred up to, and so enter'd upon it,
> till I became harden'd in it beyond the Power of
> retreating; and thus I was made a Thief involuntari-
> ly. (CJ, 19)

Später führt er dann seinen Schritt auf eine "Necessity
of doing Evil" (CJ, 156) zurück, die übliche Apologie
aller ins Verbrechen geratenden Helden in Defoes Romanen.[126] Während dieser Zeit als Dieb hält ihn sein wun-

dersamer Ehrbegriff auch davon ab, ernstere Delikte
zu begehen, stets beschränkt er sich auf Taschendieb-
stähle, spricht mit Verachtung von brutaleren Verbrechen und von der Verderbtheit einiger seiner Kum-
pane: "Yet I had something in me, by what secret Influence I knew not, kept me from the other degrees of
Raking and Vice, and in short, from the general Wickedness of the rest of my Companions" (CJ, 60).

Sein Ehrgefühl läßt es zum Beispiel nicht zu, für ihn
wertlose Wechsel und Papiere, die dem Eigentümer von
höchster Bedeutung sind, zu vernichten, und es klingt
wie eine Anspielung auf den Ehrenkodex unter 'Gentlemen',
wenn sich etwas in ihm dagegen sträubt, "[to] make a
Gentleman loose so much Money for nothing" (CJ, 29).
Dieses Verhalten ließe sich aber auch mit einer Gesinnung
erklären, die im Bereich des kaufmännischen Denkens angesiedelt ist und der das Vernichten von Geschäftsunter-
lagen und wichtigen Papieren prinzipiell zuwider ist
(ähnliches galt für Molls Abneigung gegen die Verbreitung von Falschgeld); nicht nur in diesem Punkte denkt
Jack nämlich in mittelständischen Kategorien - abgesehen
von seiner Hochachtung für 'Merchants', die stets als
ehrenhafte Vertrauenspersonen geschildert werden, besitzt
er einige Eigenschaften, die in Defoes Augen weder für
ein Mitglied der Unter- noch der Oberschicht typisch
waren. Neben Pünktlichkeit, Sorgfalt und Zuverlässigkeit,
zeichnen ihn vor allem seine außerordentliche Sparsamkeit ("contrary to the usage of the rest of the Tribe, I
was extremly Frugal"; CJ, 41) und sein ausgeprägter Geschäftssinn aus, legt er doch das zusammengestohlene Geld
bei einem 'Merchant' zum Jahreszinssatz von etwa 6 % an
und fügt auch gleich die genaue Abrechnung in seine Schil-
derungen ein:

344

To shorten the Story, I pull'd it out, and he was
content to take it, giving me his Note, with Interest, for the whole Sum, which amounted to Nine-
ty four Pounds, that is to say,

25 l. The first Money.

9   For Six Years Interest.

60   Now paid him.

_____

94   Pounds.   (CJ, 76/77)

_____

Diese Vorliebe für 'Accounts' teilt Jack mit den anderen Romanhelden Defoes; er führt ganz genau eine Aufzählung von erbeuteten Gegenständen mit Bezifferung des
jeweiligen Wertes an und nennt diese Aufstellung wohl-
wollend "List of their Purchase" (CJ, 13). Wie der Vater
von Robinson Crusoe beklagt auch Jack die Gefahren von
"Riches" ("the deceitfulness of Riches"; CJ, 24) und bemerkt: "now as I was full of Wealth, behold! I was full
of Care" (CJ, 23). [127]
    Jack verbindet also mit einem Leben unter Bedingungen
der Unterschicht Eigenschaften, die durchaus mittelständischen Charakter haben, und gleichzeitig verfolgt ihn
unablässig die Idee, ein 'Gentleman' zu sein oder doch
zumindest einer werden zu wollen. Im Verlaufe der Zeit
bekommt dieser Begriff für Jack immer deutlichere Konturen. War er in früher Jugend noch damit zufrieden, rein
verbal und im Sinne von Höflichkeitsfloskeln 'Gentleman'
genannt zu werden, etwa in der zitierten Unterhaltung mit
der Pflegemutter oder bei dem Besuch einer Garküche ("Gentlemen Do ye call? and do ye call Gentlemen? I say this
was as good to me as all my Dinner"; CJ, 16), so kommen
ihm bei der Ausformung konkreterer Inhalte seines 'Gentleman'-Bildes einige Ereignisse zur Hilfe, die der ursprünglichen, einfachen Idee eine Richtung geben: "I had

a strange original Notion, as I have mentioned in its
Place, of my being a Gentleman; and several things
had Casually happen'd in my way to encrease this Fancy
of mine" (CJ, 60). Ein Schlüsselerlebnis ist zum Beispiel der belauschte Dialog eines "good old gentleman"
mit einem fluchenden 'Gentleman', in dessen Verlauf
der Ältere an die besonderen Pflichten und Tugenden
ihres gemeinsamen Standes appelliert:

> it is not like a Gentleman to swear, ... for a
> Man of Breeding, Sir, says he, a Gentleman! it
> ought to be look'd upon as below them; Gentlemen
> know better, and are taught better ... I beseech
> you Sir, when you are tempted to swear, always
> ask your self, is this like a Gentleman? does
> this become me as a Gentleman! do but ask your
> self that Question, and your Reason will prevail,
> you will soon leave it off. (CJ, 61)

Jack erstarrt bei diesen Worten ("it made the Blood run
Chill in my Veins") und faßt zugleich einen Entschluß:
"from that time forward I never had the least Inclination to Swearing, or ill Words, and abhored it when I
heard the other Boys do it". Gleichermaßen hält er sich
vom Genuß jeglichen Alkohols möglichst fern und bringt
damit - neben der Verachtung des Fluchens - zwei Eigenschaften in sein 'Gentleman'-Ideal ein, deren Fehlen
Defoe bei den tatsächlichen Mitgliedern der Oberschicht
stets heftig kritisiert hatte.[128]

Mit zunehmender Reife kommen Jack dann ab und zu
Zweifel, ob die Art seiner Lebensführung überhaupt mit
seinem Selbstverständnis als 'Gentleman' vereinbar sei:

> when I began to grow to an Age of understanding,
> and to know that I was a Thief, growing up in all
> manner of Villany, and ripening a-pace for the
> Gallows, it came often into my thoughts that I was
> going wrong, that I was in the high Road to the
> Devil, and several times would stop short, and ask
> my self, if this was the Life of a Gentleman?
> (CJ, 61/2)

Jacks ernsthafter Versuch, wenigstens einen beschei-
denen Schritt auf der sozialen Skala voranzukommen und
sich seinem Ziel zu nähern, läßt ihn den Beruf des (gesellschaftlich sehr gering geschätzten) einfachen Soldaten ergreifen. Zwar besteht nun keine Notwendigkeit
mehr, Diebereien zu begehen, aber die zeitgenössischen
Leser dürften wohl nur geschmunzelt haben, als sie
seine Einschätzung des Berufes lasen: "I was now in a
certain way of Living, which was honest, and which I
could say, was not unbecoming a Gentleman" (CJ, 104).
Doch auch Jack ist bald mit dieser Position nicht mehr
zufrieden, das Risiko scheint ihm im Verhältnis zum
Lohn zu hoch - immerhin nimmt er von diesem militäri-
schen Zwischenspiel eine neue Zielvorstellung mit, denn
als er hört, daß man sich für 100 Pfund als Offizier in
ein neues Regiment einkaufen kann, liegt sein Traumziel
fest: "This whetted my Ambition, and I Dream't of nothing
but being a Gentleman Officer, as well as a Gentleman
Soldier" (CJ, 105).

Die Diskrepanz zwischen der Intention und der Realität wird noch entscheidend vergrößert, als Jack erstmals
unter dem Einfluß von Alkohol (dessen Gefahren Defoe an
zahlreichen Stellen seines Romanwerkes praktisch demonstriert) betrogen und als Sklave in die Kolonien verkauft wird.[129] Damit hat er auf der sozialen Skala zwar
wiederum einen absoluten Tiefpunkt erreicht, andererseits kommt er in den Kolonien in die von Defoe so häufig
empfohlene Ausgangssituation des völligen Neuanfangs ohne
die Hemmnisse niederer Herkunft oder einer kriminellen
Vergangenheit.[130] Genau wie es Moll Flanders nach ihrer
'Transportation' gesagt hatte "we should live as new
People in a new World" (MF II, 132), so erfährt Jack, daß

er nun ein neues Leben anfangen kann ("beginning the
World again"; CJ, 120), mit der Aussicht, durch "Dili-
gence", "Industry" und "Husbandry" nach geraumer Zeit
vermögend zu werden.[131] Zufrieden kann Jack nach einigen
Jahren in den Kolonien auf einen unerwartet raschen
Aufstieg zurückblicken:

> thus I was Set up in the World, and in Short, re-
> moved by the degrees that you have heard from a
> Pick-pocket, to a Kidnapp'd miserable Slave in
> Virginia; ... then from a Slave to a Head Officer
> and Overseer of Slaves, and from thence to a Master
> Planter.
> I had now as above, a House, a Stable, two Ware-
> houses, and 300 Acres of Land. (CJ, 151/152)

Als selbständiger "Master Planter", der Arbeitskräfte
beschäftigte und Handel betrieb, befand sich Jack nun in
einer gut mittelständischen Position auf der sozialen
Skala (vgl. etwa Robinson Crusoe in Brasilien).[132]

Bei dem sich anbahnenden weiteren wirtschaftlichen
Erfolg kommt Jack sein besonderes Verhältnis zu den Plan-
tagearbeitern zu Hilfe. Schon während der Tätigkeit als
Sklavenaufseher war er zu der Auffassung gelangt, daß
die Neger und Sklaven nur deshalb so widerwillig arbeiteten und so aufsässig seien, weil sie falsch behandelt
würden. Nicht Auspeitschung und erbarmungslose Folterun-
gen seien die rechten Methoden, sondern Gerechtigkeit,
Gnade und allenfalls angemessene Bestrafung. Defoe legt
in diesen Abschnitten nicht nur erneut seine (damals
noch keineswegs allgemein akzeptierte) Auffassung dar,
daß Neger gleichberechtigte Mitmenschen mit "Faculties
of reasonable Creatures", "Sense of Kindness" und "Principles of natural Generosity" seien, sondern zahlreiche
Begriffe lassen erkennen, daß die Neger und Sklaven der
Kolonien als Stellvertreter für die 'labouring Poor' der
englischen Heimatgesellschaft interpretierbar sind. Genau

wie den Armen in England werden auch den Sklaven "Insolence", "Rebellion", "Neglect of Work" und die Hingabe an den Alkoholismus nachgesagt; genau wie in England Taschendiebe unnachsichtig mit dem Tode bestraft
werden, ohne daß ihre spezifische Notlage untersucht
wurde, werden die Sklaven ausgepeitscht und umgebracht.
Stolz berichtet Jack seinem ehemaligen Herrn von einer
grundsätzlich anderen Behandlung der Sklaven:

> I have found out that happy Secret, to have good
> Order kept, the Business of the Plantation done,
> and that with Diligence, and Dispatch ... as well
> by gentle Means, as by Rough, by moderate Correc-
> tion, as by Torture, and Barbarity; by a due Awe
> of just Discipline. (CJ, 134)

Die Methode bestehe darin, durch Gnade Dankbarkeit zu
erwecken, worauf der erfahrene 'Master' zwar zustimmt:
"where there is no Mercy shew'd, there is no Obligation
laid upon them", aber zweifelnd feststellt: "'tis against
the receiv'd Notion of the whole Country". Jacks viel-
sagende (und möglicherweise auf englische Verhältnisse
gemünzte) Antwort lautet: "There are it may be Publick
and National Mistakes and Errors in Conduct, and this is
One" (CJ, 134/135). Wenn Jack mit seiner Methode einen
Zustand schafft, in dem die Sklaven willig und fleißig
arbeiten, so ist das gegenüber den Zuständen in England
eine utopische Situation, denn während Defoe sich in
The Great Law of Subordination bitter über die Mißstände
unter den 'Servants' beklagt, kann Jack von einer un-
gleich glücklicheren Lage berichten: "I wrought so upon
the Reason, and the Affections of my Negroes, that they
serv'd me chearfully, and by Consequence, Faithfully,
and Diligently" (CJ, 159). [133]
   Aber trotz aller Erfolge stellt sich für Jack in
dieser mittelständischen Position keine Zufriedenheit
ein, wieder überkommt ihn seine Leitidee: "That Original

something, I knew not what, that ... us'd to Dictate
to me when I was but a Child, that I was to be a
Gentleman, continued to Operate upon me Now" (CJ, 155);
und nachdem er seine gegenwärtige Lage genau reflektiert hat, lautet die Schlußfolgerung:

> that tho' this was the Foundation of my new
> Life, yet that this was not the Superstructure,
> and that I might still be born for greater things
> than these; that it was Honesty, and Virtue alone
> that made Men Rich and Great, ... and that there-
> fore I was to lay my Foundation in these ...
> To help these Thoughts, as I had learn'd to
> Read, and Write when I was in Scotland; so I began
> now to love Books. (CJ, 157)

Jack fühlt sich nun erst, trotz seines Alters von dreißig
Jahren, ausdrücklich in die eigentliche Jugend versetzt,
die die Funktion haben soll, ihn mit den klassischen
Bildungsinhalten einer Erziehung für 'Gentlemen' vertraut zu machen. Er liest historische Berichte, engagiert
ganz 'standesgemäß' einen "Tutor", der ihn in Latein
(McBurney: "that indispensable qualification of the
eighteenth-century gentleman" [134]) unterrichtet und ihm,
wenn auch nur oberflächlich, religiöses Gedankengut vermittelt.

Jack holt also in der für ihn neuen Situation finanzieller Unabhängigkeit das nach, was Defoe stets für an-
gehende 'Gentlemen' gefordert hatte: 'Education'. Doch
diese Bildung gestaltet sich eben nicht gemäß den re-
formerischen Vorstellungen Defoes, der oft gegen Latein
und die traditionell üblichen Fächer opponierte, sondern
sie folgt genau den Prinzipien der herrschenden Oberschicht. Schließlich plant Jack als krönenden Abschluß
seiner Erziehung zum 'Gentleman' auch noch die 'Grand
Tour' ein, die nach traditioneller Auffassung den 'Gentleman' erst perfekt machte. Sogar der üblicherweise den

zukünftigen Erben begleitende "Tutor" ist (in der
Person seines universell gebildeten Lateinlehrers)
zunächst vorgesehen, ein Umstand, der angesichts der
von Defoe außerhalb der Romane geäußerten scharfen
Kritik an 'Tutors' und 'Grand Tours' zwar einerseits
verwundert, andererseits aber wiederum daran erinnert,
daß es ihm im Roman eben nicht primär um die Verbreitung reformerischer Ideen, sondern um eine möglichst
realistische Darstellung der **zeitgenössischen Gegeben-**
heiten ging. [135]

Nach wechselvoller Reise und einem Aufenthalt in
Frankreich beginnt Jack ein neues Leben in London. Als
vermögender Mann, mit über 1000 Pfund Bargeld und einem
beachtlichen jährlichen Einkommen aus seinen übersee-
ischen Besitzungen, erscheint er den Mitmenschen als an-
gesehener 'Merchant':

> I was now at the height of my good Fortune; indeed
> I was in very good Circumstances ... particularly
> I had the Reputation of a very considerable Mer-
> chant, and one that came over vastly Rich from
> Virginia, and as I frequently brought Supplies for
> my several Families and Plantations there ... so
> I pass'd, I say, for a great Merchant. (CJ, 185)

Jacks Auftreten als Franzose verfolgt zweifellos eine
doppelte Absicht, einmal läßt sich der wahre Handelsum-
fang und folglich das Vermögen eines Ausländers nicht
mit Sicherheit ermitteln (Jack genießt es augenschein-
lich, als "vastly Rich" zu gelten, was er trotz einigen
Besitzes natürlich noch nicht ist), zum anderen galten
seinen Zeitgenossen französische Umgangsformen prinzipiell schon als vorbildlich und einem 'Gentleman' ge-
ziemend. Dazu hatte nicht zuletzt der Einfluß Jakobs II.
beigetragen, der nach seiner Rückkehr aus Frankreich,
französische Sitten in der englischen Oberschicht sehr

populär gemacht hatte - ein Faktum, das Defoe außerhalb der Romane schärfstens kritisierte - was ihn
aber im Roman nicht daran hinderte, seine Helden auf
dem Wege zum 'Gentleman' als äußerst 'anpassungsfähig'
zu schildern. [136]

Mit dem Eintritt in die französische Armee schickt
sich Jack schließlich an, sein ursprüngliches Ziel endgültig zu erreichen. Er kauft sich in ein Regiment ein,
erhält eine Kompanie und hat es geschafft: "I was ex-
ceedingly pleas'd with my new Circumstances, and now I
us'd to say to my self, I was come to what I was Born to,
and that I had never till now liv'd the Life of a Gentleman" (CJ, 207). Somit geht die unbewußte Prophetie
der 'Nurse', die Jack ' C o l o n e l Jack' genannt
hatte, in Erfüllung, denn die besonderen Verdienste
Jacks finden am Hofe Ludwigs XIV. Gehör: [137]

> the King sent me a publick Testimony of his accept-
> ing my Service, and sent me a Breviat to be a
> Lieutenant Colonel, and the next Courier brought
> me actually a Commission for Lieutenant Colonel in
> the Regiment of --- (CJ, 208/209)

Mit der Position eines 'Lieutenant Colonel' konnte man
zwar in England den Status eines 'Gentleman' erlangen,
zumindest in den Augen Defoes und gleichgesinnter Zeitgenossen, denn neben den 'professions' und den höheren
kirchlichen Rängen vermittelte auch ein Offiziersgrad
diese Einschätzung. Streng konservative Kreise der Oberschicht hätten einen solchen Rang allerdings unter Hinweis auf die fehlende Familientradition bestritten; in
diesem Sinne führen ein "Elder brother" und ein "Younger
brother" im Compleat English Gentleman folgenden Dialog:

> Y o u n g e r : "... But there is such a thing as
> a gentleman by office. What d'ye
> think of that?"

```
E l d e r:        "By office! What sort of gentle-
                  men are they, pray?"
Y o u n g e r:    "Why, for example, tho' I did not
                  mean that, the King's Commission
                  I think constitutes a gentleman
                  effectually. Don't we call an offi-
                  cer in the Army a gentleman? I
                  think fighting for his country and
                  his King, and entrusted by the King
                  with command, gives him a title."
E l d e r:        "I don't kno' that; he is at best
                  but a mercenary."138
```

Doch abgesehen von diesen Differenzen ließe ein weiteres
Problem Jacks Anspruch auf einen Rang als englischer
'Gentleman' objektiv gesehen als recht fragwürdig erscheinen. Schließlich war er Offizier in einem französischen Regiment und diente nicht seinem eigenen Volk,
Vaterland und König, sondern stand, im Sinne des 'Elder
brother' tatsächlich als Söldner im Dienste der Franzosen.
Wenn Defoe Jack also in eine Position kommen läßt, in
der dieser sich als tatsächlicher 'Gentleman' begreifen
läßt, so muß er aus Gründen der Glaubwürdigkeit wiederum
Konzessionen an die gesellschaftliche Realität machen,
wonach in E n g l a n d eben niemand ohne weiteres
einen allgemein akzeptierten Rang in der Oberschicht einnehmen kann. Ebenso wie schon Moll Flanders erreicht
auch Jack sein Ziel nur außerhalb Englands. 139

Nun ging es Jack (wie schon Moll Flanders) sicherlich
nicht um einen tatsächlichen Platz in 'Gentry' oder gar
'Nobility', sondern primär um die Realisierung einer individuellen Wunschvorstellung, die eben nicht darin bestand, im 'Herald's Office' registriert zu werden. Vielmehr genügte Jack schon das Bewußtsein, ein 'Gentleman'
zu sein und als solcher von den Menschen seiner Umgebung
- die zweifellos nicht zur Oberschicht zählten - akzeptiert zu werden.

Erst in den Kolonien entsprechen die Lebensumstände
Jacks in jeder Hinsicht denen eines potentiellen
'Gentleman', denn seine Situation in Virginia ist gekennzeichnet durch großen Reichtum und hohes soziales
Prestige. Mit einem Jahreseinkommen von über 1000 Pfund
liegt er im oberen Bereich der 'Gentry' und kann seinen
Rang beschreiben als "a great Man, a Magistrate, a
Governor, or Master of three great Plantations; and
having three or four Hundred Servants at my Command"
(CJ, 267). Wenn McBurney daher zur Rückkehr Jacks in
die Kolonien bemerkt: "This deliberate return of his
hero to the middle-class station of planter-merchant is
surely Defoe's sanctioning of that social and economic
level", so stimmt diese Aussage zwar in ihrer Tendenz,
aber Jacks Position kann sicherlich nicht als übliche
"middle-class station" bezeichnet werden; einerseits
fühlt sich Jack eindeutig als 'Gentleman', zum anderen
ließen die geschilderten Umstände (wie der umfangreiche
Landbesitz und die Zahl der Arbeiter) auf einen weitaus
höheren Rang schließen. [140]

Colonel Jack wird von Defoe als ein Exempel für
seine Lieblingsvorstellung vom 'Gentleman-Merchant' dargestellt, der persönliche Tugenden mit großer wirtschaftlicher Bedeutung vereint und dem daher ein hoher
sozialer Rang gebührt, den er in den Kolonien nun auch
unbestritten bekleidet. Eine solche Position kann nach
Jacks Meinung nicht übertroffen werden:[141]

> the State of Life that I was now in, was as per-
> fectly calculated to make a Man compleatly happy,
> as any private Station in the World could be: We
> had an Estate more than sufficient, and daily en-
> creasing ... We had every thing that was Pleasant
> and agreeable, without the least Mortification in
> any Circumstances of; every sweet thing, and
> nothing to embitter it; every Good, and no mixture
> of Evil with it; ... nor indeed, was it easie ...
> to have the least Imagination how any thing disas-
> trous could happen to us in the common Course of
> Things. (CJ, 263)

Bis in die Formulierungen hinein gehen bei dieser
Aussage die Parallelen zum 'Credo' des Vaters von
Robinson Crusoe, der seinen "State of Life"(der ebenfalls keineswegs typisch für den durchschnittlichen
Mittelstand war) ganz ähnlich als "the most suited to
human Happiness" empfohlen und ebenso Süße und Bitter-
keit des Daseins angesprochen hatte: "sensibly tasting
the Sweets of living, without the bitter" (RC I, 2/3).
Auch das Sicherheitsdenken des Vaters, er hatte vor
"Undertakings of a Nature out of the common Road" gewarnt, findet sich bei Jack wieder, der schließlich den
gefährlichen Beruf des 'Colonels' aufgegeben hatte und
sich in seiner jetzigen Situation vor allen Gefahren
außer vor unvorhersehbaren Schicksalsschlägen geschützt
weiß ("unless something should befall us out of the
ordinary way of Providence"; CJ, 263/264).
　　Anders als Robinson Crusoe ist Colonel Jack jedoch
mit einer derartigen Position zufrieden und verläßt sie
nur, als tatsächlich ein außergewöhnlicher Schicksals-
schlag ihn dazu zwingt (immerhin stellte sie für ihn ja
auch das Lebensziel und nicht - wie für Robinson Crusoe -
den Ausgangspunkt dar). Im weiteren Verlauf seines Lebens sieht sich Jack weiterhin stets als 'Merchant',
gleichzeitig aber als 'Gentleman', zum Beispiel tritt
er als "Spaniard of the better sort" auf, wird von drei
Dienern umsorgt, reitet in die Wälder aus und schmückt
sich mit dem spanischen Adelsprädikat "Don". [142]
　　Wie beiläufig berichtet Jack am Ende seiner Schil-
derungen, daß er und seine Frau nach London zurückge-
kehrt seien, ohne ein Wort darüber zu verlieren, unter
welchen Umständen und in welchem Rang beide nun in
England lebten. Ohne Zweifel hielt sich Jack für einen
respektablen 'Gentleman', der dieses Lebensziel trotz

widrigster Umstände und höchst zweifelhafter Geburt
erreicht hatte. Objektiv gesehen war er ein reicher
Pflanzer, der sich lediglich mit den äußeren Attributen der Oberschicht schmückte, auch wenn er fraglos
ein weitaus höheres Vermögen als die Mehrzahl der
eigentlichen 'Gentry'-Mitglieder besaß. Doch sein Landbesitz lag eben nicht in England, sondern in den fernen
Kolonien, einem Anspruch auf allgemeine Anerkennung als
'Gentleman' fehlte somit - da zudem die Voraussetzung
anerkannter adliger Abstammung nicht gegeben war -
jede Grundlage.

Im Sinne Defoes allerdings war Jack ein Paradebei-
spiel für sein Verständnis von der neuen Generation
von 'Gentlemen', die moralische und vor allem wirtschaftliche Verdienste in ihrer Person vereinigen, wenngleich sie im traditionellen Sinne nicht als 'Gentlemen' verstanden werden können; eine Stelle aus dem Compleat English Gentleman illustriert die Problematik:

> We can not call them gentlemen; they don't insist
> upon it themselves as the word gentlemen is under-
> stood to signify men of ancient houses, dignify'd
> with hereditary titles and family honours.[143]

Ganz parallel zu diesem Verständnis argumentiert übrigens auch der deutsche Fürst in Roxana; nachdem nämlich
Roxana die Zukunftsaussichten ihres unehelichen Sohnes
sehr niedrig eingeschätzt hatte, "the Disaster of his
Birth will be always, not a Blot only to his Honour,
but a Bar to his Fortunes in the World", negiert er die
Bedeutung der Geburt:

> Personal Virtue plac'd a Man of Honour above the
> Reproach of his Birth ... that some of the greatest
> Men in the World had a Bend in their Coats of Arms,
> and that it was of no Consequence to them, especi-
> ally when their Fame began to rise upon the Basis
> of their acquir'd Merit. (Rox., 81)

Vollends an das Schicksal Colonel Jacks wird man erinnert, wenn Roxana anfügt: "The Child liv'd to be a
considerable Man: He was first, an Officer of the
Guard du Corps of France; and afterwards Colonel of
a Regiment of Dragoons, in Italy" (Rox., 82).

Am Lebensweg Colonel Jacks exemplifizierte Defoe
seine Lieblingsidee von der Bedeutung persönlicher
Tugenden und wirtschaftlicher Erfolge für den sozialen
Rang eines Menschen. Sogar wenn über die Abstammung
nichts Genaueres bekannt war, die Jugend in der Unterschicht ohne Ausbildung und im Umfeld der Kriminalität
verbracht wurde, konnte man ein 'Gentleman' des neuen
Typs werden, vorausgesetzt, man besaß "Personal Virtue"
und eine an den mittelständischen Kategorien von Sparsamkeit, Fleiß und Geschäftssinn orientierte Einstellung;
und daß Jacks Leben nicht nur als Einzelschicksal gemeint war, zeigt nicht zuletzt der Familienname "Mr.
Any-thing".

3.1.4. Roxana

Die Einzelanalyse von Roxana kann recht kurz gehalten werden, da zwar zu allen Bereichen des gesellschaftlichen Gefüges bemerkenswerte Aussagen
getroffen werden, diese aber auf weite Strecken nur
wenig in die Handlung selber integriert sind, sondern
entweder in beiläufigen Anmerkungen der Heldin oder
in Dialogen zu finden sind. [144]

Dennoch scheint es lohnend, einige Stationen
ihres Lebensweges und typische Kategorien ihres Denkens herauszugreifen, da Roxanas Leben - im Gegensatz
zu den anderen Romanen - vornehmlich im Bereich der
Oberschicht angesiedelt ist.

Wie Robinson Crusoe stammt Roxana aus der gehobenen
Mittelschicht, ihre Eltern beschreibt sie als "People
of better Fashion" (Rox., 5), die aus Glaubensgründen
Frankreich verließen und also - wie Robinson Crusoes
Vater - nicht englischer Abstammung sind. Von ihrer
Veranlagung (sie schätzt an London besonders, daß es
eine "gay City" ist und liebt es von Kind an "to see a
great-many fine Folks") und Erziehung her (neben "common Knowledge" vor allem Tanzen, Singen und "Conversation" [145]) ist sie geradezu prädestiniert, nicht
einen reichen, aber biederen Kaufmann zu heiraten, sondern den schon von Moll Flanders her bekannten Typ des
'Gentleman-Tradesman', der nur Interesse für Reisen,
Jagd und "Company" hat und im geschäftlichen Bereich
alle diejenigen Todsünden begeht, vor denen Defoe in
seinen einschlägigen Schriften immer warnte. Dieser

"Eminent Brewer" kümmerte sich weder persönlich um
die Bücher, die er von Angestellten führen ließ,
noch um die unzufriedene Kundschaft, so daß der Bankrott einfach folgen mußte. Roxana ist aber auch
(wiederum parallel zu Robinson Crusoe) nie an einer
einfachen mittelständischen Existenz interessiert,
nach einer Periode der Armut, durch die ertragreiche
Beziehung zu einem reichen Juwelier beendet, erlangt
sie beim Tode ihres Liebhabers ein Vermögen von 10000
Pfund, und von nun an sucht sie nach Möglichkeit den
Umgang mit den höchsten Kreisen der Gesellschaft. Als
Mätresse eines deutschen Fürsten lebt sie zunächst
einige Jahre in Frankreich und führt einen Lebensstil,
der nur mit dem der 'Nobility' zu vergleichen ist;
Kutschen, Pferde, Diener, Landhaus, Besuche am Hofe
und eine "Grand Tour" zu den traditionellen Orten, wie
Rom, Venedig, Florenz und Neapel beschäftigen sie eben-
so wie die Freude an kostbarer Kleidung, Schmuck und
Möbeln.[146]

In die genießerische Darstellung dieser Details läßt
die rückschauende Roxana sporadisch moralische Reflexionen einfließen, die die erlebende Roxana in den konkreten Situationen sicherlich nur selten geteilt hätte.
So beklagt sie die Unmoral des Prinzen (und von "Men of
Quality" im allgemeinen): "Whoring was ... his Darling
Crime" (Rox., 102); andererseits schwärmt sie zu Anfang
der Beziehung:

> Never Woman, in such a Station, liv'd a Fortnight
> in so compleat a fullness of Human Delight; for to
> have the entire Possession of one of the most ac-
> complish'd Princes in the World, and of the politest,
> best bred Man. (Rox., 68)

Diese widersprüchliche Mischung aus Erlebnisbeschreibung
und Reflexion gestattet es Roxana, einerseits die ange-

nehmen Seiten eines Lebens im Stile der Oberschicht
voll zu genießen und andererseits dieses Leben als
kritikwürdig und verabscheuenswert darzustellen. Defoe
bietet damit seinen Lesern ein scheinbar authentisches
Bild vom Leben in der Oberschicht, gezeichnet von
einer tatsächlich in höchsten Schichten verkehrenden
Frau, gleichzeitig werden die moralischen Schwächen
der Adligen aufgedeckt und bloßgestellt, der Anspruch
des Vorwortes - "Profit and Delight" - also voll erfüllt. [147]

Nach der Trennung von dem Prinzen hat Roxana ihr
Vermögen auf 20000 Pfund verdoppelt, doch Reichtum
allein stellt für sie kein Lebensziel dar, er ist vielmehr ein Mittel, das ihre Unabhängigkeit und Entschei-
dungsfreiheit sichert. Auch den Eheantrag eines wohlhabenden 'Merchant', der als "one of the honestest
compleatest Gentlemen upon Earth" (Rox., 158) beschrieben wird, lehnt sie ab, obwohl beide zusammen das
stolze Jahreseinkommen von über 2000 Pfund (der angeblich von König Wilhelm genannten Idealsumme!) gehabt
hätten; rückblickend beurteilt Roxana diese Chance so:
"I had now an Opportunity to have quitted a Life of
Crime and Debauchery ... and to have sat down quiet in
Plenty and Honour" (Rox., 159). Doch ein solches Leben,
das recht genau den Idealvorstellungen des Vaters von
Robinson Crusoe entsprochen hätte, reizt Roxana nicht,
ihr Ziel ist nämlich nicht die Ehe mit einem noch so
reichen Mittelständler, sie will mehr:

> I was rich, beautiful, and agreeable, and not yet
> old; I had known something of the Influence I had
> had upon the Fancies of Men, even of the highest
> Rank; ...
> I thought of nothing less than of being Mistress
> to the King himself. (Rox., 161) [148]

Roxanas Intention liegt somit eine deutliche Stufe
höher als die von Moll Flanders (der es 'nur' um
einen 'Gentleman' ging),sie zielt auf eine Verbindung mit der 'Nobility', sogar mit dem König selbst
ab. Dabei helfen ihr eine außerordentliche körperliche Attraktivität und ein großes Vermögen, durch
das sie einen Lebensstil führen kann, der sie für
Mitglieder höchster gesellschaftlicher Kreise erst
akzeptabel macht. Konsequent mietet sich Roxana
"large Apartments in the Pall-mall, in a House, out
of which was a private Door into the King's Garden"
(Rox., 164) und läßt sich als reiche Witwe einer
"Person of Quality in France" ausgeben; die äußeren
Attribute ihres Auftretens entsprechen genau diesem
Statusanspruch: [149]

> I had a Coach, a Coachman, a Footman, my Woman,
> Amy, who I now dress'd like a Gentlewoman, and
> made her my Companion, and three Maids; ... I
> dress'd to the height of every Mode; went ex-
> tremely rich in Cloaths; and as for Jewels, I
> wanted none; I gave a very good Livery lac'd
> with Silver, and as rich as any-body below the
> Nobility cou'd be seen with. (Rox., 165)

Nachdem sie derart ausgestattet ist, kann Roxana von
zahlreichen Bemühungen sogenannter "Fortune-Hunters"
aus den Kreisen des Adels berichten, die durch eine
Heirat desolate Vermögensverhältnisse aufzubessern
suchen.

> I was right now, in refusing those Offers which
> came generally from Gentlemen of good Families,
> and good Estates, but who living to the Extent of
> them, were always needy and necessitous, and wan-
> ted a Sum of Money to make themselves easie, as
> they call it; that is to say, to pay off Incum-
> brances, Sisters' Portions, and the like; ...
> the Reputation of my Money brought several of
> those sort of Gentry about me. (Rox., 166)

Roxana erlebt also genau das, was Defoe außerhalb
der Romane stets behauptet hatte, daß nämlich die
'Gentry' auf Grund ökonomischer Kurzsichtigkeit und
Verschwendungssucht verarme und sich durch Ehen mit
reichen bürgerlichen Frauen (auch Roxana stammte ursprünglich aus der Mittelschicht) ihre Geldnot lindern
wolle. Roxana behauptet sogar, daß der älteste Sohn
eines verarmten "Peer" unter den Kandidaten gewesen
sei, es um die 'Nobility' somit nicht besser bestellt sei als um die 'Gentry'. Da Roxana zu diesem
Zeitpunkt allerdings weniger darauf abzielt zu den
ärmlicheren "Peeresses" zu zählen, als vielmehr darum,
sich selbst ihren Besitz (und damit Unabhängigkeit)
zu erhalten und so dem Ziel einer Mätresse des Königs
näherzukommen, schlägt sie alle Angebote aus.
    Nachdem Defoe seine Heldin diese Situation von
Teilen der 'Gentry' quasi als authentische Berichter-
statterin hat beschreiben lassen, werden die Feststellungen in einem Dialog mit Sir Robert Clayton
(einem reichen 'Merchant' und Whig-Politiker, der
mehrfach in Defoes Werken auftaucht [150]) vertieft
und mit dem Vorgehen vernünftiger und erfolgreicher
Kaufleute verglichen. Die Äußerungen Sir Roberts lesen
sich wie Zitate aus The Complete English Tradesman
oder A Plan of the English Commerce, und tatsächlich
finden sich sogar wörtliche Übereinstimmungen; als
Beispiel dafür diene nur der bekannte Satz: "That an
Estate is a Pond; but that a Trade was a Spring"
(Rox., 170). [151]
    Sir Robert bemerkt zu den Adligen: "by the Humor
of living up to the Extend of their Fortunes, and
rather beyond, the Gentlemen, ... and the Nobility

362

too, are, almost all of them, Borrowers, and all in
necessitous Circumstances" (Rox., 167); [152] und
Roxana behauptet, mit der Meinung Sir Roberts über
die vorbildliche Stellung der 'Merchants' übereinzu-
stimmen:

> Sir Robert and I agreed exactly in our Notions
> of a Merchant; Sir Robert said, and I found it
> to be true, that a true-bred Merchant is the
> best Gentleman in the Nation; that in Knowledge,
> in Manners, in Judgment of things, the Merchant
> out-did many of the Nobility; that having once
> master'd the World, and being above the Demand
> of Business, tho' no real Estate, they were then
> superior to most Gentlemen, even in Estate.
> (Rox., 170)

Roxana verbreitet zwar diese 'Merchant'-Ideologie
(die sehr an den im Complete English Tradesman Karl II.
zugesprochenen Satz erinnert: "that the tradesmen were
the only gentry in England" [153]), zieht aber wiederum
keine persönlichen Konsequenzen, denn als Sir Robert
ihr den Eheantrag eines der bedeutendsten 'Merchants'
Londons unterbreitet, lehnt sie ab: "I aim'd at other
things, and was possess'd with so vain an Opinion of
my own Beauty, that nothing less than the KING himself
was in my Eye" (Rox., 172).

Bei der Verwaltung ihres Geldes läßt sie sich allerdings von Sir Robert und seinen kaufmännischen Gesichtspunkten leiten; Roxana, die sich vorher schon selbst
als "Woman of Business" und "She-Merchant" (Rox., 131)
bezeichnet und sich in Gelddingen stets an 'Merchants'-
als die zuverlässigen und ehrenwerten Vertrauenspersonen in allen Ländern der Welt - gewandt hatte, legt
ihr Vermögen gemäß Sir Roberts "Scheme of Frugality"
an: "laying up a thousand Pounds a Year, and every
Year adding the Interest to it, I shou'd in twelve Years
time have in Bank, One and twenty Thousand, and Fifty
eight Pounds" (Rox., 168). [154]

Als Roxana dann Kontakt mit dem Hof und seinen Mitgliedern aufnimmt, erlebt sie diesen Bereich der Gesellschaft genau so, wie Defoe ihn oft charakterisiert hatte: lasterhaft, verschwenderisch und ver-
gnügungssüchtig:

> And now I began to act in a new Sphere; the
> Court was exceeding gay and fine, ... it is no
> Slander upon the Courtiers, to say, they were as
> wicked as any-body in reason cou'd desire them:
> The KING had several Mistresses, who were pro-
> digious fine, and there was a glorious Show on
> that Side indeed: If the Sovereign gave himself
> a Loose, it cou'd not be expected the rest of
> the Court shou'd be all Saints. (Rox., 172)

Mit Mätressen, Gesang, Tanz, Maskeraden, Trinkgelagen,
üppigen Festmahlen und am Spieltisch vergeudet der Hof
seine Zeit, Roxana genießt dieses Leben und die Besuche hochgestellter Persönlichkeiten ("I receiv'd
Visits from some Persons of very great Figure"; Rox.,
172). Die höchsten Kreise des Adels - bis hin zu
'Dukes' - sind ihre Gäste, und Roxana deutet sogar an,
daß selbst Karl II. ihr Besucher gewesen sei. Einiges
weist darauf hin, daß er sich hinter der französisch
sprechenden, "tall well-shap'd Person" verbirgt, die
Roxana zum Tanz auffordert. Der Hinweis auf die französische Konversation sollte sicherlich den Eindruck ver-
stärken, es handele sich tatsächlich um den König,
denn Defoe hatte dessen Beeinflussung durch Frankreich
häufig beklagt.[155]
Mit dem Kontakt zum König hat Roxana ihr Ziel erreicht, ob jedoch die Intention "Mistress to the King"
(Rox., 161) realisiert wird, bleibt der Phantasie des
Lesers überlassen, wenngleich die folgenden, geheimnis-
vollen Bemerkungen, die sich auf ihre Zeit als Mätresse

an der Seite einer ungenannten Persönlichkeit an der
Spitze der Gesellschaft beziehen, durchaus auch den
König meinen können:

> There is a Scene which came in here, which I
> must cover from humane Eyes or Ears; for three
> Years and about a Month, Roxana liv'd retir'd,
> having been oblig'd to make an Excursion, in a
> Manner, and with a Person, which Duty, and pri-
> vate Vows, obliges her not to reveal, at least,
> not yet. (Rox., 181)

Am Ende dieser Lebensphase im Kreise der englischen
Aristokratie hat sich Roxanas Vermögen auf fast 50000
Pfund erhöht, und die Motivation "Avarice" scheint nun
endgültig erloschen. Doch die anderen Komponenten
ihrer Ambitionen, "Pride" und "Vanity" existieren
weiter. Ihr sehnlichster Wunsch ist die Ehe mit einem
echten Adligen, wodurch sie selbst erst einen gesicherten Rang in der Aristokratie einnehmen würde.

Als die Ehe mit dem deutschen Fürsten, mit dem sie
schon in Frankreich zusammengelebt hatte, in den Bereich des Möglichen rückt, entschließt sie sich ohne
Zögern, ihrem alten Bekannten, dem 'Merchant', den Lauf-
paß zu geben und schwelgt in der Vorstellung eines
Lebens als Fürstin:

> the Notion of being a Princess, ... was mighty
> taking; the Thoughts of being surrounded with
> Domesticks; honour'd with Titles; be call'd HER
> HIGHNESS; and live in all the Splendour of a
> Court; and, which was still more, in the Arms of
> a Man of such Rank, ... dazzl'd my Eyes. (Rox., 234)

Somit versucht Roxana wieder einmal, einer nur mittelständischen Existenz, selbst wenn sie mit größtem Reichtum verbunden ist, möglichst zu entfliehen. Erst als
sich die Hochzeitspläne mit dem Fürsten endgültig zer-
schlagen haben, wendet sie sich dem 'Merchant' wieder

zu, willigt aber erst endgültig in die Ehe ein, als
dieser ihr anbietet, zunächst in England, dann in
Holland Adelstitel zu erwerben:

> he knew where to purchase a Patent for BARONET,
> that is to say, to have the Honour and Title
> transferr'd to him; but if I intended to go
> Abroad with him, he had a Nephew, the Son of his
> Elder Brother, who had the Title of COUNT, with
> the Estate annex'd, which was but small. (Rox.,241)

Ähnlich wie Moll Flanders, die nur einen "Gentleman-
Tradesman" heiraten wollte, ist auch Roxana mit einem
bürgerlich geborenen Kaufmann erst dann zufrieden, wenn
er wenigstens durch den Kauf von Titeln einen adligen
Status erlangt. Den Rang des 'Baronet', darauf wurde
schon hingewiesen, hatte Jakob I. in größerem Umfang
geschaffen und zum Verkauf gestellt; seinen Trägern
vermittelte er die höchste Position im niederen Adel
(noch oberhalb des 'Knight'), aber unterhalb der 'Nobility', in deren Reihen ein Titel eben nicht ohne
weiteres käuflich zu erlangen war. Das nichtenglische
Grafenprädikat 'Count', dem Range nach etwa zwischen
dem englischen 'Viscount' und dem 'Earl' anzusiedeln,
mußte daher im Ausland erworben werden. Obwohl Defoe
sonst eher abfällig von ausländischen Adligen spricht,
bleibt ihm in diesem Falle aus Gründen der Glaubwürdigkeit nichts anderes übrig, als seiner Heldin die höchst-
möglichen 'Weihen' im Ausland zukommen zu lassen.
Dennoch dürften die Leser, in ihrer Hochachtung vor
Adel jeglicher Art, den Aufstieg Roxanas mit Staunen
verfolgt haben - außerdem wurde bei Moll Flanders und
Colonel Jack schon ein ähnliches Verfahren Defoes aufgezeigt: auch sie erlangten den ersehnten sozialen
Status stets nur außerhalb Englands.

Anläßlich der Unterhaltung über den Titelerwerb
macht der 'Merchant' einige grundsätzliche Bemerkungen zur Bedeutung von Adelsprädikaten überhaupt:

> He told me, that Money purchas'd Titles of
> Honour in almost all Parts of the World; tho'
> Money cou'd not give Principles of Honour, they
> must come by Birth and Blood; that however,
> Titles sometimes assist to elevate the Soul, and
> to infuse generous Principles into the Mind, and
> especially, where there was a good Foundation
> laid in the Persons; (Rox., 240)

Einerseits wird hier der Wert von Ehrentiteln unter
Hinweis auf ihre Käuflichkeit relativiert, andererseits scheinbar auf die Wichtigkeit von "Birth and
Blood" bei der Vererbung von Adel hingewiesen. Das eine
entspricht genau den Auffassungen Defoes, wie sie etwa
in The Compleat English Gentleman oder in der Review
geäußert wurden, das andere eher denen konservativer
Kreise (als Repräsentant sei nur das St. James Journal
genannt).[156] Bei genauerer Betrachtung jedoch sagt
der 'Merchant' nur, daß "Birth and Blood" allein "Principles of Honour" - also eine Charaktereigenschaft -
übertragen, während ein Titel allein - ob gekauft oder
ererbt - noch nichts über die Qualitäten seines Trägers
aussagt; die Meinung des 'Merchant' stimmt somit auch
in diesem Punkte mit der Defoes überein.[157]

Roxana, die wie Robinson Crusoe dem gehobenen Mittelstand entstammte, flieht - ebenso wie Robinson Crusoe -
diesen Mittelstand, und obwohl ihr Denken weitgehend von
kaufmännischen Prinzipien geprägt ist und sie ihr ange-
strebtes Ziel endgültig erst mit Hilfe eines 'Merchant'
erreicht, sehnt sie sich seit ihrer Jugend nach einem
Leben im sozialen Bereich der Oberschicht, mit allen
dazugehörigen Lebensformen und Statussymbolen.[158] Dieser Widerspruch wird noch verstärkt durch ihre negative

Beurteilung von genuinen Mitgliedern dieser dennoch
angestrebten Oberschicht, die als sündhaft, ver-
derbt und verschwenderisch dargestellt werden und in
ihrem schlechten Verhalten nur dem Beispiel von König
und Hof folgen. Als Roxana dann schließlich selbst
einen Adelsrang bekleidet, ist sie trotz Reichtum und
Titel auch nicht in einer glücklichen Position:

> And let no-body conclude from the strange Success
> I met with in all my wicked Doings, and the vast
> Estate which I had rais'd by it, that therefore I
> either was happy or easie ...
>
> Not all the Affluence of a plentiful Fortune; not
> a hundred Thousand Pounds Estate; (for between us
> we had little less) not Honour and Titles, Atten-
> dants and Equipages; in a word, not all the things
> we call Pleasure, cou'd give me any relish.
> (Rox., 260; 264)

Der Grund für diese innere Unruhe ist ein Verbrechen,
das Roxanas Zofe vermutlich an einer Tochter ihrer
Herrin verübt, um zu verhindern, daß Roxanas Erfolg
nicht durch unangenehme Aussagen dieser Tochter gefährdet wird. Roxanas Situation ist damit ein praktisches
Beispiel für die Lebensumstände der "upper Part", wie
sie im 'Mittelständischen Credo' beschrieben wurden.
Schon während ihrer ersten Affäre mit dem deutschen Prinzen hatte sie selbst einige der dort verwandten Schlüsselbegriffe benutzt, die genau den Zuordnungen des Vaters
entsprachen: "for tho' Poverty and Want is an irresistible Temptation to the Poor, Vanity and Great Things
are as irresistible to others" (Rox., 64).

Nun blickt sie auf Leben zurück, das zweifellos ge-
prägt war von "Avarice", "Pride", "Luxury" und "vicious
Living" und das ihr nach eigener Aussage eben nicht
"Quietness", "Peace" und "all desirable Pleasures" ge-

bracht hatte, sondern "a dreadful Course of Calamities" (Rox., 329), deren Ursache, um wieder mit dem
Vater zu reden, in ihrer "burning Lust of Ambition
for great things" (RC I, I.,3) lag.

Einerseits genießt Roxana ganz offenbar den Reichtum, das Ansehen und den Luxus dieser 'Station' (und
läßt die interessierten Leser an ihren Erlebnissen in
der für sie paradiesisch erscheinenden Welt der "upper
Part" teilhaben), andererseits findet Roxana in diesem
Leben kein menschliches Glück und keinen Frieden und
gibt damit sozusagen die Botschaft des Vaters weiter,
daß eine solche Existenz wegen zahlreicher Mängel
keineswegs erstrebenswert sei. In diesem Lichte erscheint auch der strukturelle Aufbau des Romans keineswegs so fragwürdig und inkonsequent, wie einige Kritiker es sehen; es stimmt eben im Grunde nicht, wenn gesagt wird: "Sie endet im Reichtum und Luxus als Gemahlin eines reichen Holländers. Der Roman hat also
kein erbauliches Ende, das Laster wird nicht bestraft"
(Borinski).[159]

Die Mittelständlerin Roxana verwirklicht zwar mit
der Hilfe einiger mittelständischer Tugenden (kauf-
männisches Denken, Sparsamkeit) ihre hohen sozialen
Ambitionen, da ihr aber wesentliche Tugenden und echtes
Ehrgefühl ("Principles of Honour") fehlen, sieht ihr
Leben in der Oberschicht trotz des äußeren Glanzes im
Inneren genauso düster aus wie Defoe es (zum Beispiel
im 'Credo') immer beschrieben hatte.

3.2. Zusammenfassung der Gesellschaftskonzeption der Romane am Beispiel des Journal of the Plague Year - Vergleiche mit den nicht-romanhaften Schriften und der Realität

Kein anderes Werk Defoes bereitete den Kritikern hinsichtlich der Gattungsbestimmung solche Schwierigkeiten wie A Journal of the Plague Year. 1722 veröffentlicht, galt es noch 1919 einem ernsthaften Interpreten als Bestandteil der Gruppe "authentic histories" (Nicholson); Bell, der selber eine Geschichte der Pest von 1665 verfaßte, nennt das Journal "historical novel", während Landa in der Einleitung der von ihm 1969 vorbildlich edierten Neuausgabe anmerkt: "It is singularly inappropriate to call the Journal a novel".[1]

"Fictitious narrative" (Sutherland), "fiction" (James) und "essentially a work of the imagination, a reshaping of a voluminous body of fact" (Landa), so lauten andere Urteile über dasselbe Objekt; geradezu salomonisch klingt die Einordnung, die Klotz vornimmt: "Noch-nicht-ganz-Roman" oder "halbdokumentarische Erzählung auf dem Weg zum Roman".[2]

Zusammen mit Weimann, Allen, Sir Evans, Humphreys und Watt wird das Journal in dieser Arbeit als Roman verstanden, in einer Reihe mit Robinson Crusoe, Moll Flanders, Colonel Jack und Roxana;[3] seiner Bedeutung nach scheint mir das Journal einen Rang gleich unter dem genialen und wohl unvergänglichen Robinson Crusoe einzunehmen. Wie die erstaunliche Rezeptionsgeschichte und die bis in die Gegenwart reichenden Auseinandersetzungen über Erzählform und Wahrheitsgehalt zeigen, wies nicht allein die Technik Defoes

weit über seine Zeit hinaus, sondern er nahm im
Grunde einen Romantypus wie die 'historical novel'
vorweg, und sein Verfahren, dokumentarisches Material unmittelbar in die Erzählung einzufügen, muß
geradezu als modern bezeichnet werden.

Nicht anders als die übrigen Romane auch, wollte
das Journal als authentischer Bericht verstanden
werden, nur erlaubte sein Hauptgegenstand, London im
Pestjahr, späteren Generationen eine Überprüfung des
Wahrheitsgehaltes durch historische Quellen; während
in den anderen Romanen Defoes fiktionale Elemente
nur vermutet werden können, lassen sie sich im Sonder-
fall des Journal in (wenigen) Details beweisen. [4]

Daß "H.F.", der vieldiskutierte fiktive Verfasser,
nicht seine persönlichen Erlebnisse allein in den
Vordergrund des Berichtes stellt, sondern seine Auf-
merksamkeit primär dem pestbefallenen Gemeinwesen
London widmet, macht das Journal zum besonders ge-
eigneten Gegenstand einer Untersuchung sozialer Faktoren. [5]   Der "Stadt als Held" (Klotz) haften sogar
menschliche Züge an; sie wird zuerst als 'gesund' beschrieben, hat ein Gesicht ("The Face of London was
now indeed strangely alter'd") und kann sogar weinen
("London might well be said to be all in Tears";
JPY, 5;16), vor allem aber liefert "H.F." dem Leser
unzählige Details, an Hand derer er sich selbst ein
Bild der Stadt, ihrer Bewohner und Probleme machen
kann. [6]   Scheinbar objektiv, läßt dieses Bild nicht
nur den Verlauf der Pest, sondern auch die Hintergrün-
de des normalen Funktionierens einer sozialen Gemeinschaft erkennen. Die Ausnahmesituation der Pest ver-
fremdet den gewohnten und für die meisten Leser wenig
interessanten Alltag und zeigt auf, was für den nor-

malen Funktionsablauf notwendig ist und was nicht.
Soziale Schichten kommen ebenso in den Blick wie
Regierung, Wirtschaft und Religion, im Journal sind
sie - als Komponenten des beschriebenen Gemeinwesens - wesentliche, integrierte Gegenstände der Darstellung und nicht, wie oft in den anderen Romanen,
nur Themen von unorganisch wirkenden Exkursen (es
sei nur an die Aussagen über 'Merchants' in Roxana
und über 'Princes' im zweiten Teil von Robinson
Crusoe erinnert).

Im Journal nutzt Defoe die Gelegenheit, allgemeine thesenhafte Aussagen, die er etwa in der
Review oder in anderen Schriften außerhalb der Romane, zu sozialen, wirtschaftlichen oder religiösen
Problemen gemacht hatte, am konkreten Beispiel als
realistisch und überprüfbar darzustellen. Die drei
Hauptschichten der Bevölkerung werden in ihrem Verhalten geschildert und ihrer Funktion und Bedeutung
nach beurteilt, und da auch die besondere Rolle des
Handels sowie der unterschiedlichen religiösen Gruppen im Journal behandelt werden, eignet es sich vorzüglich als Basis einer zusammenfassenden Analyse der
Gesellschaftskonzeption in den Romanen überhaupt, wobei Vergleiche mit den nicht-romanhaften Schriften
Defoes ebenso angefügt werden sollen wie eine Einschätzung der Position Defoes im Verhältnis zur
zeitgenössischen Realität. [7]

3.2.1. Die Unterschicht

> The far greater Part of every People are such
> as are obliged to labour for their Support:
> these are generally Persons of strong Bodies
> and weak Minds; they are often out of Humour
> with their Condition.[8]

Dieser schon im historischen Teil zitierte Kommentar
des St. James Journal von 1722 (dem Erscheinungsjahr
von A Journal of the Plague Year) eignet sich auch
als Motto zur Darstellung der Unterschicht in der pestbefallenen Stadt. Die 'Poor' stehen - nicht nur wegen
ihrer großen Zahl - diesmal am Anfang, da sie als die
gefährdetste und zugleich gefährlichste Gruppe im Bericht "H.F."s erscheinen; auch Bell stellt im Vorwort zu seinem Geschichtswerk den besonderen Zusammenhang zwischen den Armen und der Pest heraus: "in its
immensity and in overwhelming proportion it was 'the
poore's Plague.' ".[9]

Die Armut und unmittelbare Abhängigkeit der Unterschicht von täglicher Handarbeit, die Defoe - in Übereinstimmung mit den wenigen an diesem Thema interessierten Zeitgenossen - so oft in seinen Schriften
nur theoretisch als Ursachen für ihre erbärmlichen
Lebensumstände konstatiert hatte, am Beispiel der pestbefallenen Stadt London kann er sie ganz konkret, im
'Experiment' sozusagen, nachweisen.

Als nämlich die Pest den alltäglichen Lebensrhythmus
zu stören beginnt, werden in erster Linie die Armen
davon betroffen, und zwar in mehrfacher Hinsicht:

Erstens breitet sich die Pest zunächst vornehmlich in den dichtbesiedelten ärmeren Vierteln aus,
wo große Menschenmassen auf engstem Raum (meist unter
heute unvorstellbaren hygienischen Bedingungen) zusammenleben: "the Infection kept chiefly in the out-
Parishes, which being very populous, and fuller also
of Poor, the Distemper found more to prey upon than
in the City" (JPY, 14).

Zweitens fehlt den Mitgliedern der Unterschicht
nach den Aussagen "H.F."s die Fähigkeit zu vernünftigen Schlußfolgerungen, mit denen sie wenigstens den
größten Ansteckungsgefahren hätten entgehen können.
Statt dessen verhielten sie sich gerade jetzt unnötig
leichtsinnig und vertrauten in ihrem Unverstand auch
noch den zahlreichen Quacksalbern und Betrügern, die
ihnen ihr letztes Geld mit leeren Versprechungen aus
der Tasche lockten: "the common People ... who igno-
rant and stupid in their Reflections, as they were
brutishly wicked and thoughtless before, were now led
by their Fright to extremes of Folly" (JPY, 29). [10]

Drittens sind erst recht die erkrankten Armen völlig
hilflos und mit ihnen alle abhängigen Familienange-
hörigen:

> the Misery of that Time lay upon the Poor, who
> being infected, had neither Food or Physick;
> neither Physician or Appothecary ⌊sic!⌋ to
> assist them, or Nurse to attend them: Many of
> those died calling for help, and even for Sus-
> tenance out at their Windows, in a most miser-
> able and deplorable manner. (JPY, 85)

Die nur konstatierenden Aussagen des 'Mittelständischen Credo', das der Unterschicht "Miseries", "Want
of Necessaries", "Calamities" und "Distempers" zugeordnet hatte, werden hier am praktischen Beispiel
funktionell konkretisiert; und auch das Wort des Vaters

von dem sklavenähnlichen Verhältnis der Armen zu
ihren Arbeitgebern ("sold to the Life of Slavery
for daily Bread") findet seine Bestätigung:
    Alle drei genannten Punkte hängen nämlich aufs
engste mit der in ihrer Besitzlosigkeit begründeten
Abhängigkeit von den Einkünften aus täglicher Arbeit
(ganz im Sinne von 'Tagelöhner') zusammen. Für alle
"poor People, who depended upon their Labour" (JPY,19)
hatte die Pest fatale Folgen, indem sie Handel und
Handwerk zu einem fast vollständigen Stillstand brachte und damit die so dringend benötigten Arbeitsplätze
nahm: "all Trades being stopt, Employment ceased; the
Labour, and by that, the Bread of the Poor were cut
off" (JPY, 95). Dieses Phänomen interessiert "H.F."
derart, daß er eine genaue Aufstellung der unmittelbar betroffenen Beschäftigungszweige und der in
ihnen am stärksten betroffenen Gruppen gibt, denn er
sieht in diesen Zusammenhängen "the real Condition of
the People" repräsentiert: [11]

> This is so lively a Case, and contains in it so
> much of the real Condition of the People; that
> I think, I cannot be too particular in it; and
> therefore I descend to the several Arrangements
> or Classes of People, who fell into immediate
> Distress upon this Occasion. (JPY, 94)

Die in der genau hierarchisch gegliederten Unterschicht
(vgl. das Kapitel über 'The (labouring) Poor') an der
Spitze stehenden, gut ausgebildeten "Master Work-men"
und "Artificers" kommen, genau wie die - schon eher
der Mittelschicht zuzählenden - "Masters" noch relativ gut weg, da sie meist auf Rücklagen zurückgreifen
können, während alle darunter folgenden Gruppen, wie
"Journeymen", "Workmen" und "all the Labourers depen-
ding on such", genau wie "Seamen" und alle im Hafen

Tätigen plötzlich brotlos dastehen. In besonderem
Maße wurde davon die große Zahl der "Servants" betroffen, die mit ihrer Stellung nicht nur das Einkommen, sondern auch noch ihre Unterkunft verloren,
denn die Mehrzahl der reichen Einwohner suchten vor
der Pest das Heil in der Flucht, lösten ihren Londoner Haushalt auf und verschlossen ihre Häuser.
Als Konsequenz drohte den Mitgliedern der Unterschicht damit nicht nur in verstärktem Maße eine
Gefahr durch eine mögliche Infektion, viel direkter
noch drohte ihnen der Tod durch Verhungern:

> these might be said to perish, not by the In-
> fection it self, but by the Consequence of it;
> indeed, namely, by Hunger and Distress, and
> the Want of all Things; being without Lodging,
> without Money, without Friends, without Means
> to get their Bread. (JPY, 96)

Um wiederum dem Hunger zu entgehen, nehmen die Armen
selbst die gefährlichsten Beschäftigungen an, denn
die Pest schuf andererseits auch neue Arbeitsplätze:

> tho' the Plague was chiefly among the Poor; yet,
> were the Poor the most Venturous and Fearless of
> it, and went about their Employment, with a Sort
> of brutal Courage; I must call it so, for it was
> founded neither on Religion or Prudence; scarce
> did they use any Caution, but run into any Busi-
> ness, which they could get Employment in, tho'
> it was the most hazardous; such was that of tend-
> ing the Sick, watching Houses shut up, carrying
> infected Persons to the Pest-House; and which
> was still worse, carrying the Dead away to their
> Graves. (JPY, 89/90)

Ihres regulären Einkommens beraubt, geraten die Armen
also in einen teuflischen Zirkel: sowieso schon durch
Wohnverhältnisse und meist geschwächte körperliche
Konstitution in erhöhtem Maße ansteckungsgefährdet,

müssen sie, um nicht zu verhungern, sogar noch in
direkten Kontakt mit Krankheitsträgern treten. Kein
Wunder, daß innerhalb von zwei Monaten allein fast
40 000 Mitglieder dieser Schicht hinweggerafft werden.[12]

Wenn "H.F." diesen Tatbestand zwar bedauert, in
anderer Hinsicht aber als "Deliverance" begrüßt, so
begründet er seine Auffassung mit der Gefahr, die
alle unversorgten und damit unkontrollierbaren Armen
für die Stadt und ihre übrigen Bürger darstellen:[13]

> which had they been left, would certainly have
> been an unsufferable Burden, by their Poverty
> ... and they would in Time have been driven to
> the Necessity of plundering either the City it
> self, or the Country adjacent ... which would
> first or last, have put the whole Nation, as
> well as the City, into the utmost Terror and
> Confusion. (JPY, 98)

Dem sicherheitsbewußten Mittelständler "H.F." waren
tote Arme also lieber als der Schrecken und die Ver-
wirrungen, die ein "Mob" ausgelöst hätte.

Daß es nicht oder nur äußerst vereinzelt zu Unruhen kam, war neben der Todesrate vor allem der Umsicht des Magistrats zu verdanken, der die Armen entweder in den genannten Beschäftigungen unterbrachte
oder sie mit wohltätigen Spenden unterstützte: "the
greatest Part of the Poor, or Families who formerly
liv'd by their Labour, or by Retail-Trade, liv'd now
on Charity" (JPY, 93); außerdem sorgten Bürgermeister
und Magistrat dafür, daß das Preisniveau der Grund-
nahrungsmittel niedrig blieb, damit nicht Kaufkraft-
verluste das Resultat aller übrigen Bemühungen zu-
nichte machten.

Die Situation der Unterschicht ist somit in allen
Bereichen gekennzeichnet durch völlige Abhängigkeit
von den anderen Bevölkerungsgruppen, die ihnen entweder durch die Vermittlung von Arbeitsplätzen oder
Wohlfahrt zu Hilfe kommen müssen, denn sich selbst
können die Armen mangels jeglicher Eigenmittel nicht
helfen. Dieses Bild, das genau mit den Aussagen
Defoes in seinen einschlägigen nicht-romanhaften
Schriften übereinstimmt, deckt sich auch mit der Realität der Pestjahre; Bell kommt an Hand seiner historischen Quellen weitgehend zu den gleichen Ergebnissen. [14]

Defoe läßt "H.F." aber darüberhinaus Urteile über
die wirtschaftliche Unvernunft und das moralische
Fehlverhalten der Armen fällen, die im 'Mittelständischen Credo' nicht zu finden waren und deutlich
an die Schriften Giving Alms no Charity und The
Great Law of Subordination erinnern:

> But it was impossible to beat any thing into
> the Heads of the Poor, they went on with the
> usual Impetuosity of their Tempers full of
> Outcries and Lamentations when taken, but
> madly careless of themselves, Fool-hardy and
> obstinate, while they were well ...
> I cannot say, I could observe one jot of
> better Husbandry among them, I mean the la-
> bouring Poor, while they were well and getting
> Money, than there was before, but as lavish,
> as extravagant, and as thoughtless for to-
> morrow as ever. (JPY, 209/210)

Unmündig, abhängig, lasterhaft, unvernünftig, not-
geplagt, auf ihren täglichen Lohn für meist schwere,
körperliche Arbeiten angewiesen - aus diesen Komponenten setzt sich das Bild der Unterschicht in den
Romanen immer dann zusammen, wenn die Gruppe in ihrer
Gesamtheit in den Blick kommt. Beispiele dafür waren

die Aussagen am jeweiligen Anfang der beiden Teile
von Robinson Crusoe und die Beurteilung im Journal;
doch auch Roxana äußert sich an einigen wenigen
Stellen zum Thema: Als sie von Rom berichtet, erwähnt sie ausdrücklich "the scoundrel-Rabbles of the
Common People", die dazu beitrügen, aus der Stadt
"the unpleasantest Place in the World, to live in"
zu machen (Rox., 103), und als sie erfährt, daß ihr
Sohn eine Lehre in einem "very laborious hard-working Trade" absolviert, 'rettet' sie ihn aus diesen
'entsetzlichen' Umständen: "My Boy ... was ... res-
cued from the unhappy Circumstances of being Appren-
tice to a Mechanick" (Rox., 201).

Individuelle Mitglieder der Unterschicht können
dagegen durchaus positiv geschildert werden, im
Journal sei nur an den Fährmann oder die Episode
mit den "three Men" erinnert, die als Vorbild für
ihresgleichen gelten sollen. Doch auch in Moll
Flanders und Colonel Jack wird die jeweilige "Nurse"
stets positiv beschrieben und sogar als "honest" bezeichnet, eine Charaktereigenschaft, die bei Defoe
stets höchstes Lob bedeutete und die er zum Beispiel von wahren "Gentlemen" verlangte. [15]

In jeder Hinsicht ungewöhnliche Mitglieder der
Unterschicht sind aber vor allem Moll Flanders und
Colonel Jack selber. Während Defoe in keiner seiner
nicht-romanhaften Schriften von Aufstiegsmöglichkeiten für die Gruppe der 'Labouring Poor' gesprochen hatte, wird am Beispiel der Moll Flanders ein
solcher Fall mit allen seinen Komplikationen konkret
vorgeführt, das gleiche gilt für Colonel Jack, dessen
Herkunft trotz des höchst unsicheren Status seiner
Eltern ebenfalls diesem Bereich zuzuordnen ist.

Beide Helden werden - anders als die soziale Gruppe, der sie entstammen - grundsätzlich recht positiv
dargestellt, obwohl beide in unterschiedlicher Aus-
prägung Phasen der Kriminalität durchleben, in die
sie aber wiederum zuerst nicht durch eigene Schuld
geraten, sondern nur auf Grund des nach Defoe durchaus verzeihlichen Kausalnexus 'Necessity' - 'Crime'.
Zwar neigt Moll Flanders in ihrem Streben nach 'genteel Living' zu 'Extravagances' und 'Luxury', aber
die für die Unterschicht sonst als typisch dargestellten Laster wie Trunksucht, Faulheit und Fluchen
finden sich weder bei ihr noch bei Colonel Jack, der
sogar vorbildliche Charaktereigenschaften ('Honesty';
'generous Principles') aufzuweisen hat. Mittelständische Tugenden wie Sparsamkeit, Fleiß, Zielstrebigkeit und die Sehnsucht nach Unabhängigkeit sowie
teilweise ausgeprägtes kaufmännisches Denken und Handeln lassen beide Charaktere, wenn auch in unter-
schiedlichem Maße, erkennen: Jack von Jugend an und
Moll immer dann, wenn sie auf sich allein gestellt
ist, bemerkenswerterweise besonders stark während
ihrer 'Karriere' als Diebin ("the greatest Artist
of my time"; MF, II,29).
Die genannten Eigenschaften tragen ganz wesentlich
zur Realisierung der jeweiligen sozialen Ambitionen
bei, in der Experimentalsituation des Romans wird
damit gezeigt, daß die Zugehörigkeit zur Unterschicht
nicht schicksalhaft unabänderlich sein muß, sondern
unter der Voraussetzung ganz bestimmter individueller
Dispositionen überwindbar ist, Unterschichtmitglieder
also keine prinzipiell minderwertigen Menschen sind;
diese letzte Aussage war, wie oben schon dargestellt
wurde, für die meisten der bessergestellten Zeitge-

nossen keineswegs selbstverständlich. Es sei nur an
die Bemerkung zu den "weak Minds" erinnert und an die
verbreitete Auffassung, daß Armut gottgegeben und
ebenso wie wirtschaftlicher Mißerfolg ein Zeichen
göttlicher Ungnade sei.[16]

Bemerkenswert scheint, daß selbst ein Mitglied der
Unterschicht, wie etwa Moll Flanders oder der Taschendieb Jack, keinerlei Ambitionen hat, nur in die Mittelschicht aufzusteigen. Das Ziel lautet immer "Gentlewoman", bzw. "Gentleman" und meint eine der Oberschicht entsprechende Lebensform.

Konkret arbeitende Arme werden in den Romanen ebensowenig dargestellt wie die Unterschicht als nützliche
Gruppe, deren Arbeit und Konsum wesentlich zur Erhaltung des Kreislaufes von 'Trade' und damit zum Wohl der
anderen Schichten beitragen. Allein Robinson Crusoe erfährt die von Defoe in anderen Schriften so nachdrücklich betonte Notwendigkeit der 'Mechanicks', als er ge-
zwungen ist, alle niederen - aber notwendigen - Tätigkeiten des Alltags selbst zu verrichten.

3.2.2. Die Mittelschicht

Der Mittelstand, nach den Worten des Vaters von Robinson
Crusoe "the best State in the World" und von Defoe in
zahlreichen Schriften als bedeutsamste Gruppe im Staat
und als eigentliche Oberschicht proklamiert, besteht im
Journal seine Bewährungsprobe mit Glanz. Anders als in den
übrigen Romanen treten im Journal nicht nur einzelne Kaufleute auf, vielmehr wird die mittlere Schicht und ihre
Funktion innerhalb des Gemeinwesens recht ausführlich dargestellt. [17]

Zunächst ist der fiktive Erzähler "H.F." selbst ein
Mittelständler, der sein Gewerbe mit "Saddler" angibt, je-
doch zugleich darauf hinweist, daß er einen recht hohen
Rang innerhalb der Mittelschicht einnimmt:

> my Trade was a Saddler, and ... my Dealings were
> chiefly not by a Shop or Chance Trade, but among the
> Merchants, trading to the English Colonies in
> America ...
> I had a Family of Servants, who I kept at my Busi-
> ness, had a House, Shop, and Ware-houses fill'd with
> Goods. (JPY, 8)

Gemäß dieser Beschreibung seiner Tätigkeit und des recht
beachtlichen Umfanges seines Geschäftes, war "H.F." einer
der zahlreichen in London ansässigen 'warehouse-keepers',
deren Position in der Mittelschicht gleich unterhalb der
'Merchants' einzuordnen ist und die Defoe im Complete
English Tradesman (vgl. auch das Kapitel 'Die Wirtschaft:
Land & Trade') als "considerable dealers ... who supply
the merchants with all the several kinds of manufactures
and other goods of the produce of England" beschreibt.[18]

Vor die Entscheidung gestellt, entweder zu fliehen und
damit sein Leben mit einiger Sicherheit zu retten - aber
sein Geschäft zu verlieren - oder zu bleiben und sein Geschäft unter Einsatz des eigenen Lebens zu bewahren,
wählt "H.F." das letztere; als vorbildlicher Mittelständler sieht er im Geschäft seinen eigentlichen Lebensinhalt, "all I had in the World" (JPY, 9). James hat sicherlich recht, wenn er meint, für "H.F." bedeute der Verlust von "trade, property, and wealth ... a fate worse
than death".[19]   Doch "H.F." sieht in seinem Verbleiben
nicht nur eine Konsequenz aus materialistischen Erwägungen,
sondern es tritt ein - möglicherweise apologetisch inten-
diertes - starkes ethisch-religiöses Moment hinzu (und man
meint zugleich Robinson Crusoes Vater zu hören), wenn er
seinen Entschluß verkündet: "I enclin'd to stay and take
my Lot in that Station in which God had plac'd me; and that
it seem'd to be made more especially my Duty" (JPY, 11).[20]
  Pflichtbewußtsein und Gottesgläubigkeit kommen in dieser
Aussage zum Ausdruck, und "H.F." (übrigens Mitglied der
'Church of England') war sich der Tragweite seiner Entscheidung durchaus bewußt. Nach einigem Schwanken erhielt
er endgültige Gewißheit erst durch das Verfahren des 'zu-
fälligen' Bibelaufschlagens (das pietistische 'Däumeln').
  "H.F." bewährt sich während der Pest nicht allein dadurch, daß er, dem Befehl Gottes folgend, seinen Besitz bewahrt und für seine "little Family" - bestehend aus Haus-
hälterin, Dienstmagd und zwei Lehrlingen - sorgt, sondern
auch indem er ein öffentliches Amt ausübt. Als "sufficient
Housekeeper" und zugleich als eine Person "of good Sort and
Credit" muß er für einige Zeit die Rolle eines 'Examiners'
übernehmen, der im Interesse des Allgemeinwohls Pestfälle
im jeweiligen 'parish' festzustellen hatte;[21]   allerdings
bemüht sich "H.F." verständlicherweise, dieses risikoreiche
Amt baldmöglichst abzugeben.

Trotz seines scheinbar individuellen Schicksals kann der
Erzähler als kollektive Figur verstanden werden, denn
gleich ihm verhalten sich die weitaus meisten Mitglieder
der Mittelschicht in einer ähnlichen wirtschaftlichen
Lage: alle, deren Besitz vornehmlich im Geschäft investiert
und nicht als transferierbares Kapital frei verfügbar war,
blieben bei ihrem Besitz. Vor der Pest flohen somit in
erster Linie reiche 'Merchants' (nach Bell übrigens zu
99%) und die an kein Geschäft gebundenen Bürger: "the
wealthiest of the People; and such People as were unincum-
bred with Trades and Business: But of the rest, the Genera-
lity stay'd" (JPY, 18). [22]

Anders als Mitglieder der Unterschicht waren die relativ
wohlhabenden und selbständigen Mittelständler durchaus in
der Lage, eine längere Zeit ohne weitere Einkünfte auszu-
kommen. "H.F." schildert als Idealfall das Vorgehen hollän-
discher Kaufleute, "who kept their Houses like little Garri-
sons besieged, suffering none to go in or out, or come near
them" (JPY,55), denn Unabhängigkeit von der Außenwelt bedeutete weitgehenden Schutz vor Infektionen. Er selbst
plant gleichfalls den Rückzug in sein eigenes Haus, wie
Robinson Crusoe legt er 'stores' an, bäckt selber Brot und
braut zudem eigenes Bier. [23] Doch auch "H.F." ist in der
Isolation nicht glücklich, die Neugier treibt ihn aus dem
Haus, und später rufen ihn die Pflichten als 'Examiner';
schließlich konnte die Flucht in die Isolation für die Gesamtheit der Mittelständler keine Dauerlösung sein, denn in
guten Zeiten machte der Handel und damit der Kontakt mit
anderen Menschen ihren Lebensinhalt aus, in der Zeit der
Not hatten sie Aufgaben - besonders organisatorischer Art -,
die vor allem dazu dienten, die große Gruppe der 'Poor' zu
versorgen und zu kontrollieren, denn ein 'Mob' gefährdete
das ganze Gemeinwesen, auch jeden einzelnen auf seine vermeintliche 'Insel' zurückgezogenen Mittelständler.

Wenn also die Mehrzahl der Kaufleute, Geschäftsin-
haber und Werkstattbesitzer in ihrer 'Station' bleiben
- so demonstriert es Defoe im Journal - sichern sie
damit nicht nur ihren Besitz, sondern ihr Verhalten
hat weitreichende soziale Implikationen:

Erstens stand das unmittelbar vom Haushalt abhän-
gige Dienstpersonal nicht sofort völlig hilflos auf
der Straße, sondern behielt seine Stellung, während
die Flüchtenden ihre Angestellten beim Verlassen der
Häuser einfach entließen.

Zweitens wurden Herstellung und Vertrieb der lebensnotwendigen Dinge des täglichen Bedarfs ("Provisions and Necessaries of Life"; JPY, 222) aufrecht-
erhalten, so daß die Bevölkerung der Stadt wenigstens
damit ausreichend versorgt war.

Drittens und wesentlichstens blieb die aus Bürgern
zusammengesetzte Verwaltung Londons intakt. Der sich
ausschließlich aus Kreisen des Mittelstandes konsti-
tuierende Magistrat mit dem 'Lord Mayor' an der Spitze
bewährte sich gerade unter der extremen Belastungs-
probe durch die Pest in hervorragender Weise; "H.F."
ist des Lobes voll:

> every thing was managed with so much Care, and
> such excellent Order was observ'd in the whole
> City and Suburbs, by the Care of the Lord Mayor
> and Aldermen; and by the Justices of the Peace,
> Churchwardens, &c. in the out-Parts; that London
> may be a Pattern to all the Cities in the World
> for the good Government and the excellent Order
> that was every where kept, even in the time of
> the most violent Infection. (JPY, 155)

"H.F." zitiert ausführlich die vom Magistrat 1665 ver-
kündeten "ORDERS ... concerning the Infection of the
Plague" (JPY, 38-46) als Maßnahmen, die in unmittelbarem Zusammenhang mit der Pest stehen und die Über-

wachung des Pestverlaufs, Betreuung der Kranken,
vorbeugende Vorkehrungen, die Sauberkeit, die Ver-
meidung von Ansammlungen und die schnelle Bestattung
der Toten betreffen. [24]

In besonderem Maße bewährt sich die bürgerliche
Regierung Londons aber in der Aufrechterhaltung eines
relativ geordneten täglichen Lebens; die Versorgung
mit Lebensmitteln war gesichert:

- it was one of their particular Cares, to see
  the Orders for the Freedom of the Markets ob-
  serv'd   (JPY, 185)
- Provisions were never wanting in the Markets,
  even to such a Degree, that I often wonder'd
  at it   (JPY, 185)
- all the Bakers were oblig'd to keep their
  Ovens going constantly, on pain of losing
  their Privileges of a Freeman of the City of
  London ... By this means, Bread was always
  to be had in Plenty, and as cheap as usual
  (JPY, 185)

Recht und Ordnung wurden gewahrt:

- Justice was executed in all Cases without In-
  terruption   (JPY, 185)
- the Lord Mayor, Sheriffs, &c. held Councils
  every Day more or less, for making such Dispositions as they found needful for preser-
  ving the Civil Peace   (JPY, 184)
- all manner of presumptuous Rogues, such as
  Thieves, House-breakers, Plunderes of the Dead,
  or of the Sick, were duly punish'd (JPY, 184)

Vor allem sorgten Lord Mayor und Magistrat für die
schwächste und zugleich gefährlichste Gruppe der Gesellschaft, die 'Poor'. Zum überwiegenden Teil ihrer
Arbeitsplätze beraubt, drohten sie durch Plünderungen
und Überfälle in ihrer verzweifelten Lage die Stadt
und das umgebende Land ins Chaos zu stürzen, wenn

nicht der Magistrat ihnen neue Tätigkeiten zuge-
wiesen, sie medizinisch versorgt oder wohltätige
Spenden gerecht an sie verteilt hätte:

- The Lord Mayor, a very sober and religious
  Gentleman, appointed Physicians and Surgeons
  for Relief of the poor; I mean, the diseased
  poor; and in particular, order'd the College
  of Physicians to publish Directions for cheap
  Remedies, for the Poor   (JPY, 35)
- very great Sums of Money were charitably sent
  to the Lord Mayor and Aldermen for the Assistance and Support of the Poor distemper'd
  People ...
      the Charity of the rich as well in the City
  and Suburbs as from the Country, was so great,
  that in a Word, a prodigious Number of People,
  who must otherwise inevitably have perished
  for want as well as Sickness, were supported
  and subsisted by it   (JPY, 210/211)

In der Notsituation der Pest zeigt es sich also, welche
Gruppe der Bevölkerung eigentlich von größter Bedeutung
ist: die traditionelle Oberschicht hat die Stadt geschlossen verlassen (davon wird noch eingehender zu
reden sein), die Unterschicht befindet sich in voll-
kommener Hilflosigkeit - allein der Mittelstand harrt
aus und leitet die Geschicke des Gemeinwesens in souveräner Manier; wenn selbst in der Extremsituation die
Bürger die wichtigste Gruppe der Gesellschaft sind -
demonstrierte Defoe damit im Journal - so müssen sie
es auch im normalen Alltag sein.

Daß der Bericht "H.F."s nicht nur historisch infor-
mativ sein sollte, sondern daraufhin angelegt war, die
jeweiligen Leser von ganz bestimmten gesellschaftlichen
und wirtschaftlichen Funktionszusammenhängen zu überzeugen, beweist neben zahlreichen Anmerkungen vor allem
eine Stelle, die darlegt, welche Ursache die neben der

Pest größte Gefahr zu dieser Zeit, nämlich das von
den Armen her drohende Chaos hatte:

> Let any one who is acquainted with what Multi-
> tudes of People get their daily Bread in this
> City by their Labour, whether Artificers or
> meer Workmen; I say, let any Man consider, what
> must be the miserable Condition of this Town,
> if on a sudden, they should be all turned out
> of Employment, that Labour should cease, and
> Wages for Work be no more.
> This was the Case with us at that Time.
> (JPY, 97)

Hatte Defoe sich in zahlreichen seiner nicht-romanhaften Schriften mit der großen Bedeutung von 'Trade'
für alle Bereiche des sozialen Gefüges mehr theoretisch beschäftigt, im Journal kann er am praktischen
Beispiel Londons zeigen, was passiert, wenn der wirtschaftliche Kreislauf, der in allererster Linie
durch den Handel in Gang gehalten wird, stoppt. "H.F."
demonstriert dem Leser über Seiten hinweg (im Detail:
S. 94-96; S. 213-224), welche Konsequenzen der Stillstand von 'Trade' für die gesamte Wirtschaft und die
Bevölkerung nicht nur Londons, sondern ganz Englands
hat: [25]

> - As to Foreign Trade, there needs little to be
>   said; the trading Nations of Europe were all
>   afraid of us ... Our Merchants accordingly
>   were at a full Stop   (JPY. 213)
> - Foreign Exportation being stopt ... a general
>   Stop of all those Manufactories followed of
>   Course, which were usually bought for Exporta-
>   tion   (JPY, 222)
> - yet what was still worse, all Intercourse of
>   Trade for Home Consumption of Manufactures,
>   especially those which usually circulated thro'
>   the Londoners Hands, was stop'd at once
>   (JPY, 222)

- All Kinds of Handicrafts in the City, &c.
  Tradesmen and Mechanicks, were ... out of
  Employ, and this occasion'd the putting of,
  and dismissing an innumerable Number of
  Journey-men, and Work-men of all Sorts
  (JPY, 222/223)
- the Manufacturing Trade in England suffer'd
  greatly, and the Poor were pinch'd all over
  England, by the Calamity of the City of
  London only   (JPY, 223)

Das Bild der Review, in dem der Handel mit dem Blut,
London mit dem Herzen der als Körper vorgestellten
Nation verglichen wurde, findet hier seine Bestätigung.[26]   Als unmittelbare Folge werden unzählige
Menschen arbeitslos und geraten in Not, die gesamte
englische Wirtschaft - auch die Landwirtschaft - gerät
ins Stocken, die Nation wird in ihren Grundfesten erschüttert. Deutlich zeigt sich damit, daß 'Trade' und
seine Träger, die Mittelständler, nicht nur für das
Funktionieren des wirtschaftlichen Organismus verantwortlich sind, sondern daß von ihnen auch die Aufrechterhaltung der staatlichen Ordnung und Sicherheit
abhängt, denn die arbeitslosen und verzweifelten Armen
bedrohen sonst die Existenz der gesamten Nation, im
konkreten Fall:

> they would in Time have been even driven to the
> Necessity of plundering either the City it self,
> or the Country adjacent, to have subsisted them-
> selves, which would first or last, have put the
> whole Nation, as well as the City, into the ut-
> most Terror and Confusion. (JPY, 98)

Aus der Darstellung des Journal kann somit eine doppelte Bedeutung der Mittelschicht abgeleitet werden:
    Erstens erweist sie sich als eigentliche Führungs-
schicht, die in ihrer 'Station' verharrt, die Verantwortung trägt und selbst unter der außerordentlichen

Belastung der Krisensituation für Ruhe, Sicherheit,
Ordnung und die Aufrechterhaltung wirtschaftlicher
Grundfunktionen sorgt, während die traditionelle
Oberschicht flüchtet und ihre faktische Funktions-
losigkeit - auch in normalen Zeiten - gleichsam dadurch unter Beweis stellt, ihre Abwesenheit fällt
nicht weiter ins Gewicht.

Zweitens zeigt sich an dem durch die Pest hervor-
gerufenen Ausnahmezustand, welche Elemente des täglichen Lebens von wirklicher Bedeutung für das geordnete Existieren des Gemeinwesens sind. Unter einem
Stillstand des Handels leiden nicht in erster Linie
seine Träger, die Mittelständler, sondern vor allem
die große Masse der lohnabhängig arbeitenden Bevölkerungsschicht, die sich dadurch in eine kritische und
schwer kontrollierbare Gruppe verwandelt, aber auch
die gesamte Nation gerät in den Strudel einer solch
unheilvollen Entwicklung, da alle Teile der Wirtschaft betroffen werden und eben auch die Landwirtschaft - damals vornehmlich die Domäne der grundbe-
sitzenden Oberschicht - ihre Produkte nicht mehr absetzen kann. [27]

Wenn im _Journal_ nur ganz am Rande von der Landwirtschaft die Rede ist, so hat dies seinen Grund in
der ganz besonderen Situation der Stadt London, auf
die im historischen Teil schon näher eingegangen wurde: London stellte für Defoe einen Idealfall zur Darstellung seiner Theorien von der Bedeutung der Kaufleute und der Mittelschicht im allgemeinen dar, denn
nirgendwo sonst in England spielten Handel und Handwerk im Alltag eine solche Rolle, nirgends sonst hatten
das 'country life' und damit die eigentliche Macht-
gruppe Englands, die adligen Landbesitzer, so wenig

390

Einfluß. Die 'City' wurde als unabhängige Verwaltungseinheit durch die gewählten Vertreter der
Kaufleute, Werkstatt- und Hausbesitzer selbst regiert. Wenn nun zudem König, Parlament und der gesamte Adel faktisch von der Szene abtreten und die
verbleibenden Mittelständler sich sogar in der Krisensituation als Führungsgruppe bewähren, kann an
ihrer Rolle im Alltag wohl kaum noch ein Zweifel
bestehen.

London unter der Pest erscheint in der Darstellung
"H.F."s als Modellfall für Defoes mehr grundsätzliche
Aussagen über die wahre Bedeutung der Mittelschicht
in England. Objektiv gesehen, können die sehr speziel-
len Londoner Verhältnisse natürlich nicht auf das
ganze Land übertragen werden, denn dort bestehen gänzlich andere Wirtschafts- und Besitzverhältnisse - und
damit zugleich andere Machtverhältnisse. Wenn das
Journal dennoch als utopisches Modell eines sehr früh
von der Wichtigkeit seines Standes überzeugten Mittelständlers interessant ist, dann, weil die Zukunft in
der Ausnahmesituation vorweggenommen wurde.

Während also Defoe den Mittelstand im Journal und
in zahlreichen nicht-romanhaften Schriften als bedeutendste Gruppe der Gesellschaft darstellt und in ihm
auf Grund seiner ökonomischen, aber auch ethisch-mora-
lischen Werte den Fundus für die eigentliche Oberschicht sieht, verhält es sich damit in der gesellschaftlichen Realität der Zeit - und bei genauer Betrachtung ebenso in den übrigen Romanen - ganz anders.

Wie schon im historischen Teil bemerkt, galten die
Mittelständler in den Augen der tatsächlichen Führungsgruppe nur als (vielleicht etwas besser gestellte)
'mechanicks'; zwar spielten sie eine recht wichtige
(keineswegs die wichtigste) Rolle im wirtschaftlichen
Leben, auf politischem Gebiet aber war die Masse der
Kaufleute und Selbständigen praktisch unbedeutend
(auf die Sonderstellung Londons wurde schon hingewiesen); das gleiche galt zu diesem Zeitpunkt für den
Bereich der Kultur.

Es wundert daher nicht, daß der soziale Status und
das Ansehen der Mittelschicht in der damaligen Zeit
bei weitem nicht so hoch war, wie Defoe und Gleichgesinnte es glauben machen wollten, der beste Beweis
dafür ist das Bestreben der erfolgreichen Mittelständler, sich an Verhalten, Auftreten, Kleidung und Lebensformen der Oberschicht zu orientieren. Wer tatsächlich
einen oberen Rang einnehmen wollte, mußte seine frühere
Identität möglichst vollständig aufgeben. Dieses Faktum war wohl auch Defoe selbst bewußt und es führte
zu den oben schon angedeuteten Widersprüchen in seinem
Ideensystem.[28]

Bei der Untersuchung der übrigen Romane, von Robinson
Crusoe bis Roxana, stellte sich eine ähnliche Diskrepanz zwischen Theorie und Realität heraus: Zwar fanden
sich öfter verbale Eulogien auf den Mittelstand oder
auf die Kaufleute im allgemeinen, den Helden der jeweiligen Romane jedoch erschien die Mittelschicht keineswegs als erstrebenswert - entweder flohen sie sie von
Anfang an und lobten sie nur, wenn ihnen eine solche
Position in einer schlechteren Lage als angenehm erschien, oder sie sahen in der 'middle station' nur

eine Durchgangsstation auf dem Wege zu ihrem eigentlichen Ziel: einer der Oberschicht entsprechenden Lebensform.

Hätte man nach der Lektüre einiger einschlägiger
Schriften Defoes in wenigstens einem der Romane die
Beschreibung des exemplarischen Aufstiegs eines
ehrenhaften, fleißigen und verdienstvollen Kaufmannes
in eine anerkannte Stellung in der Oberschicht erwarten können, so wird man enttäuscht; offenbar schloß
der Authentizitätsanspruch der Romane eine solche
'Erfolgsgeschichte' aus.

Ebensowenig findet man eine ausführliche Beschreibung der eigentlichen Tätigkeit eines Kaufmannes, des
Handelns und Verhandelns mit gleichartigen Partnern
und auch die Bedeutung von 'Trade' wird - außer im
Journal - in den Romanen nie reflektiert. Grundsätzlich läßt sich feststellen, daß alle auftretenden
'Merchants' - einfache 'Tradesmen' oder 'Shopkeepers'
sind sehr rar - idealisiert dargestellt werden. Stets
sieht der Held in ihnen grundehrliche und ehrenhafte
Vertrauenspersonen, denen er sein Kapital unbedenk-
lich anvertrauen kann; Beispiele hierfür sind besonders Colonel Jack und Roxana. Dabei spielt die Nationalität des 'Merchant' nicht unbedingt eine Rolle;
auch wenn es sich natürlich meistens um Engländer handelt, gewinnt man bei der Lektüre den Eindruck, daß
'Merchants' als Gruppe für sich ganz besondere Qualitäten haben; selbst wenn ein ganzes Volk (in diesem
Falle von Robinson Crusoe) abqualifiziert wird - "the
Japaneses, who are a false, cruel, and treacherous
People" (RC II, III,148) -, ein 'Merchant' gleicher
Nationalität wird als "punctual honest Man" beschrieben, ähnliches gilt für Spanier.[29]

Daß Kaufleute betrügen, wuchern oder veruntreuen
könnten, kommt keinem Romanhelden in den Sinn, negativ werden nämlich nur diejenigen dargestellt, die
während ihrer 'aktiven' Zeit zugleich als 'Gentleman'
auftreten wollen: Roxanas erster Gatte als dümmlicher
'Möchtegern-Gentleman', der prompt Bankrott macht,
und Molls 'Gentleman-Tradesman', dem zwar das gleiche
Schicksal beschieden ist, den Moll aber gerade wegen
seiner Ambitionen zu schätzen weiß.

Robinson Crusoe, Colonel Jack und Roxana bezeichnen
sich alle während gewisser Perioden als 'Merchant'
bzw. 'She-Merchant', und daß sämtliche Helden der Romane, einschließlich Moll Flanders, ganz eindeutig
mittelständische Tugenden - vor allem auf wirtschaftlichem Gebiet - besitzen, dürfte deutlich geworden
sein. Dennoch stellt der Kaufmannsberuf und damit
der Mittelstand für keinen von ihnen ein erstrebens-
wertes Ziel dar: Robinson Crusoe meint:"Trade was none
of my Element" (RC II, III,109); zwar lobt er mehrfach die Weisheit des Vaters im 'Mittelständischen
Credo', sobald er aber selbst in eine ähnliche Position zu gelangen droht, wendet er sich von der 'Middle
Station' ab.

Moll Flanders hat eine ausgesprochene Abneigung
gegen einfache Kaufleute, an denen man zum Beispiel
noch Spuren ihrer Tätigkeit entdecken kann ("the mark
of his Apron-strings upon his Coat ... his Trade in
his Countenance"; MF, I,59), ihren Vorstellungen entspricht höchstens ein "Tradesman, Forsooth, that was
something of a Gentleman too". Nur notgedrungen nimmt
sie mit einer mittelständischen Existenz vorlieb. Bei
den Ehen mit dem 'younger Brother' und mit dem 'Bank
Clark', doch auch in der Aufbauphase in den Kolonien -

während dieser Zeit schafft Moll als handeltreiben-
de Plantagenbesitzerin aber eben nur die materiellen
Voraussetzungen zur Erreichung ihres eigentlichen
Zieles, das einer 'Gentlewoman' an der Seite eines
"very fine Gentleman".

Colonel Jack gelingt ebenfalls dank der Kolonien
der soziale Sprung "from a Pick-pocket ... to a
Master Planter" (CJ, 151/152), aber selbst in der
gehobenen mittelständischen Position eines angesehenen 'Merchant' ("I pass'd, I say, for a great Merchant"; CJ, 185) ist er unzufrieden, denn seine höher-
gesteckte Intention wurde damit längst nicht erreicht,
der Mittelstand bedeutet für ihn nur eine Zwischen-
station und ein Mittel zur Schaffung der finanziellen
Grundlagen auf dem Wege zum 'Gentleman': "that tho'
this was the Foundation of my new Life, yet that this
was not the Superstructure, and that I might still be
born for greater things than these" (CJ, 157).

Roxana schließlich, die wie Robinson Crusoe aus der
höheren Mittelschicht stammt, weiß grundsätzlich an
'Merchants' 'Honesty' zu schätzen und sieht sich sogar
selbst einmal als erfahrene Kauffrau: "Now I was become, from a Lady of Pleasure, a Woman of Business,
and of great Business too ... I became as expert in,
as any She-Merchant of them all" (Rox., 131); auch investiert sie 4000 Pfund in die Karriere ihres Sohnes
als Partner eines englischen Handelshauses in Messina,
mit dem Gedanken: "when he shou'd afterwards come to
England in a good Figure, and with the Appearance of
a Merchant, shou'd not be asham'd to own me"(Rox.,204).

Doch selbst eine Ehe mit einem der erfolgreichsten
'Merchants' Londons genügt ihren sozialen Ambitionen
nicht; obwohl sie verbal der Meinung Sir Robert Clay-
tons zustimmt, "that a true-bred Merchant is the best

Gentleman in the Nation; that in Knowledge, in Manners, in Judgment of things, the Merchant out-did
many of the Nobility" (Rox., 170), ist ihr Blick
dennoch ausschließlich eben auf die 'Nobility' und
sogar den König gerichtet. Bis zuletzt wird die Handlung von dieser Zielprojektion vorangetrieben, denn
selbst den 'Dutch Merchant' heiratet sie erst, als er
verspricht, zunächst wenigstens "a Patent for a BARO-
NET" in England und danach "the Title of a COUNT" in
Holland zu erwerben (Rox., 241).

Selbst ein hervorragend gestellter Mittelständler
wird also erst akzeptiert, wenn er Adelstitel und einen
entsprechenden Lebensstil mit Dienerschaft, Kutsche und
den übrigen Statussymbolen bieten kann, wenn er mit anderen Worten seinen eigenen, angeblich so lobenswerten,
Stand verleugnet und Existenzform und Ethos der verbal
abgelehnten Gruppe übernimmt.

Diese, in den Romanen noch stärker als in den übrigen
Schriften verbreitete, Paradoxie dürfte ihre Ursache in
dem Aufeinandertreffen von fortschrittlichen Ideen mit
der mehr traditionell strukturierten Realität haben -
damit aber lagen die Versuchsbedingungen der (angeblich
authentischen) Romanwelt relativ fest.

3.2.3. Die Oberschicht

> But no excuse is possible for the abandonment
> of the stricken capital by those to whom its
> welfare should have been a first consideration,
> with a callous indifference to its fate that
> must for ever remain a black stain on Charles's
> Government. ...
> The thing that would seem incredible were it
> not unhappily true, is this. In the fateful inter-
> val of seven months, wherein 100,000 persons died,
> thrice only did the Privy Council, sitting with
> the King, concern itself with the Plague. In two
> of these three instances the concern shown was
> solely to secure from infection the place wherein
> the Sovereign and the Court happened to be lodged! [30]

An diesem Kommentar des Historikers Bell hätte Daniel
Defoe seine Freude gehabt, denn er drückte genau das aus,
was Defoe in zahlreichen seiner nicht-romanhaften Schriften behauptet hatte und was der 'authentische Augenzeuge'
"H.F." ebenfalls berichtete: Hof und Adel sind nur am
eigenen Wohl interessiert, vernachlässigen ihre Pflichten und beweisen zugleich, daß ihre Bedeutung äußerst
fragwürdig ist, denn wie im vorigen Abschnitt gezeigt,
geht das Leben der Stadt in geordneten Bahnen weiter -
auch ohne die Oberschicht.

Bei der Darstellung der Rolle der Oberschicht im
Journal kann man sich kurz fassen, denn ihr Hauptmerk-
mal in "H.F."s Schilderung ist die Abwesenheit. Kaum
nimmt die Pestgefahr konkrete Formen an, beginnt auch
schon der Exodus des Adels: "the richer Sort of People,
especially the Nobility and Gentry, from the West part
of the City throng'd out of Town" (JPY, 7).

Nicht anders verhält sich der Hof: "the Court re-
moved early, (viz.) in the Month of June, and went to

Oxford, where it pleas'd God to preserve them"
(JPY, 15/16).

Zunächst scheint es verwunderlich, daß "H.F."
- im Gegensatz zu Bell - nichts von einer Reaktion
der Bestürzung in London bei der Flucht des Königs
berichtet (was durchaus in Defoes Intention gelegen
hätte). Doch wenn man Defoes Verachtung gegenüber
Karl II. kennt, dessen Hof er stets als Brutstätte
von Unmoral, Laster, Verschwendung und französischer
Unsitten dargestellt hatte (vgl. die Kapitel über die
Oberschicht und über Roxana), ist sein Schweigen verständlich. Im Journal trauert dem Hof niemand nach,
"H.F." kritisiert ihn zu Beginn des Berichtes, igno-
riert ihn über 200 von 250 Seiten hinweg fast vollständig und berichtet am Schluß nur kurz von seiner
Rückkehr. [31]

Der Hof wird nicht nur als Quelle von "crying
Vices" geschildert, dessen schlechtes Vorbild vor
allem die unteren Schichten verdarb, sondern mit seiner
Vorliebe für Mode und Luxus gerade auch als Anziehungs-
punkt für zahlreiche auf ihre tägliche Arbeit angewiesene Arme, die sich seit der 'Restoration' in London
zu großen Scharen eingefunden hatten und - wie geschildert - in besonderem Maße ein Nährboden der Pest
wurden:

> the Court brought with them a great Flux of Pride,
> and new Fashions; All People were grown gay and
> luxurious; and the Joy of the Restoration had
> brought a vast many Families to London ...
> So the Plague entred London, when an incredible
> Increase of People had happened occasionally ...
> As this Conflux of the People, to a youthful and
> gay Court, made a great Trade in the City, espe-
> ially in every thing that belong'd to Fashion and
> Finery; So it drew by Consequence, a great Number
> of Work-men, Manufacturers, and the like, being
> mostly poor People, who depended upon their Labour.
> (JPY, 18/19)

Damit wurde implizit gesagt, daß der Hof an den ver-
heerenden Folgen der Pest gerade in dieser Bevöl-
kerungsgruppe Schuld trug. Einmal war er verantwort-
lich für die ungewöhnlich große Zahl potentieller
Opfer, zum anderen entzog er mit seiner Flucht den
Armen unzählige Arbeitsplätze und überließ sie ihrem
Schicksal (und der Sorge des bürgerlichen Magistrats).
Auch wenn "H.F." einmal anmerkt, der Adel und der
König hätten - neben den Bürgern Londons und anderer
Handelsstädte - Geld für die Versorgung der 'Poor' ge-
spendet, so schränkt er seine Aussage bezüglich des
Königs gleich ein: "But this latter I only speak of as
a Report" (JPY, 93). Ebenso mischt sich in das Lob auf
die vom Hofe veranlaßte Schließung von Ballhäusern und
Spielsalons zugleich heftige Kritik an der Existenz
derartiger 'Auswüchse' überhaupt, die ihre Ursache
allein in der Lasterhaftigkeit des Hofes hätten:

> the very Court, which was then Gay and Luxurious,
> put on a Face of just Concern, for the publick
> Danger: All the Plays and Interludes, which after
> the Manner of the French Court, had been set up,
> and began to encrease among us, were forbid to
> Act; the gaming Tables, publick dancing Rooms, and
> Music Houses which multiply'd, and began to debauch
> the Manners of the People, were shut up. (JPY, 29)

Ansonsten weiß "H.F." nichts Positives über König und
Hof zu berichten, vielmehr heißt es, als er gegen Ende
des Journal zurückschaut: "But really the Court concern'd themselves so little, and that little they did
was of so small Import, that I do not see it of much
Moment to mention any Part of it here" (JPY, 234).[32]
Das Resümee aus den Aussagen des Journal zum Verhalten von Hof und Oberschicht während der Ausnahmesituation der Pest muß also lauten: Die traditionelle

Führungsschicht versagt völlig, sie entzieht sich
ihrer Verantwortung durch eigennützige Flucht und
kümmert sich nicht um die Folgen, die nicht zuletzt
durch ihr eigenes schlechtes Vorbild und ihr Verhalten ein besonders großes Ausmaß annehmen.

Doch in den Augen "H.F."s ist der Hof nicht allein
vor den Menschen, sondern auch vor Gott schuldig. Er
geht sogar so weit, die Pest als göttliches Strafgericht für die Sünden des Hofes zu bezeichnen: "their
crying Vices might, without Breach of Charity, be
said to have gone far, in bringing that terrible Judgment upon the whole Nation"; trotz seiner Verschonung
habe der Hof aber nicht einmal große Dankbarkeit, geschweige denn Anzeichen von Besserung erkennen lassen:
"I cannot say, that I ever saw they shew'd any great
Token of Thankfulness, and hardly any thing of Reformation" (JPY, 16).

Als lasterhaft und verschwendungssüchtig wurde die
traditionelle Oberschicht auch in den übrigen Romanen
dargestellt. Der Vater von Robinson Crusoe wies warnend
auf "vicious Living", "Luxury" und "Extravagancies" der
"Great" hin, der vom russischen Hof verbannte Fürst war
froh, den Versuchungen von "Pride, Ambition, Avarice
and Luxury" (RC II, III,208) entronnen zu sein, und er
erschrak bei dem Gedanken an "the Wealth, the Gaiety,
and the Pleasures, that is to say, Follies of a Cour-
tier" (RC II, III,202/3).

Moll Flanders hatte naturgemäß mit genuinen Mit-
gliedern des Adels wenig Kontakt, nur als Prostituierte
lernt sie einen "Baronet ... of a very good Family"
(MF, II,47) kennen, der damit als Beispiel für die
Trunkenheit und Lasterhaftigkeit der Oberschicht dient.
Auch die Familie der 'Lady' wird im Grunde nicht posi-

tiv geschildert, ihr fehlt 'Honesty'. In dem ange-
beteten 'elder Brother' sieht Moll zwar einen 'Gentleman', aber schließlich nutzt er sie aus, hält das
Heiratsversprechen nicht und gilt als leichtlebig und
"gay". Trotz ihres Stolzes auf den 'Lancashire Husband' (angeblich: "bred a Gentleman"), findet sie
allerlei Kritikwürdiges auch an seinem Verhalten: er
ist im praktischen Alltag unbeholfen, faul und kümmert
sich lieber um die Jagd als um das Gedeihen der An-
pflanzung.

    Roxana bietet ein ausführlicheres Bild der Ober-
schicht, das wiederum nur als grundsätzlich negativ
beurteilt werden kann. Der Fürst in Frankreich ver-
gnügt sich am liebsten mit Mätressen, zeugt bedauerns-
werte uneheliche Nachkommen; Mitglieder der englischen
Aristokratie bemühen sich aus Geldmangel um eine Ehe
mit Roxana, der Hof und der König selbst werden als
"wicked", "exceeding gay and fine" und als Hort von
Verschwendungssucht und Laster geschildert.[33]

    Diese grundsätzliche, kollektive Veurteilung der
Oberschicht fand sich ebenfalls in den meisten anderen
Schriften Defoes (es sei nur an die Lasterkataloge der
Review erinnert). Ihr steht nun allerdings das tatsächliche Verhalten der Mehrzahl der Romanhelden und
der als aufstiegswillig beschriebenen Kaufleute konträr
gegenüber, die trotz der angeblich so negativen Seiten
einer Existenz oberhalb der Mittelschicht eben diese
Position anstreben.

    Ob Robinson Crusoes Vater den Mittelstand als "the
best State in the World" bezeichnet oder im Complete
English Tradesman die erfolgreichen Kaufleute als die
eigentlich wertvollen Bürger dargestellt werden, weder

in den Romanen noch in den anderen Schriften erscheint
der Mittelstand als das wahrhaft ersehnte Ziel. Moll
Flanders, Colonel Jack und Roxana streben ebenso nach
einer höheren Stellung wie die reichen 'Merchants' im
Compleat English Gentleman. Trotz aller Kritik und
aller Abwertungsversuche bleibt also die - in der Realität konkret existierende - Führungsstellung der traditionellen Oberschicht im Grunde unangetastet. Selbst
die herausragenden Mittelständler orientieren sich in
ihrem Verhalten an dieser Gruppe, die letztlich ihren
Zielpunkt darstellt.

Bedurfte es schon in den nicht-romanhaften Schriften
einiger Argumentationskunst, den Anspruch der Mittelständler auf einen Rang in der Oberschicht nachzuweisen
und überzeugende Beispiele für erfolgreiche Aufstiegs-
versuche zu finden, so zeigen auch die Romane ganz
deutlich, daß die eigentliche Führungsgruppe der damaligen Gesellschaft den unteren Rängen normalerweise
unzugänglich bleibt.

Roxanas Gatte muß den ersehnten hohen Adelstitel
außerhalb Englands erwerben, Colonel Jack wird nur in
Frankreich zum 'Colonel' befördert, Moll Flanders findet erst in den Kolonien glaubwürdige Lebensumstände
für ihre Existenz an der Seite eines 'Gentleman' vor,
und Robinson Crusoe konnte nur auf seiner fernen Insel
ein vorbildlicher Monarch sein. Schließlich bedurfte
es auch der Ausnahmesituation der Pest, um zu beweisen,
daß der Mittelstand in Abwesenheit der Oberschicht die
Geschicke eines Gemeinwesens unabhängig und überzeugend
bestimmen kann.

Aus dieser Diskrepanz zwischen vorgeblicher Führungsstellung und tatsächlicher Unterordnung der Mittelschicht, zwischen angeblicher Verabscheuungswürdigkeit

und faktischer Attraktivität der Oberschicht ergeben
sich zahlreiche Ungereimtheiten im Werk Defoes. Der
von Weimann konstatierte "Widerspruch zwischen er-
klärter Anschauung und vollzogener Handlung" läßt
sich in vielen Fällen von daher erklären. [34]

Letztlich dürfte Defoes Einstellung zum Landbesitz
eine wesentliche Rolle bei der Entstehung dieser Crux
gespielt haben. Nach seiner eigenen Auffassung vermittelte Grundeigentum Macht - Robinson Crusoes Insel
ist ein gutes Beispiel, ebenso Defoes Aussagen zur
Funktion des Parlaments als Repräsentanten der Landbesitzer - und damit soziales Prestige, also eine Position in der herrschenden Oberschicht. Andererseits
aber war Grundbesitz vererbbar und wurde daher innerhalb des Adels perpetuiert. In diesem Sinne hatte somit
das vielgeschmähte 'Blood' bei der Übertragung sozialer
Ränge eine - indirekt auch von Defoe akzeptierte -
Funktion. Nicht Vererbung bestimmter Charakter- oder
Führungseigenschaften ist von Bedeutung, sondern die
Teilhabe am Macht und Sozialprestige vermittelnden - und
noch so verdienstvollen Mittelständlern normalerweise
unzugänglichen - Landbesitz.

3.2.4. Die Religion

"H.F." sieht - als gläubiges Mitglied der Church of
England - in der Pest ein Strafgericht Gottes, das
sich gegen·Sünder und Ungläubige wendet. Vor allem
in den "crying Vices" des Hofes, die von Teilen der
übrigen Bevölkerung übernommen worden waren, glaubt
"H.F." die Ursachen für den göttlichen Zorn zu erkennen. Sein Verständnis von der Art und Weise des
Eingreifens Gottes entspricht recht genau der oben
skizzierten Funktion von 'Providence': Gott wird als
unmittelbar in den Alltag der Menschen eingreifend
erfahren, dabei bedarf es keiner Aussetzung der Naturgesetze - dem Gläubigen ist die 'Hand Gottes' dennoch
nicht verborgen: [35]

> doubtless the Visitation it self is a Stroke
> from Heaven upon a City, or Country, or Nation
> where it falls; a Messenger of his Vengeance,
> and a loud Call to that Nation, or Country, or
> City, to Humiliation and Repentance ...
> But when I am speaking of the Plague, as a
> Distemper arising from natural Causes, we must
> consider it as it was really propagated by na-
> tural Means, nor is at all the less a Judgment
> for its being under the Conduct of human Causes
> and Effects ...
> Among these Causes and Effects this of the
> secret Conveyance of Infection imperceptible,
> and unavoidable, is more than sufficient to exe-
> cute the Fierceness of divine Vengeance, without
> putting it upon Supernaturals and Miracle.
> (JPY, 193/194)

Warnend berichtet "H.F." von einem eigenen Erlebnis
des Waltens von 'Providence': Eine Gruppe von Un-
gläubigen lachte sogar angesichts des Wütens der Pest
über sein Verständnis der Krankheit als Rache Gottes -

> they were not afraid to blaspheme God, and talk
> Atheistically; making a Jest at my calling the
> Plague the Hand of God ...
> I confess it fill'd me with Horror, and a kind
> of Rage, and I came away, as I told them, lest
> the Hand of that Judgment which had visited the
> whole City should glorify his Vengeance upon
> them, and all that were near them. (JPY, 66)

Dieser Satz, der wie der Fluch eines alttestament-
lichen Propheten klingt, findet nach wenigen Tagen
seine Erfüllung: "they were every one of them carried
into the great Pit".

Auch an anderen Stellen erlebt "H.F." das Eingreifen der 'Providence' in sein Dasein, etwa als er sich
seinen Entschluß zu bleiben durch das Verfahren des
'Sortes Biblicae' bestätigen läßt.[36]

Ohne näher auf Fragen der persönlichen Religiosität der Romanfiguren Defoes eingehen zu wollen, sei
nur angemerkt, daß Colonel Jack und Robinson Crusoe
gleichfalls der Aussagekraft einer 'zufällig' aufge-
schlagenen Bibel vertrauen und darin eine individuelle
Zuwendung Gottes erblicken.[37]

Robinson Crusoe, dessen Denken ähnlich stark von
religiösen Ideen durchdrungen ist wie das des "H.F.",
glaubt wie dieser an "a secret Hand of Providence
governing the World" (RC I, II,68). Ähnliche Gedanken beschäftigen etwa Jack nur während zweier Phasen
seines Lebens; zuerst bei der 'Bekehrung' durch den
'Tutor', eine nach eigener Aussage nur kurze Episode,
und am Ende seines Berichtes, als er auf alle Erlebnisse zurückblickt und in der Muße des mexikanischen
Exils auf einmal Gottes Hand in seinem Leben zu entdecken glaubt: "I saw clearer than ever I had done before, how an invisible over-ruling Power, a Hand influenced from above, Governs all our Actions of every
Kind" (CJ, 308).

Moll Flanders und Roxana sind bemerkenswert unreli-
giöse Charaktere, die sich nur in höchster Not und
Gefahr auf Gott und den christlichen Glauben besinnen,
was um so verwunderlicher ist, da Moll ihre eigene
Erziehung als "very Religiously" (MF, I,4) bezeichnet
und Roxanas Eltern aus Glaubensgründen die französische Heimat verließen. Roxana erlebt Gott nur als
zu fürchtenden Rächer für die Behandlung ihrer Tochter, und Moll Flanders findet erst angesichts des zu
erwartenden Todesurteiles in Newgate einen (sehr bald
vorübergehenden) Zugang zur Religion.

Wesentlicher als die Probleme des individuellen
Verhältnisses der Romanfiguren zu religiösen Dingen
und Inhalten (die bisher in der Forschung noch nicht
hinreichend geklärt wurden) ist jedoch im Rahmen der
Untersuchung die Frage nach der Bedeutung der Religion
im Zusammenleben der Menschen.

Im Journal findet sich die - oben schon dargestellte - Auffassung Defoes exemplifiziert, daß konfessionelle Differenzen zwischen Glaubensgruppen wie der
Church of England und den Dissentern im Grunde irrele-
vant sind. "H.F." erinnert selbst an die besonderen
Bedingungen der Zeit um 1665:

> It was indeed, a Time of very unhappy Breaches
> among us in matters of Religion: Innumerable Sects,
> and Divisions, and separate Opinions prevail'd
> among the People; the Church of England was re-
> stor'd indeed with the Restoration of the Monarchy,
> about four Years before; but the Ministers and
> Preachers of the Presbyterians, and Independants,
> and of all the other Sorts of Professions, had be-
> gun to gather separate Societies, and erect Altar
> against Altar, ... the Dissenters being not
> thorowly form'd into a Body as they are since.
> (JPY, 26)

Von größerer Bedeutung waren noch die Auswirkungen
der gerade erst in Kraft getretenen Gesetze des
'Clarendon Code', danach durften die Nonkonformisten
unter anderem keine Gottesdienste mehr abhalten, und
ihren Geistlichen war es verboten, sich näher als
fünf Meilen von ihren ehemaligen Wirkungsstätten entfernt aufzuhalten. [38]

Trotz aller dieser schwerwiegenden Hindernisse auf
dem Weg zu einer gemeinsamen Religionsausübung zeigte
es sich in der besonderen Situation der Pestgefahr,
daß das Gemeinsame das Trennende bei weitem überwog: [39]

> But the Visitation reconcil'd them again, at least
> for a Time, and many of the best and most valuable
> Ministers and Preachers of the Dissenters, were
> suffer'd to go into the Churches, where the In-
> cumbents were fled away, as many were ... and the
> People flockt without Distinction to hear them
> preach, not much inquiring who or what Opinion
> they were of. (JPY, 26)

Defoe läßt "H.F." aus der scheinbar neutralen Position
eines toleranten Mitgliedes der Staatskirche heraus berichten, daß einerseits die ordentlichen Pfarrer nun
auf einmal die Dissentergeistlichen akzeptierten ("nor
did the Church Ministers in that Case make any Diffi-
culty of accepting their Assistance"; JPY, 175) und
letztere andererseits ihre Skrupel aufgaben:

> So the Dissenters, who with an uncommon Prejudice,
> had broken off from the Communion of the Church
> of England, were now content to come to their
> Parish-Churches, and to conform to the Worship
> which they did not approve of before. (JPY, 176)

Wenn "H.F." in dieser Situation hervorhebt, daß die
Menschen sich bei Glaubensdingen in der Not auf das
Wesentliche beschränken und nur in "easy Scituations
[sic!] in Life" Streit aufgrund religiöser Feinheiten

entstünde, so drückt er damit genau die Meinung anderer Romanhelden und auch die Defoes aus. Robinson
Crusoe erkennt in der Abgeschiedenheit seiner Insel:

> As to all the Disputes, Wranglings, Strife and
> Contention, which has happen'd in the World
> about Religion, whether Niceties in Doctrines,
> or Schemes of Church Government, they were all
> perfectly useless to us; as for ought I can yet
> see, they have been to all the rest of the
> World. (RC I, II,7)

Wie Colonel Jack will auch Robinson Crusoe nur die
Bibel als Quelle der Inhalte eines anerkannt christlichen Glaubens akzeptieren: "the Knowledge of God,
and of the Doctrine of Salvation by Christ Jesus, is
so plainly laid down in the Word of God; so easy to
be receiv'd and understood" (RC I, II,7). [40]
Beide entsprechen damit genau den Forderungen Defoes
an einen orthodoxen Christen, der sich ebenfalls nur
zu einigen wenigen - aus der Bibel ableitbaren -
'Fundamentals' zu bekennen brauche. [41]

Aus diesen Denkvoraussetzungen resultiert bei allen
Romanfiguren (wie bei ihrem Schöpfer) eine für die
damalige Zeit bemerkenswerte Toleranz gegenüber Anders-
gläubigen. "H.F." lobt ausdrücklich den persönlichen
Einsatz der Dissentergeistlichen und betont seine Miß-
billigung der Kirche und der Regierung, die nach der
Pest die Nonkonformisten wieder vertreiben:

> the Church and the Presbyterians were incompa-
> tible; as soon as the Plague was remov'd, the
> dissenting outed Ministers ... retir'd, they
> cou'd expect no other; but that they should
> immediately fall upon them, and harrass them,
> with their penal Laws ... this even we that were
> of the Church thought was very hard, and cou'd
> by no means approve of it.
> But it was the Government, and we cou'd say
> nothing to hinder it; we cou'd only say, it was
> not our doing, and we could not answer for it.
> (JPY, 235)

Er hebt mehrfach hervor, daß die Dissentergeistlichen besonderen Mut bewiesen hätten, indem sie trotz drohender Ansteckungsgefahr ihre Gemeinden nicht verließen und außerdem noch die Stellen der zumeist geflüchteten "Church Clergy" ausfüllten. Indirekt behauptet er sogar, die Einsatzbereitschaft der Dissenter sei größer gewesen als die der ordentlichen Pfarrer - so jedenfalls ist die Logik der folgenden geschickten Formulierungen zu verstehen:[42]

> It is true, some of the Dissenting turn'd out
> Ministers staid, and their Courage is to be
> commended, and highly valued, but these were not
> abundant; it cannot be said, that they all staid,
> and that none retir'd into the Country, any more
> than it can be said of the Church Clergy, that
> they all went away ...
> Besides, if God gave Strength to some more
> than to others, was it to boast of their Ability
> to abide the Stroak, and upbraid those that had
> not the same Gift and Support ...? (JPY, 236/237)

Tatsächlich bestätigt auch Bell die besondere Opferbereitschaft der Nonkonformisten-Pfarrer: "They are the real heroes of the Plague, the men whose golden example ennobles their great profession, and condemns the political Churchmen who made them outcasts."[43]

"H.F." wiederholt somit die Auffassung Defoes, daß der Klerus der Church of England gegenüber dem der Dissenter deutlich schlechtere Qualitäten aufweise. Ähnliches weiß auch Moll Flanders zu berichten, denn nach ihrem ersten Kontakt mit dem "Ordinary of Newgate" stellt sie fest:

> he said so little to the Purpose that I had no
> manner of Consolation from him; and then to ob-
> serve the poor Creature preaching Confession and
> Repentance to me in the Morning, and find him
> drunk with Brandy by Noon. (MF, II,103)

Erst einem hinzugezogenen "Minister" (der Begriff
wird fast ausschließlich für Dissentergeistliche gebraucht), einem "serious pious good Man", vertraut
sie sich an und findet prompt den Weg zur Reue. [44]

Während im Journal zwar von einem toleranten Mitglied der Staatskirche die Dissenter lobend erwähnt
werden, fällt doch auf, daß ihm zwei religiöse Gruppierungen - die in den anderen Romanen eine bedeuten-
dere Rolle spielen - nicht in den Blick kommen:
Quäker und vor allem Katholiken.

Hatte sich Defoe - vor allem in der Review -
stets für die Anerkennung der Quäker als gute Christen
eingesetzt und sich damit gegen eine damals weitver-
breitete Abneigung gegenüber dieser Glaubensgemein-
schaft gewandt, so findet sich dieses Motiv in ähnlicher
Form auch in den Romanen wieder.

Moll Flanders erfährt einen Quäker in Maryland als
außerordentlich hilfreichen Freund, der sie beim Aufbau
ihrer Plantage nach besten Kräften unterstützt. Mehrfach betont sie die charakterlichen Qualitäten dieses
"honest Quaker, who prov'd a faithful, generous, and
steady Friend to us" (MF, II,172). Erst mit seiner Hilfe
schaffen Moll und ihr Gatte den endgültigen sozialen
Aufstieg in den Kolonien.

Roxana scheint anfänglich das Vorurteil gegenüber
Quäkern zu teilen, wird dann jedoch durch eigene Erfahrung eines Besseren belehrt,

> for the Gentlewoman, I must call her so, tho' she
> was a QUAKER, was a most courteous, obliging,
> mannerly Person; perfectly well-bred, and perfect-
> ly well-humour'd, and in short, the most agreeable
> Conversation that ever I met with. (Rox., 211)

Besonders bemerkenswert erscheint ihr die Wahrheitsliebe
dieser Frau - "besides, I knew the honest QUAKER, tho'

she wou'd do any-thing else for me, wou'd not LYE
for me" (Rox., 282). Da Roxana zudem noch die Möglichkeit sieht, als Quäkerin verkleidet für eine
Weile unterzutauchen, übernimmt sie sogar die typi-
schen Kleidungs- und Sprechgewohnheiten: [45]

> By accustoming myself to converse with her, I
> had not only learn'd to dress like a QUAKER,
> but so us'd myself to THEE and THOU, that talk'd
> like a Quaker too, ... and, in a word, I pass'd
> for a QUAKER among all People that did not know
> me. (Rox., 213)

Defoes Romanhelden und -heldinnen zögern auch durchaus nicht, entgegen ihrer ursprünglich protestantischen Konfession als Katholiken aufzutreten, wenn die
Situation es nützlich erscheinen läßt.

Roxana gibt sich als trauernde katholische Witwe
aus, damit der (protestantische) Juwelier in Frankreich
ein anständiges Begräbnis ("with all the Ceremonies of
the Roman Church"; Rox., 54) erhält. Colonel Jack berichtet beiläufig, daß er katholischen Ländern stets
als Katholik lebe, und selbst in England läßt er sich
heimlich von einem "antient Gentleman, who pass'd for
a Doctor of Physick, but who was really a Romish Priest
in Orders" (CJ, 248) trauen. Diese beiden Motive finden
sich auch bei Robinson Crusoe wieder, denn gegen Ende
des ersten Teiles seiner Erzählungen erwähnt Robinson
Crusoe, daß er sich in Brasilien zum Katholizismus bekannt habe, "and as I had made no Scruple of being openly of the Religion of the Country, all the while I was
among them, so neither did I yet" (RC I, II,84); und
schließlich läßt auch er einen katholischen Priester
die Eheschließung zwischen Will. Atkins und der einge-
borenen Frau vollziehen, wobei er Wert darauf legt,
daß der Geistliche nicht als Katholik erkannt wird. [46]

Um ihren scheinbar sehr reichen 'Lancashire Husband'
heiraten zu können, nimmt Moll Flanders an katholischen Messen teil und läßt sich ebenfalls von einem
Priester trauen, "which I was assur'd would marry us
as effectually as a Church of England Parson" (MF,
I,152). Beachtenswert sind ihre-den Ursprung persönlicher Konfessionalität relativierenden - Einsichten:

> I saw little, but the Prejudice of Education in
> all the Differences that were among Christians
> about Religion, and if it had so happen'd that
> my Father had been a Roman Catholick, I doubted
> not but I should have been as well pleas'd with
> their Religion as my own. (MF, I,150)

Daß eine von einem katholischen Priester geschlossene
Ehe für einen Protestanten völlig rechtmäßig sei,
hatte Defoe auch schon in der Review behauptet und
sich damit sicherlich die heftige Kritik weniger to-
leranter Glaubensgenossen zugezogen. Defoes partielle
Affinität zur katholischen Kirche - die noch zu differenzieren ist - stieß jedenfalls bei vielen seiner
Leser auf Unverständnis und Abwehr. [47]

Gildon attackiert schon 1719 diese Tendenz in
Robinson Crusoe, für ihn stellt sie einen Versuch dar,
"to give the Protestant Reader an agreeable Idea of
Popery, on purpose to smooth the Way, as far as his
little Abilities can do it, for the Popish Superstition
to enter these Kingdoms". [48] Neben dem Vorwurf "your
Book is nothing but a Romance" beschäftigt Gildon am
meisten Robinson Crusoes Verhältnis zur Religion und zu
den Konfessionen, und er klagt Defoe an, einen "Ramble
thro' all Religions" durchzuführen. Dissenter, Papisten,
Atheisten und Polytheisten hätten ihn nacheinander in
ihren Reihen gewähnt. [49]

Weniger polemisch betrachtet, muß man Defoe eine
durchaus einheitliche und konsequente Haltung gegenüber dem Katholizismus attestieren. Wie schon für
die nicht-romanhaften Schriften dargestellt, lehnt er
auch in den Romanen den Katholizismus als Ganzes ab.
Robinson Crusoe meint: "I began to regret my having
profess'd my self a Papist, and thought it might not
be the best Religion to die with" (RC I, II,84). Im
Gespräch mit dem französischen Priester wirft er dem
Katholizismus Mangel an "Charity" und "Moderation"
vor, lobt aber andererseits die persönliche Haltung
des Priesters mit den Worten:

> I thought he had all the Zeal, all the Know-
> ledge, all the Sincerity of a Christian, with-
> out the Error of a Roman Catholick; and that I
> took him to be such a Clergy-man, as the Roman
> Bishops were before the Church of Rome assum'd
> spiritual Sovereignty over the Consciences of
> Men. (RC II, III,54)

Diese "spiritual Sovereignty" stellt für Defoe stets
den Hauptpunkt seiner Kritik dar, mit ihr hänge die
"Tyranny of Priestcraft" unmittelbar zusammen, die
ihren Ursprung in der "Power of forgiving sins ...
in the Absolution of the Priest" habe. [50]
Auf der einen Seite werden also bestimmte Lehren
der katholischen Kirche abgelehnt und Auswüchse wie
die Inquisition scharf verurteilt, andererseits finden Katholiken als Individuen durchaus positive Darstellungen. So wird der schon erwähnte Priester recht
bemerkenswert vorgestellt:

> I must, (to set him out in just Colours) repre-
> sent ⌊him⌋ in Terms very much to his Disadvan-
> tage, in the Account of Protestants; as first,
> that he was a Papist; secondly, a popish Priest;
> and thirdly, a French Popish Priest.

> But Justice demands of me to give him a due
> Character; and I must say, he was a grave, sober,
> pious, and most religious Person; exact in his
> Life, extensive in his Charity, and exemplar in
> almost every Thing he did. (RC II, III,13)

Einen "French Popish Priest" auch noch als vorbildlich hinzustellen, diese Aussage mußte heftigste Kritik bei den streng protestantischen Lesern hervor-
rufen, und Gildon setzt sich auch in harten Attacken
seitenlang mit dem Verhältnis zwischen Robinson Crusoe
und dem Priester auseinander.[51]

In der utopischen Situation des Inselreiches läßt
Defoe Robinson Crusoe Toleranz gegenüber dem persönlichen Glauben der Bewohner üben, wenngleich die im
ersten Teil auch auf Heiden ausgedehnte "Liberty of
Conscience" im zweiten Teil deutliche Differenzierungen
erfährt. Während Protestanten und Katholiken freizügig
ihrer Konfession leben können, sollen die zahlreichen
heidnischen Wilden möglichst bald bekehrt werden. Allerdings gibt Robinson Crusoe zu dieser Aufgabe genaue und
wiederum recht tolerante Anweisungen:

> that they never would make any Distinction of
> Papist or Protestant, in their exhorting the
> Savages to turn Christians; but teach them the
> general Knowledge of the true God, and of their
> Saviour Jesus Christ; and they likewise promis'd
> us, that they would never have any Differences or
> Disputes one with another about Religion.
> (RC II, III,61)

Weniger tolerant zeigt er sich gegenüber heidnischen
Religionen, als er während seiner Reise durch Rußland
unnachsichtig die Götzenbilder der Einheimischen zer-
stört und eines als "Scare-crow" bezeichnet.[52]

Robinson Crusoe fordert nachdrücklich die Aufrechterhaltung und Verbreitung des Christentums, das Bekenntnis zu fundamentalen Glaubensaussagen und die Durch-

führung religiöser Sakramente wie Taufe und Eheschließung. Seine Begründung: Ein Mensch ohne ein
Wissen von Gott und der Vorsehung handele "like a
meer Brute". [53] Das Christentum biete die besten
Voraussetzungen für ein zivilisiertes, geordnetes
Zusammenleben der Menschen (übrigens auch im geschäftlichen Bereich!) - ob es nun bei dem jeweiligen
Gläubigen zur Erlangung des ewigen Heils führe oder
nicht. Diese - in ihrer Praxisbezogenheit für Robinson
Crusoe sehr typische - Meinung faßt er zusammen, als
er nach einer Reise durch heidnische Gebiete wieder
in christliche Gegenden kommt:

> That the Christian Religion always civilizes the
> People, and reforms their Manners, where it is
> receiv'd, whether it works saving Effects upon
> them or no. (RC II, III,130/131)

Robinson Crusoe spricht damit genau das aus, was Defoe
meinte, als er in der Review schrieb: "Religion teaches
Men to be MEN ... and instructs them in every thing
that's suited to Human Society". [54]

Solche grundsätzlichen Überlegungen stellen Figuren wie Moll Flanders, Roxana oder Colonel Jack nie an,
die sämtlich kaum als sonderlich religiös oder gar
fromm gelten können. Eben deswegen fällt aber ihre ausdrücklich betonte Toleranz und sogar Sympathie für
konfessionelle Gruppen wie Quäker und vor allem Katholiken besonders auf. Defoe ließ also seine außerhalb
der Romane geäußerten Ideen zur religiösen Toleranz
in die Romane - als Darstellung individueller Schick-
sale - einfließen und sie von seinen Helden im privaten
Bereich in die Praxis umsetzen. Dabei scheint bemerkenswert, daß die Romane in einem Punkt einen Schritt weiter-

gehen als die übrigen Schriften Defoes: Katholiken
wird nicht grundsätzlich das Recht auf Religionsfreiheit abgestritten (wie es etwa in der Review geschah),
sondern sie werden im privaten Bereich ebenso akzeptiert wie in der sozialen Gemeinschaft der Insel, wo
ihnen 'offiziell' die religiöse Freizügigkeit garan-
tiert wird.

Doch auch in dieser Hinsicht mußte Defoe bei der
Gestaltung der Romanwelt Rücksicht auf die Glaubwürdigkeit des Dargestellten nehmen. Es bedurfte der Ausnahmesituation der Pest, damit in London Dissenter als
gleichberechtigte Mitmenschen akzeptiert wurden, und
eine institutionelle Religionsfreiheit für Katholiken
existierte allein auf der weit von der englischen
Heimatgesellschaft entfernten Insel. Dort aber, wie in
der Welt der Romane überhaupt, gibt es - anders als
in der Realität - keine religiösen Streitigkeiten und
keinen dadurch bedingten Unfrieden; die Romanwelt ist
die bessere Welt.

4. Schlußbemerkungen

Die Untersuchung hat versucht zu zeigen, wie stark
das Denken in sozialen Kategorien das gesamte Werk
Daniel Defoes durchzieht und bestimmt. Gesellschaftliche Faktoren prägten in hohem Maße die Intentionen
und Wertmaßstäbe der Romanfiguren und die sie umgebende Welt. Damit war ihre Funktion als wesentliches
Strukturelement der Romane unverkennbar und zum Teil
sogar im Modell darstellbar. Dabei diente die Kenntnis der sozialen Realität der Zeit und des Gesellschaftsbildes der nicht-romanhaften Schriften sowohl
dem besseren Verständnis der diesbezüglichen Roman-
stellen als auch zur Beantwortung der Frage, welche
– heute sonst kaum verständliche – Faszination für
den damaligen Leser wohl von Werken wie Colonel Jack
und Roxana ausging.

Vergleicht man nun rückschauend das Gesellschaftsbild der Romane mit dem der anderen untersuchten
Schriften, so zeigt sich, daß die Romane in vieler
Hinsicht der zeitgenössischen Realität näher stehen.
Dies wurde besonders am Beispiel der Mittelständler
deutlich, denen Defoes Interesse immer in hohem Maße
galt. Nach der Betonung der wirtschaftlichen und persönlichen Bedeutung dieser Gruppe in den einschlägigen
Schriften erstaunt ihre Nebenrolle in den Romanen.
Nie wird ein exemplarischer Aufstieg konkret durchge-
spielt, nie die Aktivitäten von 'Merchants' oder
'Tradesmen' eingehend geschildert. Das 'Klassenbewußt-
sein' der Mittelständler, welches in den übrigen

Schriften so deutlich zum Vorschein kam, beschränkt
sich im Roman auf vereinzelte Aussagen, die rein im
verbalen Bereich bleiben.

Keine Romanfigur strebt eine mittelständische
Position an, sondern akzeptiert sie höchstens als
Not- oder Übergangslösung. Nur in Ausnahmesituationen
- auf der Insel und während der Pest - bilden Mittelständler die Führungsschicht, ansonsten zielen die
Akteure auf einen Lebensstil ab, der dem der traditionellen Oberschicht entspricht. Offenbar ist in der
realitätsnahen Romanwelt die einfache mittelständische
Position immer noch mit dem Geruch der 'Mechanicks' behaftet.

Ebenso gelingt ein glaubhafter Aufstieg in die
oberen Ränge der Gesellschaft nie innerhalb Englands,
stets bedarf es der Verlegung der Handlung ins Ausland oder in die Kolonien - der Roman muß auf die Tatsache Rücksicht nehmen, daß in England eben doch andere
Faktoren als wirtschaftliche Bedeutung und persönliche
Tugend den Rang innerhalb des gesellschaftlichen Gefüges bestimmen: Die Spielmöglichkeiten des Romans
werden somit durch seinen - zeitbedingten - Authentizitätsanspruch begrenzt, er nimmt eine Mittelstellung
zwischen der Realität und den Nicht-Romanen ein, der
in diesem Fall utopischeren Form.

5. Summary

Defoe's Conception of Society

The vast majority of literary critics, by limiting their
studies to the novels, neglect the huge corpus of Defoe's
other writings, which consist of journalistic, political,
economic, and moral/didactic works; among these the
journalistic masterpiece is the magazine Review, written
in the years 1704 to 1713 by Defoe alone (published as
a complete facsimile in 22 vols. in 1938).

There can hardly be any doubt that the novels were
an extension of his non-fictional works into the sphere
of fiction, for which reason a comprehensive study of
his non-fictional works and of their contemporary historical background must be regarded not only as an end
in itself, but also as essential for an accurate interpretation of his novels.

In his non-fictional works, Defoe is interested above
all in problems concerned with social life in its
broadest sense, that is to say with questions such as
the origin and control of political power, the importance of the economy, the role of religion, and above
all the distribution and function of the different
social strata. A mere glance at the first few pages of
Robinson Crusoe immediately gives one an impression
of the relevance this last aspect in particular has for
the novels as well.

It is precisely at this point, namely when trying
to assess Defoe's statements on the subjects dealt
with in his non-fictional works that one comes up
against one of the main problems of Defoe research.
It is necessary to examine every single statement of
Defoe's with a view to determining whether he is de-
scribing the world as it really is or whether he is
depicting the world as it ought to be. Defoe was one
of the first to have the ability to turn 'reality' into
convincing language to such an extent that a novel
like the Journal, for example, which appeared anony-
mously in 1722, was held for approximately sixty
years to be an authentic and absolutely reliable eye-
witness report - only in 1780 was Defoe discovered
to be the author, from which one could deduce that at
the time of the plague he had only been four years old
and therefore could hardly be considered a reliable
eye-witness.

Defoe always made it quite clear that he wanted all
his writings to be understood as true to life and free
from invention. If he always expressly claimed (in a
foreword or in the text itself) that his novels, which
we only too readily classify as 'fictional writings',
were absolutely true to fact and historically accurate,
then this claim applied at least as much to his non-

fictional works. Yet, on closer study, it becomes
apparent that many of his statements - such as, for
example, those on the importance of the middle-
classes and the alleged lack of function on the part
of the upper class - are only to be examined with
the greatest care, since Defoe is not here depicting
the real world but an ideal world, a world as he himself ideally envisages it.

Chapter 1.1 deals with the problem of fiction and
non-fiction, and in doing so prepares the way for a
critical study of the question of just how far one is
justified in using Defoe as a source of descriptions
of the contemporary age, an absolutely standard practice with the more traditionally orientated historians.
One need only think, for example, of Trevelyan's English Social History, in which the chapter dealing with
the period in question is headed "Defoe's England".
A strict methodical criticism of historical literature,
in which an attempt is made to neutralize Defoe's influence on historians and to include contemporary
sources, enables us in chapter 1.2 to draw a more accurate picture of the religious and ecclesiastical situation, the social structure, the distribution of power,
and the possibilities of social mobility at the time.
Only from this new, clarified historical background is
it possible to come to a reliable judgement of Defoe's
particular standpoint and to avoid the circular reas-
oning which otherwise dogs interpretations.

Chapter 1.3 deals with the sociological terms used
in this study and tries above all to define the exact
range of meaning of the more general concepts of his
vocabulary like 'commonwealth', 'body politick',
'society', 'station', 'rank', and 'class'. The purpose

of this is to avoid conceptual misunderstandings and
anachronistic interpretations of Defoe's terms, which
occur only too frequently with many of Defoe's critics.
It need only be pointed out (for example) that Defoe
never uses the term 'society' in connection with social
groups and their power interests, and that a concept
like 'body politick' comes much closer to our modern
understanding. On the other hand Defoe occasionally
uses the term 'class' in a modern sense, a fact which
has not been appreciated by past research.

The second main part of this study refers to an extensive corpus of Defoe's works in order to present a picture of society as depicted in Defoe's non-fictional
works. This theme is approached in such a way that firstly sufficient attention is paid to the historical background, and secondly an attempt is always made to present
clearly those of Defoe's actual opinions which can be
traced throughout his works. Thus it is essential
to examine meticulously every single work in order to
understand the author's intention in writing it and
to see which 'persona' Defoe adopts in the role of
author. Many difficulties encountered in past interpretations of Defoe have in fact arisen from his
practice of adopting the most widely varying poses
as author in some of his works: that of a poor man
or a member of the gentry, even the exact opposite of
his real political, religious or social position.

If one takes these factors into consideration, it
becomes evident that Defoe's edifice of ideas is much
more consistent and systematic than it previously
seemed to be. Beginning with questions of the gen-
esis and development of human society, the source and
control of power (Defoe sees power as emanating from
the people, but only in the sense that the term 'people'
is understood to mean the landowners alone) this sec-

tion of the study above all aims to analyze the re-
lationship between social and economic theory and to
describe their interconnection with religious con-
ceptions. All this provides us with a broad basis of
Defoe's whole conception of society, which makes it
considerably easier to understand how he judges and
differentiates between the social classes.

Defoe's division of classes reveals in the years
from 1698 to 1729 a development from more traditional
ideas to ideas which are typically his own. Whereas
a polarized view of society following the model
'gentry' - 'commonalty' still predominates in his
earliest writings, from 1706 onwards a definite
scheme of social strata begins to develop; this
scheme does not undergo any changes until the publi-
cation of The Compleat English Gentleman in 1729,
and can therefore be considered a parallel conception to the novels appearing after 1719. Defoe
namely quite explicitly proclaims the existence
of a middle-class (" the trading, middling sort of
people"), which is very clearly placed above the
group he describes as "the labouring, manufacturing
people under them". In doing this, Defoe protests
against the conception of society of the upper class:
"They would divide the World into two parts only, ...
the Gentry and the Commonalty".

A section is then devoted to Defoe's depiction and
assessment of each of the three social classes. The
traditional upper class is continually made the object
of Defoe's sharp criticism. It is not personal merit,
outstanding qualities or a particular feeling of
responsibility with regard to the lower classes which
constitutes membership of this class, but merely the
good fortune to be nobly born. The situation of the
nobility is described by frequent lists of their

vices (the main features being: 'luxury', 'sloth',
'drunkenness', 'lewdness', 'vanity', 'gaiety', in
short, "all sorts of Vice") and by their folly in
economic affairs, leading in many cases to impover-
ishment and a fall down the social ladder. On the
other hand Defoe puts in words of praise for the
virtuous and economically successful merchants and
tradesmen of the middle-class, who make a great con-
tribution to the public welfare and who, in his eyes,
represent "the fund for the encrease of our nobility
and gentry". Whoever strives for a position in the
upper class, however, must first of all drop his
original identity of merchant, break off every connection with his former trade and the circle of ac-
quaintances belonging to it, and provide himself with
all the attributes of the upper class: landownership,
a country seat, a coach, correct dress, servants,
etc.

  There is, however, a crux in Defoe's arguments; he
may claim that numerous merchants have successfully
made the upward step into the gentry, but on the other
hand he deplores the wide-spread aversion of the Gentlemen to the merchants whom they disparage as 'Mechanicks'. Evidently then, those who have risen up the
social scale turn their backs on their one-time fellow-
citizens and equals, and as a result of consistently
adopting the traditional norms of the upper class,
they also come to possess their negative qualities.
This applies to a particularly great extent to the importance placed on the 'Estate', by which a family is
able to pass on its social status from generation to
generation.

  The conception of a different upper class with new
norms adopted from the successful middle-classes never

occurs to Defoe; neither does he ever seriously pro-
claim the middle-class to be the new upper class,
but instead he endeavours to secure for the successful members of the middle-classes a place in the
upper class, whose members are, in the final analysis, nevertheless admired and envied on account of
their status.

Defoe also deals in detail with the lower class
('the Poor'), which he divides into three main groups
and whose common characteristic he establishes to be
their almost complete dependance upon the other social
classes: 1. The hard-working poor who support themselves through physical labour; 2. Those who are un-
willing to work or squander their money; 3. The really
needy, those who fell into distress through no fault
of their own and whose lives are dependent upon public support, begging or crime. The upper class, with
its exemplary function, is presented as a source of the
wickedness of the poor, the middle-class as an important
factor in providing them with economic assistance.
The conclusions arrived at in this chapter reject the
widely held view that Defoe did not have a consistent
and concrete picture of the lower class. In spite of
all his criticism, Defoe **regards** care for the welfare and the organized employment of the poor as a
vital task for all responsible magistrates and governments; he never overlooks the fact that the poor are
an important and necessary element in society and that it
is they who perform all the jobs on which the classes
above them are vitally dependent for their existence:
"every Class of Mankind ... is useful in their proper
Sphere, to the general Advantage of the whole".

After the foundation for an analysis of the novels
has been laid in the first two main parts of this
study, the third part is concerned with the function

of social factors in the novels <u>Robinson</u> <u>Crusoe</u>, <u>Moll</u>
<u>Flanders</u>, <u>Colonel</u> <u>Jack</u>, <u>Roxana</u>, and <u>A</u> <u>Journal</u> <u>of</u> <u>the</u>
<u>Plague</u> <u>Year</u>.

In his novels Defoe creates a fictional, realistic
world in which he has his characters react to social
conventions and laws which he had put forward and
discussed as theories outside his novels. He uses
in the main three different techniques in presenting
social factors: firstly, the form of the simple statement in monologues, dialogues or observations by the
narrator; secondly, a functional form of presentation
in which conclusions as to how we are to judge a social
group can be drawn from particular courses of action,
and thirdly a connection can be established between the
structure of the action and social factors by the way
in which, for instance, social ambitions expressed at
the beginning of the novel determine the structure of the
plot, build up tension and finally end in success or
failure. Studied from this angle the structure and intention of the novels can appear in a new light, providing starting-points for a critical study of the
secondary literature.

<u>Robinson</u> <u>Crusoe</u> is analysed in detail; it is shown
that the 'Creed of the Middle-Class' propounded by
Crusoe's father at the beginning of the novel is of
great significance as a structural element. It occurs
again and again in the course of the novel, influencing
the actions of the hero. It may at first seem paradoxi-
cal to try to examine the time spent during the lone
sojourn on the island from a social view-point, yet
it does in fact become apparent that Friday and the
Spaniard find a social order already existing on the
island when they arrive, namely an absolute monarchy.
For Robinson Crusoe continues, in his imagination, to
live in the same form of society that he has left be-

hind: in his one-man society there are also 'Mechanicks', tradesmen, gentlemen and even a king. Robinson Crusoe sees himself in all these roles, and not only does he adopt them all by himself but he does so simultaneously. Although Crusoe pretends to agree with his father's praise of the middle-class, he himself, however, is never satisfied with such a status. He only experiences true happiness as the exemplary and indisputable island king, who nevertheless introduces all the positive middle-class virtues into this position. In this way he makes a favourable impression in comparison with the real rulers of the world, who are presented as evil and corrupt in Defoe's works.

Taking Moll Flanders and Colonel Jack as examples it is then shown what significance social factors have in determining the structure of the novels. For both novels model diagrams can be drawn to compare the heroes' real social position and the position as they would wish it, and thus show how they approach or stray from the aims they declared at the beginning of the novels.

Finally, drawing on the example of the Journal, the conception of society presented in Defoe's novels is summarized and compared with both his non-fictional works and historical reality. At the same time the significance of religion and the function of the social groups in the economic system are examined more fully. It is remarkable that even members of the lower class, like Moll Flanders or the pickpocket Jack, for example, do not limit their ambitions to rising into the middle-class. Although in the novels as well the middle-class is presented as theoretically the ideal class in society, Defoe's heroes nevertheless accept a middle-class position as at best an emergency or temporary solution on the way to reaching the real goal - i.e. becoming

a Gentleman or a Gentlewoman respectively. A great
number of the contradictions and absurdities that have
been pointed out in the work of Daniel Defoe by many
critics can be explained by this discrepancy between
the apparent role of the middle-class as leader and
its actual subordination, and between the alleged ob-
noxiousness of the upper class and its actual attrac-
tiveness.

Finally, it becomes apparent that astonishingly
as it may seem, Defoe's novels are in many respects
closer to the reality of his time than his other
writings. This comes out particularly clearly in the
example of the middle-classes. Their subsidiary role
in the novels is surprizing after the way their importance on an economic and personal level is empha-
sized in his non-fictional works. It is only in ex-
ceptional situations - as for example on the island
and during the plague - that the middle-classes become the leading class in society. Similarly, a genuine rise into the upper ranks of society is never
achieved inside England itself, but always requires
a move abroad or to the colonies - the novel must
take into consideration the fact that, in England,
it is not just factors such as economic importance
and personal virtue which determine status in a social framework: The full scope of the novel is limited by its claim to authenticity, it occupies a
middle position between reality and the non-fictional
works, which are, in this particular case, the more
Utopian form. -

ANMERKUNGEN

O. Einleitung

1) Gildons Pamphlet wurde von Paul Dottin neu ediert:
   Robinson Crusoe Examin'd and Criticis'd or A New
   Edition of Charles Gildon's Famous Pamphlet. Now
   Published with an Introduction and Explanatory
   Notes Together with an Essay on Gildon's Life by
   Paul Dottin. London 1923; das Titelblatt findet
   sich S.63.
   Zum Praefix 'De' vgl. James Sutherland: Defoe;
   London 1937 [ferner zitiert als: Sutherland (1)].
   S.3, Anm.

2) Robinson Crusoe Examin'd and Criticis'd, a.a.O.,
   S.129.

3) Ebd., S.29.

4) So die Meinung Sutherlands in: James Sutherland:
   Daniel Defoe. A Critical Study; Boston 1971
   [ferner zitiert als: Sutherland (3)]. S.84.
   Hier sei auch noch Sutherlands vorzügliche Einführung in der Reihe Writers and their Work erwähnt (No 51): Defoe; Rev.Ed., London 1970 [ferner
   zitiert als: Sutherland (2)].

5) J.R. Moore: Daniel Defoe: Citizen of the Modern
   World; Chicago 1958.

6) A.W. Secord: Studies in the Narrative Method of
   Defoe; [Urbana 1924] Repr., New York 1963. S.109;
   111.

7) Rudolf Stamm: Der aufgeklärte Puritanismus Daniel
   Defoes; Zürich 1936.

8) G.A. Starr: Defoe and Spiritual Autobiography;
   Princeton, N.J. 1965. S.183.

9) G.A. Starr: Defoe and Casuistry; Princeton, N.J.
   1971. S.XI.

10) Starr, Defoe and Spiritual Autobiography, a.a.O.,
    S.162.

11) Ebd., S.183.

12) J.P. Hunter: The Reluctant Pilgrim. Defoe's
    Emblematic Method and Quest for Form in Robinson
    Crusoe; Baltimore 1966. S.19.

13) Ebd., S.123.

14) Ebd., S.188.

15) Sutherland (2), a.a.O., S.27; ähnlich argumentiert
    E.A. James: Daniel Defoe's Many Voices. A Rhetorical
    Study of Prose Style and Literary Method; Amsterdam
    1972. S.166, Anm. 2.

429

16) Ian Watt: <u>The Rise of the Novel, Studies in Defoe, Richardson, and Fielding;</u> [1957[1]] Repr. Harmonds-worth 1968. S.65.

17) Ebd., S.67.

18) Maximillian E. Novak: <u>Economics and the Fiction of Daniel Defoe</u>; Berkeley & Los Angeles 1962 [ferner zitiert als: Novak, <u>Economics</u>]. S.IX.
Gustav Hübeners Aufsatz 'Der Kaufmann Robinson Crusoe' erschien in <u>Englische Studien</u>, 54 (1920), S.367 - 398.

19) Novak, <u>Economics</u>, a.a.O., S.IX.

20) Ebd., S.56.

21) M.E. Novak: <u>Defoe and the Nature of Man</u>; London 1963 [ferner zitiert als: Novak, <u>Defoe</u>]. S.3.

22) Gleiches gilt für Roxana.

23) Novak, <u>Defoe</u>, a.a.O., S.2/3.

24) G.A. Starr: <u>Defoe and Casuistry</u>, a.a.O., S.9.

25) Ebd., S.IX.

26) Ebd., S.VII.

27) John J. Richetti: <u>Defoe's Narratives. Situations and Structures</u>; Oxford 1975. S.19/20.

28) William Lytton Payne: <u>Mr. Review, Daniel Defoe as Author of 'The Review'</u>; New York 1947.

29) James, a.a.O., S.3.
Bei den angesprochenen Spezialuntersuchungen sind zu erwähnen: Rodney M. Baine: <u>Daniel Defoe and the Supernatural</u>; Athens, Ga. 1968; Dirk Barth: <u>'Prudence' im Werk Daniel Defoes</u>; Frankfurt a.M. 1973; Paul Ritterbusch: <u>Parlamentssouveränität und Volkssouveränität in der Staats- und Verfassungsrechtslehre Englands, vornehmlich in der Staatslehre Daniel Defoes</u>; Leipzig 1929; Richard Schmidt: <u>Der Volkswille als realer Faktor des Verfassungslebens und Daniel Defoe</u>; Leipzig 1924.
Die sorgfältige Arbeit Erwin Toths: <u>Individuum und Gesellschaft in den Werken Daniel Defoes</u>; Phil.Diss., Bochum 1971 [unveröff.] befaßt sich in einem weitgehend werkimmanenten Ansatz fast ausschließlich mit dem engeren Bereich der Familie und geht - nach eigener Aussage - bewußt nur andeutungsweise auf übergeordnete Formen des gesellschaftlichen Lebens ein.

30) A.B. Stapleton: <u>A Critical Study of Defoe's 'Review of the British Nation' and other Journals of his Day with Particular Emphasis on the Social Life of the Age</u>; Phil.Diss., London 1924 [unveröff.].

31) Jan Kott: 'Kapitalismus auf einer öden Insel'; [dt. zuerst in: Die Schule der Klassiker; Berlin 1954, S.31-51] in: Marxistische Literaturkritik; Ed. Viktor Žmegač, Bad Homburg 1970. S.258 - 273. Zitat, vgl. S.270.

32) Alick West: The Mountain in the Sunlight; London 1958. S. 60; 66.

33) Robert Weimann: Daniel Defoe. Eine Einführung in das Romanwerk; Halle (Saale) 1962 [ferner zitiert als: Weimann (1)]. S. 105/106.

34) Robert Weimann: 'Defoe: Robinson Crusoe'; in: Der englische Roman; Hrsg. F.K. Stanzel, Bd 1; Düsseldorf 1969. S. 108 - 143 [ferner zit. als: Weimann (2)].

35) Weimann (1), a.a.O., S. 85; 86.

36) Michael Shinagel: Daniel Defoe and Middle-Class Gentility; Cambridge, Mass. 1968. S. VII.

37) Ebd., S. 123.

38) William H. McBurney: 'Colonel Jacque: Defoe's Definition of the Complete English Gentleman'; SEL, 2 (1962), S. 321 - 336. Zitat, vgl. S.231.

39) Karl Heinz Bohrer: Der Lauf des Freitag. Die lädierte Utopie und die Dichter. Eine Analyse; München 1973. S. 7. Während einige Einsichten Bohrers durchaus überzeugen, urteilt er in manchen Dingen sehr frei; z.B. in der Behauptung, "daß der Defoesche Roman ... keine staatsutopischen Motive bereithält, wie ihn verschiedene Denker der Eudämonie unterstellen. Die beiden Voraussetzungen einer solchen Utopie sind bei Robinson nicht gegeben: 1. die Reise auf die ferne Insel ist keine geplante ... 2. Robinson tut alles, um von der Insel fortzukommen." (S. 116) Der erste Punkt stimmt nicht, wenn man - wie wohl üblich - von der Intention des Autors ausgeht, der zweite stimmt ebenfalls nicht, denn Robinson Crusoe kehrt sogar zur Insel zurück. Generell benutzt Bohrer den Roman als 'Aufhänger' seiner eigenen Reflexionen über Utopie; mit Rudolf Hartung: "die weitgreifenden und darum konkret schwer referierbaren Essays von Bohrer ... können ... auch selber als Ausdruck jener Utopie verstanden werden, von der sie handeln." Rudolf Hartung: 'Reflexion über die Utopie'; in: Die Zeit, Nr 37; 7.9.1973, S.25.

1.1.'Fiktion' - 'Nicht-Fiktion'

1) So verfahren u. a. Sutherland und Novak. Vgl.
Sutherland (3) und J. Sutherland: 'The Relation
of Defoe's Fiction to his Non-Fictional Writings';
in: Imagined Worlds. Essays on Some English Novels
and Novelists in Honour of John Butt; Ed. by
M. Mack and I. Gregor; London 1968. S. 37 - 50.
M.E. Novak: 'Defoe's Theory of Fiction'; SP, 61
(1964), S. 650 - 668.

2) Zur Rezeption des Journal vgl. besonders F. Bastian:
'Defoe's Journal of the Plague Year Reconsidered';
RES, N.S. 16 (1965), S. 151 - 173.

3) CEG, S. 256.
E.L. Bulwer: England and the English; Ed. S. Meacham;
Chicago & London 1970 [1833¹]. S. 29.

4) Sutherland, 'The Relation ...', a.a.O., S. 38.
Damit bezieht sich Sutherland generell auf
Arbeiten Defoes vor seinem Romanschaffen.

5) Dies gilt im Grunde auch für Novak und Sutherland,
gleichermaßen für Alan Swallows Artikel: 'Defoe and
the Art of Fiction'; Western Humanities Review, 4
(1950), S. 129 - 136.

6) Gero von Wilpert: Sachwörterbuch der Literatur;
4.Aufl. Stuttgart 1964. S. 212.
R. Wellek u. A. Warren: Theory of Literature;
Repr.; Harmondsworth 1970. S. 213.

7) Wolfgang Iser: Die Appellstruktur der Texte; 3. Aufl.
Konstanz 1972. S. 10.
J.L. Austin: How to Do Things with Words; Ed.
J.O. Urmson; Cambridge, Mass. 1962. S. 1 ff.
Vgl. dazu Käte Hamburger: Die Logik der Dichtung;
2. Aufl.; Stuttgart 1968. S. 113.

8) Iser, a.a.O., S. 11; 34.

9) Diese Unterscheidung bei Jochen Vogt: Aspekte
erzählender Prosa; Düsseldorf 1972. S. 13.

10) Hamburger, a.a.O., S. 7; Vogt, a.a.O., S. 12.

11) Hamburger, a.a.O., S. 5; 53.

12) Ebd., S. 54/55.

13) Ebd., S. 250.

14) Ebd., S. 247.

15) Ebd., S. 248.

16) Letztlich liegt die Ursache für diese Probleme wohl
in dem Faktum begründet, daß "die Literatur kein
geschlossenes Eigensystem bilden [kann], weil sie
keine eigene Sprache hat ... die Literatur [teilt]
ihr Medium, die Sprache, mit allen möglichen außer-
literarischen Formen der Kommunikation."
Ulrich Suerbaum: 'Text und Gattung'; in: Ein ang-
listischer Grundkurs; Hrsg. B. Fabian; 2., verb.Aufl.;
Frankfurt/M. 1973. S. 94.

17) Harald Weinrich: Tempus; 2. Aufl.; Stuttgart 1971.
S. 88/89.

18) Vgl. Weinrich, a.a.O., S. 88.

19) Hamburger, a.a.O., S. 249.

20) Vgl. die Vorworte zu den genannten Romanen.

21) So die Vorworte zu RC II / III u. CJ.
Zu 'Fact' - 'Fiction' bei Defoe vgl. auch TBE, S. 43
u. Augusta Triumphans, S. 26.
Übrigens deutet der Begriff 'Parable' die Nähe zu
den Gleichnissen Jesu an und hat somit sicherlich
apologetischen Charakter. Novak bemerkt zu Recht:
"he [Defoe] thought a good moral offered some
justification for fiction". (Novak,'Defoe's Theory
of Fiction', a.a.O., S.652.)

22) Hierzu: Weimann (2), a.a.O., S.113; 128; Stamm,
a.a.O, S. 261ff. ; Novak, 'Defoe's Theory of Fiction',
a.a.O., S. 659. Ludwig Borinski: Der englische
Roman des 18. Jahrhunderts; Frankfurt/M., Bonn 1968.
S. 43.

23) Rox., 1.

24) S. Richardson: Pamela; Vol.2; Repr.; London & New
York 1966 (Everyman's Library. 684). S. V.

25) Weinrich, a.a.O., S. 88.

26) Es sei nur auf die Übereinstimmungen zwischen CJ,
96 - 99 und der Tour, 567; 620 - 625 sowie zwischen
MF, I,152/153 und der Tour, 392 ff. hingewiesen.

27) Sutherland,'The Relation...', a.a.O., S. 38;
Novak, 'Defoe's Theory of Fiction', a.a.O., S. 656.

28) Rox., 1; Tour, 43: "pleasant and profitable".

29) Rev. II,153.

30) Vgl. dazu die Bemerkungen Richardsons im 'Postscript'
zu Clarissa: "there was frequently a necessity to be
very circumstantial and minute, in order to present
and maintain that air of probability, which is necessary to be maintained in a story designed to represent real life" (Everyman's Library. 885. S.564.)
Bemerkenswert die Verwendung des Begriffs 'circumstantial' im Hinblick auf 'circumstantial method'.

1.2. Historische Darstellung

1) Das Wort Karls I. an seinen Sohn: "People are
governed by the pulpit more than the sword in
time of peace", zielt in eben diese Richtung.
Zitiert nach Christopher Hill: The Century of
Revolution, 1603 - 1714; London 1974 (CARDINAL
Edition). S. 74.

2) Keith Thomas: Religion and the Decline of Magic;
Harmondsworth 1973. S. 128 - 129.

3) Nach Sir George Clark: The Later Stuarts, 1660 -
1714; 2nd ed. repr.; Oxford 1972. S. 418 - 419.

4) The Craftsman, No 106; 13.7.1728.

5) Zu den "centrifugal tendencies in Puritanism"
und der Aufsplitterung in die einzelnen Deno-
minationen vgl. besonders William Haller:
The Rise of Puritanism; New York 1957. S. 16 ff.
Vgl. auch Karl Heussi: Kompendium der Kirchengeschichte; 13.Aufl.; Tübingen 1971.
S. 322 ff. u. 373 ff.

6) Dazu Gerald R. Cragg: The Church and the Age of
Reason, 1648 - 1789; Repr.; Harmondsworth 1970.
S. 50 ff.
Siehe auch Hill, a.a.O., S. 213 und Maurice
Ashley: England in the Seventeenth Century;
3rd ed. repr.; Harmondsworth 1970. S. 238.

7) Cragg, a.a.O., S. 50; 52.

8) Clark, a.a.O., S. 21.

9) Cragg, a.a.O., S. 51 - 52.

10) Clark, a.a.O.; S. 22.

11) Nach Clark, a.a.O., S. 22.

12) Vgl. dazu Roger Sharrock: John Bunyan; Reissued;
London & New York 1968. S. 69 ff.

13) Nach Clark, a.a.O., S. 80.

14) Hill, a.a.O., S. 165.

15) Cragg, a.a.O., S. 52.

16) Clark, a.a.O., S. 23.

17) Max Weber weist in'Die protestantische Ethik
und der Geist des Kapitalismus' zwar darauf hin,
"daß nationale oder religiöse Minderheiten ...
d u r c h ihren freiwilligen oder unfreiwilli-
gen Ausschluß von politisch einflußreichen Stellungen gerade in besonders starkem Maße auf die
Bahn des Erwerbs getrieben zu werden pflegen",

führt aber die besondere kommerzielle Aktivität
protestantischer Gruppen letztlich doch auf das
Faktum einer "dauernden inneren Eigenart und
n i c h t nur in der jeweiligen äußeren histo-
risch-politischen Lage" begründet zurück.
Eine wesentliche Rolle spielt für ihn bei cal-
vinistischen Richtungen der Gedanke einer
"B e w ä h r u n g d e s G l a u b e n s
im weltlichen Berufsleben".
Zitiert nach Max Weber: Die protestantische
Ethik; I; 2.Aufl.; München, Hamburg 1969.
S. 32/33; 137.

18) Hill, a.a.O., S. 252.

19) R.H. Tawney: Religion and the Rise of Capitalism;
    Repr.; Harmondsworth 1966. S. 211.

20) G.M. Trevelyan: English Social History; Repr.;
    Harmondsworth 1972 [ferner zitiert als:Trevelyan
    (1)]. S. 309.

21) Ebd., S. 308. Defoe befindet sich hier übrigens
    in bester Gesellschaft, da andere Kapitel mit
    "Chaucer's England", "Shakespeare's England"
    usw. überschrieben sind.

22) G.M. Trevelyan: England under Queen Anne: Blenheim
    (=Vol.1); New impr.; London 1948 [ferner zitiert
    als:Trevelyan (2)]. S. 2.

23) Dorothy George: England in Transition; London
    1931 [ferner zitiert als: George (1)]. S. 31.

24) Dorothy George: London Life in the Eighteenth
    Century; Harmondsworth 1966 [ferner zitiert als:
    George (2)]. S. 178 u.ö.
    Diese Kritik übersieht jedoch keineswegs die
    großen Verdienste dieses Werks, das mit seinen
    zahlreichen Statisken und seinem breiten Quellen-
    material noch nicht überholt ist und zu den wert-
    vollsten Arbeiten auf diesem Gebiet zählt.

25) Basil Williams: The Whig Supremacy, 1714 - 1760;
    2nd ed rev. by C.H. Stuart; Repr.; Oxford 1965.
    S. 102.

26) Vgl. Sutherland (2), a.a.O., S. 29; 153. Auf die
    zeitliche Differenz weist auch Trevelyan (2),
    a.a.O., S. 2 hin.

27) Vgl. Trevelyan (1), a.a.O., S. 322 - 325; R.B.
    Powell: Eighteenth Century London Life; London
    1973. S. 43.
    Siehe auch John Ashton: Social Life in the
    Reign of Queen Anne; Vol. 1-2. London 1882.

28) Das gilt besonders für D. Marshall: Eighteenth Century England; 5th impr.; London 1966 (A History of England. Vol. 6.) S. 29-37. Ferner zitiert als: Marshall (1).

29) D. Marshall: English People in the Eighteenth Century; London 1956. Vgl. besonders S. 57 u.ö. Ferner zitiert als: Marshall (2).

30) Marshall (2), a.a.O., S. 54; 68 u.ö.

31) Marshall (1), a.a.O., S. 33. Entsprechende Stellen in Defoes The Compleat English Gentleman; Ed. K.D. Bülbring; London 1890, lauten: "... yet if he [i.e. the merchant's son] was sent early to school, has good parts, and has improv'd them by learning, travel, ... and abov all with a modest courteous gentleman-like behaviour ... the next generation quite alters the case." (S. 258)

32) Trevelyan (2), a.a.O., S. 2; Trevelyan (1), a.a.O., S.308; Williams, a.a.O., S. 102; George (1), a.a.O., S. 31.

33) Trevelyan (2), a.a.O., S. 2.

34) Williams, a.a.O., S. 462.

35) Trevelyan (1), a.a.O., S. 308 - 309; vgl. auch Trevelyan (2), a.a.O., S. 2.

36) Marshall (2), a.a.O., S. 57.

37) Vgl. G.D.H. Cole u. R. Postgate: The Common People, 1746 - 1946; London 1961 (Methuen University Paperbacks. 22.) S. 50.

38) P. Laslett: The World we have lost; 2nd ed.; repr.; London 1973 (Methuen University Paperbacks. 167.). Laslett weist an mehreren Stellen auf die Unsicherheit literarischer Quellen und ihre "capacity to deceive the social historians" hin (S. 203; 163 u.ö.), kommt aber auch zu dem Ergebnis: "It is true, and very important to the social historian, that the spontanious assumptions in the literature of any age, the behaviour of the minor characters, the conventions against which irony and humour must be understood, reveal with great precision facts of considerable interest about the structure of society. ... But it is indeed hazardous to infer an institution or a habit characteristic of a whole society or a whole era from the central character of a literary work and its story". (S. 90)

39) Ebd., S. 163.

40) Vgl. dazu Michael Foot: The Pen and the Sword; London 1957. S. 78-79. Ähnlich Sutherland (1), a.a.O., S. 110 - 113.

41) Defoe behauptet im 'Preface' zur Review VII: "there
being as I have Calculated it, above two Hundred
Thousand single Papers publish'd every Week in this
Nation".

42) Auflagenzahlen nach Sutherland (1), a.a.O., S. 110.

43) Stapleton, a.a.O., S. 147 - 148.

44) Hill, a.a.O., S. 246.

45) Vgl. Lasletts Tenor von der 'verlorenen Welt', die
sich seiner Auffassung nach vor allem durch die
Funktion der Primärgruppe 'Familie' von unserer Zeit
unterscheidet: "Time was when the whole of life went
forward in the family, in a circle of loved, familiar
faces, known and fondled objects, all to human size.
That time has gone for ever. It makes us very different from our ancestors." A.a.O., S. 22.

46) Ebd., S. 23 - 24.

47) The Weekly Journal or British Gazetteer spricht im
Zusammenhang mit dem 'South-Sea-Bubble' ganz im Sinne der unten vertretenen Einstufung der Bevölkerungsgruppen von: "Tarnishing the Grandeur of our Nobility,
Impovering our Gentry; spoiling our Merchants, and
Beggaring our Bankers; besides many of our m i d d -
l i n g   s o r t   of People". [Meine Sperrung].
18.2.1721.

48) Ob die Oberschicht nun nochmals   in zwei gesonderte
Schichten aufgeteilt wird oder nicht, scheint in
diesem Zusammenhang nicht wesentlich. Zweifellos
hatten 'nobility' und 'gentry' mehr gemein als etwa
'gentry' und mittlere Schicht. Während Ashley (a.a.O.,
S. 17 ff.) und Marshall (1) (a.a.O., S. 29 ff.) in
diesem Sinne vorgehen, sieht Williams (a.a.O., S.144)
die mittlere Schicht völlig anders zusammengesetzt.
Er bezieht nämlich Mitglieder der 'landed gentry'
("from squires and J.P.s to yeomen and parsons") - im
Gegensatz zu den meisten anderen Autoren und sicherlich recht fragwürdig - mit ein. (Vgl. auch Laslett,
a.a.O., S. 48/49.)

49) "There was of course in the class structure of
eighteenth-century England a continuous gradation
stretching from the dizzy heights of royalty and
nobility down to the lowest depth of miserable and
hungry degraded creatures, a gradation known to the
theologians and poets of the period as part of that
admirable creation of God, the 'great chain of being'."
Jacob Viner: 'Man's Economic Status'; in: Man Versus
Society in Eighteenth-Century Britain; Ed. J.L. Clifford; Cambridge 1968. S. 31. Ähnlich auch A. McInnes:
'The Revolution and the People'; in: Britain After the
Glorious Revolution; Ed. G.Holmes; London 1969. S. 90.

50) Die Meinung des Rehearsal war: "All Power is
Derivative but God's. The Authority of the Crown
is deriv'd from God." Vol. 3, No 28; 7.7.1708.
Vgl. dazu auch unten die Auseinandersetzungen
Defoes mit seinen Zeitgenossen.

51) Williams, a.a.O., S. 16.

52) Die Höhe der Summe nach Hill, a.a.O., S. 239.
Plumb weist darauf hin, daß Wilhelm zunächst kaum
Einfluß auf die Wahlen nehmen wollte. J.H. Plumb:
The Growth of Political Stability in England,
1675 - 1725; Harmondsworth 1973. S. 87.

53) J.H. Plumb: England in the Eighteenth Century;
Repr.; Harmondsworth 1972. S. 30.

54) Hill, a.a.O., S. 47; besonders Marshall weist auf
die rechtliche Sonderstellung der Lords hin: (1),
a.a.O., S. 29/30; (2), a.a.O., S. 50.

55) Vgl. Marshall (1), a.a.O., S. 29 - 30, und G.E.
Mingay: English Landed Society in the Eighteenth
Century; London 1963. Vor allem die Kapitel I
("Landownership and Society ...") und XI ("The
Landed Interest ...") sind in unserem Zusammenhang
sehr hilfreich und überzeugend.

56) Dazu Mingay, a.a.O., S. 9 - 10.

57) Wenn Ashley (a.a.O., S. 17/18) schreibt: "the number
of lords spiritual and temporal and their families
in those days was about seven thousand", so vermittelt er Gregory Kings Zahlen dem modernen Leser recht
irreführend. Bei King umfaßt die Zahl nämlich auch
das Personal der Haushalte, sie gibt also keineswegs
den Umfang der 'nobility' im eigentlichen Sinne an.

Da die Angaben Kings auch in dieser Arbeit häufiger
Verwendung finden, seien einige Bemerkungen dazu
gemacht:
Die Einschätzung der Bedeutung von Kings Zahlen, die
für das Jahr 1688 erstellt und von Charles Davenant
(Essay Upon the Probable Methods of Making a People
Gainers in the Ballance of Trade) 1699 zuerst veröffentlicht wurden, ist nicht einheitlich. Zeitgenossen wie Davenant hielten sie für korrekt, doch spätere
Generationen hatten ihre Zweifel. Trevelyan (1) meint
zum Beispiel: "the able publicist Gregory King made
a calculation from the hearth tax and other data of
the probable numbers in various classes of the community. The figures he gave represent a shrewd guess,
but no more." (A.a.O., S. 25). Modernere Autoren kommen dagegen wieder zu dem Ergebnis, daß Vergleiche
mit neuerem Material eine weitgehende Richtigkeit von
Kings Zahlen erkennen lassen; Laslett: "We have found,
however, that King's figures are surprisingly accu-

rate wherever we have been able to provide independent checks on them." (A.a.O., S. 267, Anm. 27.)
Zu ähnlichen Resultaten kommt Hill (a.a.O., S. 181),
und auch Clark bemerkt: "The best estimate we have of
the numbers and average incomes of different classes
in England is that of Gregory King" (a.a.O., S. 25).
Zweifellos besitzen wir also in King die wertvollste
Quelle auf diesem Gebiet und für unseren Zeitraum.
Eine ähnliche Statistik stellte erst 100 Jahre später
Patrick Colquhoun auf der Grundlage des Zensus von
1801 und der Erfassung der Armen von 1803 auf (teilweise abgedruckt in George (1), a.a.O., S. 218/219,
und Cole/Postgate, a.a.O., S. 71). Somit ist Laslett
voll zuzustimmen, wenn er zu dem Ergebnis kommt:
"King's calculation was made on extensive and prob-
ably fairly reliable evidence, and was the only one
ever worked out by a contemporary for a European
society in wholly pre-industrial times."
(A.a.O., S. 31.)

58) Die nachstehende Tabelle der Zahlen Gregory Kings
ist Laslett (a.a.O., S. 36/37) entnommen, da er sie
in der ausführlichsten Form abdruckte; alle Angaben
zu King sind danach zitiert. Vgl. zu King vor allem
auch Anm. 57.

Gregory King's Scheme of the income & expence of the several families. — *of England calculated for the year 1688*

Number of Families	Ranks, Degrees, Titles and Qualifications	Heads per Family	Number of Persons	Yearly income per Family (£ s.)	Yearly income in general (£)	Yearly income per Head (£ s. d.)	Yearly expence per Head (£ s. d.)	Yearly increase per Head (£ s. d.)	Yearly increase in genera. (£)
160	Temporal Lords	40	6,400	3,200	312,000	80 0 0	70 0 0	10 0 0	64,000
26	Spiritual Lords	20	520	1,300	33,800	65 0 0	45 0 0	20 0 0	10,400
800	Baronets	16	12,800	800	704,000	55 0 0	49 0 0	6 0 0	76,800
600	Knights	13	7,800	650	390,000	50 0 0	45 0 0	5 0 0	39,000
3,000	Esquires	10	30,000	450	1,200,000	45 0 0	41 0 0	4 0 0	120,000
12,000	Gentlemen	8	96,000	280	2,880,000	35 0 0	32 0 0	3 0 0	288,000
5,000	Persons in greater Offices and Places	8	40,000	240	1,200,000	30 0 0	26 0 0	4 0 0	160,000
5,000	Persons in lesser Offices and Places	6	30,000	120	600,000	20 0 0	17 0 0	3 0 0	90,000
2,000	Eminent Merchants and Traders by Sea	8	16,000	400	800,000	50 0 0	37 0 0	13 0 0	208,000
8,000	Lesser Merchants and Traders by Sea	6	48,000	198	1,600,000	33 0 0	27 0 0	6 0 0	288,000
10,000	Persons in the Law	7	70,000	154	1,540,000	22 0 0	18 0 0	4 0 0	280,000
2,000	Eminent Clergy-men	6	12,000	72	144,000	12 0 0	10 0 0	2 0 0	24,000
8,000	Lesser Clergy-men	5	40,000	50	400,000	10 0 0	9 4 0	0 16 0	32,000
40,000	Freeholders of the better sort	7	280,000	91	3,640,000	13 0 0	11 15 0	1 5 0	350,000
120,000	Freeholders of the lesser sort	5½	660,000	55	6,600,000	10 0 0	9 10 0	0 10 0	330,000
150,000	Farmers	5	750,000	42 10	6,375,000	8 10 0	8 5 0	0 5 0	187,500
15,000	Persons in Liberal Arts and Sciences	5	75,000	60	900,000	12 0 0	11 0 0	1 0 0	75,000
50,000	Shopkeepers and Tradesmen	4½	225,000	45	2,250,000	10 0 0	9 0 0	1 0 0	225,000
60,000	Artizans and Handicrafts	4	240,000	38	2,280,000	9 10 0	9 0 0	0 10 0	120,000
5,000	Naval Officers	4	20,000	80	400,000	20 0 0	18 0 0	2 0 0	40,000
4,000	Military Officers	4	16,000	60	240,000	15 0 0	14 0 0	1 0 0	16,000
500,586		5¼	2,675,520	68 18	34,488,800	12 18 0	11 15 4	1 2 8	3,023,700
								Decrease	*Decrease*
50,000	Common Seamen	3	150,000	20	1,000,000	7 0 0	7 10 0	0 10 0	75,000
364,000	Labouring People and Out Servants	3½	1,275,000	15	5,460,000	4 10 0	4 12 0	0 2 0	127,500
400,000	Cottagers and Paupers	3¼	1,300,000	6 10	2,000,000	2 0 0	2 5 0	0 5 0	325,000
35,000	Common Soldiers	2	70,000	14	490,000	7 0 0	7 10 0	0 10 0	35,000
849,000		3¼	2,795,000	10 10	8,950,000	3 5 0	3 9 0	0 4 0	562,500
	Vagrants; as Gipsies, Thieves, Beggars, &c.		30,000		60,000	2 0 0	4 0 0	2 0 0	60,000
	So the general Account is								
500,586	Increasing the Wealth of the Kingdom	5¼	2,675,520	68 18	34,488,800	12 18 0	11 15 4	1 2 8	3,023,700
849,000	Decreasing the Wealth of the Kingdom	3¼	2,825,000	10 10	9,010,000	3 3 0	3 7 6	0 4 6	622,500
1,349,586	Neat Totals	4 1/13	5,500,520	32 5	43,491,800	7 18 0	7 9 3	0 8 9	2,401,200

59) Vgl. Laslett, a.a.O., S. 200.

60) Ebd, S. 45. Sehr nützlich erscheint auch Lasletts "Chart of Rank and Status" (a.a.O., S. 38), die deshalb hier ebenfalls wiedergegeben wird:

Grade	Title	Form of Address	Status Name	Occupational Name
NOBILITAS MAJOR (Greater Nobility) LORDS AND LADIES 1. Duke, Archbishop 2. Marquess 3. Earl 4. Viscount 5. Baron, Bishop	Lord, Lady	Honourable Right Honourable The Lord My Lord My Lady Your Grace (for Grade 1) Your Lordship Your Ladyship, etc.	Noble-men	None
NOBILITAS MINOR (Lesser Nobility) GENTLEMEN 6. Baronet 7. Knight 8. Esquire 9. Gentleman	Sir Dame*† Mr ‡Mrs	The Worshipful, Your Worship, etc.	Gentle-men	[*Professions*] Army Officer, Medical Doctor, Merchant, etc.
Clergyman	[†Sir]		[Your Reverence]	
10. Yeoman 11. Husbandman	†Goodman †Goodwife (Goody)	†Worthy	Yeoman	Husband-man
12. Craftsman Tradesman Artificer 13. Labourer 14. Cottager Pauper	None	Name and Sur-name only	None	Name of Craft (Carpenter, etc.) Labourer None

* Often called *Lady* by courtesy.
† Occasional, obsolescent usage.
‡ For unmarried as well as married women.

61) So wird im offiziellen Briefverkehr, zum Beispiel im Tatler, ein Mitglied der unteren 'gentry' stets mit 'Mr.' angeredet; "Isaac Bickerstaff, Esq." also mit "Mr. Bickerstaff". Vgl. Tatler, No 190; 27.6.1710; No 200; 20.7.1710, u.ö.

62) Von diesen 'Grenzfällen' und anderen Berufsgruppen, deren Zugehörigkeit zur Oberschicht nicht immer eindeutig feststellbar ist, sowie über die Möglichkeiten eines Auf- oder Abstiegs wird am Ende dieses Abschnittes und vor allem im Kapitel zur gesellschaftlichen Mobilität zu reden sein.

63) Zu den Funktionen der 'Justices of the Peace' vgl. besonders Trevelyan (2): "The power of the Justices of the Peace was constantly on the increase, as it had been for centuries past. In the absence of a paid bureaucracy like that which served the French Monarch, most new functions of government had to be placed on the shoulders of the Justices of the Peace. ... Police work, petty justice, the poor law, and every function of local government depended upon the same magistrates." (A.a.O., S. 100 - 102). Hill weist

besonders auf ihre Rolle bei der Festsetzung von
Löhnen hin; a.a.O., S. 32. u. 96.

64) Ein Negativbeispiel par excellence ist dafür Powell,
a.a.O., S. 40 ff., etwa nach dem Motto "spoiled from
the cradle". Ansätze auch bei Marshall (1), a.a.O.,
S. 32.

65) Dieser Auffassung ist auch Marshall (2): "Gentility
was no empty concept. The right to bear arms was
guarded by the College of Heralds and still meant
something, though doubtless pedigrees could be
manufactured at a price. Nor was the designation
'gentleman' one of empty form accorded to any male
as a common courtesy by an equalitarian age."
A.a.O., S. 51.

Karl D. Bülbring, der Herausgeber von Defoes The
Compleat English Gentleman, diskutiert in der Einleitung sehr ausführlich die Geschichte des Begriffes
'gentleman' und fügt zahlreiche Äusserungen von Zeitgenossen Defoes zum Verhalten und zur Berufswahl eines
'gentleman' an. Er kommt zu dem Ergebnis: "Throughout
all changes of secondary meaning, the primary English
idea of a 'gentleman', as being the owner of an estate,
or one of the owner's family, remained intact; the
longer the estate had been in possession of their
ancestors, the more illustrious was their birth."
A.a.O., S. xliii.
Diese Wortgeschichte und das Kapitel "On the Education of the Gentry in Former Times" (S. xlv ff.)
sind recht nützlich und lesenswert.

66) Laslett, a.a.O., S. 30.

67) Ebd., S. 50; ähnlich Marshall (2), a.a.O., S. 52.

68) Vgl. dazu Marshall (2), a.a.O., S.49.

69) So auch Laslett, a.a.O., S. 33.

70) Vgl. Marshall (1), a.a.O., S. 35.

71) Dazu Mingay, a.a.O., S. 8.

72) Vgl. Marshall (2), a.a.O., S. 64, und George (2),
a.a.O., S. 166 - 167.

73) Nach Marshall (1), a.a.O., S. 34.

74) The St. James Journal, No 3; 17.5.1722.

75) Diesen Fehler machen u.a. auch Cole/Postgate, wenn
sie in ihrer Bevölkerungspyramide, in der die jeweilige Fläche die Zahl veranschaulichen soll, z.B.
'Royalty' und 'Nobility' mit 7000 angeben; Entsprechendes gilt für die anderen Gruppen. Der Hinweis "All figures represent households, including
dependents" nützt, da zu dem kleingedruckt, wenig
a.a.O., S. 70).

Auf Ashley wurde schon in Anm. 57 hingewiesen.
Zum Armenproblem allgemein vgl. Marshall: <u>The
English Poor in the Eighteenth Century</u>; London
1926. Ferner zitiert als: Marshall (3).

76) Vgl. Anm. 58.

77) Dieser Auffassung ist auch Marshall (2), a.a.O.,
    S. 61.

78) Noch eindeutiger stellt es Ferguson 50 Jahre später
    dar: "Many mechanical arts, indeed, require no
    capacity; they succeed best under a total suppression
    of sentiment and reason; and ignorance is the mother
    of industry as well as of superstition. ...
    Manufactures, accordingly, prosper most, where the
    mind is least consulted, and where the workshop may,
    without any great effort of imagination, be con-
    sidered as an engine, the parts of which are men."
    Adam Ferguson: <u>An Essay on the History of Civil
    Society</u>; 4th ed., rev. and corr.; Reprint Farn-
    borough 1969 [der Ausgabe London 1773]. S. 305.

79) Autoren wie Clark befassen sich vorwiegend mit der
    Ausbildung der höheren Schichten und an Universi-
    täten; a.a.O., S. 412 ff. Zur Unterschicht vgl.
    George (2), a.a.O., S. 216 ff., und Marshall (3),
    a.a.O., S. 24 ff.

80) Dazu McInnes, a.a.O., S. 86 u. 89 - 90.

81) Vgl. Anm. 9.

82) Viner, a.a.O., S. 28.

83) Eine Rolle spielten hierbei sicherlich auch die
    Sorgen der Oberschicht, daß die Armen durch Bildung
    und Erziehung arbeitsunwilliger werden könnten.

84) 'The Poor' als Oberbegriff verwenden u.a. Marshall
    (1), a.a.O., S. 34, und Hill, a.a.O., S. 30; 230 u.ö.

85) Vgl. dazu Marshall (2), a.a.O., S. 65 ff. Zum
    Gesamtkomplex Marshall (3); hier überzeugt besonders
    die historische Einordnung des Armenproblems und die
    Darstellung zeitgenössischer Meinungen im ersten
    Kapitel.

86) Genauere Zahlen finden sich bei Cole/Postgate, a.a.O.,
    S. 71 - 77, wo auch Tabellen über die Tageseinkünfte
    von 'craftsmen' und 'labourers' aufgeführt werden;
    letztere verdienten fast 50% weniger als ihre besser
    ausgebildeten Kollegen.
    Ausführliches Material dazu bieten auch Marshall (2),
    a.a.O., S. 62 ff., und George (2) speziell für London,
    a.a.O., S. 165 ff.

87) Vgl. George (2), a.a.O., S. 158 ff., sowie Marshall
    (3), a.a.O., S. 33 ff.

88) Laslett, a.a.O., S. 47.

89) Diese Differenzierungen diskutiert Marshall (3)
ausführlich, a.a.O., S. 23 - 27.

90) Nach George (1), a.a.O., S. 14; und Hill, a.a.O.,
S. 182.

91) Dazu besonders George (2), a.a.O., S. 216 ff.

92) Zitat nach McInnes, a.a.O., S. 84; ähnlich auch
Marshall (3), a.a.O., S. 248.

93) Mist's Weekly Journal, No 151; 9.3.1728.

94) Kluxen, a.a.O., S. 342.

95) Mingay, a.a.O., S. 3.

96) Observator, No 2; 8.4.1702.

97) Bei einer Gesamtbevölkerung von etwa 5,5 Millionen
waren nur höchstens 250 000 wahlberechtigt.

98) The St. James Journal, No 1; 3.5.1722.

99) Die Zahlen stammen aus Hugo Prellers Geschichte
Englands; T. 1: bis 1815; 3. Aufl. Berlin 1952
(Sammlung Göschen. Bd 375). S. 101.
Marshall nennt die - unzutreffenden - Summen von
300 bzw. 200 Pfund; (2), a.a.O., S. 71.
Dagegen macht Speck: 'Conflict in Society'; in:
Britain After the Glorious Revolution; Ed. G. Holmes;
London 1969, S. 136 die gleichen Angaben wie Preller.
Vgl. auch Clark, a.a.O., S. 14, der dies bestätigt.

100) Dazu Preller, a.a.O., S. 100 - 101; ebenso Williams,
a.a.O., S. 27.

101) Vgl. Marshall (2), a.a.O., S. 72 - 74.

102) So auch Marshall (2), a.a.O., S. 72/73.

103) Nach Plumb, England in the Eighteenth Century,
a.a.O., S. 38.

104) Vgl. Williams, a.a.O., S. 27.
Plumb differenziert bei der Interessenverteilung
recht sorgfältig. Vgl. The Growth of Political
Stability in England, a.a.O., S. 133 ff. (Kap.V)

105) Nach Mingay, a.a.O., S. 10.

106) Ebd., S. 4.

107) Zitat nach G. Holmes:'Introduction' zu Britain after
the Glorious Revolution; Ed. G. Holmes; London 1969.
S. 7.
Vgl. auch Mingay, a.a.O., S. 259.

108) John Locke: Two Treatises of Civil Government; Repr.;
London 1970 (Everyman's Library. 751.). Book II,
ch. IX, 124; S. 180.

109) Adam Smith schrieb 1776: "civil government, so far as
it is instituted for the security of property, is in
reality instituted for the defence of the rich against
the poor, or of those who have some property against
those who have none at all". Zitiert nach C. Hill:
Reformation to Industrial Revolution; Repr.; Harmondsworth 1971. S. 287.
Vgl. dazu auch Holmes, a.a.O., S. 5 und Speck,
a.a.O., S. 134 ff.

110) Locke, a.a.O., Book II, ch. V, 27; S. 130.

111) Mingay, a.a.O., S. 3; 13. Plumb sieht die Dinge etwas
anders. Vgl. The Growth of Political Stability in
England, a.a.O., S. 91 ff.

112) Dr. Chamberlain:'Angliae Notitia, or the Present
State of England', Part II, 1682; in: The Rights and
Privileges of the City of London; London 1682.
S. 176 - 177.

113) Vgl. George (2), a.a.O., S. 37 ff.

114) Hill, The Century of Revolution, a.a.O., S. 237.
Ähnlich auch George (1), a.a.O., S. 32.

115) Im Eid des Lord Mayor heißt es: "Also lawfully and
rightfully ye shall intreat the People of your
Bailwick, and Right shall ye do to every one, as
well to Strangers as others, to poor as to rich,
... good Assise shall ye set upon Bread, (Wine)
Ale, Fish, Flesh, Corn, and all other Victuails;
Weights and Measures in the same City, ye shall
do to be kept ... As God you help." Aus: The Rights
and Privileges ..., a.a.O., S. 29.

116) Nach Trevelyan (2), a.a.O., S. 79, u. Cole/Postgate,
a.a.O., S. 56/57.

117) Ebd.

118) Diese Angabe macht Hill, The Century of Revolution,
a.a.O., S. 245.

119) Ebd. S. 237; vgl. Trevelyan (2), a.a.O., S. 75/76.

120) Trevelyan (2), a.a.O., S. 76.

121) Laslett, a.a.O., S. 177 [m.Sp.].

122) So auch Laslett, a.a.O., S. 195; ähnlich Holmes,
a.a.O., S. 6.

123) Hierzu besonders Laslett, a.a.O., S. 195.

124) Nach Ashley, a.a.O., S. 18.

125) Clark, a.a.O., S. 36 [m.Sp.]; vgl. Speck, a.a.O.,S.135.

126) Speck, a.a.O., S. 135/136.

127) Vgl. dazu Speck, a.a.O., S. 145 - 146.

128) William Willcox: The Age of Aristocracy, 1688 -
1830; 2nd ed.; Lexington, Mass. 1971. S. 38.

1.3. Soziologische Klassifizierungen

1) Peter L. Berger: The Social Reality of Religion; Harmondsworth 1973. S. 13.

2) Erstes Zitat aus Walter Rüegg: Soziologie; Frankfurt 1971 (Fischer). S. 9.
René König (Hrsg.): Das Fischer Lexikon: Soziologie; Neuausg.; Frankfurt/M. 1971. S. 266.
Ähnlich auch: Wörterbuch der Soziologie; Hrsg. W. Bernsdorf; 2.Aufl.; Stuttgart 1969. S. 540 ff.

3) Vgl. Rüegg, a.a.O., S. 195 ; Fischer Lexikon, a.a.O., S. 273; und auch Georg Klaus/Manfred Buhr (Hrsg.): Philosophisches Wörterbuch; Bd 1 - 2; 6.Aufl.; Leipzig 1969. S. 569.

4) Die Bemerkungen stützen sich auf die genannten Werke sowie u.a. auf: Lexikon zur Soziologie; Hrsg. Werner Fuchs u.a.; Opladen 1973; Erhard Wiehn: Theorien der sozialen Schichtung; München 1968.

5) Vgl. das Verständnis von Ludwig von Wiese in: Fischer Lexikon, a.a.O., S.106 und Philosophisches Wörterbuch, a.a.O., Bd 1, S. 418.

6) Vgl. Philosophisches Wörterbuch, a.a.O., Bd 1, S. 419 und besonders Payne, Mr. Review, a.a.O., S. 72 u. 92.

7) Dazu Fischer Lexikon, a.a.O., S. 266 ff.; Rüegg, a.a.O., S. 192 ff.; Wiehn, a.a.O., S. 101 ff.

8) Vgl. Fischer Lexikon, a.a.O., S.271.

9) Vgl. Rüegg, a.a.O., S.200.

10) OED, X, S. 360 ; Bedeutung III,8.

11) Rev. IV,458; I,226 [m.Sp.].

12) OED, X, S. 359; Bedeutung I,1.

13) CET, Vol. I, S. 30 [m.Sp.].

14) OED, X, S. 360; Bedeutung I,2.

15) Rev. VIII,158.

16) JD, Book XI, S. 72 [m.Sp.].

17) Rev. VI,11.

18) JD, 'Introduction', S. i [m.Sp.].

19) Rev. IX,2/3 [m.Sp.].

20) OED, I, S. 964; Bedeutungen 14 c u. IV.

21) Rev. II,387 [m.Sp.].

22) JD, 'Preface', S. ii [m.Sp.].

23) CET, Vol. I, S. 72 [m.Sp.]; zu beachten ist, daß der Begriff auch die Bedeutungen 'Republik' oder 'Demokratie' haben kann. Vgl. JD, 'Preface', S. ii u. OED, II, S. 696; Bedeutung 3.

24) CEG, S. 257 [m.Sp.]; vgl. auch OED, II, S. 691; Bedeutung 3.

25) Rev. IX,1 [m.Sp.].

26) OED, X, S. 860; Bedeutung II,17.

27) Rev. V,99 [m.Sp.].

28) CEG, S. 257 [m.Sp.].

29) OED, X, S. 451; Bedeutung I,2.

30) Rev. IV,91 [m.Sp.].

31) Augusta Triumphans, S. 32 [m.Sp.].

32) CET, Vol. I, S. 77 [m.Sp.].

33) OED, VIII, S. 142; Bedeutung 8.

34) PEC, S. 76; 'Rank' von mir gesperrt.

35) PEC, S. 75; 'Rank' von mir gesperrt.

36) CEG, S. 4 [m.Sp.].

37) CEG, S. 264/265 [m.Sp.].

38) OED, II, S. 466; Bedeutung 2.

39) Ebd. [m.Sp.]

40) Diana Spearman: The Novel and Society; London 1966. S. 37. Die Stelle bei Johnson lautet nach Spearman: "Segrais has distinguished the readers of poetry according to their capacity into three classes."

41) Wie bei einem sich in der Bedeutung noch festigenden Begriff nicht anders zu erwarten, finden sich auch bei Defoe an manchen Stellen Ähnlichkeiten mit dem mehr allgemeinen Sinn von 'class' wie er OED, II, S. 466; Bed. 6 definiert ist: "A number of individuals (persons or things) possessing common attributes". Zu 'lower class' vgl. Augusta Triumphans, Titelblatt.

42) PEC, S. 28; 'Class' von mir gesperrt.

43) PEC, S. 74 [m.Sp.]; Rev. IV,99 [m.Sp.].

44) Second Thoughts are Best, S. 10 [m.Sp.]; Augusta Triumphans, S. 32 u. Titelblatt [m.Sp.].

45) CEG, S. 21 [m.Sp.]; 31 [m.Sp.]; 17 [m.Sp.].

46) CEG, S. 264 u. 262 [m.Sp.].

47) PEC, S. 53/54 [m.Sp.].

2.1. Das Verständnis von 'Gesellschaft'

1) JD, 'Introduction', S. i ⌊m.Sp.⌋.
2) Z.B. Rev. VI,10-11.
3) Locke, a.a.O., Book II, ch. VI.
4) JD, Book II, S. 8.
5) Rev. VIII,157.
6) JD, Book II, S. 9.
    Vgl. auch Rev. VIII,158.
7) JD, Book II, S. 9.
8) Ebd., S. 8.
9) Ebd.
10) Ebd., S. 10.
11) Rev. VIII,158.
12) Ebd.; 'Reason' meine Sperrung.
13) Authorised King James Version.
14) Thomas Hobbes: Leviathan; Ed. C.B. Macpherson;
    Repr.; Harmondsworth 1974. Part I, Chap. 12;
    S. 178.
15) Rev. VIII,159.
16) Vgl. JD, Book V, S. 29.
17) Ritterbusch, a.a.O., S. 70/71.
18) Rev. I,287.
19) Rev. VII,573.
20) JD, 'Dedication'.
21) Rev. IV, 505 ff.
22) Vgl. Schaubilder I u. II sowie die Ausführungen zu
    Locke im Kapitel über die Machtstruktur der Zeit.
23) Die Form der Genealogie findet sich bei Defoe
    ebenso häufig wie die der Allegorie.
24) OP, S. 2; 18.
25) Schmidt, a.a.O., S. 14.
26) Ritterbusch, a.a.O., S. 2.
27) JD, Book II, S. 11/12 ⌊m.Sp.⌋.
28) OP, S. 19 ⌊m.Sp.⌋.
29) Vgl. West, a.a.O., S. 66 ff. u. Weimann (1), a.a.O.,
    S. 32 f.

30) JD, Book V, S. 29/30 u.ö. Interessant dazu ist folgende Stelle aus The Original Power: "And if any single Man in England should at any time come to be Landlord of the whole Freehold of England, he could indeed have no Right to Dispossess the King, till the present Legal Settlement of the Crown fail'd, because it was settled by those that had then a Right to settle it." OP, S. 18.

31) JD, Book V, S. 30.

32) Ebd. [m.Sp.].

33) JD, 'Preface', S. ii.

34) Ebd.

35) Ebd.

36) Vgl. z.B. Rev. IV,133/134 u. PMP, S. 2/3.

37) JD,'Preface', S. i.

38) So setzt sich der Autor des Rehearsal in den Nummern 125 - 129 intensiv mit Jure Divino auseinander (27.7.1706 - 10.8.1706). In No 126 vom 31.7.1706 heißt es: "But I must tell Mr. De Foe, and those who are Mis-lead by him, that the Sacredness of Kings, comes from their Office, as being Entrusted with the Sword of God, for the Civil - Government of the World, next, and Immediately under Him."
Noch in der Nummer 28 (7.7.1708) betont der Autor: "All Power is Derivative but God's. The Authority of the Crown is Deriv'd from God, and from Him Only".

39) JD, 'Preface', S. ii; vgl. auch S. iii.

40) JD, 'Preface', S. iii - vi.

41) JD, Book XI, S. 71; vgl. OP, 'Dedication'.

42) JD, Book XI, S. 75/76.

43) Vgl. Sutherland (1), a.a.O., S. 67 - 69.

44) Das gilt etwa für Jure Divino und auch für die Ausgabe A True Collection of the Writings of the Author of the True-Born Englishman (London 1703).

45) JD, 'Preface', S. iii.

46) JD, Book XI, S. 72. Vgl. dazu das oben aufgeführte Zitat aus dem Observator (No 2; 8.4.1702), in dem ebenfalls 'Body Politick' und 'Body Natural' - wenn auch etwas anders(der Monarch als 'Herz') - verglichen werden.

47) OP, S. i.

48) OP, S. iii.

49) OP, S. iv.

50) OP, S. 2/3 . Vgl. dazu die Diskussion des Begriffes
'salus populi suprema lex' bei J.A.W. Gunn: Politics
and the Public Interest in the Seventeenth Century;
London 1969. S. 1-35.

51) Rev. II,158.

52) Rev. II,160.

53) Vgl. auch Rev. II,160.

54) OP, S. 13.

55) Rev. V,350; siehe auch Rev. III,113.

56) Rev. III,109.

57) Rev. III,110 [ohne die zahlreichen Sperrungen].

58) Rev. III,132 [ohne die zahlreichen Sperrungen].

59) JD, 'Preface', S. xiii.

60) Man denke an die Intention von Jure Divino.

61) OP, S. v; 23; vgl. auch S. 16.

62) OP, S. 9.

63) A.E. Levett: 'Daniel Defoe'; in: The Social and
Political Ideas of Some English Thinkers of the
Augustan Age; A.D. 1650 - 1750; Ed. F.J.C. Hearn-
shaw; London 1928. S. 161.

64) Rev. II,149.

65) Dazu Ritterbusch (a.a.O., S. 28): "Für das zentrale
Problem des Verhältnisses von Volk und Parlament,
Volkssouveränität und Parlamentssouveränität hat
er [Locke] nichts Neues geleistet."

66) Nach Ritterbusch, a.a.O., S. 50.

67) Ebd., S. 51; vgl. dazu auch Defoes History of the
Kentish Petition.

68) Sutherland (1), a.a.O., S. 71.

69) LM, S. 103.

70) Sutherland (1), a.a.O., S. 72.

71) LM, S. 111.

72) Ebd.

73) LM, S. 73.

74) Ebd.

75) Ritterbusch, a.a.O., S. 54/55.

76) Man könnte die Ereignisse geradezu als eine Art
'außerparlamentarischer Opposition' im Interesse
des Königs auffassen.

77)   Rev. IX,107.

78)   Völlig zu Recht bemerkt Weimann: "sein Denken und
      Handeln wurden immer wieder geleitet und korri-
      giert von den zwei Grundtatsachen seiner gesell-
      schaftlichen Existenz: erstens dem Kaufmännischen
      und zweitens dem Puritanertum. Beide Elemente
      sind gleichsam die großen Konstanten in Defoes
      Leben".
      Weimann (1), a.a.O., S. 7.

79)   Es sei besonders auf die Nachkommenschaft der
      Tochter 'Witt' hingewiesen, der Defoe äußerst
      negativ gegenübersteht, da 'Witt' im Gegensatz
      zu 'Invention' nichts praktisch Verwertbares
      hervorbringt.
      In der Review VIII,156 heißt es: "WITT ...
      prov'd a meer Jilt, turn'd common Whore, and her
      Numerous, tho' Spurious Race, has filled the World
      with Fops and Beggars, who like the Drones in the
      Hive, starve and help to undoe Mankind, and in
      spight of all the Application of her Honest and
      Prosperous Relations, the Posterity of her Brother
      I n v e n t i o n, she fills the World with Misery,
      Poverty, Woe, and Wickedness".

80)   Rev. VI,134.

81)   Ebd.

82)   Rev. VIII,154.

83)   Rev. VIII,155.

84)   Rev. VI,134.

85)   Rev. VIII,155.

86)   Das Bild von 'Navigation' als Nachkomme des
      'Trade' greift Defoe 17 Jahre später im Plan
      of the English Commerce (1728) wieder auf.
      S.51.

87)   Rev. VI,134.

88)   Rev. VIII,91.

89)   Vgl. dazu das Zitat aus dem Spectator in der
      Rev. VIII,122, wo ebenfalls ausgeführt wird,
      daß England ohne den Handel öde und sogar ohne
      zahlreiche bekannte Obstsorten (wie Äpfel) wäre.

90)   Rev. VIII,91.

91) Rev.IV,27.

92) In diesem Sinne verwendet Defoe auch das Bild
     von "Trade" als "Nurse of Land";
     Rev.VIII,63.

93) Ebd.

94) Rev.IX,107.
     Novak sieht in diesen Vorstellungen einen der
     – seiner Ansicht nach äußerst raren – originären
     Ansätze Defoes: "In picturing trade as a natural
     process emanating from God's purposeful creation
     of the universe, Defoe may have been tending
     toward a concept similar to the o r d r e n a t u r e l
     of the physiocrats and Adam Smith."
     M.E.Novak: Economics and the Fiction of Daniel
     Defoe; Berkeley 1962. S.26/27.

95) Rev.IX,109.

96) Rev.IV,15.

97) In Rev.VI,134 ff. behandelt Defoe unter der
     Überschrift "Of TRADE in General" ausdrücklich
     "the Elements or Generals of this new S y s t e m".
     [meine Sperrung].

98) PEC, S.1.

99) PEC, S.1-2.

100) Ebd.

101) Vgl. zu dieser Einteilung Defoes The Complete
     English Tradesman (=CET), Vol.I, S.1-2.

102) Rev.III,5.

103) Rev.II,10.

104) CET, Vol.I, S.2.

105) Payne bemerkt: "Living at the time when exclusive
     companies were under attack, Mr. Review was not
     unaware of their faults. ... Too often, as the
     action of the East India Company had demonstrated,
     they put their own interest ahead of the nation's."
     W.L.Payne: Mr.Review, a.a.O., S. 81/82.

     Dagegen faßt Novak zusammen: "On the question of
     monopoly and trading companies, therefore, it may
     safely be said that, except for the East India
     Company, Defoe was their defender."
     Novak, Economics, a.a.O., S.21.

106) Vgl. dazu u.a. Rev.VIII,173-175.

107) CET, Vol.II, S.159.
Novak, der Defoe ansonsten generell den Ver-
tretern des konservativen Merkantilismus
zuordnet (wie übrigens auch Payne), gibt
angesichts dieser Auffassung zu: "unlike
most mercantilists, he regarded the colonies
as integral parts of England."
Novak, Economics, a.a.O., S.28.

108) Rev.VIII,538/539.

109) "The home trade of England ... may be understood
to consist of things produced at home, or things
imported from abroad; and as all these gradually
come into the hands of the tradesman, so they
more particularly become the subject of the home
trade." CET, Vol.II, S.184.
Interessanterweise kann "Trade of England" auch
den Handel mit den Kolonien umfassen, da: "the
Trade of E n g l a n d is the Trade of all the
Places within the Dominions of E n g l a n d ; or,
as it is usually express'd, the Countries subject to the E n g l i s c h Government." PEC,S.53.
Vgl. dazu Anm. 107.

110) CET, Vol.I, S.2.

111) Rev.VIII,155/156; A Brief State of the Inland or
Home Trade, of England; London 1730 (=BSIT).S.64,
dort heißt es: "they supplant the establish'd
settled Shopkeepers, who as above are the Suppor-
ters of the whole Body, maintain both Church and
State, the Civil and Religious Government, feed
the Poor, and cloth the Rich: These People [=the
pedlars] do nothing in Civil Government, pay for
nothing, bear no Offices, raise no Taxes".
Novak vermutet, daß Defoe vor allem Abscheu gegenüber ihnen hat, da sie den wirtschaftlichen Kreislauf unterbrechen. Novak, Economics, a.a.O.,S.30.

112) CET, Vol.II,S.185.

113) An Humble Proposal to the People of England;
London 1729. S.50. (=HPPE)

114) Rev.VI,135.

115) Rev.VI,136.

116) Entschuldigend führt Defoe auch die hohen
Luxussteuern an: "it is the boast of the E n g -
l i s h Nation that our Luxury pays our Taxes ...
Thus our Smoke pays 100000 l. p e r A n n u m for
Tobacco: ... our Pride is tax'd in the Silk,
and every Top Knot payes to the War". Rev.III,304.

Stamm kommentiert diese Frage als ein Problem, daß
Defoe ab 1706 bis an sein Lebensende beschäftigte,
er befinde sich "zwischen nationaler Handelsbe-
geisterung und puritanischem Nüchternheitsideal";
"Als Resultat müssen wir feststellen, daß er im
Notfall eher das zweite der ersteren opfern würde,
als umgekehrt. Ganz hat er sich nie entschieden
... mehr oder weniger faulen Kompromiß."
Stamm, Rudolf: Der aufgeklärte Puritanismus
Daniel Defoes; Zürich 1936. S.306; 300ff.

117) Rev.VI,135.

118) Rev.VII,573; IX,76.

119) Rev.IX,100.
"Peace" war für Defoe ja ebenfalls "the end of
Society and Government" überhaupt. Ebenso gilt:
"PEACE is the only End of Just War";Rev.III,263.

120) Rev.III,263;
Vgl. Rev.III,631/632 u. VII,164.

121) Rev.VII,573; vgl. auch Rev.VIII,559: "In Matters
of Trade, I hope Parties have no Concern; every
one is alike concern'd there ... Trade knows no
W h i g or T o r y; no Party-Prejudices are Concern'd there; every Man in his right Senses, is
for Promoting Manufactures, ... Supporting
general Commerce".

122) Rev.IV,587/588.

123) Rev.IV,19:"200000 Families, who now are employ'd
in, or depend upon the very Carriage of Goods,
from place to place in E n g l a n d".

124) PEC, S.13.

125) PEC, S.14.

126) Rev.I,401.

127) BSIT, S.5/6; Novak hebt Defoes Theorie des Wirt-
schaftskreislaufes besonders hervor: "Whereas most
mercantilists argued that wealth entered the kingdom only through foreign trade, Defoe believed that
by passing through a multitude of hands, goods and
money would enrich the nation." Novak,Economics,
a.a.O., S.29.

128) Siehe Rev.II,78 u.ö.

129) Adam Smith: The Wealth of Nations; Vol.1-2. London
1970 (Repr.). Introd. by E.R.A.Seligman.
Vol.I, S.X.

130) Karl Marx: Das Kapital; Bd 1;19.Aufl. Berlin 1973.
Auf S.154 zitiert Marx aus Defoes An Essay upon
Publick Credit (3rd ed.London 1710) und auf S.644
bemerkt er zum Essay on Population von Thomas R.
Malthus (1798), "daß diese Schrift nichts als ein
schülerhaft oberflächliches und pfäffisch ver-
deklamiertes Plagiat aus Defoe, Sir James Steuart,
Townsend, Franklin, Wallace usw. ist".

Payne sieht in Defoe "a'thorough-going mercantilist'",
der nur äußerst schwache Anzeichen von ökonomischen
Neuanfängen zeige; dennoch faßt er zusammen: "Among
the welter of authors who, from 1704 to 1713, were
expounding the economic theories and practices of
a waning but still dominant Mercantilism and an
embryonic l a i s s e z   f a i r e, Mr.Review takes a
rightful and respected place." A.a.O., S.92;72.

Novak spricht Defoe zwar zusammenfassend jede
Originalität auf ökonomischem Gebiet ab, ("In
summary, therefore, it may be said that the claims
about Defoe's modernity as an economist may be
dismissed entirely";S.31),wendet sich damit gegen
die Auffassung seiner Biographen und Herausgeber
("To his biographers and editors Defoe has appeared
as an economist far ahead of his time, a prophet
of l a i s s e z   f a i r e"; S.5), muß allerdings
mehrfach zugeben, daß ihm einige moderne Ideen zu
verdanken seien ("international theory of trade";
"CIRCULATION of Trade";S.26;29). Novak, Economics,
a.a.O., S.1-31.

Levett dürfte den Grund für die problematische
Einschätzung Defoes richtig erkannt haben und
wird ihm meiner Ansicht nach auch gerecht:
"his fame as an economist would certainly have
been greater if he had set himself to produce a
comprehensive treatise on the subject. He had,
indeed, sufficiently clear and comprehensive
ideas to have been a not unworthy forerunner of
Adam Smith, but they must be sought here, there,
and everywhere among his writings." A.a.O.,S.170/1.

131) BSIT, S.61.

132) [1]: PEC, S.39; [2]: Rev.II,78 [meine Sperrung];
[3]: Rev.V,572.
Vgl. PEC,S.40: "THUS Money raises Armies, and
Trade raises Money; and so it may be truly said
of Trade, that it makes Princes powerful, Nations
valiant".

133) PEC, S.36.

134) PEC, S.33/34.

135) HPPE, S.14/15.

136) Rev.II,9.

137) D.Defoe: A Tour through the Whole Island
      of Great Britain; Harmondsworth 1971
      (Penguin English Library). S.294. (= Tour)

138) [1]: BSIT, S.15; [2]: Rev.IV,15.

139) CET, Vol.II, S.77.

140) Bei einer Auseinandersetzung über die Sheriff-
      Wahlen in London schreibt Defoe 1711: "I Protest
      that I have a Right to make this Complaint,
      being born a Freeman, and for having been near
      30 Years a L i v e r y M a n of this City".
      Rev.VIII,207.
141) Vgl. Rev.II,126.
      In seiner Tour   schildert Defoe die Verwaltungs-
      struktur Londons wie folgt: "The government of the
      city of London in particular ... is, by the Lord
      Mayor, twenty-four aldermen, two sheriffs, the
      recorder and common council; but the jurisdiction
      of these is confined to that part only, which they
      call the city and its liberties, which are marked
      out, except the Borough, by the walls and the bars,
      as they are called. The government of the out
      parts, is by justices of the peace, and by the
      sheriffs of Middlesex; and the government of West-
      minster is, by a high bailiff, constituted by the
      Dean and Chapter, to whom the civil administrations
      is so far committed." S.294/295.

142) Tour, S. 294.
      Ärger mit dem Gericht bekam Defoe, als er in der
      Review Details aus einem angeblichen Leserbrief
      (wenn auch unter Vorbehalt) veröffentlichte, die
      Umstände einer Feier des Magistrats ("City-Treat")
      schilderten; im Auszug: "How many Bawdy-Songs were
      sung there ... Who p---t over the Balcony on the
      Peoples Heads; And who so drunk, they were ob-
      lig'd to do it in their Breeches". Rev.I,299.

      Kritik an'Magistrates'findet sich u.a.: Rev.I,147;
      I,417; VI,363 u.ö.

143) Tour, S. 308/309.

144)   Rev.III,311.

145)   Zu Fragen von Taufe und Trinität vgl.
         Rev.III,63f.; V,489f.; Suppl. No 2,S.5f.

146)   Vgl. etwa seine Schrift A Short View of the
         Present State of the Protestant Religion in
         Britain; Edinburgh 1707.(=Short View)
         Auf sie wird später noch eingegangen.

147)   Das Argument der "noble Chain of Causes and
         Consequences" (Rev.IV,596) verwendet Defoe
         auf religiösem Gebiet ebenso wie auf wirt-
         schaftlichem oder politischem.

148)   Rev.III,32.
         Auf die skeptische Anfrage einiger "Philosophi-
         cal Gentlemen" nach dem Schöpfer antwortet
         der'Scandal.Club' der Review: "trace Nature to
         her first Cause, and impartially examine the
         beginning of Matter, of Body or of Spirit, and
         they must by all the Power of their own Rules,
         find out a M i g h t y   S o m e t h i n g, a
         Great F i r s t, which was Pre-existent, Self-
         existent, Necessary-existent; and let them
         call   that what they please, ... That I call
         God". Suppl. No 3, S.7.

         Wesentlich undogmatischer erklärt der Vater
         im Family Instructor die Tätigkeit des gleichen
         Schöpfers: "Child, God made you by the course
         of nature; having made the whole world at first,
         and all the things therein, he gave a command,
         and with that command, gave a power to nature
         to grow and increase; by virtue of that command,
         everything increases, and every creature is
         produced by its own kind". Tegg Ed.,Vol.XV,
         S.6.

         Auch Stamm sieht die Nähe zum deistischen Ver-
         ständnis: "Die erste Aufgabe, die Defoes Ver-
         nunft in gut deistischer Weise Gott zuerteilte,
         war es also, als Ursache der Welt und der Natur-
         gesetze zu figurieren." A.a.O., S.131.

149)   Vgl. Rev. IV,319/320 u. IX,107.

150)   Rev.VI,371; Defoe nennt Deisten stets in einem
         Atemzug mit Atheisten, Sozinianern und mög-
         lichst noch mit Trunkenbolden.

151)   Rev.VI,191.

152)   Rev.VIII,745 - 747.

153)   Stamm, a.a.O., S.131.
         Rev.III,582.

154)   Rev.III,327.

155)   Rev.IV,106.

156)   Rev.III,326.

157)   Stamm, a.a.O., S.138.

158)   Etwa Rev.IV,644.

159)   Rev.V,211.

160)   Rev.III,32.

161)   Rev.III,315.
         Zum Thema 'Devil' vgl. auch Rev.VII,501 ff.,
         wo sich Defoe mit der Frage, ob der Teufel
         "Master of Winds in General" ist, auseinander-
         setzt.

162)   Vgl. auch Stamm, a.a.O., S.158 und vor allem
         R.M.Baine: Daniel Defoe and the Supernatural;
         Athens,Ga. 1968.

163)   Family Instructor, Vol.XV (Tegg Ed.), S.18/19.
         Stamms Einschätzung der absoluten und wortge-
         nauen Bibelgläubigkeit Defoes bedarf einer
         Differenzierung. Er kam zu der Auffassung, daß
         Defoes Vernunft die Bibel anerkenne "nicht allein
         als Gottes Wort, sondern auch als beste und über
         jeden Zweifel erhabene Geschichtsquelle. Die
         Resultate der profanen Geschichtsschreibung und
         der Naturwissenschaften haben sich den Resultaten
         des Heiligen Buches anzupassen. Diese Tendenz
         siegt oft über die andere, alles Übernatürliche
         in der Bibel natürlich zu erklären und alles
         der Profangeschichte Unbekannte in ihr auf Be-
         kanntes zurückzuführen." (A.a.O., S.169.)
         Dem ist bis auf die Aussage zu den Naturwissen-
         schaften zuzustimmen; auf die Anfrage eines
         Lesers, der in Josua 10 den Schriftbeweis für
         die Richtigkeit des Ptolemäischen Systems zu
         finden glaubt, wird geantwortet: "If the
         Argument you bring were the only Support of
         the P t o l e m a i c k System, it would
         soon fall; for that Expression is only adapted
         for our better understanding the meaning of the
         thing, a d C a p t u m h u m a n u m , as
         abundance of sayings in the Scripture are;"
         Little Review, No 21, S.83.

164)   Rev.V,246.

165)   Rev.IV,321.

166)   Family Instructor, Vol.XV (Tegg Ed.), S.18.

167)   Nach Sutherland (1), a.a.O., S.15, der sich
         auf Rev.II,498 bezieht.

168)   JD, 'Preface', S.XI.
         In Jure Divino, Preface, handelt Defoe Fragen
         von Toleranz und Verfolgung aus religiösen
         Gründen als "ecclesiastical tyranny" ab.

169)   Ebd.

170)   Rev.III,63.

171)   Rev.II,482.

172)   Vgl. u.a. Short View, S.10ff.

173)   Rev.VI,369; 370.

174)   Rev.VI,370.

175)   Rev.IV,355.

176)   Rev.IV,118.
         "tho' the Name was given in Derision, yet the
         blameless Lives, extraordinary Charity, good
         Works, and general Character of the People in
         their Conversation, grew to such a Reputation,
         that it soon ceas'd to be a Reproach, and 'tis
         a Name reverenc'd both abroad and at home, and
         of whom E r a s m u s left this famous Expres-
         sion, speaking of the several Sects of Pro-
         fessors of the Protestant Religion.
              S i t   A n i m a   m e a   c u m   P u r i -
              t a n i s   A n g l i c a n i s."(Rev.IV,118-
         120).
         Besonders interessant ist Defoes Hinweis auf
         Erasmus als Schöpfer des Namens 'Puritans';
         allgemein wird nämlich angenommen, daß sich der
         Begriff erst zu Regierungszeit Elisabeths bildete
         (1558-1603), während ja Erasmus nur bis 1536 lebte.
         Zur traditionellen Einordnung des Begriffes vgl.
         Stamm, a.a.O., S.18 ff. und vor allem den bemer-
         kenswerten Beitrag von Peter Toone 'Der englische
         Puritanismus'; in:Historische Zeitschrift, Bd 214,
         1972; S.30ff.

177)   Rev.II,487; vgl. auch JD, 'Preface', S. IX ff.

178)   Rev.VI,371; VI,577ff. u.ö.

179)   Rev.VI,371.

180)   Rev.II,481/482;
       ähnlich auch: Rev.II,437-439 u. JD , 'Preface',
       S.XIII.

181)   JD , 'Preface', S.XIII.

182)   Nachdem er das orthodoxe Bekenntnis in den
       wesentlichen 'Fundamentals' überprüft hat,
       schließt er: "such Quakers as agree to the Con-
       fession of Faith above, must pass in Common
       Charity for Christians, or else I know no Rule,
       we have to Guide or Limit our Charity by".
       Rev.III,61 ff.; vgl.auch Rev.V,129f.

183)   Rev.VII,99.

184)   Rev.VII,98.

185)   Rev.III,545.

186)   Rev.II,482.

187)   Rev.VI,369; II,306 (=310; Druckfehler in der
       Paginierung)

188)   Short View, S.38/39;
       In seinen A Letter to the Dissenters faßt Defoe
       1713 die schwierige Situation zusammen:
       "The D i s s e n t e r s, in former Reigns, were
       represented to us as Enemies to the Church, of
       Factious and Seditious Principles, dangerous to
       Government and to Monarchy, and Enemies to Caesar,
       and had much Trouble given them on those Accounts:
       When it was thus with them, they never fail'd to
       protest their Innocence, their Loyalty to the
       Government, their Zeal for the Preservation of
       the Person of the King, and declar'd they de-
       sired nothing but the Liberty of their Consci-
       ences, and of Worshipping God after their own
       Manner". S.4.

189)   Rev.IX,98.

190)   Rev.V,495.

191)   Rev.II,318/319; vgl. auch Rev.I,338; II,155 u.ö.

192)   Rev.I,338

193) Rev. IV,458.

194) Rev. IV,458;
Auch in Jure Divino malt Defoe ein düsteres
Bild von den Konsequenzen des Papismus:
"Persecution therefore, which is a mere church
tyranny, is an enemy conquered, absolutely sub-
dued, ... There can but one thing restore the
dominion of this evil spirit in this nation,
and that must be the return of popery upon us;
... if popery prevails, the whole protestant
church will be one body of dissenters under the
burden of ecclesiastical persecution, and under
a church tyranny, which the christian religion
abhors". JD, 'Preface', S.IX.
An Stellen wie dieser spricht Defoe somit dem
Katholizismus christliche Grundsätze ab.

195) PMP, S. 1/2.

196) Rev. VI,246; V,305.

197) Supplement to the Review, No 5, S. 6.

198) JD, 'Preface',S.X.

199) Rev. VI,410.

200) Rev. II,155;245; VI,371 u.ö.
Stamm bemerkt zu dieser Einstellung Defoes:
"Nicht nur absoluten Atheisten, sondern allen,
die den orthodoxen Glauben nur in einem einzigen Punkt antasteten, wollte er die Toleranz
versagen ... Was unorthodox war, wurde mit den
Bezeichnungen häretisch, atheistisch, deistisch,
wie mit Schimpfworten ziemlich wahllos belegt.
Verschiedene Leute wie Asgil, Coward, Toland
wurden in einem Atemzuge als Väter verderb-
licher Irrtümer genannt." A.a.O., S.53/54.

201) W.Lee: Daniel Defoe: His Life and Recently Discovered Writings; Reprograf.Nachdr.d.Ausg.London
1869. Hildesheim 1968; Vol.II, S.501

202) So Stamm, a.a.O., S.52 - 54.

203) Stamm, a.a.O., S.124/125.

204) Ebd.,S.85/86.

205) Rev. I,266.

206) Rev. III,311.

207) Rev. III,312.

208) Rev. III,311.

2.2. Die Konzeption der Gesellschaftsstruktur

1) PEC, S.4/5.

2) Kings Statistik beruhte zum Beispiel auf der 'Hearth Tax'.

3) "I have met with little in all the Essays at Political Arithmetick that I have seen, to form this Tought upon". Rev.V,515.

4) Vgl. die Angaben des historischen Teiles.

5) Rev.V,515 ⌊meine Unterstreichungen⌋.

6) Dazu zählen: "Sailors, and all Persons employed on the Sea, or about the Works relating to Navigation, such as Shipwrights, Water-men, Barge-men, Keel-men, and all Sorts of Fisher-men". Rev.V,515.

7) Vgl. Anm. 58 des historischen Teiles.

8) Es heißt ja auch ausdrücklich: "i n c l u d i n g t h e M e n o f L e t t e r s".

9) Rev.II,38; 81; Rev.IV,91.

10) Rev.VI,141/142 ⌊meine Unterstreichungen⌋.

11) Shinagel, a.a.O., S. 119.

12) "the middle Sort of People, who in short live the best, and consume the most of any in the Nation, and perhaps in the World". Rev.VI,142. Diese Aussagen beziehen sich auf die unter 'Sort' verstandene Gesamtheit und meinen keine absoluten Zahlen.

13) I alledge, that every grown People living ... plentifully in E n g l a n d, according to the common Rate of the middling People". Rev.VI,141.

14) Rev.III,66.

15) Ebd.; das 'Moth'-Zitat nach Rev.III,34.

16) Rev.V,515.

17) Rev. III,32 [=36; Fehler in der Paginierung]
     [meine Sperrung].

18) Zu den Schriften, die James mit "Defoe's Writing
     in His Own Voice" bezeichnet, zählen noch:
     Giving Alms no Charity, An Appeal to Honour and
     Justice und A Plan of the English Commerce.
     James, a.a.O., S.35 ff.

19) Von den 'Gentlemen' sprechend, bemerkt der Autor:
     "I have the Honour to be rank'd, by the Direc-
     tion of Providence, in the same class"; CEG, S.21.

20) PMP, S.6.

21) PMP, S.17 [ohne die Sperrungen zitiert; meine Unter-
     streichungen].

22) James, a.a.O., S.95.
     Brian FitzGerald: Daniel Defoe: A Study in Conflict;
     London 1954. S.103.

23) Sutherland (3), a.a.O., S.39.

24) Vgl. die Ausführungen zum TBE im folgenden Kapitel.

25) Obwohl Defoe hier keine 'Rolle' als Autor über-
     nimmt; vgl. Anm. 18.

26) Vgl. das Kapitel 'The (labouring) Poor'.

27) Sutherland (3), a.a.O., S.52/53.

28) JD, 'Preface', S. ii.

29) Tour, S.338.

30) The Great Law of Subordination consider'd, 1724;
     (= GLS) S.11.

31) GLS, S.8ff.

32) Zitat von James, a.a.O., S.67.

33) PEC, S.4/5

34) PEC, S.3/4; S.74 ["under" von mir gesperrt]

35) Vgl. Anm. 60 .

36) CEG, S.256.

37) D.Defoe: Of Royall Education; Fragmentary Treatise;
Ed. K.D.Bülbring. London 1895.(=RE) S.7.
Bülbring bezeichnet das Werk wohl zu Recht als
"a necessary supplement" zum Compleat English
Gentleman und schätzt die Entstehungszeit auf
etwa 1728.

38) RE, S.33.

39) Rev.IV,133/134.

40) PMP, S.2/3.
"When King J a m e s the First came to the Crown
... they had in England a most dissolute Court,
where the Nobility and Gentry and Courtiers,
after the Example of the King himself, delighted
in Masques, Interludes, Bacchanalian Feasts, Riots,
and all manner of Luxury not ... to mention the
more wicked Parts of it." GLS, S.54/55.

41) Rev.VI,18.

42) Rev.I,338.

43) In der Review VI,142 vergleicht Defoe die Ernährung
von 'Gentleman' und 'Workman', der eine ißt mehr
"Pies and Puddings", "Veal and Lamb", "Fowl and
Fish", "more Butter, more Cream" und trinkt mehr
Wein, der andere trinkt mehr "Ale or Strong-Beer,
for it is the Support of his Vigour and Strength",
ißt mehr Brot, "Beef and Bacon", "hard Cheese and
Salt-Butter" und besitzt einen besseren Magen:
"has a better Stomach, a Happiness almost as great
as to have Food to eat".
Review VIII,130/131 beschreibt die größere Empfind-
lichkeit der 'Gentlemen' und ihre häufigere Inanspruchnahme von Medizinern.

44) GLS, S.64

45) JD, Book XII, S. 83.

46) "[they] took such deep Root, as all our Acts of
Parliament, Societies for Reformation, joyn'd
to the Example of a Well-order'd Court, under
two Exemplar Princes, are not able to recover
to this day, nor perhaps ever will."
Rev.I,338.

47) Rev.III,50

48) Sutherland (2), a.a.O., S. 67.

49) TBE, S. 24.

50) TBE, S. 37/38 [ohne die zahlreichen Sperrungen].

51) TBE, S. 41.

52) TBE, S. 44.

53) TBE, S. 45.

54) TBE, S. 44.

55) TBE, S. 71.

56) CEG, S. 12.

57) CEG, S. 13.

58) Ebd.

59) CEG, S. 15.

60) Nachstehender Auszug aus dem Guardian, No 130;
vom 10.8.1713:

216   GUARDIAN.   130.

. The inhabitants of the earth may properly be ranged under the two general heads of gentlemen and mechanics. This distinction arises from the different occupations wherein they exert themselves. The former of these species is universally acknowledged to be more honourable than the other, who are looked upon as a base and inferior order of men. But if the world is in the right in this natural judgment, it is not generally so in the distribution of particular persons under their respective denominations.

It is a clear settled point, that the gentleman should be preferred to the mechanic. But who is the gentleman, and who the mechanic, wants to be explained.

The philosophers distinguish two parts in human nature; the rational and the animal. Now, if we attend to the reason of the thing, we shall find it difficult to assign a more just and adequate idea of these distinct species, than by defining the gentleman to be him whose occupation lies in the exertion of his rational faculties, and the mechanic him who is employed in the use of his animal parts, or the organic parts of his body.

The concurring assent of the world, in preferring gentlemen to mechanics, seems founded in that preference which the rational part of our nature is entitled to above the animal; when we consider it in itself, as it is the seat of wisdom and understanding, as it is pure and immortal, and as it is that which, of all the known works of the creation, bears the brightest impress of the Deity.

It claims the same dignity and pre-eminence, if we consider it with respect to its object. Mechanical motives or operations are confined to a narrow circle of low and little things: whereas reason inquires concerning the nature of intellectual beings; the great Author of our existence; its end, and the proper methods of attaining it. Or in case that noble faculty submit itself to nearer objects, it is not, like the organic powers, confined to a slow and painful manner of action: but shifts the scene, and applies itself to the most distant objects with incredible ease and dispatch. Neither are the operations of the mind, like those of the hands, limited to one individual object, but at once extended to a whole species.

And as we have shewn the intellectual powers to be nobler than those of motion, both in their own nature, and in regard to their object, the same will still hold if we consider their office. It is the province of the former to preside and direct; of the latter, to execute and obey. Those who apply their hands to the materials appear the immediate builders of an edifice; but the beauty and proportion of it, is owing to the architect, who designed the plan in his closet. And in like manner, whatever there is either in art or nature, of use or regularity, will be found to proceed from the superior principle of reason and understanding. These reflections, how obvious soever, do nevertheless seem not sufficiently attended to by those, who being at great pains to improve the figure and motions of the body, neglect the culture of the mind.

From the premises it follows, that a man may descend from an ancient family, wear fine clothes, and be master of what is commonly called good-breeding, and yet not merit the name of gentleman. All those whose principal accomplishments consist in the exertion of the mechanic powers, whether the organ made use of be the eye, the muscles of the face, the fingers, feet, or any other part, are in the eye of reason to be esteemed mechanics.

I do therefore by these presents declare, that all men and women, by what title soever distinguished, whose occupation it is either to ogle with the eye, flirt with the fan, dress, cringe, adjust the muscles of the face, or other parts of the body, are degraded from the rank of gentry; which is from this time forward appropriated to those who employ the talents of the mind in the pursuit of knowledge and practice of virtue, and are content to take their places as they are distinguished by moral and intellectual accomplishments.

The rest of the human species come under the appellation of mechanics, with this difference, that the professed mechanics, who, not pretending to be gentlemen, contain themselves within their proper sphere, are necessary to the well-being of mankind, and consequently should be more respected in a well-regulated commonwealth, than those mechanics who make a merit of being useless.

61) CEG, S.16.

62) Defoe legt stets größten Wert darauf zu betonen,
daß (neu)reiche Kaufleute die ehemaligen Adelssitze verarmter Mitglieder der Aristokratie
aufkaufen und so eine neue Familientradition
begründen.

63) Die Kriterien zur Auswahl einer Amme beschreibt
Defoe wie folgt: "if the woman looks but wholesome and has a good full breast, a pair of dugs
like a cow and a tollerable skin, 'tis all well;
she' deem'd wholesome, and all other scruples
give way to the lady's nicety." CEG, S.74.

64) CEG, S.73.

65) CEG, S.73/74.

66) CEG, S.75.

67) CEG, S.76.

68) CEG, S.83.

69) CEG, S.21.

70) CEG, S.3.

71) CEG, S.87.

72) CEG, S.98.

73) CEG, S.239.
Die 'younger sons' haben stets vernünftige Ansichten, sie verteidigen 'Gentlemen' mit kaufmännischer Herkunft und machen ihre älteren
Brüder lächerlich. Vgl. etwa CEG, S.44 - 58.

74) CEG, S.175.

75) CEG, S.19 - 21.

76) Diese Entwicklung beschreibt Defoe im Plan of
the English Commerce an einer Stelle ausführlicher: "THUS in Time ... 'tis not improper,
as we are talking of Trade, to observe how
Honour is become a Merchandize, Nobility grows
cheap, and Dignities come to Market upon easy
Terms in the World ... the World may in a few
Years be overrun, not with real Honours, but
with Titles ... and Titles without Merit are
the Scandal of the World." PEC, S.54.

77) Rev.III, 66/67; vgl. auch Rev.II,9f.
In der Tour werden zahlreiche Adelssitze beschrieben, die ihren ehemaligen Besitzer
wechselten und nun Eigentum vermögender Kaufleute sind. Vgl. u.a. S.109;277. Auf S.57 wird
bemerkt:"the present increase of wealth in the
city of London, spreads it self into the country
and plants families and fortunes, who in another
age will equal the families of the ancient gentry,
who perhaps were bought out."

78) CET, Vol. I,S.227 ff. Allerdings trägt das Kapitel
der verwendeten Auflage den Vermerk: "As this
account is subject to fluctuation ... it is
proper to mention, that this chapter was
written in March, 1737." Es kann also nicht
vollständig von Defoe stammen, wenn auch große
Teile davon zweifellos von ihm verfaßt wurden.
CEG, S.261 - 264; Tour, S.109;110;277 u.ö.
vgl. auch Anm.77.

79) CEG, S.257. Vgl. Rev.II,9;"In these latter Ages of
the World, great Families have risen more upon
Casual Wealth, than upon the Inheritances of
Ancestors".
80) CEG, S.258.

81) Vgl. CET, Vol.II, S.134-137 u. 148-152.

82) CET, Vol.I, S.246. Defoe fährt fort: "Nor do
we find any defect either in the genius or
capacities of the posterity of tradesmen,
arising from any remains of mechanic blood,
which, it is pretended, should influence them".

83) Little Review, No 12; S.47. 13.7.1705.

84) CEG, S.258.

85) Man denke an den Vierzeiler:
"Wealth, howsoever got, in E n g l a n d makes
Lords of Mechanicks, Gentlemen of Rakes:
Antiquity and Birth are needless here;
'Tis Impudence and Money makes a P[ee]r."
TBE, S.45.

86) CET, Vol.I, S.248; vgl. auch Anm. 82.

87) PEC, S.6/7 [ohne Sperrungen zitiert].

88) CET, Vol.I, S.224.

89) PEC, S.9; vgl. auch Rev. II,10.

90) PEC, S.9.

91) Little Review, No 12; S.47. 13.7.1705.

92) Man denke etwa an das 'vornehme' Präfix 'De', das
er seinem Namen vorsetzte, an seine Vorliebe für
feine Kleidung, den aristokratischen Sport des
Pferderennens und an die Anschuldigungen des
Rehearsal, Vol.2,46 (17.3.1708):"he gave himself
the Stile of E s q u i r e in Scotland ...
Daniel Defoe E s q u i r e ?". Zwar wehrte Defoe
sich in der Review (IV,699) dagegen, aber der
Verdacht bleibt. Vgl. auch Shinagel, a.a.O.,S.VII;
27 - 31.

93)   Vgl. CET, Vol.II, S.207 ff.

94)   CET, Vol.I, S.1/2; GLS, S.10.

95)   CET, Vol.II, S.207 - 212.

96)   "Besides those who travel and go from house
to house selling by retail, and who are
properly pedlars, and called by that name,
many of which also keep shops ... in the
adjacent market-towns, and sell their goods
in the villages round; these all come under
the title of tradesmen". CET, Vol.II, S.211.

97)   Rev.III,6.

98)   CET, Vol.I, S.241 - 243.

99)   CET, Vol.I, S.245.
Zu den Einkommensverhältnissen vergleiche auch
PEC, S.75.

100)   CET, Vol.I, S.274/275; Rev.I,88.

101)   [1] CET, Vol.I, S.33;
[2] CET, Vol.I, S.67.

102)   CET, Vol.I, S.66.

103)   Zum 'South Sea Bubble' siehe Williams, a.a.O.,
S.176 - 177.

104)   CET, Vol.I, S.73 - 85.

105)   CET, Vol.II, S.245.

106)   CET, Vol.I, S.75.

107)   Rev.IX,105.

108)   CET, Vol.I, S.78/79.

109)   Ebd.

110)   CET, Vol.I, S.80/81.

111)   CET, Vol.II, S.63.
Vgl. Ch.XIII, S.99 ff.(Vol.I) "Of the tradesman's leaving his business to servants".

112)   CET, Vol.I, S.214ff;
ähnlich auch Vol.I, S.81.

113)   Rev.IX,107; CET, Vol.I, S.219 bemerkt dazu:
"The tradesman is foolishly vain of making his
wife a gentlewoman ... he will have her sit in
the parlour, receive visits, drink tea, and
entertain her neighbours, or take a coach and
go abroad".

114) CET, Vol.I, S.221.

115) CET, Vol.I, S.311.

116) CET, Vol.II, S.6; Vol.I, S.309.

117) CET, Vol.I, S.172 - 177.

118) Rev.VIII,38.

119) Rev.VII,210.

120) Rev.VII,573.

121) CET, Vol.I, S.178.

122) Ausführlich dazu CET, Vol.I, S.177 - 198.

123) CET, Vol.I, S.184.

124) CET, Vol.II, S.89/90.

125) Rev.VIII,287; III,6/7.

126) CET, Vol.I, S.274.

127) CET, Vol.II, S.141 [meine Sperrung].

128) CET, Vol.II, S.149.

129) CET, Vol.II, S.150 - 152.

130) GLS, S.49.

131) Rev.IV,91 ⌊m.Sp.⌋.

132) GA, S.162;
In der Review IV,31 (27.2.1706) findet sich
das Zitat in wörtlicher Übereinstimmung.

133) George spricht sogar davon, daß Defoe der Advokat einer 'Schule' gewesen sei, die sich
gegen die vermehrte Einführung von Arbeits-
häusern eingesetzt habe. Zum gesamten Komplex vgl. George (3), a.a.O., S.15 - 55;
besonders S.47.

134) PEC, S.1-3; die Tabelle findet sich so nicht,
sie wurde aus den Textangaben erstellt.

135) GLS, S.8/9.

136) GA, S.164.
Auch in der Review (wie in fast allen einschlägigen
Schriften) unterstreicht Defoe die Bedeutung der
Arbeitskraft der Armen, die deshalb 'gepflegt'
werden müsse; vgl. Rev.VIII,730; IV,31 u.ö.

137) GA, S.164/165.
      Auch im Kapitel über 'Land' und 'Trade' wurde
      schon auf den Zusammenhang zwischen Bevölkerungs-
      zahl und Reichtum der Nation eingegangen.
      Vgl. auch Rev.VI,138.

138) PEC, S.46;28;74.

139) GA, S.184; andere Stellen sind etwa: Rev.III,32
      [36, da Paginierungsfehler]; VI,550.

140) Rev.VIII,303; Defoe wendet sich unter Hinweis
      auf das von ihm oft zitierte Bibelwort auch an
      die gegenwärtig Wohlhabenden: "'Give me not
      Poverty, lest I Steal' says the Wiseman that is,
      If I am poor I shall be a Thief; I tell you all,
      Gentlemen, in your Poverty, the best of you all
      will rob your Neighbour; nay ... if in distress,
      you will EAT your Neighbour, ay, and say Grace
      to your Meat too". [ohne Sperrungen zit.]

141) GA, S.186; GLS, S.15.

142) GLS, S.64.

143) GA, S.187.

144) Rev.I,349.

145) Rev.I,33 f.; vgl. auch Rev.I,346/347; VI,166 f.

146) Grundsätzlich war Defoe der Meinung, "That in
      England there is more Labour than Hands to
      perform it." Rev.IV,31 u.ö.
      Bescheiden weist Defoe an einer Stelle auch
      darauf hin, daß er selbst einen neuen Gewerbe-
      zweig eingeführt und Arme beschäftigt habe:
      "Nor should the Author of this Paper boast in
      vain, if he tells the World, that he himself
      ... Employ'd 100 Poor People in making P a n -
      T i l e s in E n g l a n d , a Manufacture
      always bought in H o l l a n d". Rev.I,34;
      an der gleichen Stelle erwähnt er noch die
      Produktion von Segeltuch als Neueinführung.

147) Tour, S.596/597; ähnlich im PEC, S.24/25:
      "We say of some Nations, the People are lazy,
      but we should say only, they are poor; Poverty
      is the Fountain of all Manner of Idleness; they
      have in short nothing to do, no Employment in
      which they can get their Bread by their Labour".

148) Rev.VI,186/187. An dieser Stelle unterstreicht
Defoe auch nochmals seine Auffassung, daß Arme
- schon wegen des Klimas - in den Kolonien nicht
harte landwirtschaftliche Arbeit verrichten
könnten, daß aber in England andere Voraussetzungen
herrschten, würde man den Armen erst einmal billig
oder umsonst Land überlassen: "A diligent Hand will
here presently subsist itself, and every Year grow
more able to do so".

149) GLS, S.82. Besonders die Aussagen zum ersten
Punkt finden im Journal ihre Bestätigung.

150) GLS, S.82.

151) GLS, S.49;58.

152) GLS, S.61.

153) Rev.VI,255. Die gleiche Meinung findet sich in
zahlreichen Schriften und vielen Review-Artikeln
wieder.

154) Rev.I,353.
Es verwundert, daß Defoe hier (1704) auf das
angeblich 8 Jahre zurückliegende Erscheinen
des PMP verweist, da als Erscheinungsdatum
1698 gilt. Irrt Defoe?

155) Rev.II,30/31 [ohne Sperrungen zitiert].
Vgl. Rev.I,409 u. VIII,301.

156) GLS, S.18.

157) GLS, S.176; 105.

158) Weimann (1), a.a.O., S.32.

159) West, a.a.O., S.70.

160) Weimann (1), a.a.O., S.33/34.

161) Unter diesem Aspekt wird auch eine Äußerung
von Moll Flanders bemerkenswert, die nach
der Hochzeitsnacht mit ihrem 'Bank Clark'
den 'Lancashire Husband' von einer "M o b
G e n t r y" verfolgt sieht.
MF, I, 201 [m.Sp.].

162) D. Defoe: A Hymn to the Mob; London 1715
(=HM). Pref., S. I u. V.

163) HM, Pref., S.II/III.

164) HM, S.5; 33.

165)   HM, S.30; vgl.Rev.VII,384; VI,589.

166)   Rev.VI,589.

167)   Dennoch gab es natürlich 'irrende Mobs', die
        beiden entscheidenden:
        "The First mob'd God Himself, to bring
        Themselves in Slavery to a King;
        ...
        The Second cry'd aloud to Crucifie,
        And mob'd the Lord of Life, and Liberty,"

        Jedoch steht der gegenwärtige 'Mob' ihnen nicht
        viel nach:
        "The Third's the English MOB, who draw
        The Civil Sword 'gainst their own Life the Law".
        (HM, S.25/26)

168)   HM, S.13/14; 37.

169)   Rev.VI,362.

170)   Rev.V,318.

171)   Allerdings setzte er sich zum Beispiel auch für
        die Einführung einer Sondersteuer zur Unterrichtung
        der Armen ein: "In behalf therefore of the Poor,
        I cannot but earnestly recommend to the Parliament,
        such Exceptions for the Propagation of Christian
        Knowledge, the Fear of God, and the Instruction
        of the Children of the Poor". Dieser Artikel der
        Review (VIII,672 [=692;Paginierungsfehler] endet
        mit dem Satz: "In behalf of Religion, of Learning,
        and of the Bread of the Poor, I have written this
        Paper ... T e D e u m L a u d a m u s."

172)   PEC, S.25.

173)   D.Defoe: Second Thoughts are Best; London 1728.
        S.10/11 [1] ; Rev. VI, 135 [2].

3.1. Die Funktion gesellschaftlicher Faktoren in
den Romanen (Einzelanalysen)

1) Zitiert nach W.Allen: The English Novel; Repr.,
Harmondsworth 1970 (Pelican Books). S.14.

2) CJ, 2; die Formulierung 'Virtue rewarded' erinnert
an den Untertitel von Richardsons Pamela.

3) Christopher Caudwell: Romance and Realism; ed.
S.Hynes, Princeton, N.J. 1970. S.56.
Mit Defoe als dem Begründer des frühen englischen
Romans befassen sich die Seiten 52 - 62 dieses
zu wenig beachteten Werks.

4) MF, I,203; 'experiment' hier als 'proof'/'experience'
verstanden. Ähnlich theoretisiert einmal Roxana über
"Virtue and Honour", kehrt dann jedoch mit den Worten
"But to return to my Story" in die gänzlich andere
Praxis der Romanwelt zurück.

5) "Who lived Eight and Twenty Years, all alone in an
un-inhabited Island on the Coast of AMERICA, near
the Mouth of the Great River of OROONOQUE" - so
die Angaben des Titelblattes der Erstausgabe.
Nach Sutherland (1), a.a.O., S.229.

6) CS,1; Fielding ironisierte diese Art der bio-
graphischen Einführungen in den ersten Kapiteln
von Jonathan Wild.

7) Es fällt auf, daß der Held eigentlich keinen
normalen Vornamen besitzt, da 'Robinson Crusoe'
aus den Familiennamen von Vater und Mutter abgeleitet ist.

8) Auch wenn der Vater nicht eindeutig als 'Merchant'
bezeichnet wird, so weist eine Stelle im Journal
doch zweifelsfrei nach, daß "Merchandise" nur im
Zusammenhang mit 'Merchants' gebraucht wird
(JPY, 94).
Daß "good Estate" in diesem Zusammenhang als
Vermögen zu verstehen ist, legen ähnliche Wortverbindungen in anderen Werken Defoes nahe (vgl.
etwa "who amass'd the estate"; CEG, 257). Zudem
ließ sich der Vater erst nach der einträglichen
Handelstätigkeit in York nieder.

9) Nicht ohne Reiz scheint folgender Dialog aus
E. Wallace, Der schwarze Abt:"'Das beste deutsche
Buch', nahm Mr. Puttler das Wort, 'ist meines Erachtens Robinson Crusoe.' ... 'Ich bin mit Robinson Crusoe allerdings nicht sehr vertraut, möchte
aber dennoch behaupten, daß solche Charaktere
typisch englisch sind.' 'Trotzdem handelt es sich
um einen Deutschen ... Gleich auf der ersten Seite
treffen Sie auf den Satz: 'Mein Vater war ein
Bremer Kaufmann' ... Ist nun der Vater ein Deut-

scher gewesen, so ist es der Sohn ebenfalls, denn
in jenen Zeiten gab es noch keine Naturalisierung.'"
E.Wallace: Der schwarze Abt; München 1959 (Gold-
manns Taschenkrimi. Bd 69). S.82/83.

10) Am Ende von Augusta Triumphans findet sich ein
Glückwunschschreiben an "LIEUTENANT-COLONEL
ROBINSON", dem zur "chamberlainship of the city
of London" gratuliert wird (S.44/45). Auch sei
an einen weiteren Träger des Namens erinnert:
Sir Thomas Robinson (Lord Grantham; 1695-1770).

11) Daher erscheint E.Wolffs Feststellung:"Er führt
sich im ersten Kapitel als Sproß einer englischen
Durchschnittsfamilie ein", doch recht fraglich.
Erwin Wolff: Der englische Roman im 18. Jahrhundert; 2.Aufl., Göttingen 1968. S.31.

12) Tour, 528.

13) Tour, 530/531.

14) Tour, 519/520.

15) Tour, 523.
Folgendes Zeitschema liegt dem Roman zugrunde:
Geburt: 1632; Alter bei der Rede des Vaters nach
eigener Angabe: 18 J.; daher Zeitpunkt der Rede:
etwa 1650; Betreten der Insel: 30.9.1658 (gleichzeitig Geburtstag); Verlassen der Insel: 19.12.
1686; Ende des zweiten Teiles: 1705.

16) RC II, III,199; vgl. auch Colonel Jack, wo ebenfalls ein 'Colonel' mit einem 'Gentleman' gleichgesetzt wird.

17) Der 'younger brother' von Molls erstem Liebhaber
wurde auch zum Juristen ausgebildet.

18) Auch Sutherland weist auf die günstigen Ausgangs-
bedingungen hin: "Crusoe's father wished him to
take up the law as a profession, and if Crusoe
had done so and had prospered he might have become a very wealthy man indeed." Sutherland (3),
a.a.O., S.136.

19) Anläßlich der Bemerkung Colonel Jacks, "a violent
Fit of the Gout ... clears the Head, restores
the Memory, and Qualifies us to make the most,
and just, and useful Remarks upon our own Actions"
(CJ, 307), weist McBurney darauf hin, daß der
Vater ebenfalls unter der Gicht leide; er sei
daher "Defoe's true spokesman, endorsing the
middle station". W. H. McBurney: 'Colonel Jacque:
Defoe's Definition of the Complete English Gentleman.' SEL, 2 (1962); S.336.

20) Das Motiv der 'rechten Mitte' zwischen zwei zu meidenden Extremen erinnert stark an die Nikomachische Ethik des Aristoteles.

21) CEG, S.102.

22) Meist in der Form "give me not Poverty, lest I Steal"; vgl. oben den Abschnitt über die Naturrechte.

23) Prov. 30, 7-9 (Authorised King James Version) [m.Sp.].

24) CET, Vol.II, S.89/90.

25) Vgl. Rev. VI,142 u. VIII,130/131.

26) CET, Vol.II, S.85.

27) Ian Watt: The Rise of the Novel; Repr., Harmondsworth 1968 (Peregrine Books. Y25). S.67.

28) Watt, a.a.O., S.69.
Diese Kritik an Watt wird geteilt von Sutherland (Sutherland (3), a.a.O., S.136), Weimann (Weimann (2), a.a.O., S.118 u. 142) und James, der übrigens zutreffend bemerkt: "Ian Watt largely overlooks the theological apparatus of Robinson Crusoe in order to view it as a myth which came to serve as a 'basic text for radical individualism' and 'laissez faire' economic doctrines." James, a.a.O., S.166; Anm. 3.

29) Eine der drei oben beschriebenen Maximen eines erfolgswilligen Kaufmanns.

30) Rev. VI,186/187.

31) Vergleiche mit dem Naturzustand bei Hobbes oder Locke hinken auch noch in anderer Hinsicht. Dort wird der Naturzustand durch einen Vertrag der Menschen untereinander überwunden, während die meisten Kritiker die fortschreitende Zivilisation auf der Insel als Indiz für ihre Entwicklung interpretieren, die mit Robinson Crusoes Selbstverständnis als Monarch die Phase des Naturzustandes verläßt. So argumentieren Novak: Defoe, a.a.O., S.22-27; 32-36; 50-51 und auch U. Broich: Gattungen des modernen englischen Romans; Wiesbaden 1975 (Schwerpunkte Anglistik. 9). S.60-62.
Weimann dagegen nennt eine Interpretation der Inselgeschehnisse als "die Entwicklung der Menschheit vom Urzustand bis zur Zivilisation" 'unhistorisch' - Weimann (2), a.a.O., S.141 - und meint, Robinson Crusoe sei "ein unter ganz bestimmten natürlichen Umständen in ganz bestimmter Weise handelnder Mensch"; Weimann (1), a.a.O., S.59, vgl. auch S.60-63.

474

32) Vgl. oben den Abschnitt über 'Luxury' und 'Necessaries' im Kapitel über die Wirtschaft.

33) Rev. VI,135/136.

34) Auch Watt sieht in der ausführlichen Darstellung
von Arbeitsvorgängen einen Hinweis auf den Wert
der Arbeit (und damit der Arbeitenden), "the Dignity of Labour", und fügt hinzu: "Robinson Crusoe
is certainly the novel in the sense that it is the
first fictional narrative in which an ordinary
person's daily activities are the centre of continuous literary attention." Watt, a.a.O., S.75/76.

35) Wenn nämlich 'Kapitalismus' mit dem (sicherlich
auch für Kott unverdächtigen) philosophischen
Wörterbuch von Klaus/Buhr definiert wird als:
"ökonomische Gesellschaftsformation, die auf dem
Privateigentum an den wichtigsten Produktionsmitteln in der Hand der Bourgeoisie und auf der
daraus folgenden Ausbeutung der Arbeiterklasse
beruht." Philosophisches Wörterbuch, a.a.O., Bd 1,
S.553.

36) Jan Kott:'Kapitalismus auf einer öden Insel'; in:
Marxistische Literaturkritik, Hrsg. V.Zmegač;
Bad Homburg 1970. S.270/271.

37) "Alle Produkte Robinsons waren sein ausschließ-
lich persönliches Produkt und daher unmittelbar
Gebrauchsgegenstände für ihn." Karl Marx: Das
Kapital; Bd 1. 19. Aufl. Berlin 1973.
S. 92/93.
Vgl. auch Kott, a.a.O., S.271.

38) Weimann geht in seiner Interpretation noch ein
Stück weiter: "Er lebt von seiner Hände Arbeit,
also eigentlich wie 'the Men of Labour', aber
er durchbricht den entfremdeten Sorgenkreis,
jene 'daily Circulation of Sorrow, living but
to work, and working but to live': Er bringt das
Arbeiten und das Leben in einen freieren Zusammenhang, in dem das Arbeiten nicht länger nur
Mittel zum Zweck, sondern selbst Zweck einer
freudigen Bestätigung und Verwirklichung seines
schöpferischen Selbst wird". Weimann (2), a.a.O.,
S.120.

39) Die genaue Lage ist unbekannt, da nur eine letzte
Bestimmung des Breitengrades vorliegt (RC I, I,47).
Das Fehlen der Längengradangabe - und damit das
Geheimnis der konkreten Lokalität - mußte dennoch
echt wirken, da erst um die Mitte des 18.Jahr-
hunderts ein Verfahren "for the discovery of
Longitude at Sea" entwickelt wurde. Vgl. Williams,
The Whig Supremacy, a.a.O., S.381.

40) Weimann (2), a.a.O., S.117/118; Weimann (1), a.a.O.,
    S.62.

41) CET, Vol.I, S.62; Robinson Crusoe spricht sogar von
    einem "living Magazine of Flesh, Milk, Butter and
    Cheese" und meint damit seine zahmen Tiere (RC I,
    I,176/177).

42) Kott, a.a.O., S.265.

43) Robinson Crusoe selbst versteht die Abfassung dieser
    Gegenüberstellung - psychologisch sehr bemerkenswert -
    als Mittel zur geistigen Verarbeitung seiner Situa-
    tion: "I drew up the State of my Affairs in Writing,
    ... to deliver my Thoughts from daily poring upon
    them, and afflicting my Mind" (RC I, I,74).
    Wolff sieht in der Gegenüberstellung eine Exempli-
    fizierung des Lockeschen Schemas von 'sensation' -
    'reflection': "Die linke Spalte enthält den im Geiste,
    als Bestand von Ideen, die ausnahmslos aus der 'sen-
    sation' stammen, vorgefundenen Befund, die rechte
    Spalte bietet das Ergebnis der 'reflection' über
    diesen Befund." Abgesehen davon, daß auch in der
    rechten Spalte 'sensations' zu finden sind ("I am in
    a hot Climate"; "I am alive") bleibt diese Inter-
    pretation, die nicht auf Inhaltliches eingeht, wohl
    etwas schematisch. Wolff, a.a.O., S.33/34.

44) Vgl. RC I, I,57;66;131.

45) CET, Vol.I, S.310; Weimann (2), a.a.O., S.113.

46) Vgl. RC I, I,105;219; II,18.

47) Zu Grotius vgl. die grundlegende Arbeit von R.Brandt:
    Eigentumstheorien von Grotius bis Kant; Stuttgart,
    Bad Cannstatt 1974 (Problemata. 31). S.31-68.
    Über den Rechtsgrundsatz der 'prima occupatio' heißt
    es dort (S.40): "Der rechtliche Übergang des Gemein-
    besitzes in den Privatbesitz ist ... nach der Lehre
    von De iure belli ac pacis möglich durch einen natur-
    rechtlich sanktionierten vorstaatlichen Vertrag (pac-
    tum). Die Menschen teilen entweder die vorhandenen
    Güter in vertraglicher Absprache, oder sie handeln
    gemäß einer stillschweigend eingegangenen und aner-
    kannten Vereinbarung, daß jedem das gehören soll,
    was er zuerst in Besitz nahm (occupatio)".
    Siehe auch Novak, Defoe, a.a.O., S.51.
    In der Review (VIII,50/51) beschäftigt sich Defoe
    mit den Besitzrechten an Kolonien und Meeresinseln;
    danach haben die Erstbesitzer einen unbestreitbaren
    Anspruch auf ihr Territorium.

48) Tour, 343 [m.Sp.]. Das allgemeine Bild von England
    als einem Garten findet sich schon weitaus früher -
    man denke nur an Shakespeares Richard II.:"This
    other Eden" (II,1,42).

49) RC I, I,148.

50) RC I, I,207 u.ö.

51) Zu diesen Bezeichnungen vgl. RC I, I, 117;175/176;
172; II,50 u.ö.

52) RC I, I,172.

53) Ebd.

54) RC I, I,173.
In der Sekundärliteratur diskutiert James (a.a.O.,
S. 171-177) diese Terminologie Robinson Crusoes
besonders überzeugend. Vgl. aber auch: Shinagel,
a.a.O., S. 130; Novak, Economics, a.a.O., S.63.

55) Von der Jagd auf Hasen und Füchse wird RC I, I,125/
126 berichtet.

56) Watt nimmt Robinson Crusoes Selbstverständnis als
Monarch nicht ernst: "Crusoe even toys with the
fancy that he is an absolute monarch; and one of
his visitors even wonders if he is a god." (Watt,
a.a.O., S.89.)
Shinagel übergeht den 'König' Robinson Crusoe
sehr rasch, um die besser in seine Argumentation
passende "terminology of the landed gentry" her-
vorzukehren: "He even comes to fancy himself as
absolute monarch of all he surveys. But m o r e
t o t h e m a r k is Crusoe's description of his
second plantation ... as his 'country seat' ".
Shinagel, a.a.O., S.130 [m.Sp.].

57) RC I, I,159;167.

58) Stein entdeckt in Stellen wie dieser "delusions of
grandeur", sogar "infantile narcissistic origins"
und meint: "Defoe's evocation of this fantasy of
autocracy is utterly terrifying in its implications".
W. B. Stein: 'Robinson Crusoe: The Trickster
Tricked'; Centennial Review of Arts and Science
(CentR), 9 (1965), S.282.

59) Rox., 41.

60) Zu Leadenhall Market vgl. George Rudé: Hanoverian
London 1714-1808; London 1971, S.22; sowie
Christopher Hibbert: London; London 1969. S.36;147.
Die Speisefolge eines Festessens der Goldsmiths'
Company führt Bell auf; sie enthält "pidgeons",
"chickens" und "pastie" (W. G. Bell: The Great
Plague in London in 1665; Rev. ed., London 1951.
S.129.
Schildkröten als Delikatessen erwähnt übrigens auch
der Erzähler im ersten Kapitel des ersten Buches
von Tom Jones.

61) Rev. VI,136.

62) JD, S. 29/30.

63) Novak, Defoe, a.a.O., S. 51.
    Marxistisch orientierte Kritiker, die Defoe gern
    als 'Anwalt der Massen' sehen, gehen nur ganz am
    Rande auf Robinson Crusoes Ambitionen als König
    ein oder erwähnen sie nicht.

64) Novak, Defoe, a.a.O., S. 61.

65) Vgl. die diesbezügliche Darstellung im Kapitel
    über die 'Macht'.

66) Freitag nennt seinen Herrn immer "Master"; so
    wurden damals 'Gentlemen' angeredet.
    Siehe auch Laslett, a.a.O., S. 45.

67) Besonders im Great Law of Subordination.

68) Watt, a.a.O., S. 72.
    Weimann sieht das Verhältnis zwischen Freitag und
    Robinson Crusoe ebenfalls differenzierter:
    "Robinson bedarf des menschlichen Gefährten; ihn
    erfreut nicht nur die so lang vermißte Unterhaltung,
    er verspürt Liebe für die reine Menschlichkeit
    seines natürlichen Gefährten". Weimann (2), a.a.O.,
    S. 124.

69) Ein "royal 'we'" vermerkt an dieser Stelle auch
    J.P. Hunter: The Reluctant Pilgrim; Baltimore
    1966. S. 193.

70) Novak, Defoe, a.a.O., S. 51/52.

71) JD, S. 29/30.

72) RC I, II,50.

73) James (a.a.O., S. 181) erkennt: "By the time,
    the English captain appears on the scene, Crusoe's
    assumption of absolute power is complete."

74) RC II, II,118; III,80.

75) Die großen Parallelen der Romananfänge sowie die
    Rückbezüge des Beginns des zweiten Teiles werden
    in der Sekundärliteratur stark vernachlässigt,
    wie ja der zweite Teil überhaupt kaum Beachtung
    findet.
    Doch vgl. Novak, Economics, a.a.O., S. 46.

76) Ein solches Beispiel wird im Compleat English
    Gentleman als vorbildlich dargestellt und
    beschrieben.
    CEG, S. 268 ff.

77) Die Streitigkeiten zwischen den Engländern und
    Spaniern während der Abwesenheit Robinson Crusoes
    als "anarchy of the state of nature" und die
    Geschehnisse auf der Insel als "development of
    society" zu verstehen, heißt sicherlich die weni-
    gen einschlägigen Stellen überzuinterpretieren
    (Novak, Defoe, a.a.O., S.55;62). Die wenigen vor-
    handenen Ansätze wurden von Defoe - verglichen mit
    den staatstheoretischen Schriften - auffallend ver-
    nachlässigt. Dieser Auffassung ist auch Sutherland:
    "It is true that Defoe describes some of the birth
    throes of a nation, notably the persistent attempts
    of Will Atkins and his English comrades to over-
    throw the Spaniards and seize possession of the
    island ... Yet one is left with the feeling that an
    opportunity has been missed." Sutherland (3), a.a.O,
    S.140/141.

78) Daher betont Novak (Economics, a.a.O., S.66): "He
    leaves the citizens of his colony as copyholders,
    not as freeholders".

79) JD, S.29/30.

80) Doch Pollert schätzt die Aussichten der 'Kolonie'
    sehr nüchtern und sicherlich richtig ein, wenn er
    meint, die Insel könne als "Exportkolonie ...
    wegen ihrer geringen Größe nie Bedeutung erlangen".
    Hubert Pollert: Daniel Defoe's Stellung zum eng-
    lischen Kolonialswesen; Phil. Diss., Münster 1928;
    S.187.

81) Vgl. RC II, III,59.

82) Novak, Defoe, a.a.O., S.62; vgl. Anm. 77).

83) Rev., VIII,262 - übrigens aus dem Jahr 1711.

84) Robinson Crusoe Examin'd and Criticis'd or A New
    Edition of Charles Gildon's Famous Pamphlet; Ed.
    Paul Dottin, London & Paris 1923. S.110.
    Auch Toth (Erwin Toth: 'Die Funktion des Dialogs
    bei Daniel Defoe'; GRM, 53,3(1972); S.244) sieht
    diese spezifische Schwäche des Dialogs bei Defoe
    und verweist zur Erklärung auf Friedemanns Aussage:
    "Es gibt nun eine Anzahl Fälle, in denen trotz der
    Anwendung der direkten Rede keine dramatische Wir-
    kung erzielt wird. Das liegt einmal da vor, wo ...
    die Worte den Gestalten nur ganz äußerlich in den
    Mund gelegt werden". K. Friedemann: Die Rolle des
    Erzählers in der Epik; Berlin 1910; S.161.

85) Watt, a.a.O., S. 89.

86) Sutherland sieht in Moll Flanders sicherlich mit
einigem Recht "our first sociological novel"
(Sutherland (3), a.a.O., S.179); ähnlicher Auffassung ist Moore - "Defoe's first social novel" -
(a.a.O., S.243).
Watt betrachtet Moll von Anfang an als "a criminal"
und als "characteristic product of modern individualism" (a.a.O., S.98).
Zur interessanten 'Ironie-Diskussion' zu Moll
Flanders vgl. Watts hervorragende Zusammenfassung
('The Recent Critical Fortunes of Moll Flanders';
Eighteenth-Century Studies, I (1967), S.109-126)
sowie die Ausführungen von James (a.a.O., S.201 ff.)
und Richetti (a.a.O., S.94 ff.).

87) Auch Richetti vermag zunächst wenig Zusammenhang
zwischen Molls späterer Kriminalität und ihrer
jugendlichen Erziehung erkennen: "Moll ... is not
really served badly by the social circumstances
surrounding her childhood." (A.a.O., S.97)

88) Die zentrale Bedeutung dieser Stelle betont auch
Shinagel (a.a.O., S.144): "Moll charts the course
of her life". Ähnlich West, a.a.O., S.89-91,und
Starr, Defoe and Spiritual Autobiography, a.a.O.,
S.127 ff.

89) Die Grundidee der Diagrammform, bestehend aus Intentionslinie und Modifikationen, entnahm ich dem
leider wenig beachtet Werk Harold Westons, Form
in Literature; Repr. Folcroft Library Ed. 1970,
auf das Rafael Koskimies (Theorie des Romans;
repr.Nachdr., Darmstadt 1966, S.172 ff.) aufmerksam machte. Weston kannte natürlich keine Ein-
fügung der drei Gesellschaftsschichten in das
Diagramm.

90) Der genaue Rang der Familie wird nie recht deutlich.
Während Richetti sie schlicht als "middle-class" be-
zeichnet (a.a.O., S.100), weiß Starr, daß es sich
um die Familie eines "Colchester merchant" handelt
(Defoe and Spiritual Autobiography, a.a.O., S.128).
Shinagel betrachtet die Familie sicherlich zu
Recht aus der Perspektive Molls und hebt hervor,
daß es primär "a household with born ladies" sei
und Moll die Chance habe, erstmals Kontakte
zu 'Gentlemen' aufzunehmen.
(Shinagel, a.a.O., S.148/149)
Novak macht einige interessante Anmerkungen zum
Status Molls in der Familie ("a wealthy family"),
Economics, a.a.O., S.84 ff.

91) "Their Youth is spent to teach them to Stitch and Sow, or make Bawbles: They are taught to Read indeed, and perhaps to Write their Names, or so; and that is the heighth of a Woman's Education." Essay, S.282/283.
Vgl. auch CEG, S.239.

92) In Roxana wird zum Beispiel der sehr negativ dargestellte Hof als "exceeding gay and fine" beschrieben (S.172).

93) James arbeitet sehr gut Defoes Wortwahl im Umfeld des 'Heirats-Marktes' heraus; a.a.O., S.213 ff.

94) "Faced by economic insecurity, Moll marries Robin, for whom she has almost no affection, and thus commits what Defoe later called 'Matrimonial Whoredom.' " Novak, Economics, a.a.O., S.88.

95) Wenn Richetti diese Stelle als Beweis für seine These zitiert, Moll sei "sexually attracted to men who are socially versatile and thereby, by her own implication and emphasis, sexually potent", so ist das sicherlich ebenso fragwürdig wie seine Behauptung: "The sword is a badge of aristocratic sexuality". Er verkennt, daß Moll hier in allererster Linie auf zeitgenössische Statussymbole abzielt (a.a.O., S.107).

96) Während sich Starr (Defoe and Casuistry, a.a.O., S.124/125) fragt, ob Moll angesichts dieser Eskapaden Gewissensbisse habe ("soon after their marriage a case of conscience arises over what a wife should do when her husband's extravagances threaten family ruin"), betont Sutherland sicherlich richtiger den Aspekt des Genusses ("great deal of pleasure"; "fun"; Sutherland (3), a.a.O., S.179).

97) Bemerkenswert erscheint Defoes Kunstgriff, Moll in der Form des Gedichts die Wahrheit sagen zu lassen:
"I'm Poor: Let's see how kind you'll prove.
This was a sad Truth to me, whether he believ'd me or no I could not tell; I supposed then that he did not." (MF, I,80)
Sicherlich treffend ist Shinagels Anmerkung zur Form dieser Stelle: "Defoe appears to be imitating the genteel romances of the upper-class reading audiences" (a.a.O., S.153).

98) Immerhin beurteilt Moll diese Episode wie folgt: "And now I was indeed in the height of what I might call Prosperity, and I wanted nothing but to be a Wife, which however could not be in this Case"; Kutsche, Dienerschaft und "very handsome Rooms" in "Hamersmith" runden das Bild ab.
MF, I, 123.

99) Molls einzelne Eheabenteuer stehen also bei genauerer Betrachtung nicht unverbunden nebenein-
ander (wie Teile der Sekundärliteratur, besonders Watt, es behaupten). Moll verfolgt vielmehr
konsequent ihren Plan, durch Heirat sozial aufzusteigen.

100) Ähnliches erlebt auch Roxana, die Eheangebote von
Mitgliedern der 'Gentry' und sogar der 'Nobility'
erhält; Rox., 166/167.

101) Vgl. die Darstellung im Kapitel über 'Die Macht'.
Zum Problem 'poverty' - 'necessity' vgl. Novak,
Defoe, a.a.O., S.78 ff.
Starr sieht im Übergang Molls zur Kriminalität
keinerlei "break in her spiritual development"
und behauptet sogar: "her career in crime is not
so much a case of innocence giving way to guilt,
as of existing guilt taking on new degrees and
dimensions." (Starr, Defoe and Spiritual Autobiography, a.a.O., S.148) Das Verständnis ist in
doppelter Hinsicht symptomatisch; erstens wird
Moll einmal mehr als 'Kriminelle von Anfang an'
verstanden, zweitens in ein Interpretations-
schema eingepaßt. Tatsächlich war Moll doch
bisher nicht kriminell, im Grunde gilt auch
Richettis Bemerkung: "she is never by any fair
definition a whore" (a.a.O., S.122).

102) Watt, a.a.O., S.102.

103) Molls Ambitionen als 'Gentlewoman' auch während
der kriminellen Phase wurden bisher nicht in der
Sekundärliteratur beachtet.

104) Watt, a.a.O., S.102.

105) James spricht treffend von Molls "tough, mercan-
tile attitude toward crime"; a.a.O., S.219.

106) Weimanns Bemerkung: "Die Lebensgeschichte der
Moll Flanders, die in Newgate geboren wird und
trotz ihrer Schönheit und Intelligenz schließlich wieder in Newgate endet, ist eine soziale
Tragödie, die folgerichtig mit dem Tod der von
der Gesellschaft Ausgestoßenen zu enden hat",
kann nicht unwidersprochen bleiben. Molls Weg
bis Newgate beinhaltete eben keinerlei "tragische
Unabwendbarkeit ihres Geschicks", sondern war
die Folge ihres sehr bewußten Strebens nach
sozialem Aufstieg. Ohne diese Ambitionen hätte
Moll schließlich mehrfach die Chance gehabt, ein
recht sicheres, gutbürgerliches und-im Vergleich
mit den Umständen ihrer Geburt-geradezu erfolgreiches Leben führen zu können.
Weimann (1), a.a.O., S.81.

107) Ähnlich heißt es einmal in Colonel Jack: "I had the
Mortification to see two or three of the Preston
Gentlemen there, who being Prisoners of War, were
spar'd from the publick Execution, and sent over
for to that Slavery, which to Gentlemen must be
worse than Death." (CJ, 251)

108) "quitting this part of the World, and living
where no Body could upbraid us with what was past";
MF, II,131/132.
Starr sieht natürlich die Ursache für den Aufbruch
in ein 'neues Leben' in der Bekehrung und Reue
Molls. Doch einerseits scheint mir die "genuineness
of her conversion" vom Text her keineswegs so überzeugend zu sein, zum anderen benutzt Moll doch das
'sündige Geld' zum Aufbau des neuen Lebens.
(Starr, Defoe and Spiritual Autobiography, a.a.O.,
S.158 ff.)
Zweifel an einer tatsächlich neuen Geisteshaltung
hat auch Watt; a.a.O., S.120.

109) Shinagel, a.a.O., S.154.

110) MF, II,172.
Sutherlands Schlußbemerkung zu Moll Flanders
scheint sehr treffend: "If we cannot say that
virtue has been rewarded we can at least see her
eventual rehabilitation as the triumph of tough-
ness and persistence." Sutherland (3), a.a.O.,
S.194.
Wenn West klagt: "The woman who as a little girl
had implored so passionately not to be made a
servant now makes other girls her servants. Like
Robinson Crusoe, she becomes what she rebelled
against", so verkennt er, daß Moll nie etwas
gegen eine derartige Tätigkeit a n d e r e r hatte.
Dienerschaft war vielmehr ein wesentlicher Bestandteil ihres ersehnten Status'.
West, a.a.O., S.98.

111) Titel; CJ, XXXI (m.Sp.).

112) Diese Auffassung auch bei McBurney:'Colonel
Jacque: Defoe's Definition of the Complete
English Gentleman'; SEL, II (1962), S.326; von
ihm stammt das Zitat Maynadiers.
Watt, a.a.O., S.65.

113) Zur Bedeutung des Titelblattes im 18. Jahrhundert
ist folgendes Zitat aus dem ersten Buch der Memoiren
Casanovas interessant, wo die Frau mit einem Buch
verglichen wird, "von dem ob gut oder schlecht, zunächst die Titelseite gefallen muß; bietet sie
keinen Anreiz, so erweckt sie auch nicht die Lust
zum Lesen". Ich entnahm die Stelle einem Beitrag
H. Schwab-Felischs, 'Bücher sind wie Frauen', FAZ,
Nr.271, 22.11.1975, S.19.

114) Auf einige Diskrepanzen macht auch Sutherland (3),
     a.a.O., S.196, aufmerksam.

115) Entgegen der Meinung Monks: "Defoe's treatment of
     sex is almost totally matter of fact and without
     lubricity, except for one remarkable scene in
     Roxana"('Introduction'zur Oxford Paperbacks Ed.
     von Colonel Jack, S.XVII), entsprach Defoe in der
     Art der Beschreibung derartiger Details ganz offen-
     bar den Lesererwartungen. Die bekannte Szene in
     Roxana ist denn auch keineswegs eine "anomaly in
     Defoe's fiction", abgesehen von recht genüßlichen
     Schilderungen in Moll Flanders berichtet auch
     Colonel Jack von eindeutigen Vorgängen, etwa im
     Zusammenhang mit seiner dritten Frau: "a Villain ...
     made her and her Maid so Drunk together, that he
     lay with them both; with the Mistress the Maid
     being in the Room, and with the Maid, the Mistress
     being in the Room" (CJ, 241/242).
       Interessant ist in diesem Zusammenhang auch, daß
     im ansonsten so unverfänglichen Robinson Crusoe
     auffallend häufig auf die Nacktheit des Helden,
     Freitags, der Wilden und einiger Seeleute hinge-
     wiesen wird und damit auf einen in der damaligen
     Zeit streng tabuisierten Zustand.

116) McBurney, a.a.O., S.321.
     Dagegen sieht L. Borinski in dem Roman "in vielem
     eine Dublette von Moll Flanders" (Der englische
     Roman des 18. Jahrhunderts; Frankfurt/M., Bonn
     1968; S.52). Daß Borinski übrigens "Glass-house"
     statt mit 'Glashütte' mit "Treibhaus" übersetzt,
     mag noch verzeihlich erscheinen, nicht aber der
     folgende Satz: "Defoes geringe Meinung vom weib-
     lichen Geschlecht erscheint immer wieder [!] in
     seinen Werken, möglicherweise spielen hier eigene
     Erfahrungen in seiner Familie mit" (S.53). Eine
     genauere Kenntnis von Defoes Werken beweist schließ-
     lich das exakte Gegenteil.

117) Vgl. CJ, 38: "How come you to be call'd, Col. Jack,
                   pray.
                   They say, said I, my Father's Name
                   was Col."

118) CEG, S.13 (m.Sp.).

119) CEG, S.12.
     Teile der Sekundärliteratur nehmen übrigens die
     Aussage der 'nurse' für bare Münze und ziehen sehr
     freie Schlußfolgerungen; etwa Borinski: "Colonel
     Jacque ist der Sohn vornehmer Eltern, und sein edles
     Blut wirkt sich von Jugend an aus. ... Das Gentle-
     manideal beweist sich zunächst als ein Standesideal:

484

Es ist ja das adelige Blut ohne alle Erziehung und unter äußeren Verhältnissen furchtbarster Degradierung, das diese Wunder wirkt. Moral wird so in England bis zu einem gewissen Grad ein Vorrecht der herrschenden Klassen ... Bemerkenswert ist auch, daß selbst der Bürger Defoe, der dazu noch ein Nonkonformist ist, derartig den Vorrang der Gentry proklamiert." (Borinski, a.a.O., S.53/54.) Wie die Arbeit - im Einklang mit zahlreichen anderen - sich zu zeigen bemüht, beabsichtigte Defoe immer das Gegenteil.

Differenzierter und sicherlich richtiger sehen Shinagel (a.a.O., S.162) und Richetti das Problem. Richetti bemerkt: "There seems to be a subversive implication in that to the effect that social class is a matter of personal belief rather than actual property, but it is really a perfectly orthodox bit of the classless ideology of the middle classes: the best people are those who believe themselves to be best. The myth is psychological rather than genetic, the hint of superiority must be given." (Richetti, a.a.O., S.148/149 .)

Wenngleich Sutherland einschränkt,"Jack's conduct was certainly influenced by the belief that he was by heredity a gentleman", so führt ihn ein Mißverständnis dazu zu glauben, Defoe vertraue hier auf ein "hereditary principle", und als einen Beweis gibt er an: "In The Complete English Gentleman Defoe even issued a warning (one must suppose seriously intended) about the danger of ladies not suckling their own children ... and exposing them 'to suckle in the life blood of a dairy wench...' ". (Sutherland (3), a.a.O., S.203/204).Tatsächlich ironisierte Defoe - wie schon oben gezeigt wurde - nur die Auffassungen des Adels, denn etwas später fügt er an: "All this while I do not grant that there is really any degeneracy of blood in either the marriage or the suckling, except in case of distemper" (CEG, S.83).

120) Schließlich sei an die Bemerkung Roxanas zum Schicksal ihresunehelichen Kindes (dessen Vater sogar ein Fürst war) erinnert: "the Disaster of his Birth will be always, not a Blot only to his Honour, but a Bar to his Fortunes in the World" (Rox., 81).

121) CJ, Pref., 1.

122) Vgl. CEG, S.12; natürlich ist zu bedenken, daß Colonel Jack eher entstand.

123) Solche 'prophetischen' Hinweise am Anfang des Romans finden sich bei Defoe fast immer; man denke auch etwa an Robinson Crusoe.

124) An Fielding erinnert auch der Satz: "As for your
humble Servant, Colonel <u>Jack</u> ..." (<u>CJ</u>, 6).

125) Obwohl Jack an dieser Stelle (S.6) behauptet,
lesen zu können, gibt er 70 Seiten später an: "I
could not read" (S.77). Zu den zahlreichen Ungereimtheiten in <u>Colonel Jack</u> vgl. besonders
Sutherland (3),a.a.O., S.196 ff.

126) Auch das Vorwort behauptet: "<u>Circumstances form'd
him by Necessity to be a Thief</u>" (<u>CJ</u>,1). Zur
spezifischen Problematik von 'necessity' und
'poverty' bei <u>Colonel Jack</u> vgl. Novak, <u>Defoe</u>, a.a.
O., S.74 ff.

127) Ein häufiges Motiv bei Defoe, das sich auch nach
der Rückkehr Robinson Crusoes von seiner Insel
gegen Ende des ersten Teils findet (<u>RC I</u>, II,82)
und ähnlich bei <u>Moll Flanders</u> und <u>Roxana</u> auftaucht.

128) Vgl. den 'Lasterkatalog' zu Beginn des Kapitels
über die Oberschicht.

129) Zum Beispiel im Zusammenhang mit der dritten **Frau**
Jacks und bei Molls 'Baronet'.

130) Später rät Jack selbst: "every <u>Newgate</u> Wretch,
every Desperate forlorn Creature ... has here a
fair Opportunity put into his Hands to begin the
World again" (<u>CJ</u>, 153).
Vergleicht man die beiden 'Struktur-Modelle',
so fällt die Ähnlichkeit im Verlauf der Linien
kurz vor der jeweiligen Lebensphase in den Kolonien auf.

131) Dank mittelständischer Tugenden also.

132) Jack bezeichnet seine Situation ausdrücklich
als "an Independant State" (<u>CJ</u>, 155), was genau
der Definition Defoes für die mittlere Schicht
entspricht.

133) Unverbesserliche Sklaven verkaufte Jack übrigens
einfach weiter und ging damit so vor, wie Defoe
es den erfolgswilligen Kaufleuten bei der Behandlung von Falschgeld geraten hatte - es nämlich möglichst unauffällig weiterzugeben.

134) McBurney, a.a.O., S.330.

135) Zur Kritik Defoes vgl. oben das betreffende Kapitel
und <u>CEG</u>, S.39; 71; 87.

136) Trotz der zweifellos zunächst von Defoe intendierten Ironie, daß Jack "the main Article" im Reper-
toir eines 'Gentleman', die Beherrschung des Degens,
nicht in Frankreich erlernt hatte, muß Defoe später
offenbar Konzessionen an zeitgenössische Vorstellungen machen; denn als Jack tatsächlich den Status

eines 'Gentleman' erlangt, kämpft und gewinnt er auch ein Duell. Dabei hatte Defoe stets heftig gegen Zweikämpfe und das Tragen von Waffen opponiert. Vgl. etwa Rev. I,71; IX,67-69; und McBurney, a.a.O., S.332/333.

137) Unverständlich bleibt, wieso Shinagel diese entscheidende Stelle übergeht und nur anmerkt: "he learns to handle a sword while serving as an officer in the army." Anders McBurney (a.a.O., S. 333) und Richetti, der feststellt: "It is only when he is able to purchase a commission in the French army at Dunkirk that he is satisfied entirely" (a.a.O., S.183).

138) CEG, S.47.

139) Es sei daran erinnert, daß Robinson Crusoe zu Anfang seiner Erzählung ausdrücklich darauf hinweist, sein Bruder sei "Lieutenant Collonel to an English Regiment of Foot in Flanders" gewesen (RC I, I,1)

140) McBurney, a.a.O., S.334.

141) Der flache Verlauf der Handlungslinie im 'Struktur-Modell' nach Jacks Erreichung seines Zieles scheint das Urteil einiger Kritiker zu bestätigen, daß große Teile des letzten Drittels des Romans recht 'flach' seien.

142) CJ, 301.

143) CEG, S.257.

144) Hinsichtlich der strukturellen Kohärenz gehen die Meinungen der Kritiker deutlich auseinander. Während etwa Sutherland Roxana "the most elaborately constructed of all Defoe's novels" nennt, findet James: "Structurally the novel is arranged in a clearly haphazard manner". Sutherland (3), a.a.O., S.205; James, a.a.O., S.231.

145) Durch ihre Beherrschung der französischen Sprache und französischer Umgangsformen erfüllt Roxana zugleich wesentliche Ansprüche der damaligen 'besseren Kreise'.

146) Sehr treffend hierfür scheint mir Richettis Ausdruck "aristocratic hardware"; in folgendem Zusammenhang: "Roxana presents a great deal of aristocratic hardware: jewellery, china, clothing, houses, equipage, and servants and parties are rolled out frequently for our delight." (A.a.O., S.215.) Im Zeitalter des Computers ist man versucht, analog ihre Intention - das 'Programm' - als 'software' zu bezeichnen.

147) Richetti weist sicherlich zu Recht auf die Nähe zum 'roman à clef' und zur 'chronique scandaleuse' hin:

"It is clearly an attempt to mine the popular vein of chronique scandaleuse, a 'secret history' of low doings in high life such as Eliza Haywood and others were turning out in great numbers during the 1720s." (Richetti, a.a.O., S.178.) Richettis Analyse von Roxana dürfte zu den gelungensten Interpretationen überhaupt zählen.

148) Richetti kennzeichnet Roxanas Intention - "that nothing less than the KING himself was in my Eye" (Rox., 172) - wiederum sehr treffend als "her most forthright personal manifesto" (a.a.O., S.200).

149) Daher trifft Shinagels einleitende Bemerkung genau zu: "Roxana was to serve as the embodiment of Defoe's thoughts on the advisability of looking up higher still, to the top level of society, a level traditionally restricted to only the most privileged members of any society. The Fortunate Mistress is Defoe's essay into the province of high society" (a.a.O., S.178).

150) Unter anderem auch im Journal of the Plague Year (JPY, 232). Zu Sir Robert Clayton vgl. Novak, Economics, a.a.O., S.131 ff. und besonders Shinagel, a.a.O., S.185 - 188.

151) Vgl. CET, Vol. I, S.245: "an estate's a pond, but trade's a spring: the first, if it keeps full, and the water wholesome, by the ordinary supplies and drains from the neighbouring grounds, it is well, and it is all that is expected; but the other is an inexhausted current, which not only fills the pond, and keeps it full, but is continually running over, and fills all the lower ponds and places about it."

152) Wiederum finden sich Parallelen: CET, Vol. I, S.244.

153) CET, Vol. I, S.242.

154) James betont besonders Roxanas "commercial jargon" und ihren "tradesmanlike outlook that colors her general attitude toward life, and governs the principal decisions she makes in regard to her future course." (A.a.O., S.237; 239.)

155) Der eindeutige Anachronismus - Roxana hätte beim Tode Karls II. erst zwölf Jahre alt sein können (vgl. dazu und zu anderen Ungereimtheiten:James, a.a.O., S.231) - hat nur außerhalb der Romanhandlung Bedeutung.

156) Vgl. oben das Kapitel über Defoes Konzeption zur Oberschicht.

157) Auch in <u>Colonel</u> <u>Jack</u> spielten ja "Principles of Honour" die wesentliche Rolle.

158) James nennt Roxanas Sehnsucht nach dem Auftreten als "supercilious <u>grand</u> <u>dame</u>" "one of her favorite poses" (a.a.O., S.246).

159) Borinski, a.a.O., S.55.
Die meisten Kritiker empfinden den Schluß des Romans als unbefriedigend (vgl. u.a. Sutherland (3), a.a.O., S.206 f.; Shinagel, a.a.O., S.196/197), und auch die Zeitgenossen sahen sich genötigt, zwei Versionen eines 'befriedigerenden' Schlusses zu erfinden (1740 und 1745).

3.2. Zusammenfassung und Vergleich - <u>A</u> <u>Journal</u> <u>of</u> <u>the</u>
<u>Plague</u> <u>Year</u>

1) Watson Nicholson: <u>The</u> <u>Historical</u> <u>Sources</u> <u>of</u> <u>Defoe's</u>
<u>Journal</u> <u>of</u> <u>the</u> <u>Plague</u> <u>Year</u>; Boston 1919. S.87; 100.
Walter George Bell: <u>The</u> <u>Great</u> <u>Plague</u> <u>in</u> <u>London</u> <u>in</u>
<u>1665</u>; rev.ed., London 1951. S.IX.
Zu Landa vgl. <u>JPY</u>, XXXIX.

2) Sutherland (2), a.a.O., S.34; James, a.a.O., S.136;
Landa, <u>JPY</u>, XXXIX; Volker Klotz: <u>Die</u> <u>erzählte</u> <u>Stadt</u>;
München 1969. S.64.

3) Vgl. Weimann (1), a.a.O., S.112; Walter Allen: <u>The</u>
<u>English</u> <u>Novel</u>; repr., Harmondsworth 1970 (Pelican
Book). S.41; Sir Ifor Evans: <u>A</u> <u>Short</u> <u>History</u> <u>of</u>
<u>English</u> <u>Literature</u>; 2nd ed., repr., Harmondsworth
1967. S.157, wo Sir Evans sogar anmerkt: "Defoe's
outlook on the novel is best illustrated through
<u>A</u> <u>Journal</u> <u>of</u> <u>the</u> <u>Plague</u> <u>Year</u> ... He regards the
novel, not as a work of the imagination, but as a
'true relation', and even when the element of fact
decreases, he maintains the close realism of pseudo-
fact."
A.R. Humphreys: 'The Literary Scene'; in: <u>The</u> <u>Pelican</u>
<u>Guide</u> <u>to</u> <u>English</u> <u>Literature</u>, Vol. 4, <u>From</u> <u>Dryden</u> <u>to</u>
<u>Johnson</u>; repr., Harmondsworth 1970. S.76.
Watt, a.a.O., S.98.

4) Beispiele dafür finden sich bei Bell, a.a.O., S.73 f.
u.ö. sowie in F. Bastians bedeutendem Artikel:'Defoe's
<u>Journal</u> <u>of</u> <u>the</u> <u>Plague</u> <u>Year</u> Reconsidered'; <u>RES</u>, N.S. 16
(1965), S.151 - 173.

5) Zur Perspektive "H.F."s bemerkt Richetti: "Defoe's
other narrators appropriate their environments,
converting them from historical and geographical
entities into emanations of the infinitely resource-
ful self. The saddler's account is rooted in and
limited by the historical moment of the plague,
and it is surrounded as well by the verifiable docu-
ments and maps of an actual London." (A.a.O., S.233.)

6) Man fühlt sich an eine Intention im Vorwort zu Colonel
Jack erinnert: "a delightful Field for the Reader to
wander in" (CJ, 2); ähnlich kann der Leser des Journal
durch London 'wandern'.
Zur Topographie vgl. die vorzüglichen 'Topographical
References' in Landas Anhang (JPY, 291 - 298) und
Manuel Schonhorn: 'Defoe's Journal of the Plague
Year - Topography and Intention'; RES, N.S. 19
(1968), S.387 - 402. Klotz, a.a.O., S.48.

7) Was gerade im Hinblick auf Robinson Crusoe und Moll
Flanders wundert, ist,daß in beiden Romanen weder
Pest noch Feuer erwähnt werden, obwohl beide im
gleichen Zeitraum spielen und die Helden zu dieser
Zeit Kontakt mit London haben.

8) The St.James Journal, No 3; 17.5.1722.

9) Bell, a.a.O., S.IX.

10) Später spricht der Erzähler noch von "some stupidity"
und "dullness of Mind" (JPY, 34).

11) Diese Aufstellung findet sich JPY, 94 - 95.

12) "And, which tho' a melancholy Article in it self,
yet was a Deliverance in its Kind, namely, the
Plague which raged in a dreadful Manner from the
Middle of August to the Middle of October, carried
off in that Time thirty or forty Thousand of these
very People [= the Poor]" (JPY, 97/98).

13) W.A. Flanders Satz trifft zu, "The narrator
vacillates between contempt and pity for the poor."
W.Austin Flanders: 'Defoe's Journal of the Plague
Year and the Modern Urban Experience'; in: Daniel
Defoe - A Collection of Critical Essays; Ed. Max
Byrd, Englewood Cliffs, N.J. 1976. S.164.

14) Bell, a.a.O., S.94 ff.; 152 f. u.ö.

15) Zur Geschichte mit dem Fährmann vgl. JPY, 106 ff.;
zur Episode der drei Männer: JPY, 122 - 150.
Beide finden in der Sekundärliteratur einige Be-
achtung. Vgl. Flanders, a.a.O., S.167; Novak,
Economics, a. .O., S.92 f.
Übrigens enttäuscht, daß Novak in seinen beiden
Arbeiten das Journal praktisch übergeht, obwohl
es zweifellos thematisch ergiebig gewesen wäre.

16) Vgl. Stamm, a.a.O., S.306 - 307.

17) Ein recht pikanter Aspekt ist, daß offenbar 'Trade'
die Pest in die Stadt brachte: "The Manner of its
coming first to London ... by Goods brought over
from Holland, and brought thither from the Levant"
(JPY, 194). "H.F." sieht diese Verbindung (natürlich) nicht.

18) CET, Vol. I, S.2.
So gesehen ist "H.F." eben kein "Durchschnitts-
mensch, ein Vertreter des 'man in the street'"
(Borinski, a.a.O., S.57), sondern Mitglied einer
sozial bessergestellten Gruppe - als solcher hatte
er auch aus zeitlichen wie intellektuellen Gründen
die Möglichkeit, ein Tagebuch zu führen.

19) James, a.a.O., S.148.

20) Zu diesem 'Entscheidungs-Komplex' vgl. besonders
Starr, Defoe and Casuistry, a.a.O., S.58 ff.

21) Vgl. JPY, 159; 38.

22) Bell, a.a.O., S.229: "Not one merchant in a hundred
was left in the City, where nothing but the Plague
mattered. Debts could not be collected or goods
sold."
Sutherland weist durchaus überzeugend auf die
Ähnlichkeiten zwischen "H.F." und Defoe selbst hin:
"Of all his impersonations, or creations, the one
who comes closest to Daniel Defoe is perhaps the
saddler ... Here he is attempting less disguise; the
saddler belongs to the same class, the same sex, and
the same moral order as Defoe himself"; Sutherland
(1), a.a.O., S.244.
Ähnlich argumentieren James (a.a.O., S.139): "Thus
H.F.'s prose closely resembles that of his creator,
and also echoes that of Defoe's other fictitious
narrators" sowie Bastian: "To a large extent 'H.F.'
was a convenient mask, from behind which comes the
voice of Defoe himself" (a.a.O., S.165).

23) Vgl. JPY, 77; 80.

24) Zur Problematik der fragwürdigen Authentizität der
'Orders' vgl. Bell, a.a.O., S.72 - 77 und die
Diskussion der Ergebnisse Bells bei Bastian, a.a.O.,
S.154 - 156.

25) Gesellschaftliche Aussagen werden also nicht allein
verbal, sondern 'funktionell' gemacht (vgl. die
Terminologie zu Beginn des Hauptteils über die Romane).

26) Rev. IV, 15.

27) Defoe nutzt also in seiner Darstellung ein Verfahren, das Klotz sehr schön mit "Einsicht durch
Verfremdung" bezeichnet (a.a.O., S.52).

28) Vgl. oben den Schluß des Kapitels über die Oberschicht.

29) RC II, III, 149: "The Japan Merchant prov'd a
very punctual honest Man".
Colonel Jack schimpft häufig auf die Spanier
allgemein, lobt jedoch spanische 'Merchants'.

30) Bell, a.a.O., S.68.

31) Bell berichtet von der Entwicklung um den 6. Juli
herum: "The same day it was ordered that the High
Court of Admiralty be adjourned to Winchester ...
This was disconcerting, it being the first movement
of any established authority away from the ad-
vancing Plague. Quickly other news followed which
made a much deeper impression upon the public mind.
Whitehall was left empty. The Londoners learnt on
July 7th that the King had gone to Isleworth."
(Bell. a.a.O., S.66.)

32) Als einzige Unterstützung erwähnt er an dieser
Stelle: "that of appointing a Monthly Fast in the
City, and the sending the Royal Charity to the
Relief of the Poor" (JPY, 234).

33) Übrigens bestätigt Bell das negative Bild, das
Roxana vom Hof Karls II. zeichnet. Selbst zur Zeit
der Pest galt (in Oxford): "Modesty went out with
the Queen. Others came who stayed till two in the
morning. In the country dances ... 'they did jumpe
and leape as those creatures who live upon your
mountains' [so ein französischer Beobachter] ...
Rosy Mrs. Stuart was there, the latest favourite
and object of scandal among Charles's curious
menage, 'extraordinarily merry,' attracting all
attention. After dancing she sang four or five
French songs ..." (Bell, a.a.O., S.307).

34) Vgl. Weimann (1), a.a.O., S.55.

35) Dennoch redet "H.F." keiner fatalistischen Hingabe
an das Schicksal das Wort, vielmehr warnt er stets
vor "predestinating Notions" der "Turks and Maho-
metans in Asia" (JPY, 11). Doch schwankt er ein
wenig hinsichtlich der Interpretation eines Krank-
heitsfalles - kann man stets mit Sicherheit sagen,
ob der Betroffene vor Gott schuldig war oder nicht?
Einerseits glaubt "H.F.", daß auch Unschuldige erkrankten (JPY, 68), andererseits erlebt er die
Krankheit als rächenden Eingriff Gottes (JPY,66).
Zu diesen Problemen und zu 'Providence' allgemein
im Journal, vgl. besonders Starr, Defoe and Casuistry, a.a.O., S.60 ff.

36) Vgl. JPY, 12/13.

37) Vgl. CJ, 169 u. RC I, I,107/108; I,182.

38) Auch Bell befaßt sich recht ausführlich mit diesen Ereignissen; vgl. Bell, a.a.O., S. 227 ff.

39) Daher betont Schonhorn zu Recht, das Journal sei "a clearly stated plea for sanity and tolerance in religious matters" (a.a.O., S.397).

40) Jacks Tutor bittet ihn, "to read the Scriptures every Day, as the sure and only Fund of Instruction" (CJ, 171).

41) Im Grunde gilt, was Sutherland zur Religiosität Robinson Crusoes bemerkte: "his religion is home-made and not of the finest quality ... but it is sound, it works, and it will stand up to daily use." Sutherland (2), a.a.O., S.27.

42) Vgl. dazu etwa JPY, 104; 175.

43) Bell, a.a.O., S.149.

44) MF, II,112.

45) Colonel Jack gibt (sicherlich nicht zufällig) an, daß in Maryland - wo vorwiegend Quäker siedelten - eine humanere Einstellung den Sklaven gegenüber vorherrsche: "they are to this Day less Cruel and Barbarous to their Negroes, than they are in Barbados, and Jamaica"(CJ, 149).

46) RC II, III,54.

47) Vgl. Supplement to the Review, No 5, S.6 (zur Ehe).

48) Robinson Crusoe Examin'd and Criticis'd, a.a.O., S.122.

49) Ebd., S.113; 77; 66.

50) Rev. V,495.

51) Robinson Crusoe Examin'd and Criticis'd, a.a.O., S.119 - 127.

52) RC II, III,180.

53) RC I, I,101.

54) Rev. III,311.

493

Verzeichnis der Abkürzungen

1. Defoes Werke

BSIT   A Brief State of the Inland or Home Trade (1730)

CEG   The Compleat English Gentleman (postum; 1890)

CET   The Complete English Tradesman (1725)

CJ   The History and Remarkable Life of the Truly Honourable Col. Jacque, Commonly Call'd Col. Jack (1722)

CS   The Life, Adventures, and Pyracies of the Famous Captain Singleton (1720)

GA   Giving Alms no Charity (1704)

GLS   The Great Law of Subordination Consider'd (1724)

HM   A Hymn to the Mob (1715)

HPPE   An Humble Proposal to the People of England (1729)

JPY   A Journal of the Plague Year (1722)

JD   Jure Divino (1706)

LM   Legion's Memorial to the House of Commons (1701)

MF   The Fortunes and Misfortunes of the Famous Moll Flanders (1722)

OP   The Original Power of the Collective Body of the People of England, Examined and Asserted (1702)

PEC   A Plan of the English Commerce (1728)

PMP   The Poor Man's Plea (1698)

RC I   The Life and Strange Surprizing Adventures of Robinson Crusoe, of York, Mariner (1719)

RC II   The Farther Adventures of Robinson Crusoe (1719)

RE   Of Royall Educacion (postum; 1895)

Rev.   Review (1704 - 1713)

Rox.   The Fortunate Mistress: Or, A History of the Life ... of the Lady Roxana (1724)

TBE   The True-Born Englishman (1701)

Tour   A Tour Through the Whole Island of Great Britain (1724 - 1727)

2. Andere Autoren

George (1)   Mary Dorothy George: England in
                    Transition (1931)

George (2)   ---: London Life in the Eighteenth
                    Century

Marshall (1)   Dorothy Marshall: Eighteenth Century
                    England (1966)

Marshall (2)   ---: English People in the Eighteenth
                    Century (1956)

Marshall (3)   ---: The English Poor in the Eigh-
                    teenth Century (1926)

Novak, Defoe   Maximillian E. Novak: Defoe and the
                    Nature of Man (1963)

Novak, Economics ---: Economics and the Fiction of
                    Daniel Defoe (1962)

Sutherland (1)   James Sutherland: Defoe (1937)

Sutherland (2)   ---: Defoe (1970)

Sutherland (3)   ---: Daniel Defoe, A Critical Study
                                              (1971)

Trevelyan (1)   George Macaulay Trevelyan: English
                    Social History (1972)

Trevelyan (2)   ---: England Under Queen Anne; Vol. I,
                    Blenheim (1948)

Weimann (1)   Robert Weimann: Daniel Defoe. Eine
                    Einführung in das Romanwerk
                                              (1962)

Weimann (2)   ---: 'Defoe: Robinson Crusoe';
                    in: Der englische Roman (Hrsg.
                    F.K. Stanzel; 1969)

3. Sonstige Abkürzungen

Entsprechend dem Sigelverzeichnis der Modern Language Association.

Literaturverzeichnis

(Die Hervorhebung im Druck bei den Zitaten aus
den Quellen und den nicht-romanhaften Schriften
Defoes wurde durch Sperrung wiedergegeben, kur-
siver Druck in den modernen Romanausgaben und in
der zitierten Literatur durch Unterstreichung.)

1.   Defoes Werke

1.1.   Werkausgaben

Hazlitt   The Works of Daniel De Foe, With a Memoir
           of His Life and Writings. By William
           Hazlitt. London; Vol. I, 1840; II, 1841;
           III, 1842.

Lee   William Lee: Daniel Defoe. His Life and
           Recently Discovered Writings. Extending
           From 1716 to 1729. Vol. I - III. [London
           1896] Reprint; Hildesheim 1968.

Shakespeare Head   The Shakespeare Head Edition
           of the Novels and Selected Writings of
           Daniel Defoe. [Vol. 1 - 14; keine
           offizielle Bandzählung.] Oxford 1927 -
           1928.

Tegg   The Novels and Miscellaneous Works of
           Daniel De Foe ... Vol. I - XX. Oxford
           1840 - 1841. Printed ... for Thomas
           Tegg.

1.1.1. Aus Werkausgaben zitierte Einzelschriften
        und Romane

An Appeal to Honour and Justice [London 1715]; in:
        Shakespeare Head, The Shortest Way With the
        Dissenters and Other Pamphlets.

Augusta Triumphans [London 1728]; in: Tegg, Vol.XVIII.

The Complete English Tradesman, Vol. I - II; [London
        1725]; in: Tegg, Vol. XVII - XVIII.

The Family Instructor. Vol. I - II [London 1715/18];
        in: Tegg, Vol. XV - XVI.

The Farther Adventures of Robinson Crusoe [London 1719];
        in: Shakespeare Head, Robinson Crusoe, Vol.II -
        III.

The Fortunes and Misfortunes of the Famous Moll Flanders
        [London 1722]; in: Shakespeare Head, Moll
        Flanders, Vol. I - II.

Giving Alms no Charity [London 1704]; in: Shakespeare
Head, The Shortest Way ...

The History of the Kentish Petition [London 1701];
in: Shakespeare Head, The Shortest Way ...

An Humble Proposal to the People of England [London
1729]; in: Tegg, Vol. XVIII.

Jure Divino [London 1706]; in: Hazlitt, Vol. III.

Legion's Memorial to the House of Commons [London
1701]; in: Shakespeare Head, The Shortest
Way ...

The Life, Adventures, and Pyracies of the Famous
Captain Singleton [London 1720]; in:
Shakespeare Head, Captain Singleton.

The Life and Strange Surprizing Adventures of Robinson
Crusoe ... [London 1719]; in: Shakespeare
Head, Robinson Crusoe, Vol. I - II.

A Plan of the English Commerce [London 1728]; in:
Shakespeare Head, A Plan ...

The Poor Man's Plea [London 1698]; in: Shakespeare
Head, The Shortest Way ...

Second Thoughts Are Best [London 1729]; in: Tegg,
Vol. XVIII.

The True-Born Englishman [London 1701]; in: Shakespeare Head, The Shortest Way ...

1.2. Einzelausgaben

A Brief State of the Inland or Home Trade of England:
And of the Oppressions it suffers, and the
Dangers which threaten it from the Invasion
of Hawkers, Pedlars, and Clandestine Traders
of all Sorts. Humbly Represented to the
Present Parliament. London 1730.

The Compleat English Gentleman [ca. 1728/29]. Edited
for the First Time ... By Karl D. Bülbring.
London 1890.

An Essay Upon Projects. London 1697.

An Essay Upon Publick Credit. 3rd ed. London 1710.

The Fortunate Mistress ... Lady Roxana; Ed. with an
Introduction by Jane Jack; London 1969.
(Oxford Paperbacks. 186.)

The Great Law of Subordination Consider'd; or, The
   Insolence and Unsufferable Behaviour of
   SERVANTS in England duly enquir'd into.
   London 1724.

The History and Remarkable Life of ... Col. Jack;
   Ed. with an Introduction by Samuel Holt
   Monk; London 1970. (Oxford Paperbacks. 209.)

A Hymn to the Mob. London 1715.

A Journal of the Plague Year; Ed. with an Introduction by Louis Landa; London 1972.
   (Oxford Paperbacks. 292.)

A Letter to the Dissenters. London 1713.

Of Royall Educacion [ca. 1728]. Ed. for the First
   Time ... by Karl D. Bülbring. London 1895.

The Original Power of the Collective Body of the
   People of England, Examined and Asserted.
   London 1702.

Defoe's Review; Reproduced from the Original Ed. ...
   by Arthur Wellesley Secord [1938]; Repr.;
   New York 1965. Vol. I - XXII.

Serious Reflections During the Life and Surprising
   Adventures of Robinson Crusoe. With His
   Vision of the Angelick World. [Repr. of
   the 1st ed., London 1720] London 1925.

A Short View of the Present State of the Protestant
   Religion in Britain, as It is now profest
   in the Episcopal Church in England, the
   Presbyterian Church in Scotland, and the
   Dissenters in Both. Edinburgh 1707.

A Tour Through the Whole Island of Great Britain
   [London 1724 - 1727]; Abridged and edited
   ... by Pat Rogers; Harmondsworth 1971
   (Penguin English Library).

2. Zitierte Zeitungen und Zeitschriften des 18. Jh.

The Craftsman [London]; No 66, . 7.10.1727;
                           No 106, 13. 7.1728.

The Guardian [London]; No 130, 10. 8.1713. Zitiert
                        nach der Ausgabe: London 1804 (Sharpe,
                        British Classics). Vol. 2.

Mist's Weekly Journal [London]; No 151, 9.3.1728.

The Observator [London]; No 2, 8.4.1702.

The Rehearsal [London]; Vol. 1; No 125 - 129, 27.7. -
                        10.8.1706. Vol. 2; No 46, 17.3.1708.
                        Vol. 3; No 28, 7.7.1708.

The St. James Journal [London]; No 1, 3.5.1722;
                                No 3, 17.5.1722.

The Tatler [London]; No 190, 27.6.1710;
                     No 200, 20.7.1710. Zitiert nach
                     der Ausgabe: London 1804 (Sharpe,
                     British Classics). Vol. 4.

The Weekly Journal or British Gazetteer [London];
                     Vom 18.2.1721.

3. Andere Texte

The Holy Bible ... Authorised King James Version.
              London & New York (Collins) 1958.

Bulwer, E.L.: England and the English; Ed. S. Meacham;
             Chicago & London 1970 [1833 1] .

Davenant, Charles: Essay Upon the Probable Methods of
             Making a People Gainers in the Ballance of
             Trade. London 1699.

Deloney, Thomas: Jack of Newbury [1596]. Ed. Merrit
             E. Lawlis: The Novels of Thomas Deloney;
             Bloomington, Ind. 1961.

Ferguson, Adam: An Essay on the History of Civil
             Society; 4th ed., rev. and corr.; Repr.;
             Farnborough 1969 [der Ausg. London 1773].

Fielding, Henry: The History of Tom Jones; Vol. 1 -
             2. London & New York, Repr., 1966 (Every-
             man Paperback. 1355 - 1356.)

499

Hobbes, Thomas: Leviathan; Ed. C.B. Macpherson;
        Repr.; Harmondsworth 1974 (Pelican Classics).

Locke, John: Two Treatises of Civil Government;
        Repr.; London & New York 1970.
        (Everyman's Library. 751.)

Marx, Karl: Das Kapital; Bd 1. 19. Aufl. Berlin
        1973.

Richardson, Samuel: Pamela; Repr.; Vol. 1, 1969;
        Vol. 2, 1966. London & New York.
        (Everyman's Library. 683 - 684.)

---   : Clarissa; Vol. 4; Repr.; London & New
        York 1968. (Everyman's Library. 885.)

The Rights and Privileges of the City of London.
        London 1682.

Shakespeare, William: King Richard the Second;
        in: The Complete Works. New ed., ed.
        ... by Peter Alexander; Repr.; London
        & Glasgow 1964. S. 446 - 479.

Smith, Adam: The Wealth of Nations; Repr.; Vol.
        1 - 2. Introduction by Edwin R.A. Selig-
        man. London & New York 1970 u. 1971.
        (Everyman's Library. 412 - 413.)

Strype, John: A Survey of the Cities of London
        and Westminster. London 1720.

Wallace, Edgar: Der schwarze Abt; München 1959.
        (Goldmanns Taschenkrimi. Bd 69.)

4. Sekundärliteratur

Allen, Walter: The English Novel; Repr.; Harmondsworth 1970 (Pelican Book).

Anderson, Hans H.: 'The Paradox of Trade and Morality in Defoe'; MP, 39 (1941/42), S. 23 - 46.

Ashley, Maurice: England in the Seventeenth Century; 3rd ed., Repr.; Harmondsworth 1970 (The Pelican History of England. 6.)

Ashton, John: Social Life in the Reign of Queen Anne; Vol. 1 - 2. London 1882.

Austin, J.L. : How to Do Things With Words; Ed. J.O. Urmson; Cambridge, Mass. 1962.

Ayers, Robert W.: 'Robinson Crusoe: Allusive Alle-gorick History'; PMLA, 82 (1967), S. 399 - 407.

Baine, Rodney M.: 'Defoe and the Angels'; TSLL, 9 (1967), S. 345 - 369.

--- : Daniel Defoe and the Supernatural; Athens, Ga. 1968.

Ball, Donald L.: Samuel Richardson's Theory of Fiction; The Hague, Paris 1971.

Barth, Dirk: 'Prudence' im Werk Daniel Defoes; Frank-furt a.M. 1973 (Europ. Hochschulschriften. R. XIV, Bd. 13.)

Bastian, F.: 'Defoe's Journal of the Plague Year Reconsidered'; RES, N.S., 16 (1965), S. 151 - 173.

Bell, Walter George: The Great Plague in London in 1665; Rev. Ed.; London 1951 [1924].

Benjamin, Edwin F.: 'Symbolic Elements in Robinson Crusoe'; PQ, 30 (1951), S. 206 - 211.

Berger, Peter L.: The Social Reality of Religion; Harmondsworth 1973 (Penguin University Books).

Blass, Arnim: Die Geschichtsauffassung Daniel Defoes; Heidelberg 1931 (Anglistische Forschungen. Nr 72.).

Blewett, David: 'Roxana and the Masquerades'; MLR, 65 (1970), S. 499 - 502.

Bohrer, Karl Heinz: Der Lauf des Freitag. Die lädierte Utopie und die Dichter. Eine Analyse. München 1973 (Reihe Hanser. 123.).

Booth, Wayne C.: The Rhetoric of Fiction; 9th impr.;
    Chicago & London 1970 (Phoenix Book. 267.).

Borinski, Ludwig: Der englische Roman im 18. Jahr-
    hundert; Bonn/Frankfurt a.M. 1968.

Brandt, Reinhard: Eigentumstheorien von Grotius bis
    Kant; Stuttgart / Bad Cannstatt 1974.
    (Problemata. 31.)

Brauer, George C.: The Education of a Gentleman.
    Theories of Gentlemanly Education in England,
    1660 - 1775. New York 1959.

Britain After the Glorious Revolution, 1689 - 1714;
    Ed. Geoffrey Holmes; London 1969.

Broich, Ulrich: Gattungen des modernen englischen
    Romans; Wiesbaden 1975. (Schwerpunkte Ang-
    listik. 9.)

Burch, Charles Eaton: 'Notes on the Contemporary
    Popularity of Defoe's Review'; PQ, 16 (1937),
    S. 210 - 213.

Cary, Joyce: Art and Reality; Cambridge 1958.

Caudwell, Christopher [Chr. St. John Sprigg]: Bürger-
    liche Illusion und Wirklichkeit; Hrsg. Peter
    Hamm; München 1971. (Reihe Hanser. 76.)

---   : Romance and Realism; Ed. Samuel Hynes;
    Princeton, NJ 1970.

Chalmers, George: The Life of Daniel De Foe;
    London 1841 [1785¹].(Tegg Ed. Vol. 20.)

Clark, Sir George: The Later Stuarts, 1660 - 1714;
    2nd ed., repr.; Oxford 1972. (The Oxford
    History of England. X.)

Cole, G.D.H. and Raymond Postgate: The Common People
    1746 - 1946; London 1961[1938¹]. (Methuen
    University Paperbacks. 22.)

Columbus, Robert R.:'Conscious Artistry in Moll
    Flanders'; SEL, 3 (1963), S. 415 - 432.

Cook, Richard I.: 'Mr. Examiner and Mr. Review:
    The Tory Apologetics of Swift and Defoe';
    HLQ, 29 (1965/66), S. 127 - 146.

Cragg, Gerald R.: The Church and the Age of Reason,
    1648 - 1789;Repr.; Harmondsworth 1970.
    (The Pelican History of the Church. 4.)

Daniel Defoe. A Collection of Critical Essays;
    Ed. Max Byrd; Englewood Cliffs, NJ 1976
    (Twentieth Century Views).

Defoe - The Critical Heritage; Ed. Pat Rogers;
London & Boston 1972.

Dobrée, Bonamy: 'Some Aspects of Defoe's Prose;
in: Pope and His Contemporaries. Essays
Presented to George Sherburn; Ed. James
L. Clifford and Louis A. Landa; Oxford
1949, S. 171 - 184.

Dollerup, Cay: 'Does the Chronology of Moll
Flanders Tell us Something About Defoe's
Method of Writing?'; English Studies,
53 (1972), S. 234 - 235.

Dottin, Paul: Daniel Defoe et ses Romans; Vol. 1 -
3. Paris 1924.

Evans, Sir Ifor: A Short History of English Literature; 2nd ed., repr.; Harmondsworth 1967.
(Pelican Books. A 72.)

Fabian, Bernhard (Ed.): The Eighteenth-Century
English Novel: A Compendium of Modern Studies;
Vol. 1 - 2. Hildesheim 1970.

Fischer Lexikon: Soziologie; Neuausg.; Hrsg. René
König; Frankfurt a. M. 1971.

Fishman, Burton J.: 'Defoe, Herman Moll, and the
Geography of South America'; HLQ, 36 (1972/
1973), S. 227 - 238.

FitzGerald, Brian: Daniel Defoe: A Study in Conflict;
London 1954.

Flanders, W. Austin: 'Defoe's Journal of the Plague
Year and the Modern Urban Experience'; in:
Daniel Defoe. A Collection of Critical Essays;
Ed. Max Byrd; Englewood Cliffs, NJ 1976;
S. 150 - 169.

Förster, Winfried: Thomas Hobbes und der Puritanismus;
Berlin 1969.

Foot, Michael: The Pen and the Sword; London 1957.

Forsyth, William: The Novels and Novelists of the
18th Century. In Illustrations of the Manners
and Morals of the Age; London 1871.

Fox, Ralph: The Novel and the People; London 1945.

Freeman, William: The Incredible De Foe; London 1950.

Freyer, Hans: Die politische Insel. Geschichte der
Utopie von Platon bis zur Gegenwart; Leipzig
1936.

Friedemann, Käte: Die Rolle des Erzählers in der
Epik. Berlin 1910.

Füger, Wilhelm: 'Der betrunkene Pfeiffer. Ein Bei-
    trag zur Quellenkunde und Erzählmethode von
    Defoes Journal of the Plague Year'; Archiv,
    202 (1966), S. 28 - 36.

---   : Die Entstehung des historischen Romans aus
    der fiktiven Biographie in Frankreich und
    England. Unter besonderer Berücksichtigung
    von Courtilz de Sandras und Daniel Defoe.
    Phil. Diss. München 1963.

Ganzel, Dewey: 'Chronology in Robinson Crusoe';
    PQ, 40 (1961), S. 495 - 512.

George, Mary Dorothy: England in Transition;
    London 1931.

---   : London Life in the Eighteenth Century;
    Harmondsworth 1966 [1925¹]. (Peregrine
    Books. Y 57.)

Ghent, Dorothy van: The English Novel. Form and
    Function; Repr.; New York 1967.

Gildon, Charles: The Life and Strange Surprizing
    Adventures of Mr. D... De F..., of London,
    Hosier ... [London 1719]; in: Robinson
    Crusoe Examin'd and Criticis'd ...; Ed.
    Paul Dottin; London & Paris 1923.

Goldmann, Lucien: Soziologie des modernen Romans;
    Neuwied / Berlin 1970.

Gooding, David: Defoe's Moll Flanders; New York
    1965.

Greif, Martin: 'The Conversion of Robinson Crusoe';
    SEL, 6 (1966), S. 551 - 574.

Greiner, Walter F.: Studien zur Entstehung der
    englischen Romantheorie an der Wende zum
    18. Jahrhundert; Tübingen 1969.

Gunn, J.A.W. : Politics and the Public Interest in
    the Seventeenth Century; London & Toronto
    1969 (Studies in Political History).

Halewood, William H.:'Religion and Invention in
    Robinson Crusoe'; EIC, 14 (1964), S. 339 -
    351.

Haller, William: The Rise of Puritanism; New York
    1957. (Harper Torchbooks. 22.)

Hamburger, Käte: Die Logik der Dichtung; 2. Aufl.;
    Stuttgart 1968.

Hartung, Rudolf: 'Reflexion über die Utopie'; in:
    Die Zeit, Nr 37; 7.9.1973, S. 25.

504

Hearne, John: 'The Naked Footprint: An Inquiry into
    Crusoe's Island'; REL, 8 (1967), S. 97 - 107.

Heidenreich, Helmut (Ed.) The Libraries of Daniel
    Defoe and Phillips Farewell. Olive Payne's
    Sales Catalogue (1731); Berlin 1970.

Heussi, Karl: Abriß der Kirchengeschichte; 6. Aufl.;
    Weimar 1960.

---   : Kompendium der Kirchengeschichte; 13. Aufl.;
    Tübingen 1971.

Hibbert, Christopher: London. The Biography of a City;
    London 1969.

Hill, Christopher: The Century of Revolution, 1603 -
    1714; London 1974 (CARDINAL Edition).

---   : Reformation to Industrial Revolution;Repr.;
    Harmondsworth 1971. (The Pelican Economic
    History of Britain. Vol. 2.)

---   : Society and Puritanism in Pre-Revolutionary
    England; London 1964.

Holmes, Geoffrey:'Introduction' [zu] Britain After the
    Glorious Revolution; London 1969.

---   : British Politics in the Age of Anne; London
    1967.

Hübener, Gustav: 'Der Kaufmann Robinson Crusoe';
    Englische Studien, 54 (1920), S. 367 - 398.

Humphreys, A.R.: The Augustan World. Life and Letters
    in Eighteenth-Century England; London 1954.

---   : 'The Literary Scene'; in: The Pelican Guide
    Guide to English Literature; Vol. 4: From
    Dryden to Johnson;Repr.; Harmondsworth 1970.
    S. 51 - 93.

Hume, Robert D.: 'The Conclusion of Defoe's Roxana:
    Fiasco or Tour de Force'; ECS, 3 (1970),
    S. 475 - 490.

Hunter, J. Paul: The Reluctant Pilgrim. Defoe's
    Emblematic Method and Quest for Form in
    Robinson Crusoe; Baltimore 1966.

Iser, Wolfgang: Die Appellstruktur der Texte; 3.Aufl.;
    Konstanz 1972.

---   : Der implizite Leser. Kommunikationsformen
    des Romans von Bunyan bis Beckett; München
    1972. (Uni-Taschenbücher. 163.)

Jacob, Ernst Gerhard: Daniel Defoe: Essay on Pro-
    jects (1697). Eine wirtschafts- und sozial-
    geschichtliche Studie; Leipzig 1929. (Kölner
    Anglistische Arbeiten. Bd 8.)

James, Eustace Anthony: Daniel Defoe's Many Voices.
A Rhetorical Study of Prose Style and Literary Method; Amsterdam 1972.

Jauß, Hans Robert: Literaturgeschichte als Provokation; 2. Aufl.; Frankfurt a.M. 1970.
(edition suhrkamp. 418.)

Johnson, E.A.J.: Predecessors of Adam Smith;
New York 1937.

Kettle, Arnold: 'In Defence of Moll Flanders'; in:
Of Books and Humankind. Essays and Poems
Presented to Bonamy Dobrée; Ed. John Butt;
London 1964. S. 55 - 67.

--- : An Introduction to the English Novel; Vol.
1 - 2. London 1951, 1952.

Klotz, Volker: Die erzählte Stadt. München 1969.

Kluxen, Kurt: 'Großbritannien von 1660 bis 1783';
in: Handbuch der europäischen Geschichte;
Hrsg. Th. Schneider. Bd 4. Stuttgart 1968.

König, René (Ed.): Das Fischer Lexikon: Soziologie;
Neuausg.; Frankfurt a.M. 1971.

Koonce, Howard L.: 'Moll's Muddle: Defoe's Use of
Irony in Moll Flanders'; ELH, 30 (1963),
S. 377 - 394.

Koskimies, Rafael: Theorie des Romans; Reprogr.
Nachdr.; Darmstadt 1966 [1935I].

Kott, Jan: 'Kapitalismus auf einer öden Insel';
in: Marxistische Literaturkritik; Hrsg.
Viktor Žmegač; Bad Homburg 1970. S. 258 - 273.

Kuczynski, Jürgen: 'Defoe, Pope und Swift'; in:
J.K., Gestalten und Werke; Bd 2: Soziologische Studien zur englischsprachigen
und französischen Literatur; Berlin /
Weimar 1971. S. 9 - 40.

Laslett, Peter: The World we have lost; 2nd ed.,
repr.; London 1973. (Methuen University
Paperbacks. 22.)

Lawlis, Merrit E.: Apology for the Middle Class.
The Dramatic Novels of Thomas Deloney;
Bloomington, Ind. 1960.

Leasor, James: The Plague and the Fire; London 1962.

Leavis, F.R.: The Great Tradition; London 1948.

Leavis, Q.D.: Fiction and the Reading Public;
London 1932.

506

Lexikon zur Soziologie; Hrsg. Werner Fuchs u.a.;
Opladen 1973.

Levett, A.E.: 'Daniel Defoe'; in: The Social and
Political Ideas of Some English Thinkers
of the Augustan Age; A.D. 1650 - 1750;
Ed. F.J.C. Hearnshaw; London 1928. S. 157 -
188.

Lukács, Georg: Die Theorie des Romans. Ein geschichts-
philosophischer Versuch über die Formen der
großen Epik; Neuwied / Berlin 1971 [1920[1]].
(Sammlung Luchterhand. 36.)

McBurney, William H.: 'Colonel Jacque: Defoe's
Definition of the Complete English Gentleman';
SEL, 2 (1962), S. 321 - 336.

McCullough, Bruce W.: Representative English Novelists:
Defoe to Conrad; New York & London 1946.

Macherey, Pierre: Zur Theorie der literarischen Pro-
duktion. Studien zu Tolstoij, Verne, Defoe,
Balzac; Darmstadt / Neuwied 1974. (collection
alternative. Bd 7.) (Sammlung Luchterhand. 123.)

McInnes, Angus: 'The Revolution and the People'; in:
Britain After the Glorious Revolution, 1689 -
1714; Ed. G. Holmes; London 1969.

McKillop, Alan Dugald: The Early Masters of English
Fiction; Lawrence, Kan. 1956.

Macpherson, Crawford Brough: The Political Theory of
Possessive Individualism, Hobbes to Locke;
Oxford 1962.

Man Versus Society in Eighteenth-Century Britain;
Ed. James L. Clifford; Cambridge 1968.

Marshall, Dorothy: Eighteenth-Century England; 5th
impr.; London 1966.

--- : English People in the Eighteenth Century;
London 1956.

--- : The English Poor in the Eighteenth Century;
London 1926.

Maxfield, Ezra Kempton: 'Daniel Defoe and the Quakers';
PMLA, 47 (1932), S. 179 - 190.

Mingay, Gordon Edmund: English Landed Society in the
Eighteenth Century; London 1963.

Minto, William: Daniel Defoe; Repr.; London 1909
[1879[1]] (English Men of Letters).

Moore, John Robert: A Checklist of the Writings of
        Daniel Defoe; Bloomington, Ind. 1958.

---   : Daniel Defoe: Citizen of the Modern World;
        2nd ed.; Chicago 1966 [1958¹].

---   :'Daniel Defoe: King William's Pamphleteer
        and Intelligence Agent'; HLQ, 34 (1971),
        S. 251 - 260.

---   :'Defoe and the Eighteenth-Century Pamphlets
        on London'; PQ, 20 (1941), S. 38 - 45.

---   :'Defoe's Use of Personal Experience in Colonel
        Jack'; MLN, 54 (1939), S. 362 - 363.

Morley, Henry: Earlier Life and Works of Daniel Defoe;
        London 1889.

Morton, A.L.: Die englische Utopia; Berlin 1958.

Muir, Edwin: Essays on Literature and Society; Rev. Ed.;
        London 1965 [1949¹].

Nicholson, Watson: The Historical Sources of Defoe's
        Journal of the Plague Year; Boston 1919.

Nicolson, Harold: Das Zeitalter der Vernunft;
        München 1961.

Nolting-Hauff, Ilse: 'Die betrügerische Heirat:
        Realismus und Pikareske in Defoes Moll Flanders';
        Poetica, 3 (1970), S. 409 - 426.

Novak, Maximillian E.: 'Conscious Irony in Moll
        Flanders'; College English, 26 (1964), S. 198 -
        204.

---   : 'Crime and Punishment in Defoe's Roxana';
        JEGP, 65 (1966), S. 445 - 468.

---   : Defoe and the Nature of Man; London 1963.

---   : 'Defoe's Shortest Way with the Dissenters -
        Hoax, Parody, Paradox, Fiction, Irony and
        Satire'; MLQ, 27 (1966), S. 402 - 417.

---   : 'Defoe's Theory of Fiction'; SP, 61 (1964),
        S. 650 - 668.

---   : Economics and the Fiction of Daniel Defoe;
        Berkeley & Los Angeles 1962. (Univers. of
        Calif. Engl. Studies. No 24.)

---   : 'Robinson Crusoe and Economic Utopia';
        Kenyon Review, 25 (1963), S. 474 - 490.

Oxford English Dictionary; Repr.; Oxf. 1961.

Otten, Kurt: Der englische Roman vom 16. zum 19.
        Jahrhundert; Berlin 1971.

508

Payne, William L. (Ed.): The Best of Defoe's Review;
New York 1951.

--- : Index to Defoe's Review; New York 1948.

--- : Mr. Review. Daniel Defoe as Author of
'The Review'; New York 1947.

Philosophisches Wörterbuch; Hrsg. Georg Klaus u.
Manfred Buhr; Bd 1 - 2. 6. Aufl. Leipzig
1969.

Pinkus, Philip: Grub St. Stripped Bare; London 1968.

Plumb, J.H.: England in the Eighteenth Century; Repr.;
Harmondsworth 1972.(The Pelican History of
England. 7.)

--- : The Growth of Political Stability in England, 1675 - 1725; Harmondsworth 1973.
(Penguin University Books).

Pollert, Hubert: Daniel Defoe's Stellung zum englischen Kolonialwesen; Phil. Diss. Münster
1928.

Powell, Rosamond Bayne: Eighteenth Century London
Life; London 1937.

Preller, Hugo: Geschichte Englands; T. 1: bis 1815;
3. Aufl. Berlin 1952. (Sammlung Göschen.
Bd 375.)

Reckwitz, Erhard: Die Robinsonade. Themen und Formen einer literarischen Gattung; Amsterdam
1976. (Bochumer anglistische Studien. Bd 4.)

Richetti, John J.: Defoe's Narratives. Situations
and Structures; Oxford 1975.

--- : Popular Fiction Before Richardson. Narrative Patterns 1700 - 1739; Oxford 1969.

Ritterbusch, Paul: Parlamentssouveränität und Volkssouveränität in der Staats- und Verfassungsrechtslehre Englands, vornehmlich in der
Staatslehre Daniel Defoes; Leipzig 1929.
(Leipziger rechtswiss. Studien. Nr 41.)

Robertson, H.M.: Aspects of the Rise of Economic
Individualism; New York 1959.

Robinson Crusoe Examin'd and Criticis'd or A New
Edition of Charles Gildon's Famous Pamphlet;
Introd. and Explanatory Notes ... with an
Essay on Gildon's Life by Paul Dottin.
London & Paris 1923.

Rohmann, Gerd: 'Neuere Arbeiten über Daniel Defoe';
NS, N.F. 71 (1972), S. 226 - 236.

Rudé, George: Hanoverian London, 1714 - 1808;
    London 1971.

Rüegg, Walter: Soziologie; Frankfurt 1971. (Funk
    Kolleg zum Verständnis der modernen Gesell-
    schaft. Bd 6.) (Fischer Taschenbuch).

Schmidt, Richard: Der Volkswille als realer Faktor
    des Verfassungslebens und Daniel Defoe;
    Leipzig 1924. (Berichte über die Verhandl.
    der Sächs. Akad. d. Wiss. zu Leipzig.
    Philolog.-Hist. Klasse. Bd 76, H. 1.)

Schöffler, Herbert: Protestantismus und Literatur.
    Neue Wege zur englischen Literatur des acht-
    zehnten Jahrhunderts; Leipzig 1922.

Schonhorn, Manuel: 'Defoe's Journal of the Plague
    Year: Topography and Intention'; RES, N.S.
    19 (1968), S. 387 - 402.

Schorer, Mark: The World We Imagine; London 1969.

Schücking, Levin L.: Die Familie im Puritanismus.
    Studien über Familie und Literatur im 16.,
    17. und 18. Jahrhundert; Leipzig / Berlin
    1929.

Schwab-Felisch, Hans: 'Bücher sind wie Frauen'; in:
    Frankfurter Allgemeine Zeitung, Nr 271;
    22.11.1975, S. 19.

Secord, Arthur Wellesley: Studies in the Narrative
    Method of Defoe; Reissued; New York 1963
    [1924¹].

Sherbo, Arthur: Studies in the Eighteenth-Century
    English Novel; Michigan 1969.

Sharrock, Roger: John Bunyan; Reissued; London &
    New York 1968.

Shinagel, Michael: Daniel Defoe and Middle-Class
    Gentility; Cambridge, Mass. 1968.

Spearman, Diana: The Novel and Society; London 1966.

Speck, W.A.: 'Conflict in Society'; in: Britain
    After the Glorious Revolution; Ed. G. Holmes;
    London 1969.

Stamm, Rudolf: Der aufgeklärte Puritanismus Daniel
    Defoes; Zürich / Leipzig 1936. (Schweizer
    Anglistische Arbeiten. Bd 1.)

Stapleton, Ada Bell: A Critical Study of Defoe's
    'Review of the British Nation' and Other
    Journals of His Day, With Particular Emphasis
    on the Social Life of the Age; Phil. Diss.
    London 1924 [unveröff.].

Starr, G.A.: <u>Defoe</u> <u>and</u> <u>Casuistry</u>; Princeton, NJ 1971.

--- : <u>Defoe</u> <u>and</u> <u>Spiritual</u> <u>Autobiography</u>; Princeton, NJ 1965.

Stein, W.B.: 'Robinson Crusoe: The Trickster Tricked'; <u>CentR</u>, 9 (1965), S. 271 - 288.

Stephen, Leslie: 'Defoe's Novels'; in: L.Stephens: <u>Hours</u> <u>in</u> <u>a</u> <u>Library</u>; Repr.; New York & London 1904. Vol. I, S. 1 - 63.

--- : <u>English</u> <u>Literature</u> <u>and</u> <u>Society</u> <u>in</u> <u>the</u> <u>18th</u> <u>Century</u>; Repr.; London 1963.

Stone, L.: 'Social Mobility'; in: <u>Past</u> <u>and</u> <u>Present</u>, 35 (1966).

Suerbaum, Ulrich: 'Text und Gattung'; in: <u>Ein</u> <u>anglistischer</u> <u>Grundkurs</u> <u>zur</u> <u>Einführung</u> <u>in</u> <u>das</u> <u>Studium</u> <u>der</u> <u>Literaturwissenschaft</u>; Hrsg. Bernhard Fabian; 2. Aufl. Frankfurt a.M. 1973. (<u>Fischer</u> <u>Athenäum</u> <u>Taschenbücher</u>. 2012.)

Sutherland, James: <u>Daniel</u> <u>Defoe</u>. <u>A</u> <u>Critical</u> <u>Study</u>; Boston 1971 (Riverside Studies in Literature).

--- : <u>Defoe</u>; London 1937.

--- : <u>Defoe</u>; Rev. ed.; London 1970. (<u>Writers</u> <u>and</u> <u>Their</u> <u>Work</u>. No 51.)

--- : 'The Relation of Defoe's Fiction to His Non-Fictional Writings'; in: <u>Imagined</u> <u>Worlds</u>. <u>Essays</u> <u>on</u> <u>Some</u> <u>English</u> <u>Novels</u> <u>and</u> <u>Novelists</u> <u>in</u> <u>Honour</u> <u>of</u> <u>John</u> <u>Butt</u>; Ed. by Maynard Mack and Ian Gregor; London 1968. S. 37 - 50.

Swallow, Alan: 'Defoe and the Art of Fiction'; <u>Western</u> <u>Humanities</u> <u>Review</u>, 4 (1950), S. 129 - 136.

Tawney, R.H.: <u>Religion</u> <u>and</u> <u>the</u> <u>Rise</u> <u>of</u> <u>Capitalism</u>; Repr.; Harmondsworth 1966. (<u>Pelican</u> <u>Book</u>. A 23.)

Thomas, Keith: <u>Religion</u> <u>and</u> <u>the</u> <u>Decline</u> <u>of</u> <u>Magic</u>; Harmondsworth 1973 (Penguin University Books).

Toone, Peter: 'Der englische Puritanismus'; <u>Historische</u> <u>Zeitschrift</u>, Bd 214, 1972; S. 30 ff.

Toth, Erwin:'Die Funktion des Dialogs bei Daniel Defoe'; <u>GRM</u>, 53 (1972), S. 240 - 255.

--- : <u>Individuum</u> <u>und</u> <u>Gesellschaft</u> <u>in</u> <u>den</u> <u>Werken</u> <u>Daniel</u> <u>Defoes</u>; Phil. Diss. Bochum 1971.

Trevelyan, George Macauley: <u>English</u> <u>Social</u> <u>History</u>; Repr.; Harmondsworth 1972. (<u>Pelican</u> <u>Book</u>. A 860.)

Trevelyan, George Macauley: England Under Queen Anne; Vol. I, Blenheim; New Impr.; London 1948.

Twentieth Century Interpretations of Moll Flanders. A Collection of Critical Essays; Ed. Robert C. Elliott; Englewood Cliffs, NJ 1970.

Twentieth Century Interpretations of Robinson Crusoe. A Collection of Critical Essays; Ed. Frank Ellis; Englewood Cliffs, NJ 1969.

Ullrich, Hermann: Defoes Robinson Crusoe. Die Geschichte eines Weltbuches; Leipzig 1924.

Viner, Jacob: 'Man's Economic Status'; in: Man Versus Society in Eighteenth-Century Britain; Ed. J.L. Clifford; Cambridge 1968.

Vogt, Jochen: Aspekte erzählender Prosa; Düsseldorf 1972. (Grundstudium Literaturwissenschaft. Bd 8.)

Walzer, Michael: The Revolution of the Saints; 2nd print.; New York 1969. (Atheneum. 130.)

Watson, Francis: Daniel Defoe; London / New York / Toronto 1952 (Men and Books).

Watt, Ian: 'Defoe as Novelist'; in: The Pelican Guide to English Literature; Vol. 4: From Dryden to Johnson; Repr.; Harmondsworth 1970. S. 203 - 216.

--- : 'The Recent Critical Fortunes of Moll Flanders'; ECS, 1 (1967), S. 109 - 129.

--- : The Rise of the Novel; Repr.; Harmondsworth 1968. (Peregrine Book. Y 25.)

Weber, Max: Die protestantische Ethik, I; 2. Aufl. München / Hamburg 1969. (Siebenstern Taschenbuch. 53/54.)

Weimann, Robert: Daniel Defoe. Eine Einführung in das Romanwerk; Halle (Saale) 1962. (Wege zur Literatur. 11.)

--- : 'Defoe: Robinson Crusoe'; in: Der englische Roman. Vom Mittelalter zur Moderne; Hrsg. F.K. Stanzel; Bd 1. Düsseldorf 1969. S. 108 - 143.

--- : 'Erzählerstandpunkt und point of view; zu Geschichte und Ästhetik der Perspektive im englischen Roman'; ZAA, 10 (1962), S. 369 - 416.

--- : Literaturgeschichte und Mythologie. Methodologische und historische Studien; Berlin / Weimar 1971.

Weinrich, Harald: <u>Tempus</u>; 2. Aufl.; Stuttgart 1971.

Wellek, René u. Austin Warren: <u>Theory of Literature</u>; 3rd ed., repr.; Harmondsworth 1970 (Peregrine Book).

West, Alick: <u>The Mountain in the Sunlight. Studies in Conflict and Unity</u>; London 1958.

Weston, Harold: <u>Form in Literature</u>; Repr. Folcroft Library Ed. 1970 [Erstausg. London 1934].

Wiehn, Erhard: <u>Theorien der sozialen Schichtung</u>; München 1968. (<u>Studien zur Soziologie. 9.</u>)

Willcox, William: <u>The Age of Aristocracy, 1688 – 1830</u>; 2nd ed.; Lexington, Mass. 1971. (<u>A History of England. 3.</u>)

Willey, Basil: <u>The Eighteenth-Century Background</u>; Reissued; Harmondsworth 1972 (Pelican Book).

--- : <u>The Seventeenth-Century Background</u>; Reissued; Harmondsworth 1972 (Pelican Book).

Williams, Basil: <u>The Whig Supremacy, 1714 – 1760</u>; 2nd ed. rev. by C.H. Stuart; Repr.; Oxford 1965. (<u>The Oxford History of England. XI.</u>)

Wilpert, Gero von: <u>Sachwörterbuch der Literatur</u>; 4. Aufl.; Stuttgart 1964. (<u>Kröners Taschenausgabe. Bd 231.</u>)

Wilson, Walter: <u>Memoirs of the Life and Times of Daniel Defoe. Containing a Review of His Writings, and His Opinions Upon a Variety of Important Matters, Civil and Ecclesiastical</u>; Vol. 1 – 3. London 1830.

<u>Wörterbuch der Soziologie</u>; Hrsg. W. Bernsdorf; 2.Aufl.; Stuttgart 1969.

Wolff, Erwin: <u>Der englische Roman im 18. Jahrhundert. Wesen und Formen</u>; 2.Aufl.; Göttingen 1968. (<u>Kleine Vandenhoeck-Reihe. 195 – 197.</u>)

Woolf, Virginia: 'Robinson Crusoe'; in: V. W.: <u>Collected Essays</u>; Vol. I. London 1966. S. 69 – 75.

Zimmermann, Everett: 'H.F.'s Meditations: A <u>Journal of the Plague Year</u>'; <u>PMLA</u>, 87 (1972), S. 417 – 423.